版 权 声 明

© Huw Beverley-Smith 2002
The Commercial Appropriation of Personality
Originally published by Cambridge University Press in 2002.
This translation is published with the permission of
the Press of the Cambridge University.

人格的商业利用

〔澳〕胡·贝弗利-史密斯（Huw Beverley-Smith） 著

李志刚　缪因知　译

北京大学出版社
PEKING UNIVERSITY PRESS

北京市版权局登记号　图字:01－2004－242
图书在版编目(CIP)数据

人格的商业利用/(澳)史密斯著;李志刚等译.—北京:北京大学出版社,2007.10
　ISBN 978－7－301－12829－9

　Ⅰ.人… Ⅱ.①史… ②李… Ⅲ.知识产权法－研究
Ⅳ.D913.04

中国版本图书馆CIP数据核字(2007)第157016号

书　　　名:人格的商业利用
著作责任者:〔澳〕胡·贝弗利-史密斯 著　李志刚　缪因知 译
责 任 编 辑:王 宁　王 晶
标 准 书 号:ISBN 978－7－301－12829－9/D·1879
出 版 发 行:北京大学出版社
地　　　址:北京市海淀区成府路205号　100871
网　　　址:http://www.pup.cn
电　　　话:邮购部 62752015　发行部 62750672　编辑部 62752027
　　　　　　出版部 62754962
电 子 邮 箱:law@pup.pku.edu.cn
印　刷　者:三河市新世纪印务有限公司
经　销　者:新华书店
　　　　　　650mm×980mm　16开本　29.25印张　396千字
　　　　　　2007年10月第1版　2007年10月第1次印刷
定　　　价:43.00元

未经许可,不得以任何方式复制或抄袭本书之部分或全部内容。
版权所有,侵权必究
举报电话:010－62752024　电子邮箱:fd@pup.pku.edu.cn

目 录

前言   *1*

案例目录表   *5*

法条目录表   *25*

第一编 框 架

1   人格利用的问题   *3*
    引论   *3*
    人格上的利益   *5*
    经济性和尊严性利益   *8*
    视角   *14*

第二编 经济利益和不正当竞争法

2   引论   *29*
3   法定及法律外的救济方法   *35*
    版权   *36*
    表演者权   *38*

2	人格的商业利用	
	注册商标	*39*
	法律之外的救济方法	*53*
4	人格上的商誉:英国和澳大利亚法上的仿冒侵权规定	*66*
	引论	*66*
	仿冒的基本要件	*68*
	商誉	*68*
	虚假陈述	*81*
	损害	*109*
	结论	*120*
5	不正当竞争和盗用原理	*124*
	引论	*124*
	盗用无形财产	*125*
	普通法上人格利用之侵权的发展	*129*
	侵权的范围及限制	*137*
	结论	*153*

第三编　尊严性利益

6	引论	*157*
7	美国的隐私权与公开权	*162*
	引论	*162*
	隐私权在美国的发展	*163*
	隐私的概念	*179*
	公开权在美国的发展	*193*
	差异的原因	*214*
	结论	*224*
8	英国法中的隐私利益	*226*
	引论	*226*
	英国法对隐私利益的零星承认	*229*
	《欧洲人权公约》对隐私的法律观和人格的商业利用	*240*

一般性的隐私权的趋向　　243
　　来自加拿大和德国的启示　　256
　　人格利用和英国的立法能动性　　271
　　免受精神痛苦之自由中的利益　　275
　　结论　　283

9　**名誉利益**　　285
　　引论　　285
　　名誉的经济和尊严特征　　286
　　对名誉的核心侵害　　289
　　诽谤和侵犯隐私　　295
　　诽谤，隐私和人格利用　　304
　　结论　　309

第四编　普遍性的问题

10　**人格中的财产**　　313
　　引论　　313
　　财产的概念　　314
　　无形财产　　317
　　人格中的财产　　323
　　结论　　329

11　**对人格利用救济的正当化**　　330
　　引论　　330
　　财产的自然权利　　332
　　功利主义的主张　　345
　　经济效率　　356
　　阻止或返还不当得利　　359
　　保护人格尊严　　362
　　结论　　363

4 人格的商业利用

第五编 结 论

12 人格利用的自主化 *367*

参考文献 *379*

索引 *398*

前　言

人格(Personality)的商业利用并非是一个新现象,但有关其立法规制的模式和地位的争论正日益成为一个热门话题。利用名人或者不具有明显公众知名度的普通人以大规模地促销商品或者服务的实践正方兴未艾,但这些通常是营利性的安排所依据的法律基础则相对较少获得关注。本书的研究以英国法为基础,英国法并不倾向于对个人身份特质提供实体性的法律保护。其他主要的普通法系国家,在不同程度上,更不愿如此。针对各个国家/地区的不同司法实践,需要我们对能够反映出不同特色的法制发展动态的主导型案例和核心概念进行详尽的分析。习惯于分析知识产权问题的读者可能会对将探讨转移到隐藏在个人尊严和人权保护背后的理论,存在疑问。然而,商业利用人格特质问题确实是一个需要从不同路径进行分析探寻的具有多重属性的问题。

当然,在探讨的广度和深度之间必须进行一定的平衡。比较的主要素材主要是普通法系司法当局的实践。澳大利亚法院在承继传统的英国诉因(cause of action)*方面已经相当积极开拓,而加拿大法院则走得更远,采取了完全不同的方式。对于美国法院实体审判关于人格商业利用案例的探讨,需要更加有选择性。对于美国法律学者而言,整个问题似乎有一种朦胧的19世纪的感觉,因为英国法院持续争论是否应该承认的利益正是美国法院用超过一个世纪的时间来以不同的形式所承认和保护的。美国法院关注对人格上的知识产权的范围和限制进行界定,这主要通过大量的

---

* cause of action,即原告起诉的根据,具体是指原告起诉寻求司法救济所依据的事实,有时也可指依据这些事实所提起的诉讼的一部分。——译者注

州案例法形成，后来得到了州立法和法典的补充；而英国法院还在争论是否应在人格特征上承认知识产权以及应该采取何种保护方式。

1988年的人权法案(The Human Rights Act 1988)对于发展英国的隐私法具有特殊的意义，本书并非是在这样不确定的背景下写作的唯一作品。《欧洲人权公约》(The European Convention on Human Rights)的价值理念对英国普通法所能产生影响的程度，在一段时间内并不太会变得明显。

虽然对于民法法系各国的法律处理方式介绍，文章会不时给出，但是读者可能无法获得综合性的把握。主要的民法法系国家的发展模式和文中所提到的复杂问题，完全各不相同，甚至可以通过与本书所提供的比较结构采取本质上不同的方式进行一种更为彻底的分析。丛书随后一卷《隐私，财产和人格》(Privacy, Property and Personality)（剑桥大学出版社），由德国和法国的两位专家学者(Ansgar Ohly, Agnes Lucas-Schloetter)完成，计划在2003年面世*。

本书以本人威尔士大学的博士论文为基础，并进行了实质性修改和更新。特别感谢我的博士生导师Allison Coleman，感谢他不断的支持和鼓励；感谢审查本论文的W. R. Cornish教授和R. A. W. Kinder教授。我要感谢以前在Aberystwyth法学系的同事和学生，以及威尔士国立图书馆和高级法学研究所(Institute of Advanced Legal Studies)的职员。特别要感谢马普外国和国际专利、版权和竞争法研究所（慕尼黑）所提供的资金支持，使得我能够在2000年的多数时间里在那里从容研究，而本书的主体也是那时完成的。

我特别感谢拨冗阅读和点评本书各个章节的不同人士，并借此机会感谢Robert Burrell, Bill Cornish, Ansgar Ohly, Richard Ireland以及John Linarelli。他们的批评和建议极有价值，当然，我要负全部文责。作为丛书的编辑，Bill Cornish在本书完成的各个阶段持

---

* 该书于2006年由剑桥大学出版社出版。——编注

续周到的给予了帮助和支持，对此我尤为感激。最后，我要感谢 Finola O'Sullivan, Jennie Rubio 和剑桥大学出版社的全体员工在这本包括了截至 2001 年 8 月于我而言可获取的全部材料的著作的制作过程中的尽责和高效。后续的完善和补充将在下列网址中列出：http://www.commercialpersonality.com.

案例目录表

A v. B [2000] EMLR 1007	page 207
A. Bernardin et Cie v. Pavilion Properties Ltd [1967] RPC 581	61
Abdul-Jabbar v. General Motors Corp., 85 F 3d 407 (9th Cir. 1996)	182
Abernethy v. Hutchinson (1825) 3 LJ Ch 209	147
AD2000 Trade Mark [1997] RPC 168	39
Adu p/k/a Sade v. Quantum Computer Services Inc. WIPO Case No. D2000-0794	55
Al Hayat Publishing Co. Ltd v. Sokarno (1996) 36 IPR 214	62
Alcock v. Chief Constable of South Yorkshire Police [1992] 1 AC 310	15, 242
Allison v. Vintage Sports Plaques, 136 F 3d 1443 (11th Cir. 1998)	181
American Cyanamid Co. v. Ethicon Ltd [1975] AC 396	67, 77, 221
Anheuser Busch Inc. v. Budejovicky Budvar NP [1984] FSR 413	61, 62
Annabel's (Berkeley Square) Ltd v. Schock [1972] RPC 838	77, 100
ANNE FRANK Trade Mark [1998] RPC 379	43
Anthony v. University College of Cape Coast [1973] 1 GLR 299	257
Argyll v. Argyll [1967] Ch 302	207
Arsenal Football Club Plc v. Reed [2001] ETMR 860	45, 80, 81
Ashdown v. Telegraph Group Ltd [2001] 3 WLR 1368	221, 222
Associated Newspapers Group Plc v. Insert Media Ltd [1991] 1 WLR 571	83, 99
Athans v. Canadian Adventure Camps Ltd (1977) 80 DLR (3d) 583	14, *121–2*, 123, 128, 130, 131, 133, 135

Athlete's Foot Marketing Associates Inc. *v.* Cobra
   Sports Ltd [1980] RPC 343   61
Atkinson *v.* John E. Doherty & Co. 80 NW 285 (1899)   151, 172
Attia *v.* British Gas Plc [1988] QB 304   12, 242
Attorney-General *v.* Guardian Newspapers (No. 2)
   [1990] 1 AC 109   202, 207, 208, 209, 220
Attorney-General *v.* Guardian Newspapers Ltd [1987]
   1 WLR 1248   224
Aubry *v.* Éditions Vice-Versa Inc. (1998) 78 CPR
   (3d) 289   135, *225–7*
AUDI-MED Trade Mark [1998] RPC 863   106
Authors Guild Inc. *v.* Old Barn Studios Ltd.,
   e-Resolution Case No. AF-0582 a–i   57
B *v.* H Bauer Publishing Ltd [2002] EMLR 8   209, 223
BACH and BACH FLOWER REMEDIES Trade
   Marks [1999] RPC 1   44
BACH and BACH FLOWER REMEDIES Trade
   Marks [2000] RPC 513   36, 39
Barber *v.* Time Inc. 159 SW 2d 291 (1948)   162
Barnes *v.* Old Barn Studios Ltd, WIPO Case
   No. D2001-0121   56–7
Baron Philippe de Rothschild, SA *v.* La Casa
   de Habana Inc. (1987) 19 CPR (3d) 114   123, 129, 134
BARRY ARTIST Trade Mark [1978] RPC 703   47
Barrymore *v.* News Group Newspapers Ltd [1997]
   FSR 600   207
Bassey *v.* Icon Entertainment Plc [1995] EMLR 596   35
BBC *v.* Celebrity Centre Productions Ltd (1988)
   15 IPR 333   78
BBC Worldwide Ltd *v.* Pally Screen Printing Ltd
   [1998] FSR 665   80
Beevor *v.* Old Barn Studios Ltd WIPO Case
   No. D2001-0123   57
Bentley Motors (1931) Ltd *v.* Lagonda Ltd and
   Bentley (1947) 64 RPC 33   47
Berkoff *v.* Burchill [1996] 4 All ER 1008   252, 260
Bernstein *v.* Skyviews & General Ltd [1978]
   QB 479   206
Bi-Rite Enterprises Inc. *v.* Button Master, 555
   F Supp. 1188 (1983)   183, 185

案例目录表　7

Blair v. Associated Newspapers Plc (Queen's Bench Division, 13 November 2000)	207
Blennerhasset v. Novelty Sales Services Ltd (1933) 175 LT 392	264
BMW AG and BMW Nederland BV v. Deenik [1999] ETMR 339	37
Boardman v. Phipps [1966] 2 AC 46	281
Bollinger v. Costa Brava Wine Co. Ltd [1960] RPC 16	59, 112
Bonito Boats Inc. v. Thunder Craft Boats Inc., 489 US 141 (1989)	31
Bonnard v. Perryman [1891] 2 Ch 269	65, 67, 268
Bradley v. Hall 720 NE 2d 747	246
Bradley v. Wingnut Films [1993] 1 NZLR 415	244
Branham v. Celadon Trucking Services, Inc. 744 NE 2d 514	247
Branson v. Bower (No. 1) [2001] EMLR 800	221
Branson v. Bower (No. 1) (Queen's Bench Division, 21 November 2000)	221
Bravado Merchandising Services Ltd v. Mainstream Publishing (Edinburgh) Ltd [1996] FSR 205	45
British Diabetic Association v. Diabetic Society Ltd [1995] 4 All ER 812	63
British Legion v. British Legion Club (Street) Ltd (1931) 48 RPC 555	73, 102
British Medical Association v. Marsh (1931) 48 RPC 565	66
British Sugar Plc v. James Robertson & Sons Ltd [1996] RPC 283	36, 39, 45
British Telecommunications Plc and Others v. One in a Million Ltd and Others [1999] FSR 1	47, 53, 61
Britt Allcroft (Thomas) LLC v. Miller (2000) 49 IPR 7	83
Brown v. Julie Brown Club WIPO Case No. D2000-1628	56
Bulmer (H. P.) Ltd and Showerings Ltd v. Bollinger SA [1978] RPC 79	72
Burghartz v. Switzerland (1994) 18 EHRR 101	212
Burris v. Azadani [1995] 1 WLR 1372, 1377	244
Byron v. Johnston (1816) 2 Mer 29 (35 Eng Rep 851)	63, 65, 262
Cadbury Schweppes Inc. v. Fbi Foods Ltd [2000] FSR 491	280, 281
Cadbury-Schweppes Pty Ltd v. Pub Squash Co. Pty Ltd [1981] 1 WLR 193	112
Cain v. Hearst Corp., 878 SW 2d 577 (Tex. 1994)	263

Canessa *v.* J. I. Kislak Inc., 97 N.J. Super 327,
  235 A 2d 62 (1967)   185
Canon Kabushiki Kaisha *v.* M-G-M Inc. [1999]
  ETMR 1   36, 46
Cardtoons *v.* Major League Baseball Players,
  95 F 3d 959 (10th Cir. 1996)   296, 299, 302, 306, 307, 311
Carson *v.* Here's Johnny Portable Toilets Inc.,
  698 F 2d 831 (6th Cir. 1983)   15, 182, 302
Central Hudson Gas & Elec. Corp. *v.* Public
  Service Commission of New York,
  447 US 557 (1980)   185
Chandler *v.* Thompson (1811) 3 Camp 80, 170 ER
  1312   206
Chappell *v.* United Kingdom (1990) 12 EHRR 1   212
Charleston *v.* News Group Newspapers Ltd
  [1995] 2 WLR 450   247, 257
Cheatham *v.* Paisano Publications, Inc., 891
  F Supp. 381 (WD Ky 1995)   181, 247
Cheney Bros. *v.* Doris Silk Corp., 35 F 2d 279
  (2nd Cir. 1929)   31
Cher *v.* Forum Intern Ltd, 692 F 2d 634
  (CA Cal. 1982)   185
Children's Television Workshop Inc. *v.*
  Woolworths (New South Wales) Ltd [1981]
  RPC 187   79, *87–8*, 93
Chocosuisse Union Des Fabricants Suisses
  de Chocolat *v.* Cadbury Ltd [1988]
  RPC 17 (ChD) [1999] RPC 826 (CA)   59
CIBA Trade Mark [1983] RPC 75   43
Clark *v.* Associated Newspapers Ltd [1998] 1 All
  ER 959   63
Clark *v.* Freeman (1848) 11 Beav 112
  (50 Eng Rep 759)   4, 9, 11, *64–6*, 70, 101, 116–17, 156, 266–7, 268–9, 273, 320, 326
Clock Ltd (The) *v.* Clock House Hotel Ltd
  (The) (1936) 53 RPC 269   59, 73, 85, 92, 98

Coco v. A. N. Clark Engineers Ltd [1969] RPC 41	208
Cole v. Turner (1704) Holt KB 108, 90 ER, 958	242
Comedy III Productions, Inc. v. Gary Saderup, Inc., 106 Cal.Rptr.2d 126 (Cal. 2001)	186, 187
Compco Corp. v. Day-Brite Lighting Inc., 376 US 234 (1964)	31
Conagra Inc v. McCain Foods (Aust) Pty Ltd (1992) 23 IPR 193	61
Consorzio del Prosciutto di Parma v. Marks & Spencer Plc [1991] RPC 351	14, 60, 61
Corelli v. Wall (1906) 22 TLR 532	4, 193, 259, 265, 326
CORGI Trade Mark [1999] RPC 549	47, 106
Corliss v. Walker, 57 Fed Rep 434 (1893)	150, 172
Corliss v. Walker, 64 Fed Rep 280 (1894)	151
Cornelius v. De Taranto [2001] EMLR 329	243
Cossey v. United Kingdom (1990) 13 EHRR 622	212
Costanza v. Seinfeld, 719 NYS 2d 29 (NYAD 1 Dept 2001)	184
Costello-Roberts v. United Kingdom (1995) 19 EHRR 112	212
County Sound Plc v. Ocean Sound Ltd [1991] FSR 367	61
Cowley v. Cowley [1901] AC 450	163, 321
Crawford and Son v. Bernard and Co. (1894) 11 RPC 580	46
Creation Records Ltd v. News Group Newspapers Ltd [1997] EMLR 444	209
Croft v. Day (1843) 7 Beav 84 (49 ER 994)	65
Cruise and Kidman v. Southdown Press Pty Ltd (1992-3) 26 IPR 125	204
Current Audio Inc. v. RCA Corp., 337 NYS 2d 949 (Sup Ct 1972)	133, 226
Dagenais v. CBC [1994] 3 SCR 835	224
Daniels v. Thompson [1998] 3 NZLR 22	21
De Bernieres v. Old Barn Studios Ltd WIPO Case No. D2001-0122	57
Debenham v. Anckorn, *Times*, 5 March 1921	256
Derbyshire County Council v. Times Newspapers [1993] AC 534	219, 220
Deutsche Renault AG v. Audi AG [1995] 1 CMLR 461	36

Dixon v. Holden (1869) 20 LT Rep 357 66
Dockrell v. Dougall (1897) 78 LT 840 11, 70
Dockrell v. Dougall (1899) 15 TLR 333 4, 9, 66, 100,
117, 156, 193,
257, 258, 267–8,
273, 320, 321, 325
Donaldson v. Beckett (1774) 2 Bro PC 129 147, 301
Donoghue v. Stevenson [1932] AC 562 204
Douglas v. Hello! Ltd [2001] 2 WLR 992 4, 49, 179, 202,
205, *210–11*, 214,
215, 217–18, 221,
222–3, 225, 323
Douglass v. Hustler Magazine Inc., 769 F 2d
  1128 182, 262, 309
Dowell et al. v. Mengen Institute (1983)
  72 CPR (2d) 238 123, 128
Du Plessis v. De Klerk 1996 (3) SA 850 215, 216, 217
DuBoulay v. DuBoulay (1869) LR 2 PC 430 163, 273, 321
Dubrulle v. Dubrulle French Culinary School Ltd
  (2001) 8 CPR (4th) 180 126
Dudgeon v. United Kingdom (1982) 4 EHRR
  149 212
Dunlop Rubber Co. Ltd v. Dunlop [1920] 1
  IR 280 254, 264
Eastman Photographic Co. Ltd v. Griffiths (John)
  Cycle Corp. Ltd (1898) 15 RPC 105 104
Edison v. Edison Polyform Mfg Co., 67 A 392
  (1907) 9, 16, 156–7, 281
Elvis Presley Enterprises, Inc. v. Capece,
  950 F Supp. 783, (S.D.Tex 1996) 182
ELVIS PRESLEY Trade Marks [1997] RPC 543 45, 321
ELVIS PRESLEY Trade Marks [1999] RPC 567 4, 39–41, 44, 55,
73, 80–1, 93, 179
Erven Warnink BV v. Townend & Sons (Hull)
  Ltd [1979] AC 731 59, 60, 72,
98, 112, 113
Estate of Presley v. Russen, 513 F Supp. 1339
  (DNJ 1981) 133, 184, 226,
283, 302
Ewing v. Buttercup Margarine Ltd [1917] 2 Ch 1 73
Ex Parte Island Records [1978] Ch 122 280

Executrices of the Estate of Diana, Princess of Wales' Application [2001] ETMR 254	41
Factors Etc. Inc. v. Pro Arts Inc. 579 F 2d 215 (2nd Cir. 1978)	283
Fairfield v. American Photocopy Equipment Co. 291 P 2d 194 (1955)	158
Feist Publications Inc. v. Rural Telephone Service Co. Inc. 499 US 340	304
Fido Dido Inc. v. Venture Stores (Retailers) Pty Ltd (1988) 16 IPR 365	79
Fielding v. Variety Inc. [1967] 2 QB 841	7, 242
First Victoria National Bank v. United States, 620 F 2d 1096 (1980)	282
Flake v. Greensboro News Co. 195 SE 55 (1938)	16, 157–8
Florida Bar v. Went for It Inc., 515 US 618 (1995)	185
Fogg v. McKnight [1968] NZLR 330	242
Forbes v. Kemsley Newspapers Ltd (1951) 68 RPC 183	63
44 Liquormart, Inc. v. Rhode Island, 517 US 484 (1996)	186
Frazer v. Evans [1969] 1 QB 349	281
Garbett v. Hazell, Watson & Viney Ltd and Others [1943] 2 All ER 359	256, 264
Gautier v. Pro-Football Inc., 106 NYS 2d 553 (1951)	158, 173
Geisler v. Petrocelli, 616 F 2d 636 (2nd Cir. 1980)	264
General Electric Co. v. General Electric Co. Ltd [1972] 1 WLR 729	81
General Motors Corp. v. Yplon SA [1999] ETMR 122	47, 106
Glaxo Group and Others v. Dowelhurst Ltd (No. 2) [2000] FSR 529	36
Godbout v. Longueuil (City) (1997) 152 DLR (4th) 577	226
Gould Estate v. Stoddart Publishing Co. (1997) 30 OR (3d) 520	124–5, 132–4
Gould Estate v. Stoddart Publishing Co. (1998) 80 CPR (3d) 161	33, 124–5
Graham v. John Deere Co., 383 US 1 (1985)	306
Grant v. Esquire Inc., 367 F Supp 876 (SDNY 1973)	181
Griffiths v. Bondor Hosiery Co. Ltd, *Times*, 10, 11 and 12 December 1935	255
Griswold v. Connecticut, 381 US 479 (1965)	161

Haelan Laboratories Inc. *v.* Topps Chewing
  Gum Inc., 202 F 2d 866 (2nd Cir. 1953)   16, 126, 174–6,
                                                 177, 183, 194,
                                                 282, 283, 327
Halliwell *v.* Panini (Unreported, High Court,
  Chancery Division, 6 June 1997)   4, 68, 69, 82
Handyside *v.* United Kingdom (1979–80)
  1 EHRR 737   213, 219
Harris *v.* Harris [2001] 2 FLR 895   224
Harrison and Starkey *v.* Polydor Ltd. [1977]
  FSR 1   77
Harrods Ltd *v.* Harrodian School Ltd [1996]
  RPC 697   102, 106–7, 112
Harrods Ltd *v.* R. Harrod Ltd (1924) 41 RPC 74   73, 99–100
Harrods Ltd *v.* Schwartz-Sackin & Co. Ltd [1986]
  FSR 490   14, 29, 112, 324
Hayward & Co. *v.* Hayward & Sons (1887)
  34 Ch D 198   251
Heath *v.* Weist-Barron School of Television
  Canada Ltd (1981) 62 CPR (2d) 92   123, 128, 134
Hellewell *v.* Chief Constable of Derbyshire
  [1995] 1 WLR 804   18, 207, 209, 214
Henderson *v.* Radio Corp. Pty Ltd [1969]
  RPC 218   14, 30, 69,
                                                 85–7, 98, 101,
                                                 104–5, 109
Henley *v.* Dillard Dept Stores, 46 F Supp. 2d 587
  (N.D.Tex 1999)   182
Herbage *v.* Pressdram Ltd [1984] 1 WLR 1160   67
Hertel *v.* Switzerland (1999) 28 EHRR 534   220
Hexagon Pty Ltd *v.* Australian Broadcasting
  Commission (1975) 7 ALR 233   29
HFC Bank Plc *v.* Midland Bank Plc [2000] RPC
  176   81
Hickman *v.* Maisey [1900] 1 QB 752   206
Hill *v.* Church of Scientology of Toronto (1995)
  126 DLR 129   215, 216, 224–5
Hines *v.* Winnick (1947) 64 RPC 113   63
Hirsch *v.* S. C. Johnson & Sons Inc., NW 2d
  129 (1979)   182
Hodgkinson & Corby Ltd *v.* Wards Mobility Ltd
  [1994] 1 WLR 1564   14, 29, 112, 324

Hoffman v. Capital Cities/ABC, Inc., 255 F 3d 1180 (9th Cir. 2001)	186
Hogan v. A. S. Barnes & Co. Inc., 114 USPQ 314 (Pa. Comm. Pl. 1957)	176–7, 178
Hogan v. Koala Dundee Pty Ltd (1988) 83 ALR 187	76, 82, *92–5*, 105, 108
Holdke v. Calgary Convention Centre Authority [2000] ACWS (3d) 1281	128, 136
Honey v. Australian Airlines Ltd and Another [1989] ATPR 40-961, affirmed (1990) 18 IPR 185	69, 91
Honeysett v. News Chronicle, *Times*, 14 May 1935	254–5, 257, 261, 263–4
Hood v. W. H. Smith and Son Ltd, *Times*, 5 November 1937	255, 257, 264
Hook v. Cunard Steamship Co. [1953] 1 WLR 682	242
Horton v. Tim Donut Ltd (1998) 75 CPR (3d) 451	123, 126, 135
Howell v. New York Post Co. 612 NE 2d 699 (NY 1993)	154
Hulton v. Jones [1910] AC 20	256
Hulton Press Ltd v. White Eagle Youth Holiday Camp Ltd (1951) 68 RPC 126	102, 104
Hunter v. Canary Wharf Ltd [1997] 2 WLR 684	245
Hustler Magazine Inc. v. Falwell, 485 US 46 (1988)	247
Hutchence v. South Seas Bubble Co. Pty Ltd (1986) 64 ALR 330	69, *88–9*
IHT Internationale Heiztechnik v. Ideal Standard [1994] 3 CMLR 857	36
Imperial Group PLC v. Philip Morris Ltd [1984] RPC 293	81
Imutran Ltd v. Uncaged Campaigns Ltd [2001] 2 All ER 385	220, 221
International News Service v. Associated Press, 248 US 215 (1918)	28, 31, 113, 114, 177, 279
IRC v. Muller & Co.'s Margarine Ltd [1901] AC 217	61, 115, 278
Jacubowski v. Germany (1995) 19 EHRR 64	220
JANE AUSTEN Trade Mark [2000] RPC 879	41
Janvier v. Sweeney [1919] 2 KB 316	244
John v. MGN [1996] 3 WLR 593	7, 10, 242

John Walker & Sons Ltd v. Henry Ost & Co. Ltd
  [1970] RPC 489   112
Joseph v. Daniels (1986) 11 CPR (3d) 544   123, 136
Joyce v. Sengupta [1993] 1 All ER 897   256
Kaye v. Robertson [1991] FSR 62   15, 22, 67, 70–1,
                                             162, 179, 195, 196,
                                             202–4, 218, 222,
                                             248, 321, 324, 328
Kean v. McGivan [1982] FSR 119   63
Khashoggi v. IPC Magazines Ltd
  [1986] 1 WLR 1412   67
Khodaparast v. Shad [2000] EMLR 265   251, 256
Khorasandjian v. Bush [1993] QB 727   244
Kidson v. SA Associated Newspapers Ltd
  1957 (3) 461 (W)   143
Kirk v. A. H. & A. W. Reed [1968] NZLR 801   260–1, 263
Krouse v. Chrysler Canada Ltd (1972)
  25 DLR (3d) 49   *115–18*, 123,
                                                    127, 129, 130,
                                                    131, 284–5, 325–6

Krouse v. Chrysler Canada Ltd (1973)
  40 DLR (3d) 15   14, 118–21,
                                                         123, 134
Lady Anne Tennant v. Associated Newspapers
  Group Ltd [1979] FSR 298   34
Lake v. Wal-Mart Stores Inc.,
  582 NW 2d 231 (Minn. 1998)   263
Landa v. Greenberg (1908) 24 TLR 441   63
Landham v. Lewis Galoob Toys Inc., 227 F 3d
  619 (6th Cir. 2000)   181
Lego System Aktieselskab v. Lego M. Lemelstrich
  Ltd [1983] FSR 155   75, 77, 102–3
Lennon v. News Group Newspapers Ltd
  [1978] FSR 573   207
Lerman v. Chuckleberry Publishing Inc.,
  521 F Supp. 228 (SDNY 1981)   181
Ley v. Hamilton (1935) 153 LT 384   242
Lipiec v. Borsa (1997) 31 CCLT 294   116
Lloyd Schuhfabrik Meyer & Co. GmbH v. Klijsen
  Handel BV [2000] FSR 77(ECJ)   46
Loendersloot v. Ballantine & Son Ltd [1998] FSR
  544   37

Lonhro Ltd v. Shell Petroleum Co. Ltd (No. 2) [1982] AC 173	280
Lord v. McGregor (British Columbia Supreme Court, 10 May 2000)	116
Lugosi v. Universal Pictures Cal. 603 P2d 425 (1979)	166, 284, 302
Lynch v. Knight (1861) 9 HL Cas. 577, 11 ER 854	15, 242
Lyngstad v. Anabas Products Ltd [1977] FSR 62	4, 13, 33, 68, 70, 75, 77, 79, 82, 84, 88, 94
Mackay v. Buelow (1995) 24 CCLT (2d) 184	116
Mad Hat Music Ltd v. Pulse 8 Records Ltd [1993] EMLR 172	35
Mail Newspapers v. Insert Media (No. 2) [1988] 2 All ER 420	14, 29, 60, 112, 324
Malone v. Metropolitan Police Commissioner [1979] 1 Ch 344	15, 195
Malone v. United Kingdom (1985) 7 EHRR 14	212
Marca Mode CV v. Adidas AG [2000] All ER (EC) 694	46
Marion Manola v. Stevens & Myers, *NY Times*, 15 June 1890	147
Marks v. Jaffa, 26 NYS 908 (Super Ct 1893)	150
Markt Intern and Beermann v. Germany (1990) 12 EHRR 161	220
Martin Luther King Jr Center for Social Change Inc. v. American Heritage Products, 296 SE 2d 697 (Ga. 1982)	184, 284, 285
Martin Luther King Jr Center for Social Change Inc. v. American Products Inc., 694 F 2d 674 (11th Cir. 1983)	125
Massam v. Thorley's Cattle Food Co., (1880) 14 Ch D 748	66
Matthews v. Wozencraft, 15 F 3d 432 (5th Cir. 1994)	186, 303, 309
Maxim's v. Dye [1977] FSR 364	61
Maxwell v. Hogg (1867) 16 LR 2 Ch App 307	66
Mazatti v. Acme Products [1930] 4 DLR 601	266
Mazer v. Stein, 347 US 201 (1954)	299
McCarey v. Associated Newspapers Ltd [1965] 2 QB 86	7

McCartan Turkington Breen v. Times Newspapers Ltd
  [2000] 3 WLR 1670 — 220
McCulloch v. Lewis A. May (Produce Distributors) Ltd
  (1948) 65 RPC 58 — 4, 13, 73–5, 82, 100–2, 110, 193
McLoughlin v. O'Brian [1983] 1 AC 410 — 242
Meering v. Grahame-White Aviation Co. Ltd
  (1920) LT 44 — 242
Melvin v. Read 297 P 91 (1931) — 162
Memphis Development Foundation v. Factors
  Etc. Inc., 616 F 2d 956 (1980) — 184, 284, 296, 305–6
Merchandising Corporation of America Inc. v.
  Harpbond Ltd [1983] FSR 32 — 33, 321
Mercury Communications Ltd v. Mercury Interactive
  (UK) [1995] FSR 850 — 32
Messenger v. Gruner & Jahr Printing and Pub.,
  208 F 3d 122 (2nd Cir. 2000) — 153, 185
Mhlongo v. Bailey 1958 (1) SA 370 (W) — 143
Millar v. Taylor (1769) 4 Burr 2303 — 300
Mills v. News Group Newspapers Ltd [2001]
  EMLR 957 — 209, 217, 221, 223
Minister of State for the Army v. Dalziel
  (1944) 68 CLR 261 — 276
Mirage Studios v. Counter-Feat Clothing Co. Ltd
  [1991] FSR 145 — 40, 75, 78–80, 82, 83
Miss World (Jersey) Ltd v. James Street
  Productions Ltd [1981] FSR 309 — 100
Modern Fiction v. Fawcett (1949) 66 RPC 230 — 63
Mogul Steamship Co. v. McGregor Gow & Co.
  (1889) 23 QBD 598 — 114
Monson v. Tussauds Ltd [1894] 1 QB 671 — 258, 259
Monty and Pat Roberts, Inc. v. Keith, WIPO
  Case No. D2000-0299 — 56
Moorgate Tobacco Co. Ltd v. Philip Morris Ltd
  (No. 2) (1984) 56 CLR 414 — 13, 14, 23, 29, 30, 112, 113, 114, 278, 312

Morgan v. Odhams Press [1971] 1WLR 1239	256
Morris v. Danna, 411 F Supp. 1300 (1976)	161
Motschenbacher v. R. J. Reynolds Tobacco Co., 498 F 2d 821 (9th Cir. 1974)	122, 178, 181, 182, 282
Muller v. Switzerland (1991) 13 EHRR 212	220
Munden v. Harris 134 SW 1076 (1911)	157, 281, 311
Murray v. Ministry of Defence [1988] 1 WLR 692	242
Murray v. United Kingdom (1995) 19 EHRR 193	213
Nash v. Sheen [1953] CLY 3726	242
National Provincial Bank v. Ainsworth [1965] AC 1175	276
Nestle UK Ltd v. Zeta Espacial SA [2000] ETMR 226	43
Neutrogena Corp. v. Golden Ltd [1996] RPC 473	81
New York Times Co. v. Sullivan, 376 US 254 (1964)	247
Newcombe v. Adolf Coors Co., 157 F 3d 686 (9th Cir. 1998)	188, 249
Newsweek Inc. v. BBC [1979] RPC 441	104
Nice and Safe Attitude Ltd v. Piers Flook [1997] FSR 14	61, 82
Nicrotherm Electrical Co. Ltd v. Percy [1957] RPC 207	281
Niemietz v. Germany (1993) 16 EHRR 97	212
Nilsen and Johnsen v. Norway (2000) 30 EHRR 878	219
Oasis Stores Ltd's Trade Mark Application [1998] RPC 631	106
O'Brien v. Pabst Sales Co., 124 F 2d 167 (5th Cir. 1941)	173–4, 188
O'Keeffe v. Argus Printing and Publishing Co. Ltd 1954 (3) SA 244 (C)	142, 143
O'Shea v. MGN Ltd and Free4internet.net Ltd [2001] EMLR 943	222, 256
Pacific Dunlop Ltd v. Hogan (1989) 87 ALR 14	69, 76, 81, 82, 95–7, 107, 296
Page v. Smith [1996] AC 155	242
Palmer v. National Sporting Club Ltd (1906) 2 MacG CC 55	326
Palmer v. Schonhorn Enterprises Inc., 232 A 2d 458 (1967)	178, 181
Paracidal Pty Ltd v. Herctum Pty Ltd (1983) 4 IPR 201	69, 89
Paramount Pictures Inc v. Leader Press Inc., 24 F Supp. 1004 (1938)	173

Parfums Christian Dior SA *v.* Evora BV [1998] RPC 166	37
Parker & Son (Reading) Ltd *v.* Parker [1965] RPC 323	70
Parker-Knoll Ltd *v.* Parker Knoll International Ltd [1962] RPC 265	81
Parmiter *v.* Coupland (1840) 6 M&W 108	252, 260
Pasley *v.* Freedman (1789) 100 ER 450	119
Paulsen *v.* Personality Posters, Inc., 299 NYS 2d 501 (1968)	186
Pavesich *v.* New England Life Insurance Co. 50 SE 68 (1905)	16, 154–6, 165–6, 169, 172, 191, 193, 195, 204, 327
Philips Electronics BV *v.* Remington Consumer Products [1998] RPC 283	36
Philips Electronics NV *v.* Remington Consumer Products Ltd [1999] RPC 809 (CA)	39, 45
Philips Electronics NV *v.* Remington Consumer Products Ltd [2001] RPC 745 (ECJ)	37, 39, 45
Pianotist Co.'s Application (1906) 23 RPC 774	40
Pinky's Pizza Ribs on the Run Pty Ltd *v.* Pinky's Seymour Pizza & Pasta Pty Ltd (1997) ATPR ¶41–600	99
Pirone *v.* MacMillan Inc., 894 F 2d 579 (2nd Cir. 1990)	184
Plumb *v.* Jeyes Sanitary Compounds Co. Ltd, *Times*, 15 April 1937	259–60, 263
Poiret *v.* Jules Poiret Ltd (1920) 37 RPC 177	70
Pollard *v.* Photographic Co. (1889) 40 ChD 345	18, 147, 322, 326
Powell *v.* Birmingham Vinegar Brewery Co. Ltd (1896) 13 RPC 235	36
Prince Albert *v.* Strange (1849) 2 DeG & Sm 652, 64 ER 293	148, 207
Prince Albert *v.* Strange (1849) 1 Mac & G 25, 41 ER 1171	147, 148, 207
Pursell *v.* Horn (1838) 8 AD & E, 602, 112 ER	242
R. *v.* Advertising Standards Authority, ex parte SmithKline Beecham Plc [2001] EMLR 598	51
R *v.* Advertising Standards Authority ex parte the Insurance Service Plc (1990) 2 Admin LR 77	51

R v. Broadcasting Complaints Commission, ex parte Barclay [1997] EMLR 62	206
R v. Broadcasting Standards Commission ex parte British Broadcasting Corp. [2000] 3 WLR 1327	206
R v. Chief Constable of the North Wales Police and others ex parte AB and Another [1997] 4 All ER 691	18
R v. Department of Health ex parte Source Informatics Ltd [2001] QB 424	207
R v. Home Secretary, ex parte Simms [2000] 2 AC 115	220
R v. Khan (Sultan) [1996] 3 All ER 289	202
R v. Press Complaints Commission, ex parte Stewart-Brady [1997] EMLR 185	49
Racine v. CJRC Radio Capitale Ltee (1977) 35 CPR (2d) 236	123, 128, 134
Rantzen v. Mirror Group Newspapers [1994] QB 670	10
Ratcliffe v. Evans [1892] 2 QB 524	251
Rattner v. BuyThisDomainName WIPO Case No. D2000-0402	58
Re Burford (H.G.) & Co. Ltd's Application [1919] 2 Ch 28	42
Re Coca-Cola's Application [1986] RPC 421	114
Re Fanfold Ltd's Application (1928) RPC 199	44
Re McDowell's Application (1926) 43 RPC 313	36
Re Mister Long Trade Mark [1999] ETMR 406	39
Re X [1975] 1 All ER 697	15
REACT Trade Mark [2000] RPC 285	46
Reckitt & Colman Ltd v. Borden Inc. [1990] 1 WLR 491	14, 60, 112, 114
Reddaway v. Banham (1896) 13 RPC 429	59, 72, 324
Registrar of Trade Marks v. Du Cros (W&G) Ltd [1913] AC 624	40
Renwick v. News and Observer Publishing Co., 312 SE 2d 405 (N.C. 1984)	263
Retail, Wholesale & Department Store Union, Local 580 v. Dolphin Delivery Ltd (1987) 33 DLR (4th) 174	216
Reynolds v. Times Newspapers Ltd [1999] 3 WLR 1010	220, 251
Rickless v. United Artists Corp. [1988] QB 40	28
River Wear Commissioners v. Adamson (1876) 1 QBD 551	171

Roberson *v.* Rochester Folding Box Co., 171
   NY 538 (1902)   16, *151–3*,
                                               155–6, 172,
                                               191, 192, 193,
                                               228, 257, 327
The Robert Marley Foundation *v.* Dino Michelle
   Ltd (Unreported Suit No. C.L. R115-1992,
   High Court of Jamaica, 12 May 1994)   122, 125, 285–6
Roberts *v.* Boyd WIPO Case No. D2000-0210   55
Rodgers (Joseph) & Sons Ltd *v.* W. N. Rodgers &
   Co. (1924) 41 RPC 277   70
Roe *v.* Wade, 410 US 113 (1973)   161
Rogers *v.* Grimaldi, 875 F 2d 994 (2nd Cir. 1989) 15, 181, 186
Rookes *v.* Barnard [1964] AC 1129   251
Rosenberg *v.* Martin, 478 F 2d 520 (1973)   161
Roth *v.* Roth (1992) 9 CCLT (2d) 141   116
Routh *v.* Webster (1849) 10 Beav 561 (50 ER 698) *63–5*, 101, 322
Rowland *v.* Mitchell [1897] 1 Ch 71   44
Ruffin-Steinback *v.* dePasse, 82 F Supp.2d 723
   (E.D.Mich. 2000)   186
Rumcoast Holdings Pty Ltd *v.* Prospero Publishing
   Pty Ltd (1999) 48 IPR 75   62
Russell *v.* Marboro Books, 183 NYS 2d 8 (1959)   249
Rylands *v.* Fletcher (1866) LR 1 Ex 265   204, 325
S *v.* A 1971 (2) SA 293 (T)   143
S *v.* I 1976 (1) SA 781 (RAD)   143
SA CNL-Sucal NV *v.* HAG GF AG [1990] 3
   CMLR 571   36
Sabel BV *v.* Puma AG, Rudolf Dassler Sport [1998]
   RPC 199   37, 46
Scandecor Development AB *v.* Scandecor Marketing
   AB [2001] ETMR 800   36
Schuyler *v.* Curtis, 15 NYS 787 (Sup Ct 1891)   150, 172
Schuyler *v.* Curtis, 42 NE 22 (1895)   150
Scott *v.* Sampson (1882) 8 QBD 491   252
Sears, Roebuck & Co. *v.* Stiffel Co., 376 US 225
   (1964)   31
Shaw *v.* Berman (1997) 72 CPR (3d) 9   135
C. A. Sheimer (M) Sdn Bhd's Trade Mark
   Application [2000] RPC 484   47, 106
Shelley Films Ltd *v.* Rex Features Ltd [1994]
   EMLR 134   209, 214

Silber *v.* BCTV (1986) 69 BCLR 34 (SC)	225
Sim *v.* H. J. Heinz & Co. Ltd [1959] 1 WLR 313	4, *67–8*, 70, 100, 193, 257, *268–9*, 273, 320, 325
Sim *v.* Stretch (1936) 52 TLR 669	252, 259
Smith, Hayden & Co.'s Application (1946) 63 RPC 97	40
Sony Music Productions Pty Ltd *v.* Tansing (1993) 27 IPR 649	83, 121, 179
Spalding (A. G.) & Bros. *v.* Gamage (A. W.) Ltd (1915) 32 RPC 273	59, 61, 67, 72, 98
Spencer (Earl and Countess) *v.* United Kingdom (1998) 25 EHRR CD 105	213
Sperry Rand Corp. *v.* Hill 356 F 2d 181 (1966)	249
Sports & General Press Agency Ltd *v.* 'Our Dogs' Publishing Co. Ltd [1917] 2 KB 125	326
Springsteen *v.* Burgar WIPO Case No. D2000-0235	55–6
Stanley *v.* Georgia, 394 US 557 (1969)	161
Star Industrial Co. Ltd *v.* Yap Kwee Kor [1976] FSR 256	61, 97, 104, 277
The State of Tennessee, Ex Rel. The Elvis Presley International Memorial Foundation *v.* Crowell, 733 SW 2d 89 (Ten. App 1987)	125, 184, 285
Stephano *v.* News Group Publications, 485 NYS 2d 220 (Ct App. 1984)	184
Stephens *v.* Avery [1988] 2 WLR 1280	207, 208
Stockwell *v.* Kellog Company of Great Britain, *Times*, 31 July 1973	256, 264
Strickler *v.* National Broadcasting Co., 167 F Supp. 68 (SD Cal. 1958)	176
Stringfellow *v.* McCain Foods (GB) Ltd [1984] RPC 501	70, 78, 82, 99, 103–4
Sumner, p/k/a Sting *v.* Urvan WIPO Case No. D2000-0596	57
Sunday Times *v.* United Kingdom (1979–80) 2 EHRR 245	219
Sutcliffe *v.* Pressdram [1991] 1 QB 153	10
Taco Bell Pty Ltd *v.* Taco Co. of Australia Inc. (1981) 42 ALR 177	98

Taittinger SA *v.* Allbev Ltd [1993] FSR 641	106, 112
Talmax Pty Ltd *v.* Telstra Corp. Ltd (1996) ATPR ¶41-535, 42	97, 104
Tapling *v.* Jones (1865) 11 HLC 290, 11 ER 1344	206
TARZAN Trade Mark [1970] RPC 450	40
Tavener Rutledge Ltd *v.* Trexapalm Ltd [1977] RPC 275	75-6, 81, 82, 94
10th Cantanae Pty Ltd *v.* Shoshana Pty Ltd (1987) 79 ALR 299	69, 89-91, 109, 121
Teofani & Co. Ltd *v.* Teofani [1913] 2 Ch 545	42
TGI Friday's Australia Pty Ltd *v.* TGI Friday's Inc. (1999) 45 IPR 43	98
Titan Sports, Inc. *v.* Comics World Corp., 870 F 2d 85 (2nd Cir. 1989)	186
Tolley *v.* J. S. Fry & Sons Ltd [1930] 1 KB 467	258
Tolley *v.* J. S. Fry & Sons Ltd [1931] AC 333	18, 173, 191, 193, 253-4, 257, 266, 325, 326
Tony Alessandra D/B/A Alessandra & Associates *v.* Inss and Allesandra's, WIPO Case No. D2001-0619	58
Tot Toys Ltd *v.* Mitchell [1993] 1 NZLR 325	95, 105, 108
Tuck *v.* Priester (1887) 19 QBD 629	147
Tucker *v.* News Media Ownership Ltd [1986] 2 NZLR 716	244
Twentieth Century Fox Film Corp. *v.* South Australian Brewing Co. Ltd (1996) 34 IPJ 225	83, 97, 104
Uhlaender *v.* Henricksen, 316 F Supp. 1277 (1970)	178, 282, 294
University College of Cape Coast *v.* Anthony [1977] 2 GLR 21	257
Uren *v.* John Fairfax & Sons Pty Ltd (1965-6) 117 CLR 118	251
Valiquette *v.* The Gazette (1992) 8 CCLT (2d) 302	225
Venables *v.* News Group Newspapers Ltd [2001] WLR 1038	208, 213, 223
Victoria Park Racing and Recreation Grounds Co. Ltd *v.* Taylor (1937) 58 CLR 479	23, 29, 32, 112, 113, 206, 276, 278
Vieright Pty Ltd *v.* Myer Stores Ltd (1995) 31 IPR 361	98

Villers v. Monsley (1769) 2 Wils KB 403	260
Vine Products & Co. Ltd v. Mackenzie & Co. Ltd [1969] RPC 1	59–60, 112, 324
Wagamama Ltd v. City Centre Restaurants Plc [1995] FSR 713	36, 45, 46
Waits v. Frito-Lay Inc., 978 F 2d 1093 (9th Cir. 1992)	182, 185
Walker v. Brewster (1867) LR 5 Eq 2	206
Wallis v. London Mail Ltd, *Times*, 20 July 1917	255, 264
Walt Disney Productions Ltd v. Triple Five Corp. (1992) 93 DLR (4th) 739	98
Walter v. Alltools Ltd (1944) 61 TLR 39	242
Walter v. Ashton [1902] 2 Ch 282	64
Waring v. WDAS Broadcasting Station, 35 USPQ 272 (1937)	177
Watts v. Morrow [1991] 1 WLR 1421	12, 242
WCVB-TV v. Boston Athletic Association, 926 F 2d 42 (1st Cir. 1991)	279
Wheaton v. Peters, 26–33 US 1055 (1834)	147-8
White v. Chief Constable of South Yorkshire Police [1999] 2 AC 455	242
White v. Samsung Electronics America, Inc., 971 F 2d 1395 (9th Cir. 1992)	182, 185
White v. Jones [1995] 2 AC 207	196, 197
Whitney v. California (1927) 274 US 357	224
Wilkinson v. Downton [1897] 2 QB 57	19, 191, *243–5*, 247, 322, 325
Willard King Pty Ltd v. United Telecasters Ltd [1981] 2 NSWLR 547	29
William Coulson & Sons v. James Coulson & Co. [1887] 3 TLR 46	203
Williams v. Hodge (1887) 4 TLR 175	9, 11, 65–6, 70, 320
Williams v. Settle [1960] 2 All ER 806	22, 34
Wilson v. Wilkins (1930) 25 SW 2d 428	246
Winer v. United Kingdom (1986) 48 DR 154	213
Winterson v. Hogarth WIPO Case No. D2000-0235	55
Wombles Ltd v. Wombles Skips Ltd [1975] FSR 488	75
Wood v. Sandow, *Times*, 30 June 1914	255, 264
X v. Iceland (1976) 5 DR 86	212
X v. United Kingdom, Application No. 5877/72	212
Youssoupoff v. Metro-Goldwyn-Mayer Pictures Ltd (1934) 50 TLR 581	252

24 人格的商业利用

Zacchini *v.* Scripps-Howard Broadcasting Co.,
  433 US 562 (1977)   *179–80,* 187,
      301–2, 312
Zana *v.* Turkey (1999) 27 EHRR 667   219
Zim *v.* Western Publishing Co., 572 F 2d 1318 (1978)
  (5th Cir. CA)   184, 185

Table of German cases

RG 28.12.1899, RGZ 45, 170 (1899) (*Bismarck*)   229
BGHZ 13, 334 (1954) (*Schacht*)   230–1
BGHZ 15, 249 (1954) (*Wagner*)   231
BGHZ 20, 345 (1956) (*Dahlke*)   231, 232
BGHZ 26, 349; BGH GRUR 1958, 408 (1958)
  (*Herrenreiter*)   22, 231
BGHZ 35, 363 (1961); BGH GRUR 1961, 105 (1961)
  (*Ginsengwurzel*)   233
BverfGE 30, 173 (1971) (*Mephisto*)   233
BverfGE 34, 269 (1973) (*Soraya*)   233
BGH 17.05.82 (Case No. I ZR 73/82) (1982)
  (*Fresh Cell Cosmetics*)   234
BGH 14.10.86 (Case No. VI ZR 10/86) (1986) (*Nena*)   235
OLG Hamburg 08.05.89 (Case No. 3 W 45/89) (1989)
  (*Heinz Erhardt*)   234
BGH, NJW 1996, 1128 (1995) (*Caroline*)   236–7
BGH 1.12.1999 (1999)(*Dietrich*)   234

法条目录表

Statute of Anne 1710: An Act for the Encouragement of Learning by Vesting the Copies of Printed Books in Authors or Purchasers of Such Copies 8 Anne c. 19   *page* 30
Common Law Procedure Act 1854   64
Copyright Act 1911
   s. 31   147
Law Reform (Miscellaneous Provisions) Act 1934
   s. 1(1)   124
Trade Marks Act 1938
   s. 9   39
   s. 10   39
Defamation Act 1952
   s. 3(1)   203
Copyright Act 1956
   s. 4   34
Patents Act 1977
   s. 25   278
   s. 30(1)   277
   s. 30(6)   277
   s. 48   277
Data Protection Act 1984   239
Consumer Protection Act 1987
   s. 2(2)(b)   101
Copyright Designs and Patents Act 1988   33
   s. 1   33
   s. 1(1)   277
   s. 4   33
   s. 9   33
   s. 9(2)(aa)   33
   s. 9(2)(ab)   33
   s. 11   33
   s. 12(1)   278

s. 17(3)	33
ss. 28–76	278
s. 84	63, 262
s. 85	33
s. 85(2)	33
s. 90	277
s. 180(2)	35
s. 181	35
s. 182	35
s. 184	35
ss. 180–212	302
Broadcasting Act 1990	
s. 9	48
Courts and Legal Services Act 1990	
s. 58	191
Trade Marks Act 1994	
s. 1(1)	39
s. 3(1)(b)	39, 41
s. 3(6)	41, 43
s. 4	38
s. 5(3)	47, 106
s. 10(1)	45
s. 10(2)	46
s. 10(3)	47, 106
s. 11	40
s. 11(2)	45
s. 12	40
s. 22	277
s. 24(3)	277
ss. 24–6	277
ss. 28–31	277
s. 32(2)(c)	43
s. 32(3)	43
s. 42	277
s. 43	278
s. 46	277, 278
s. 46(1)	43
s. 47	43
s. 56	62
Broadcasting Act 1996	
s. 107(1)	206
s. 119	206

Protection from Harassment Act 1997	247
Data Protection Act 1998	
s. 7	205
s. 11	205
s. 13(2)	205
s. 32(1)	205
Human Rights Act 1998	48, 202, 210, 211, 214, 225
s. 6(1)	214
s. 9(1)	215
s. 12	220, 222
s. 12(1)	221
s. 12(3)	221
s. 12(4)	221, 223
Access to Justice Act 1999	
Sched. 2, para. 1	190
s. 27(1)	191

Table of foreign legislation

Australia

Trade Practices Act 1974 (Cth)	88
s. 52	97

Canada

Canadian Trade Marks Act, RSC 1985, c. T-13	
s. 9(1)	39
Charter of Human Rights and Freedoms RSQ c. C-12 (Quebec)	17, 111, 225, 226

Germany

Kunsturhebergesetz (KUG) (Artistic Copyright Act) 1907	
s. 22	229, 231, 232
s. 22(3)	235
s. 23	229
s. 23 II	236

United States

Lanham Trademark Act 1946, 15 USC §1125	
s. 43(a)	15
s. 43(c)(1)	105

Copyright Act 1976, 17 USC §301　　　　　　　　　　　148
Uruguay Round Agreements Act, 17 USC §1101　　　　302
California Civil Code §3344 and §3344.1
　　(The Astaire Celebrity Image Protection Act)　　184, 185
Tennessee Code §47-25-1104 (Personal Rights
　　Protection Act 1984)　　　　　　　　　　　　　　184
Indiana Code §32-13-1-8　　　　　　　　　　　　　　184
New York Civil Rights Law §51　　　　　　　　　153, 185
New York Civil Rights Law §50　　　　　　　　　184, 153

Table of International Instruments

European Convention on the Protection of
Human Rights and Fundamental Freedoms
1950　　　　　　　　　　　　　　　　　　　17, 144, 202
　　Article 6　　　　　　　　　　　　　　　　　　　224
　　Article 8　　　　　　　　　　　　205, 211, 212–13,
　　　　　　　　　　　　　　　　　　217–18, 222, 223
　　Article 10　　　　　　　　　　　　219–20, 222, 224

Universal Declaration of Human Rights　　　　　　　17
United Nations Charter　　　　　　　　　　　　　　17
Paris Convention for the Protection of Industrial
Property, 1968
　　Article 10 *bis*　　　　　　　　　　　　　　　27, 56

第一编

框　架

1　人格利用的问题

1 人格利用的问题[*]

引　论

人格（personality）利用问题的本质可以简单地概括为：如果一个人（A）未经另一个人（B）的同意，而在广告或者销售中利用了她\他（B）的姓名、嗓音（voice）或者肖像（likeness），那么 B 在多大程度上能获得救济措施来制止这种未经授权的"剥削式"利用？在广告和商业经营中利用人格上有价值的特征，例如姓名、肖像和嗓音，是很常见的。在很多案例中，B 可能是一个名人，当然并非每个案例都是如此，因为在广告中有很多不具备明显公众认知度的个人形象被使用。形象普通并不必然意味着就能免受未经授权的商业利用，尽管那些可能寻求法律赔偿救济的多是名人或成功人士。

利用人格特质的实践，具有很长的历史。早在 1843 年的《爱丁堡评论》就曾记录：Cockle 先生的治胆病药丸当时在其他同类产品中得到了包括 10 个公爵，5 个侯爵，17 个伯爵，16 个上议院议员，1 位大主教，15 个主教以及首席将军的推荐，后来广告者因伪造了大部分的名人认证文件而受到惩处。[1] 具有讽刺意味的是，这之前，其中很多人物相对并不知名，恰恰是广告发布者提升了这

---

[*] 出版者尽了最大的努力确保本书所引用的外部网络链接在付梓之前是正确和仍然有效的。但是，出版者对相关网址不负责，并且无法保证网址将会持续有效或者相关内容仍是适当的。

[1] Cited by T. Richards, *The Commodity Culture of Victorian England* (London, 1990), 22 and 84. See also J. P., Wood, *The Story of Advertising* (New York, 1958), 123.

些人物的知名度,使得公众因他们对广告产品的推荐能力而能单独识别出他们。[2] 随着工业革命的到来和消费品市场的发展分化,制造商和广告主开始寻求进入市场和使自己的产品区别于竞争对手产品的新途径。维多利亚女王似乎一直被赋予这样一个未经考证的独特意义:她可能是个人形象最早地被大范围地在英格兰进行商业利用的人士之一。在 1887 年女王继位周年大典时,成百上千的广告主将女王的各种形象应用在香水、香粉、药丸、洗液、香皂、珠宝、可可粉等类型的商品上。[3] 此后,在商品上利用名人的做法成为广告经营业和商品推销业的一个持久性的特征。[4] 名望、名气或者现代广告业或促销界风云人物所谓的"高曝光率"(High Visibility)已经成为一种可以用来促销商品、吸引观众、促进慈善捐赠以及政治或社会事业的资产(有价值的东西)。[5]

针对其中出现的问题,各国的司法制度发展出显著不同的解决办法,并且在路径上的同一性较少。本书的研究立足于英国的普通法,其不太倾向于对人格的利用提供救济,在过去很长时间里,为数不少的原告对未经授权就利用他们身份特征或标志的行为寻求赔偿救济的努力都失败了。[6] 其他国家的司法制度在不同程度上都摒弃英国法的这种刚性做法,而是通过援用许多不同法律概念为个人特征不同方面的商业利用提供救济。在几种法律制

---

[2] Ibid., 84.

[3] Ibid., 86.

[4] See, e.g., W. Wernick, *Promotional Culture* (London, 1991), 106 et seq; J. Marconi, *Image Marketing* (Chicago, 1997), ch. 4.

[5] See, I. J. Rein et al., *High visibility* (London, 1987), 7.

[6] See, e.g. Clark v. Freeman (1848) 11 Beav 112; Williams v. Hodge (1887) 4 TLR 175; Dockrell v. Dougall (1899) 15 TLR 333 (surgeons); Corelli v. Wall (1906) 22 TLR 532 (author); McCulloch v. Lewis A. May (Product Distributors) Ltd. (1948) 65 RPC 58 (broadcaster); Sim v. H. J. Heinz&Co. Ltd [1959] 1 WLR 313 (actor); Lyngstad v. Anabas Products Ltd [1977] FSR 62; Halliwell v. Panini (Unreported, High Court, Chancery Division, 6 June 1997) (pop groups); *ELVIS PRESLEY Trade Marks* [1999] RPC 567 (estate of deceased singer); Douglas v. Hello! Ltd [2001] 2 WLR 992 (actors).

度中,诉讼的诉因从不同的角度看是基于虚假陈述、不当利用、诽谤和侵犯隐私;采用这些诉因,是为保护潜在的财产利益、名誉和隐私。在主要的普通法系和民法法系[7]国家,离散型的法律发展模式,反映出(法律制度)对个人特征商业利用上的不同态度。相应的,也反映出法律对个人尊严、财产权等潜在价值所赋予的相对重视程度。此外,各种司法体系的各自的发展轨迹,也显示出法律变革中的动力和方法上的显著差异。

人格上的利益

人格的利用

人格的商业利用问题通常被作为"角色的商品化利用"(人们常常区分现实中的人物和虚拟的角色)的一个方面来讨论。尽管这个问题通常是指"人格特征"的商业化利用(Personality Merchandising)或者认证(endorsement)*。[8] 不需要陷于语义上的纠缠,我们应该注意到其中每个用词都多少有些误导了。

首先,一个人并不是"角色",除了在口语中。第二,在各个案件中,法律责任的根本基础是迥然不同的。角色商品化利用是一个涵盖各种行为[9]和诸如版权、商标、商誉等潜在性权利的简明术语。在多数的法律制度中,对虚拟化的角色保护通常可以诉诸于基于对角色扮演者的原创性付出或者投资提供保护的版权法,或

---

[7] 虽然在适当的位置,也对民法法系的实践做了介绍,但它们不是重心。See, generally, H. P. Götting, *Persönlichkeitsrechte als Vermögensrechte* (Tübingen, 1995); J. C. S. Pinckaers, *From Privacy Towards a New Interllectual Property Right in Persona* (The Hague, 1996); M. Isgour and B. Vinçotte, *Le Droit à l'image* (Brussels, 1998); H. Beverley-Smith, A. Ohly and A. Lucas-Schloetter, *Privacy, Property and Personality* (Cambridge, forthcoming, 2003).

* 可称为"代言",指在广告中说明本人使用并赞许某产品。——译者注

[8] See generally, J. Adams, *Character Merchandising*, 2nd edn(London,1996).

[9] See H. E. Ruijsenaars, "The WIPO Report on Character Merchandising"(1994) 25 IIC 532; "Legal Aspects of Merchadising: The AIPPI Resolution"[1996] EIPR 330.

者诉诸规定了各种形式(不正当竞争行为)的不正当竞争法。一个"现实的人"的形象通常并不是这种原创性的脑力或者体力付出的结果,而且法律提供保护的根本原因和法理基础也是不同的。第三个相关点,未经授权而利用虚拟角色通常会导致创作者的纯经济利益损失,而商业利用人格特征除了会导致经济利益损失外,还会影响相关人的非物质利益或者尊严。这是很关键的一项区别,在下文会详细阐明。使用"角色商品化利用"或者"个人特征的商品化利用"会强化这样的概念,即一个人的形象只是一项资产,但事实上,个人形象的利用存在着经济和尊严利益间复杂的交叉。第四点,关于"认证"术语的使用。正如会越来越明显表现出来的,"认证"这个法律概念是相当模糊和不确定的。此外,很多未经授权的利用一个人的姓名或者形象发生在这样的情形下:利用形象并不暗示原告已经授权在一项产品或者服务上使用其形象,而仅仅是表明其和产品或者服务有某种并不紧密的联系或者关联。[10]因此,依靠"认证"这个术语是无助益的,反而可能引起误解。最后,我们很少以某项特定商业实践的术语形式描述某种法律过错。描述一项过错更常见的是指出法律所保护的利益,或者是某一类特定行为的实质,例如侵犯(trespass)、疏忽(negligence)、欺骗(deceit)或者对人格的(不当)利用。一般而言,不会说侵犯某人"商业化利用其角色的权利"[11]。

由于人格的利用更被视为一种私人自治的问题和诉因,因而在利用人格和"角色商业化"利用之间作出清晰的区别是重要的。讨论"角色商品化"对于帮助一个人理解人格利用问题是没有什么助益的,而且这个术语最好在一开始就抛弃不用。

更广阔的图景

针对人格利用的问题以及未经授权的商业利用所侵害的潜在

---

[10] See text accompanying note 23 below.
[11] Cf. P. Jaffey, "Merchandising and the Law of Trade Marks" [1998] IPQ 240, 263 et seq.

人格利益,如果不对更广阔的背景进行分析就不能理解。[12] 很自然地,任何法律制度都对人身伤害的诉求优先考虑,而且在早期这些人身伤害纠纷是法律的主要关注点。同时,随着社会和现代生活条件的变化,原告必然会对其他种类的损害要求赔偿。尽管身体完好的利益可能在各类层次的诉讼主张中仍居于首位,但是人的名誉、个人隐私利益和免受精神痛苦的自由利益变得日益重要。[13] 一般认为,侵犯人格并不具有可罚款性,不仅仅是因为他们不可能通过数学上的精确计量被计算出金钱价值,还因为它们内在地不具有经济利益。[14] 但是,人身损害的逐渐商品化要求任何现代人格利益的分类[15]应该考虑到这样的事实:一个人的姓名或者特征同样是有价值的经济财产。这些事实上的价值常常被在广告或者商品推销上利用,尽管这些行为的确切法律定位在不同国家各不相同,而且在英国法上还只依赖于脆弱的法理基础。

尽管金钱(物质性)损害和非金钱性伤害常常是不可分离的相互纠缠在一起,但是这两方面应该区分开:因为在某些司法制度中,对损害人格利益引发的物质损失的赔偿没有什么障碍,然而非

---

[12] See, e. g., R. Pound, "Interests of Personality" (1914) 28 HarvLRev 343, 445,提出了著名的人格利益的"五分法":一,人的身体利益;二,意志自由利益;三,荣誉和名誉利益;四,隐私和个人敏感性利益;五,信仰和观点利益。Cf. P. D. Ollier and J. P. le Gall, "Various Damages" in A. Tunc (ed.) *International Encyclopaedia of Comparative Law* (Tubingen, 1981), VoL Xl: Torts, Ch. 10.63,将人格利益定义为:"作为社会一员的个体,当荣誉或者名誉受到侮辱,自由受到剥夺,隐私受到侵犯,情感、信念和信仰受到伤害时,所享有的价值集合。"

[13] 法庭对精神病害的赔偿请求采取限制性的救济方式,不愿意对因疏忽侵权对他人的精神创伤归咎责任,似乎体现出这种观点:对精神造成的损害较之对身体的物理损害并不值得社会和法律的支持。See, e. g., Law Commission Consultation Paper No. 137, "Liability for Psychiatric Illness" (London, 1995), para. 4.11,引自 N. J. Mullany 和 P. R Handford, *Tort Liability for Psychiatric Damage*(Sydney, 1993), 309, 并参见 241-8.

[14] Oilier and Le Gall, "Various Damages", 63.

[15] See, e. g., E. Veitch, "Interests in Personality"(1972) 23 NILQ 423,认为英国法应该通过一条这样的一般原则来实现合理化:"任何人如果可以事先预见到他的某种行为方式可能会对别人的内心平静或者个人人格财富造成损害时而为该种行为的,将会受到限制或者被要求对损害进行修补。"

8 人格的商业利用

金钱性损害的赔偿却受到限制。[16] 例如,《法国民法典》并不对物质还是精神伤害加以区别,并且通过包含于《民法典》第1382条和第1384条的一般原则对两者都加以保护,即任何人必须对其过错(faute)造成的损害负责赔偿。[17] 而在英国法上,对人格的损害一般来说是不可诉的,除非这种损害同时影响了某些实体利益。尽管诽谤法承认对原告的非金钱性利益的损害[18],但这种诉讼在理论上至少要建立在当第三方脱离与原告的关系对原告造成经济或社会损害的基础上。[19] 尽管美国法和英国法具有同样的传统,但是美国法已经逐渐脱离了其历史渊源。英美法之间一个明显区别的领域是:美国法律通过对侵犯隐私和故意精神施压(折磨)的侵权认定而给予人格利益更大的保护。[20] 与此相似的是,在德国,尽管《德国民法典》(BGB)第823条第1款的一般条款对人身的物质性方面——身体、健康、生命或自由规定了限定性保护,但是这个一般条款经过司法的发展不断扩充,已经包含了人格利益。[21] 这些发展模式以及他们对人格利益问题的相关性,将在第三编详细考察。

8 经济性和尊严性利益

不同的司法制度针对人格的利用问题发展出截然不同的解决办法。随着各种争夺主导地位的学说的竞相出现,问题的本质似乎变得模糊了。关键是要牢固把握对人格利用的具体问题,这使

---

[16] Ibid. See, generally, K. Zweigert and H Kotz, *An Introduction to Comparative Law*, 3rd edn (Oxford, 1998), 685 et seq.

[17] 见下文第144页。

[18] *John v. MGN* [1996] 3 WLR 593,608 *per* Bingham MR; *McCarey v. Associated Newspapers Ltd* [1965] 2 QB 86, 104 *per* Pearson LJ; *Fielding v. Variety Inc.* [1967] 2 QB 841,855 *per* Salmon LJ.

[19] 见第9章。

[20] 分别见《第二次侵权法重述(1977)》652 A et seq 及 46 et seq。

[21] 见下文 227—233 页。

以利益为基础的分类方法得以凸显。本书随后的安排,目的在于有助于对问题更清晰的理解,展现出未经授权利用人格所可能侵害的主要利益,而不是在本质上需求终极答案。在以下两类利益之间可作出较宽泛的界分:第一,人格上的经济或者金钱性利益;第二,非金钱或者尊严性利益。

(1) 经济利益:
(i) 既有经营或者许可利益
(ii) 其他无形的认可(识别)性价值
(2) 尊严利益:
(i) 名誉利益
(ii) 个人隐私利益
(iii) 不受精神痛苦的自由利益

经济利益

被严格界定的一种经济利益,可能需要满足以下特征[22]:(i) 确定数目的金钱能够完全补偿对该利益的侵犯;并且(ii) 当某原告获得了准确反映其所损失价值的总和的金钱后,应该没有进一步的损失感;如果原告还感觉到未获得补偿的损失,那么他的利益就不单纯是经济性的,或者除了经济利益外,原告还有非经济性利益。除此之外,(iii) 一项经济利益能够客观地估价,如果利益所有者对此还有主观价值时,则不能仅仅是经济利益(iv) 它是一种交换(易)意义上的利益;如果不存在对个人损失的(可评价)市场,那么他就没有遭受一项严格界定的经济利益之损害。众所周知,很多人都在其人格上拥有事实上的有价值的经济利益,尽管通常很难将这些利益与各种类型的可诉侵权行为对经济利益造成的损害相调和。

既有经营利益或者许可利益 第一类利益既包括了在他们的姓名、声音或者肖像方面事实上拥有利益的那些人的利益,也包括

---

[22] See, e.g., P. Cane, *Tort Law and Economic Interests*, 2nd edn(Oxford,1996),5.

名声可能被他人积极利用以谋利的那些人的利益。显而易见的例子是音乐家、运动员或者演员，我们很容易发现这些人的形象被利用在广告和促销上。例如，运动员常常给那些属于他们专业领域的产品例如运动器材、服装做代言人，这通常能有效地促进这些商品的销售。另一方面，某个运动员的形象也可能被用在与他们的体育活动完全不相关的商品或者服务上，例如珠宝、小汽车、餐馆和通讯服务。商家们常常希望能将他们的产品或者服务与某个名人的形象通过某种尽量不对某特定商品认证的方式联系起来。事实上，在广告业中，经常对下列方式进行区分：(i)"工具性代言"，很大程度上可以望文生义；(ii)"非工具性代言"，涉及名人在其主要活动领域并不依赖的产品，以及(iii)"吸引注意力的工具"，涉及利用名人的名字或者形象，不以表明认证的形式同商品和服务建立联系。[23]

其他无形的认可性价值 名声是一种相当特殊的商品，在广告界似乎存在这样一种现象，即货物制造商和服务提供者能发现，利用影响力大的公众形象，在某种意义上可给他们带来利益。这种益处可能来自暗示性的认证或者仅仅是更模糊的联想。除了流行乐明星和运动员被普遍的用于广告外，在专业领域具有较高地位的人士[24]、公共部门的执掌者和政客们往往也是与商品或者服务相联系的合意人选。尽管这些人一般不愿意通过授权许可或者认可代言的交易等方式活跃地将个人形象进行商业交易[25]，但他们仍然具有可能被视为"认可价值"的东西。公众熟悉他们的名字和形象，但在某个聪明的广告主事先征得或未征得同意而将名人的姓名或者形象合适地加以利用之前，这些要素同商品认证或者

---

[23] See Rein *et al.*, *High Visibility*, 59.
[24] 一些早期的英国法案件处理就关注到未经授权利用人格的案例中涉及利用医学界有影响力的人士的名字。例如，*Clark v. Freeman* (1848) 11 Beav 112; *Williams v. Hodge* (1887) 4TLR, 175; *Dockrell v. Dougall* (1899) 15 TLR 333. Cf. *Edison v. Edison Polyform Mfg Co.* 67A. 392 (1907) (inventor).
[25] Cf. Rein *et al.*, *High Visibility*, 49.

相联系的潜力始终是潜在和未实现的。通常,主体和商品之间的联系是极其微弱的,可能只有那些广告业的圈内人士才会想到。对上述两类利益加以区分的重要意义,在分析不正当竞争法各种形式的规制措施的作用[26]时,会变得明显。英国法固守其传统思路,坚持认定要构成虚假陈述,必须存在着商业信誉或者经营活动,而在其他法律体系中,最明显的是美国[27]和加拿大[28],愿对与传统商业或者经营活动不相关的无形认可性价值予以保护。

尊严性利益

在法律文献中,无法找到对"尊严性利益"这一术语的现成解释,这反映了在将人的尊严作为一种法律价值时,人们并没有一致的看法。[29] 在某种意义上,尊严利益可能被视为与前述的、最广义界定的"人格上的利益"相毗邻,但虽然两者明显同源,却无助于当下对人的姓名、声音或肖像的非金钱或者非经济性利益确定一个概括性的术语。因此,在界定尊严性利益时,必须满足与经济利益相对立的角度:从而(i)确定数目的金钱可能无法完全弥补对尊严利益的侵犯并且(ii)原告在判决获得损害赔偿之后仍然无法得到满足,此外(iii)尊严利益可能无法客观的估价,在本质上是主观评价的利益,因为(iv)不存在评估这些价值的市场,因为一般它们不是用来交换的。

举伤害他人名誉这个明显的例子:很显然确定数量的金钱无法完全提供损害补偿,即使补偿的给予可能会非常可观,如果补偿不是显著超额,在一个客观的观察者看来可能无法完全满足原告诉求。给诸如名誉等尊严性利益作出客观的估价是有难度的,这

---

[26] 参见第2章以及文章的附随注释[43]以下。
[27] 参见第2章和第7章。
[28] 参见第5章。
[29] 参见通说 D. Feldman, "Human Dignity as a Legal Value" [1999] PL682and [2000] PL61。

也体现在分歧更大的针对诽谤的损害补偿问题上[30]，这个问题已经引起某些关注，尽管对由陪审团来决定损失的估价方式仍有很多可改进的地方[31]。相应的，这也反映出并不存在通过交易名誉以换取金钱的市场。个体可将诽谤自己的权利出卖给另一个人的主张，显然是荒谬的。虽然存在着在广告上利用名人形象的市场，但这一市场涉及到那些名人的"认可性价值"。他们的名誉、隐私或者尊严是不能如此交易的。

名誉利益 无论是名人还是平民，每个人都有自己的个人名誉利益。名誉利益的界定比较棘手，因为很难就其在经济利益和尊严利益之间作出明朗的区分。[32]目前来看，必须指出侵犯一个人的名誉既可能导致财产性损害，也可能导致无法用金钱度量的伤害。例如，我们设想一个著名外科医生的名字或者形象，未经其同意就被用在某种功能不定或者可能有害的医药产品的广告上[33]，这很可能伤害他的名誉并成为诽谤诉讼的诉因。该医生受到的利益损害可能有多种表现形式。例如，由于有理性思考的社会成员会降低对他的社会评价而导致潜在的患者、客户和其他第三方退出与他的营业和社会关系，从而造成他的经济损失。同样的，由于被和假药连在一起，他可能会遭受感情伤害、挫折感和羞辱以及自尊受损。

个人隐私利益 隐私这个概念很难界定，若出于概述各类事实存在上的利益的目的，简单的字典式定义例如"不受侵扰或者公

---

[30] See, e.g., *Sutcliffe v. Pressdram* [1991] 1 QB 153; *Rantzen v. Mirror Group Newspapers* [1994] QB 670, and see, generally, H. McGregor, *McGregor on Damages*, 17th edn(London, 1997), paras. 1889—1892.

[31] 从 *John v. MGN* [1996] 3 WLR 593 一案以来，引导诽谤案陪审团成员对人身伤害的赔偿水平的注意，是允许的，尽管相应地，在人身伤害和一定数目的金钱之间并没有精确的关联性(同前, 614 *per* Bingham MR)。

[32] 进一步参见第9章。

[33] Cf. *Clark v. Freeman* (1848) II Beav 112; *Williams v. Hodge* (1887) 4 TLR 175; *Dockrell v. Dougall* (1899) 15 TLR 333.

众关注的自由"或者"免于被公开"应该足够了。[34] 关键问题是如何将个人对隐私的要求与其作为公众人物的社会地位相协调。一个不知名的人声称他的隐私被未经授权的商业利用所侵犯,并无不适当之处。然而,在某名人主张因未被授权的人格商业利用而致隐私侵犯与名人自身或间接由经授权的商人和广告发布者利用其人格特质之间,很难进行调和。另一方面,有些人并不刻意追求知名度但却发现名声是不请自来的[35],另一些人则会发现他们的职业地位或者公众生活实质性剥夺了他们的隐私。在某种程度上,由于名声和隐私之间的矛盾斗争,隐私权以及公开权随后在美国获得了确立和发展,这非常有启发意义,文章第三编会详细考察。

免受精神痛苦之自由的利益 这里关注的是一个人在保护自身的感受和情感方面的利益。有几个不同的术语被用于形容对这些利益的侵犯,例如,精神痛苦(mental distress),受挫(frustration),焦虑(anxiety),不愉快(displeasure),恼怒(vexation),紧张(tension)或者施压(aggravation)[36]。需要强调的是,我们并不关注精神受惊(nervous shock)或者心理学上的精神损伤(psychiatric damage),用现在法院更常使用的术语,即法律所认可的在特定情形下的某种身体或者精神疾病状态(a state of physical or mental illness)或者神经症状和性格变化(neurosis and personality change)。[37] 出于表述方便的原因,这些利益被贴上一个相当大的标签:免受精神

---

[34] *Concise Oxford Dictionary*, 8th edn (Oxford, 1990),详见下文第 160 页。

[35] 例如参见 J. Knowlson 在 *Dammed to Fame*: *The Life of Samuel Beckett* 一书中所描述的 Samuel Beckett 在获得 1969 年诺贝尔奖之后对突然出名的断然拒绝,(London, 1990), 570—573。

[36] *Watts v. Morrow* [1991] I WLR 1421, 1445 per Bingham LJ(由违约的侵害后果所导致的侵扰和不便的损害赔偿)。

[37] *Attia v. British Gas Plc* [1988] QB 304, 317 per Bingham LJ. See, generally, A. M. Dugdale(ed.), *Clerk and Lindsell on Torts*, 18th edn (London. 2000), 319—335。

痛苦的自由之利益。[38] 有些情况下，未经授权的人格商业利用会导致情感伤害和精神困扰。各法律体系对这种利益予以多大程度的保护以及这些利益与个人隐私利益之间的关系需要简要的考察。[39]

视　角

前述是人格利用问题的本质。尽管人格利用中可能会侵犯到不同质的利益，但是仍然可以从两大主要的视角来看。首先，一般可归为不正当竞争的视角，主要关注涉及不正当竞争的经济侵权；其次，隐私甚至于更广泛的侵犯尊严的视角，主要是有关各种保护尊严利益的诉因。反过来，这两个视角也反映了两个普遍性的主题：第一，将人格作为商业标记利用，这是日益增加吸引力的结果（如果不是出于商业必要）以及利用名人的认可价值促进销售的结果；第二，人格作为个人尊严的一个方面，代表了成熟的法律体系对个人尊严保护所赋与的更高价值。尽管通常很难区分事实上的经济和尊严利益[40]，但是在第5章将他们串联起来之前，分别考察是方便的。由于本书从对不同的司法制度的比较中深得教益，在一开始就对各个司法体系的作法进行总结也是有用的。一定程度的选择性论述是必要的，本书主要是从分析具体的人格利用问题的角度进行有选择的论述，而不是对不同司法体系的作法做全面考察。[41]

---

[38] 美国法律学会将这些利益归类为几乎同一的术语："不受精神痛苦之自由上的利益"；参见《第二次侵权法重述(1977)》46。
[39] 参见下文241—248页。
[40] 见文章前面的论述。
[41] 参考书目应根据各自司法制度分开，并在适当的地方引证。

不正当竞争的视角

"不正当竞争"通常被以三种不同的方式使用[42]：其一，作为"仿冒"（passing off）侵权的同义词；其二，作为一个能覆盖制定法和衡平法上为保护经营者、而对从事非法商业活动的竞争者提起诉讼的广泛诉因的一般术语；其三，作为对不当利用有价值的无形财产的一般性诉讼理由（这种诉因迄今仍被英联邦各国司法制度所拒绝采用）的符号标签。前两种方式使用"不正当竞争"可能会产生误导，因为他们可能错误地暗示：相关的诉讼局限在对竞争者的控告上；同时按第二种方式使用，同样也会误导，因为他可能暗示对于不正当竞争的各种诉因已经存在内在的一致性，但事实并非如此。[43] 尽管有关不正当竞争的讨论在不同的语境下会用到所有的三种用法，但是"不正当竞争"术语自身只是一般意义上的用法。

英国和澳大利亚法上的"误导与仿冒侵权" 在英国，原告一直未能成功说服法院将人格商业利用的行为比照"仿冒"行为来处理[44]；然而在澳洲，法院一直愿意对"侵权"采取扩张化的方法，并且有几个针对人格商业利用的诉讼由此胜诉。[45] 仿冒侵权的构成有三个关键要素[46]：其一是，所保护的利益须是附着于原告商品、姓名或者标志之上的商誉或声誉的财产性权利；其二是，被告的行为须含有某些形式的、能在消费者中导致混淆或者欺骗的虚假陈

---

[42] *Moorgate Tobacco Co. Ltd v. Philip Morris Ltd* (*No. 2*) (1984) 56 ALR 414, 430—440 per Deane J.

[43] Ibid.

[44] See, e.g., *McCulloch v. Lewis A. May* (*Produce Distributors*) *Ltd* (1948) 65 PRC 58；*Lyngstad v. Anabas* (*Produts*) *Ltd* [1977] FSR 62, and see, further, Chapter 4.

[45] 参见 *Herderson v. Radio Corp. Pty Ltd* [1969] RPC 218 以及随后的评注（84—92以下）。

[46] 参见 *Rechitt &Colman Ltd v. Borden Inc.* [1990] WLR 491, 499；*Consorzio del Prosciutto di Parma v. Marks&Spencer Plc* [1991] rpc 351, 368。

述;其三是,虚假陈述必须损害了原告的美誉。将人格的利用纳入仿冒侵权的范围内意味着要扩展这三个构成要素[47]。扩展侵权范围使其涵盖人格利用所导致的在实践和概念上的困难,以及这样的扩张对于可能给整个仿冒侵权制度带来的更广泛的冲击,将会在第4章做详细的考察。

盗用规则和安大略省人格利用侵权制度　迄今,英国和澳大利亚法院都没有将仿冒侵权发展成能囊括不当利用各种无形财产的更广泛的不正当竞争侵权[48],相关原因随后展开论证[49]。类似的是,加拿大法院也没有接受一般性侵权化发展的作法。[50]但是,安大略地区的法院认为以广告目的而盗用他人的姓名或者肖像构成一种独立的侵权形式,并与仿冒侵权区别开来。[51] 这些在仿冒侵权之外的发展,不仅涉及到更广泛的盗用学说,还涉及到更具体的安大略式人格利用侵权,这些会在第5章中讨论。

美国的公开权制度　在美国,公开权是指允许一个人(通常是但不必然是名人)控制对其名字、声音、肖像或者其他个人标记的商业性利用。法律责任不是基于导致对消费者误导或欺骗的虚假陈述[52],而是基于对个人身份之商业价值的盗用或滥用[53]。大部分州给予的法律保护都是任何普通法制度上最广泛的,尽管在保

---

[47] 参见第4章。

[48] *Moorgate Tobacco Co. Ltd v. Philip Morris Ltd* (*No. 2*) (1984) 56 ALR 414, 445; *Harrods Ltd v. Schwartz-Sackin&Co. Ltd* [1986] FSR 490,494; *Mail Newspapers v. Insert Media* (*No. 2*)[1988] 2 All ER 420,424; *Hodgkinson &Corby Ltd v. Wards Mobility Ltd* [1994] 1 WLR 1564,1569.

[49] 参见下文 112—115 页。

[50] 参见下文 112—137 页。

[51] *Krouse v. Chrysler Canada Ltd* (1973) 40 DLR(3d) 15; *Athans v. Canadian Adventure Camps Ltd* (1977)80 DLR(3d)583;并参见下文 115 页。

[52] 误导法律责任的依据是 Lanham Trademark Act(1946)的 43 节(a),15USC § 1125(a),考虑到公开权的存在,这些规则只是发挥了相对有限的作用。参见下文 180—187 页。

[53] *Rogers v. Grimaldi*, 875 F 2d 994 (2nd Cir. 1989), 1003—1004; *Carson v. Here's Johnny Portable Toilets Inc.*, 698 F 2d 831 (6th Cir. 1983), 834—835.

护程度上各州之间存在着相当大的差别。[54] 尽管公开权被视为反不正当竞争法的一部分[55]，但它却在其他领域有其根基，或许令人惊讶的是，仿冒法律制度和误导学说都没有在公开权的发展中发挥大的作用。更准确的说，公开权发源于隐私权；由于不从它的本原开始追溯，就无法理解它的发展脉络，因而相关问题将留到第三编讨论。

尊严侵权的视角

如同"不正当竞争"术语的一般性用法，"尊严侵权"的表达也仅仅是用来表示对以各种方式保护个人尊严的侵权行为之规定的一般性分类。这个表述在美国法上[56]较英国法[57]上更为一般和常见，部分原因是后者的法律传统不倾向于将这种"尊严利益"的侵权视作个人隐私[58]的侵犯或者是施加精神痛苦的故意折磨[59]。尽管任何类型的"尊严"性侵权都是很主观性的。除了最常见的诽谤例子外，一个人也可能受到非法监禁或者殴打这样的尊严侵权，尽管后者通常被视为是保护个人的身体利益。类似的是，若干国家的民法制度通过法典条文或者司法实践的发展对个人尊严

---

[54] See, generally, J. T. McCarthy, *The Rights of Publicity and Privacy*, 2rd edn (New York, 2001).

[55] 在 *Restatement, Third, Unfair Competition*(1995) §46 et seq 中收入了最新的内容。

[56] See, generally, C. O. Gregory and K. Kalven: *Cases and Materials on Torts*, 2nd edn (Boston, 1969), part II and esp. 1186.

[57] 比较上文 P. Cane, "The Basis of tortious Liability"收于 P. Cane 和 J. Stepleton (eds.)*Essays for Patrick Atiyah*(Oxford, 1991), 372, 将"尊严利益"作为在侵权法保护的七种基本利益之一。

[58] *Kaye v. Robertson* [1991] FSR 62, 66 per Glidewell LJ; *Malone v. Metropolitan Police Commissioner* [1979] Ch 344, 374 per Megarry Vc; Re X [1975] 1 All ER 697, 704 per Denning MR.

[59] *Lynch v. Knight*(1861) 9 HL Cas. 577, 598 per Lord Wensleydale; *Alcock v. Chief Constable of South Yorkshire Police*[1992] 1 AC 310, 401 per Lord Ackner. See, further, Chapter 7.

的保护有了更先进的观念。[60] 本书中关注的主要是保护人的情感安宁、隐私或免受精神痛苦的自由的精神利益的侵权规定。这个视角明显区别于反不正当竞争法的视角,因为这个角度关注对个体尊严利益的损害,而不是对商业价值的损害。当然,这种区别并不总是清晰的,并且反映了完全撇清经济和尊严利益的难度。[61]

美国法上的隐私权 在20世纪早期的美国,隐私权的设立是保护人格利益不受未经授权的商业利用的主要工具。实际上,这样的案例是侵权法制度发展早期的主要代表。[62] 隐私权设立的初始设想是对相当模糊的"人格神圣不可侵犯"原则作出法律解释并保证个人"不受约束"的权利[63]。这就对此前处在其他普通法和衡平法诉因(例如诽谤、过失侵犯、违反保密义务)之外的人格尊严利益提供了法律保护。[64] 然而从其发展的早期来看,隐私权在阻止未经授权而商业利用附着于个人姓名和肖像上的有价值的特征时,明显的是保护那些本质上更是经济性而非尊严性的利益。[65] 隐私权最终衍生出公开权[66],很多人现在认为后者更适宜放在不正当竞争侵权法范围内。[67] 并没有经过很多的概念性争论,人们就对隐私权恰当的基本原理、范围和边界达成共识。事实上,隐私权概念的如此不确定正好被相当多的原告援用在保护一些迥然不同的利益上。依托这样一个不确定的概念背景,因而可以描绘出

---

[60] See, generally, C. Von Bar, *The Common European Law of Torts* Vol.1(Oxford, 1998),591—610页,以及下文144页。

[61] 见前述。

[62] See *Roberson v. Rochester Folding Box Co.* 171 NY 538(1902); *Pavesich v. New England Life Insurance Co.* ,50 SE 68(1905).

[63] S. Warren and L. Brandeis, "The Right to Privacy"(1890)4 HarvLRev 193,205; *Pavesich v. New England Life Insurance Co.* ,50 SE 68(1905).

[64] 参见下文146—150页。

[65] See, e.g., *Edison v. Edison Polyform Mfg Co.* 67A. 392 (1907); *Flake v. Greensboro News Co.* ,195 SE55(1938).

[66] *Haelan Laboratories Inc. v. Topps Chewing Gum Inc.* , 202F2d 866(2ND Cir. 1953).

[67] 见前注56。

从本质上是隐私上的尊严性利益到本质是公开权上的经济利益的发展轨迹。

在加拿大的几个省,体现出互不相关的平行式发展:在马尼托巴湖(加拿大中南部)、英语区哥伦比亚、纽芬兰和萨斯喀彻温省,以侵犯隐私的法定的侵权方式(发展);魁北克省,则是在《魁北克人权和自由宪章》(The Quebec Charter of Human Rights and Freedom)以及《民法典》(Civil Code)的基础上得到发展;安大略省通过普通法上的人格利用侵权;以及其他本来就存在的侵犯隐私的普通法上的侵权规定。[68] 本书虽然在不同程度上提及了这些发展,但是加拿大的隐私法制度不需要单独讨论,因为大部分的理论和实践问题已经在考察美国法的发展中充分强调过了。同样的,在这一背景下对澳洲法的考察也不会增进什么讨论深度,因为澳洲没有"侵犯隐私法"[69],在这一方面她和英国法没有显著差异。

国际公约和宪法条款中的人类尊严规定 在国际层面上,人之尊严的理念是通过不同的工具手段来体现和作用的。1945年《联合国宪章》的导言表达了"重申对基本人权、人的尊严和价值的保证"的诉求。[70] 同样,《欧洲人权公约》在序言中引用了被联合国大会所采纳的《世界人权宣言》中的人类尊严的概念,即指尊严和人的价值。[71] 在一些国家的民法制度上,人之尊严的概念是被写进宪法性条文的。例如,《德国基本法》(或1949年《波恩宪法》)第1条规定:"人的尊严是不可侵犯的。尊重人之尊严是所有政府的义务",同时第2条(1)规定:"每个人都有权利获得人格的自由发展,只要不侵犯他人的权利或者违反宪法秩序或者道德规

---

[68] 见第5章。

[69] See, generally, J. G. Fleming, *The Law of Torts*, 8th edn (Sydney, 1992), Ch. 26; M. Henry (ed.) *International Privacy, Publicity and Personality Laws* (London, 2001), Ch. 3.

[70] See, generally, H. J. Steiner and P. Alston, *International Human Rights in Context*, 2nd edn (Oxford, 2000), Ch. 3 and 1365.

[71] 《世界人权宣言》导言和第一条,并参见通说 Feldman, "Human Dignity", Part I, 688.

范。"尽管宪法条款在解决私人间争端时并不直接适用,但是德国法通过法律解释或者"间接效果"的学说原理,根据蕴涵于宪法中的价值对民法规定阐释出一般人格权。仍需要观察的是,根据1998年《人权法案》的规定,《欧洲人权公约》的价值将会如何影响英国普通法发展出直接或间接保护个体尊严的新的诉因[72]。

英国法上的诽谤侵权制度 迄今,英国法仍然没有接受美国所采取的作法,即通过司法发展出隐私权或者通过立法单独保护尊严利益。在前面所列的所有现有的尊严利益中,只有一项,即名誉利益得到英国法上实体诉因的保护。在英国法上,对未经授权的人格利用,到目前为止,除了一些构成违反合同或者保密义务的特殊案例外[73],只有当特定事实出现符合构成诽谤的诉因时才能得到救济[74]。当然,有人认为,在某些诽谤案件中法官对诽谤侵权的必要条件(构成要素)予以了宽容的解释,并且事实上对隐私利益给予了有限的承认[75]。这种论点只有经过对美国法上隐私权的发展和各种争议性的观念进行考察之后才能作出正确的评价。

基于美国法上侵犯隐私之诉因的重要意义,诽谤法制度在处理利用人格的问题上只发挥相对有限的作用。实际上,第9章引用的有关诽谤的大部分案例都是英国的,并且加拿大和澳大利亚的处理方法也没有什么显著的差异值得关注。

美国和英国法上的施加精神痛苦的故意折磨 尊严侵权类的最后一种形式是美国侵权法上的施加精神痛苦的故意折磨。这一

---

[72] 参见下文214—224页。

[73] See, e.g., *Tolley v. Fry &Sons Ltd* [1931] AC 333, and see, generally, Chapter 9.

[74] See, e.g., *Pollard v. Photographic Co.* (1889) 40 ChD 345. Cf. *Hellewell v. Chief Constable of Derbyshire* [1995] 4 All ER 473, 476; *R v. Chief Constable of the North Wales Police and others ex parte AB and Another* [1997] 4 All ER 691 (对有恋童癖的大篷车旅行队业主的信息批露,对公众利益是必要的)。See, further, 207—211 below.

[75] 参见258—261页。

诉因是美国侵权法所确立的[76],而在英国法上这仍然是一种初始的形式,这值得从两方面原因来考虑。其一,在盗用人格的理论背景下,美国的案例法表明施加精神痛苦的故意折磨的侵权行为有时被用作侵犯隐私权之诉因的补充,尤其是当被告的行为蛮横残暴而且可预见的导致精神痛苦或者悲伤时;尽管需要指出的是这些情形是相对少见的。[77] 其二,在 Wilkinson v. Downton[78] 一案中确立的规则有时也可以被扩展至认可某些在英国法上的隐私利益。虽然不受精神痛苦的自由之利益可能被视为个人隐私利益的一项子集,但是这两种利益之间的关系以及各自的法律保护并不是完全清楚的,因而需要简要的讨论。[79]

不同的进路

看似简单的人格利用问题可能会影响各种各样的利益,这些利益可以被宽泛地分成经济或者尊严利益,在第二编和第三编将会对这些利益分别进行详尽的论述。人格利用问题一般是通过前述的两种主要视角分析:反不正当竞争和尊严侵权的视角。首先,知识产权法学者很自然地倾向把人格利用(或者是人格商品化或者认证代言)[80]视为他们领域内的问题,当然这有些牵强。很自然的,一旦商业价值附着于某种事物或者无实体的东西,人的本性或者商业因素就会要求有更强大的保护来对抗他人的利用。由此,对个人姓名、声音和肖像等有价值的特征予以保护的要求,也构成了处于知识产权边缘、"无休止"的各种各样[81]的权利要求的一部分。知识产权法学者们主要关注本质上具有经济特征的权利,典型的例子是专利权制度,而版权至少在普通法传统上也是一

---

[76] See *Restatement*, *Second*, *Torts* (1977) $ 46 et seq.
[77] 参见下文 246—247 页。
[78] [1897] 2 QB 57.
[79] 参见下文 241—248 页。
[80] 见前注[8]相关文本。
[81] W. R. Cornish: *Interllectual Property*, 4th edn (London, 1999), 11。

项本质上具有经济性质的权利。[82] 尽管商标不完全符合智力性创造的概念,因为他们的价值来源于对交易者商誉的指示标记作用,但商标权仍是一项本质上具有经济特征的权利,而且被普遍的视为知识产权的一部分。因而焦点就是通过扩展既有的不正当竞争的诉因来保护人格上的经济性要素。[83] 英国和澳大利亚法院不同程度地通过扩展仿冒诉讼的范围实现这一目的,而美国和加拿大的法院则走得更远,发展出新类型的不正当竞争行为。第二,这一问题是从尊严侵权的视角入手,关键在于对个人尊严的侵犯。英国和澳大利亚法院在对侵犯个人隐私发展新的救济手段上再次大大滞后于美国法院。[84] 即使打算对侵犯隐私权提供救济,人格利用也往往被视为"巢中的布谷鸟",也就是更适合被定位于其他侵权法之诉因,如仿冒的延伸。[85]

---

[82] See J. A. L. Sterling, *World Copyright Law* (London, 1998), 15 et seq.; G. Davies, *Copyright and the Public Interest* (Weinheim, 1994), Ch. 6; A. Strowei, "*Droit d'auteur and Copyright: Between History and Nature*" in B. Sherman and A. Strowel (eds.), *Of Authors and Origins* (Oxford, 1994), 239 and 248.

[83] 大部分的英国法文献对这个问题都采用了这种分析方法。例如参见 Adams, *Character Merchandising*, Ch. 4; H. Carty, "Character Merchandising and the Limits of Passing Off" (1993) 13 LS 289; A. Coleman, "The Unauthorised Commercial Exploitation of the Names and Likenesses of Real Persons" [1982] EIPR 189; J. Holyoak, "United Kingdom Character Rights and Merchandising Rights Today" [1993] JBL 444; G. Hobbs, "Passing Off and the Licensing of Merchandising Rights" [1980] EIPR 47 and 79。类似的澳大利亚文献,see: S. K. Murumba, *Commercial Exploitation of Personality* (Sydney, 1986), Chs. 4 and 5; C. Pannam, "The Unauthorised Use of Names or Photographs in Advertisements" (1966) 40 ALJ 4; D. R. Shanahan, "Image Filching in Australia: The Legal Provenance and Aftermath of the Crocodile Dundee Decisions" (1991) 81 TMR 351; A. Terry, "The Unauthorised Use of Celebrity Photographs in Advertising" (1991) 65 ALJ 587。

[84] P. H. Winfield, "Privacy" (1931) 47 LQR 23,是最早也是迄今最详尽的从这个角度看待这个问题的尝试。与此明显相反,很多美国著者从隐私法的角度处理人格利用问题(见第 7 章)。

[85] R. Bagshaw, "Obstacles on the Path to Privacy Torts" in P. Birks (ed.) *Privacy and Loyalty* (Oxford, 1997), 133, 140.

一般人们是通过不同的视角[86]分析这一问题,但这常常会模糊利用人格问题的内在多元本质。而且,这些法律不同分支的基本宗旨是相差悬殊的。套用知识产权解决问题,主导性任务就会倾向保护经济利益并确保对这些利益的损害补偿。另一方面,以尊严利益的视角处理这个问题,虽然主要追求可能是对名誉损害或者隐私损失的补偿,但是单单侵犯这些利益的事实自身就是重要的,原告同样会关心对这些侵犯行为导致的对个人尊严的侮辱轻蔑讨一个说法或者满意的答复。当单独从一个或者另外一个角度处理这个问题时,人们往往忽略了这些目标其实相当不同。

侵权法的趋同目标

平常而言,侵权法服务于各种不同的目标[87],例如补偿(损失)(compensation)、返还(disgorgement)、校正正义(corrective justice)或者惩罚(punishment)、阻吓(deterrence)以及其余的可以被称为"公判、满足或者平息"的目标。如果某种对个人人格利益的伤害是不可罚的,那么就需要对侵权法的不同目标进行聚合,特别是对补偿、平息和惩罚等概念进行协调解释[88]。在这些情形下,法律将会同样关注侵犯某特定人格利益的纯粹事实和其对原告的影响。不受伤害的自由并不是主要的或单一的关注点,对利益的侵犯本质上就是令人难以容忍的。[89]例如,前面所提到过的,被告将既包含经济因素又包含尊严因素的侵犯名誉的行为诉诸法院,可

---

[86] T. Frazer, "Appropriation of Personality — A New Tort?" (1983) 99 LQR 281, 是一个显著的例外。

[87] See *Daniels v. Thompson* [1998] 3 NZLR 22, 68, and see, generally, G. L. Williams, "*The Aims of the Law of Tort*" [1951] 4 CLP 137; D. Harris, "Can the Law of Torts Fulfil its Aims" (1990—1991) 14 NZULR 113; Cane, *Tort Law and Economic Interests*, 465—492; L. M. Linden, *Canadian Tort Law*, 4th edn (Toronto, 1988), 1—20; W. P. Keeton, *Prosser and Keeton on the Law of Torts*, 5th edn (St Paul, 1984), 5 et seq.

[88] Law Commission, Consultation Paper No. 132, "Aggravated, Exemplary and Restitutionary Damages" (London, 1993), 23,以及所引的注释。

[89] Ibid., 24.

能会有两个主要目的:其一是澄清名誉;其二是获得补偿。因而他可能首先想要对方收回污辱性言论或者道歉,其次是获得作为对其损失补偿的损害赔偿。

在大多数普通法体系下,法律诉讼的第二个目的(获得赔偿)一般被原告的第一个目的(讨个说法或者得到满足)所遮蔽,而且在有些案例中原告的目的恰恰和法律所认可的优先顺序是相反的。[90] 实际上,如果接受这样的观点——民法侵权规定具有两个主要功能,其一是蕴含于损失补偿观念中的促进社会安全,其二也是更强有力的实证的一面——强调其劝诫和报应功能,那么也必须承认第一个方面是主导性的而第二个方面是被迫处于附带和从属地位的。[91] 现在(观念)强调其补偿的一面,模糊了侵权诉讼的内在本质——并非是对非金钱性损失的损害赔偿来补偿原告,而是由法院来判断由原告讨要多少数目的金钱能足够满足其对侵权人的报复性感觉。[92] 还有的法律制度更开明的承认这样的事实:判令给予损害赔偿是根据原告对其人格受到诬蔑所确定的满意度反映出来,而不是传统意义上的对有形的经济损失的补偿。举例来说,在德国,如果一个人的肖像未经同意而出现在性保健品的广告上,而使他受到嘲弄和侮辱,那么他就有权获得满足其尊严受到伤害的损害赔偿,而不是任何实际上遭受的金钱利益损失或者被告由此获得的不正当得利[93]。

普通法上,如果侵权行为是自身可诉(actionable per se)的,也

---

[90] Ollier and Le Gall, "Various Damages", 98—99.

[91] P. Birks (ed.), *Wrongs and Remedies in the Twenty-First Century* (Oxford, 1996), vi, and see, further, A. M. Linden, "Torts Tomorrow — Empowering the Injured" in N. J. Mullany and A. M. Linden (eds.) *Torts Tomorrow: A Tribute to John Fleming* (Sydney, 1998), 321.

[92] J. M. Kelly, "The Inner Nature of the Tort Action" (1967) 2 IrJur (NS) 279, 287. 当前这更被视为对侵权行为受害人的"精神授权"(Linden, "Torts Tomorrow", 327)。

[93] BGHZ 26, 349; BGH GRUR 1958, 408 (Herrenreiter), and see 230—233 below.

就是不负担对特殊损害的举证责任,那么特别侵权法所保护的利益被视为足够的重要,因而对其损害的诉讼不须负担损害证明责任。尽管推定损失存在的补偿原则在今天占据主导地位,但是"自身可诉"侵权制度的历史重要性表明,侵权法曾经而且仍然像对补偿损失的关注一样,关注特定利益的保护。自身可诉的侵权行为,例如文字诽谤、非法拘禁和侵犯人身,都是对人身利益直接保护的法律过错规定,从它们的本质来看包含了无形因素的损失,诸如减损名誉、侮辱、暴行、侵扰或者损害尊严等;而这些要素反映了不同程度的损害补偿的给付。[94] 在有些案件中,对原告人格尊严的损害反映为惩罚性赔偿给付[95],并且由于无法采用明确的实体性救济方法,这些尊严利益只能通过迂回和侧面援用传统的诉因而获得附带性保护。[96] 态度更积极的普通法法律体系,以美国和加拿大的某些省最为显著,在保护人格利益方面走得更远,发展出侵犯隐私和故意精神折磨的新型实体诉因。相类似的,在德国法上发展出对人格更强化的保护方法,虽然乍一看这种权利术语构建的体系和普通法体系大相径庭,但从发展进程的角度看,则和普通法体系存在很多相同之处。

概要

不正当竞争和尊严侵权这两个视角提供了分析人格利用问题的两个主要进路。未经授权商业利用人格所可能影响到各种各样的利益,需要多样的法律因应,也需要对若干不同的诉因进行考察。但是,两种视角都存在明显的缺陷,正如所论证的那样,任何一种方法也都不能以现实和理论上连贯的方式包含整个问题。本

---

[94] See McGregor, *Damages*, paras. 1844, 1850 and 1894—1895; Law Commission, "Aggravated, Exemplary and Restitutionary Damages", para. 2.25.

[95] See, e. g., *Williams v. Settle* [1960] 2 All ER 806(被告是一家报纸,侵犯了原告在已故亲属婚礼上的照片的版权,被课处实体性、警戒性的损害赔偿)。案例背景参见 W. F. Pratt, *Privacy in Britain* (London, 1979), 136. See also G. Dworkin, "*Privacy and the Press*" (1961) 24 MLR 185。

[96] See, e. g., *Kaye v. Robertson* [1991] FSR 62.

书呈现的中心论点如下所述：如果认为人格利益应该受到保护以免未经授权的商业利用（在考虑到某些潜在的正当性之前，不预先判断这个问题）[97]，那么对于法院或立法者而言最好的进路就是确立新型的而且适度限定的责任规则。这种方法可避免很多缺陷。与经济利益和不正当竞争相比，这有两大优势：其一，避免了过于扩展仿冒侵权制度和诉诸于高度技术化的推理；即使将仿冒侵权最大地弹性化，对于人格利用问题也仍是一种有些尴尬和不尽令人满意的办法。其次，可以避免引进更宽泛的"盗用无形财产"学说，以及由此带来的对这样一个学说作出适当限定的难题和可能对自由竞争带来的危害。特别是英国法，传统上一直以来都对这种一般性泛化形式的诉因持怀疑态度。[98] 与尊严利益的视角相比，这一进路可以避免对诽谤构成要件进行人为技术解释的必要。而且，把对人格利用的救济和隐私权（本质上是极富变化和争议的概念）[99]协调起来也要颇费周折。最后，尽管概念和理论的整齐未必应被视为首要的考虑因素，但这种方法为保护经济和人格尊严利益两者提供了一种连贯和统一的保护方式。

24 人格利用问题的复杂性和其可能会影响经济和尊严双重利益的现实，要求必须从两个分别的视角进行分析。在探寻这两个视角的进程中，还须记住有可能找到一种本质上统一的人格利用问题的解决方案。在若干普通法体系和民法体系下发展出的问题的异质性和不同的解决办法，完全有可能通过在既有的普通法侵权形式[100]之外增加一种合适的形式，以实现合理化。

---

[97] 参见 11 章。

[98] 参见 *Victoria Park Racing and Recreation Grounds Co. Ltd v. Taylor* (1937) 58 CLR 479, 509 per Dixon J, 指出"英—澳"体系拒绝采纳建立在宽泛的一般化概念基础上的虚假陈述诉因；*Moorgate Tobacco Co. Ltd* (*No. 2*) *v. Philips Morris Ltd* (*No. 2*) (1984) 56 CLR 414, 445 per Deane J。

[99] 参见第 7 章。

[100] 参见 B. Rudden, "Torticles" (1991—1992) 6/7 *Tulane Civil Law Forum* 105, 认定了在普通法上的至少七种不同的侵权类型。

第二编
经济利益和不正当竞争法

2　引论
3　法定及法律外的救济方法
4　人格上的商誉：英国和澳大利亚法上的仿冒侵权规定
5　不正当竞争和盗用原理

2 引 论

第二编将从前述第一个主要的角度也就是不正当竞争的角度,来探讨人格上的经济利益能得到什么程度的保护。主要的普通法和大陆法制度体系,对一般意义上的不正当竞争特别是人格利用问题采取了差别相当大的法律规范方式。因此需要在一开始就把握住这些方法以及制定法和普通法上保护无形财产经济利益之诉因的相对重要性。

《保护工业产权巴黎公约》第 10 条要求公约签订国(成员国)采取有效的保护措施以反对"在工商业活动中违反诚实经营的竞争行为"的不正当竞争行为。其中包括了三种明示的特别形式:(1)对竞争者的营业所、商品或工商业活动制造混淆的行为;(2)在经营商业中,诋毁竞争者的营业所、商品或工商业活动的信誉的虚假宣传;(3)在经营商业中使用会使公众对商品的性质、制造方法、特点、用途或数量易于产生误解的表示。[1] 除了这些行为之外,各国的判例法或者立法在不同程度上以各种方式提供保护措施,以禁止诸如侵犯商业秘密、比较广告、盗用或者搭便车(例如非混淆性的对商标价值的稀释)等活动。主要的几个普通法和大陆法传统的法律体系以不同的方式规定了这些义务[2]:或者通过

---

[1]《保护工业产权巴黎公约》第 10 条(3)。参见世界知识产权组织《反不正当竞争保护的示范条款》(日内瓦,1996),包含了对第 10 条(3)的扩张性解释,一并参见 W. R. Cornish, "Genevan Bootstraps" [1997] EIPR 336。

[2] See, e.g., F. K. Beier, "The Law of Unfair Competition in the European Community — Its Development and Present Status" [1985] EIPR 284; World Intellectual Property Organisation, *Protection Against Unfair Competition* (Geneva, J994); A. Kamperman Sanders, *Unfair Competition Law* (Oxford, 1997), 24—77.

明确立法的形式[3]，或者通过一般化法典的形式[4]，或者是通过普通法上的诉讼（而这些诉讼又常得到零散的法定条款的补充）。在普通法大体系内，"不正当竞争"一词通常以三种方式适用：最广义上的，如前所用的，是覆盖制定法和衡平法上的大范围的有关不正当交易的诉因的一般性术语；其二，作为仿冒侵权的同义词；最后，是建立在盗用无形财产学说基础上的一般诉因的标签[5]。后一种不正当竞争形式起源于美国，但是在英国和澳大利亚法上不适用。

普通法盗用学说的起源

至今仍未被英—澳法院所采用的普通法上的盗用学说，产生于美国最高法院在 International News Service v. Associated Press[6] 一案中的著名判决。被告从原告在东海岸发行的晨报中摘取新闻，并利用时差使得其发行于西海岸的报纸上所登载的新闻与原告的报纸同步甚至更早。根据大多数法官的意见，被告的行为构成了不正当竞争。被告自身并没有负担新闻采集的成本，但干扰、妨碍了原告的商业运营。将利润从那些通过付出劳动、技艺、金钱的人身上转移到没有付出的人身上。简而言之，被告是寻求不劳而获。[7] 多数法官认为，"不正当竞争"不应只局限在那些被告试图仿冒原告的虚假陈述案例中；而被告盗用原告在新闻事务中的"准财产"应该承担责任，因为各方寻求获利的来源就是这些新闻素材。[8]

而霍姆斯法官，部分地反对这一判决，将诉请限定为表明新闻乃被告自己所有的一种隐性虚假陈述，如果没有声明新闻来源，则

---

[3] See, e.g., in Germany, *Gesetz gegen den unlauteren Wettbewerb*, 7 June 1909; Kamperman Sanders, *Unfair Competition*, 56.
[4] 例如在法国，援引《法国民法典》1382 条处理。
[5] 参见前文第 13 页。
[6] 248 US 215 (1918).
[7] Ibid., 239—240.
[8] Ibid., 241—242.

不应该发表。[9] Brandeis 法官更进一步认为,精神产品已经耗费了生产者的金钱和劳动并对那些愿意支付购买的人而言是有价值的,但这不足以为其赋予法定的财产属性。无形产品只在特定种类的案例中被赋予物的法律属性,也就是公共政策需要承认时,并局限于那些在一定程度上具备创造性、发明或者发现的产品。然而,只有因为当原、被告之间存在诸如合同或信托等的特殊关系、或者由于被告行为的性质(例如构成不正当竞争行为),无形财产才得到有限的保护。[10] 在 Brandeis 法官看来,根据大多数法官的意见所作出的判决结果,是对财产权相当程度的扩张,并且相应的是对自由利用知识和观点的压缩。[11] 根据他的观点,法院并不适宜决定设定在新闻上的任何新型财产权的限制。[12]

英—澳法院上的盗用理论

Brandeis 法官的反对意见构成了英—澳法院对无形财产上的一般诉因予以排斥的基础,法院对"那些通过个体对自身能力或者处于营业组织和事业中的资源的运用或者对才智、知识、技能或者劳动的使用而衍生出的、一切有价值的无形要素拒不提供保护。"[13] 知识产权涉及到的是"那些特殊种类的受保护的利益而不

---

[9] Ibid., 246—248.
[10] Ibid., 250—251.
[11] Ibid., 263.
[12] Ibid., 267.
[13] *Victoria Park Racing and Recreation Grounds Co. Ltd v. Taylor* (1937) 58 CI. R 479; *MoorgateTabacco Co. Ltd v. Philip Morris Ltd* (No. 2) (1984) 56 CLR 414,445; *Hodgkinson &Corby Ltd v. Wards Mobility Ltd* [1994] 1 WLR 1564, 1569; *Mail Newspapers v. Insert. Media* (No. 2) [1988] 2 All ER 420,424; *Harrods Ltd v. Schwartz-Sackin & Co. Ltd* [1986] FSR 490,494; *Chocosuisse Union Des Fabricants Suisses de Chocolat v. Cadbury Ltd* [1998] RPC 117, 127. Cf. *Willard King Pty Ltd v. United Telecasters Ltd* [1981] 2 NSWLR 547,552; *Hexgon Pty Ltd v. Australian Broadcasting Commission* (1975) 7 ALR 233, 251.

是一个泛泛的一般化概念"[14]，关键的因素是一项无体物是不是属于某项被认可的抽象类型，而不在于无形的创造是不是有某种价值。同时，澳大利亚高等法院的 Deane 法官在 *Moorgate Tobacco Co. Ltd（No. 2）v. Philip Morris Ltd* 一案中指出：当有必要采取某种方法以应对新的形势和环境时，否认"不正当竞争"或者"不公平交易"的一般性诉讼并不意味着否认了对传统形式的诉讼采取弹性化的方法之可取性。[15] 这种方式注定与传统普通法和制定法对诉因的限制更一致，而且更能体现在竞争性的诉讼请求和立法所认为适当的政策之间的平衡。可诉与不可诉之间的界限，不应该被"诉因的重要性"所湮没，诉因的主要特征是允许司法在高度概括性的授权下对何谓市场上的公平的特质概念予以授权任意解释的幅度。[16]

仿冒、盗用和人格的商业利用

Deane 法官所提到的在 *Moorgate Tobacco* 一案中变通性地利用传统诉因的例子就是对仿冒侵权采取了一种扩张的方式，特别是扩展覆盖了那些以欺骗或者混淆的方式利用他人姓名或者其他标记以暗示某些商业联系或者认证的行为。[17] 澳洲法院通过对仿冒侵权的熟练发展，为利用人格的案件提供救济，但是英国法院并没有遵循他们的引导。后面的两章将会考察仿冒侵权规定在保护人格利益上所起到的作用，追踪三个独立的不同模式的司法体系。英国的保守作法与澳大利亚的更加开明的作法形成对比，而加拿大的安大略省则采取了完全不同的方式。实际上，安大略省在对利用人格的单独的侵权认定上的发展，需要在第 5 章展开讨论。

---

[14] *Victoria Park Racing and Recreation Grounds Co. Ltd v. Taylor*（1937）58 CLR 479,509。

[15] *MoorgateTabacco Co. Ltd v. Philip Morris Ltd*（*No. 2*）（1984）56 CLR 414, 445。

[16] Ibid.

[17] Ibid., 引用了新南威尔士高等法院在 *Henderson v Corp. Pty Ltd*[1969] RPC 218 案中的判决。

因而需要对四个不同体系间的概念作出清楚的区分:第一,按照当前的司法实践,现代英国仿冒侵权法并不涵盖对这些人格利益的损害;第二,包含了对人格利益损害、扩展了的澳洲仿冒侵权形式;第三,一般意义上的对无形财产的盗用侵权;第四,自成一体的利用人格的侵权形式。在前两者之间,侵权是一种高度的概括概念,仅仅是来描述英国仿冒侵权规定作为一种保守观念,与更为灵活的澳大利亚规定相区别。在认证或者商品化等特定的领域,澳大利亚法院在利用仿冒侵权适应新的环境上表现出相当大的灵活性。英国和澳大利亚法上的立场差异会通过对仿冒侵权的构成要素的考察来分析,而且将会更加清晰的是,对利用人格问题和在虚假陈述基础上的侵权之间的整合存在相当的难度。[18] 这些难点在某些加拿大法院的实践中有所涉及,并且第5章跳出仿冒侵权的认识,考察前述的第三种和第四种概念。安大略省法院表明:有可能不需对盗用无形财产的建立出更泛化的概念,而发展出自成体系的人格利用侵权概念。

美国法上的盗用原理的影响

我们暂时回顾一下"盗用理论"的肇始——*International News Service v. Associated Press* 一案[19],尽管这个被频繁引用的判决已经较少被援用了。[20] 虽然早期的案例寻求将判决限制在特定事实内[21],但盗用诉因上的更大的束缚是"联邦法律规定的知识产权如版权和专利权等是上位权,当出现任何冲突时优先于州法的适

---

[18] 参见下文 72—97 页。

[19] 248 US 215 (1918). See, generally, D. G. Baird, "Common Law Intellectual Property and the Legacy of *International News Service v. Associated Press*" (1983) 50 U Chi L Rev 411.

[20] 《不正当竞争法第三次重述》(1995) §38 的评论 c。

[21] See, e.g., *Cheney Bros. v. Doris Silk Corp.*, 35 F 2d 279 (2nd Cir. 1929), 280. 正如 Deane 法官在 *Moorgate*(前注 15 第 443 页)指出这是一般性的趋势,但决不是普遍趋势。

用"的宪法原则。[22] 晚近,美国法学会有效地否认了盗用理论,认为只有在联邦或者州的知识产权法令明确规定,与商业秘密有关的法律规定,或者有规定公开权规定的情况下,才会产生盗用无形商业价值的法律责任。[23] 大多数的美国司法系统承认公开权:这种权利允许个人控制对其姓名、声音或者肖像的商业利用,而且这种权利通常被视为不正当竞争法的一个层面。[24] 然而,盗用理论和传统的仿冒侵权理论都没有在相关实践发展中起重要作用。反而,对人格利用的保护的源头存在于完全不同的隐私权规定,如前所述,如果不能对起源的发展有所认知将不能很好的理解其发展。[25] 这些问题将会在第三编展开。

---

[22] See, e.g., *Sears, Roebuck & Co. v. Stiffel Co.*, 376 US 225 (1964); *Compco Corp. v. DayBrite Lighting Inc.*, 376 US 234 (1964); *Bonito Boats Inc. v. Thunder Craft Boats Inc.*, 489 US 141 (1989).

[23] 《不正当竞争法第三次重述》(1995) §38。

[24] Ibid., §§46—49,并见下文第187—189页。比较参见世界知识产权组织《反不正当竞争保护示范条款》第2条(2)(vi)。

[25] 见第7章。

3 法定及法律外的救济方法

英—澳法院并不保护任何广义上的无形价值因素,但保护那些处在特定种类的受保护利益之下的无形价值因素。[1] 实践证明,在普通法上,仿冒侵权规定是保护人格利益的最有用的工具,当然在澳大利亚,保护的力度较英国更大。知识产权制定法领域所提供的保护是零散和不完整的,而且以商标为例,还依赖于前置的商标注册步骤。[2] 考虑到所含的成本因素,只有在显著存在或者将来可商业化经营的情形下,这种注册才是划算的。当然,有些保护有胜于无,而且从实践的角度看,商标注册和版权保护的有用性不应该被低估,不仅仅是因为这些制度提供了可能会向第三方许可使用或转让的某些相对具体的东西。缺乏对仿冒侵权的有效诉讼机制,版权和注册商标(尽管范围受限)可能只充当可许可使用的实体对象。[3] 这样,在考察普通法诉因之前,知识产权制定法在保护人格利益方面所起到的相对有限的作用就勾画出来了。随后的小节主要集中在英国法上,因为篇幅决定不能对比较考察着墨太多。[4]

---

[1] *Victoria Park Racing and Recreation Grounds Co. Ltd v. Taylor* (1937) 58 CLR 479 per Dixon J.

[2] See, e.g., *Mercury Communications Ltd v. Mercury Interactive (UK)* [1995] FSR 850 at 863—4 Laddie 法官关于商标注册登记的优点的论述。

[3] 另请参见下文 72—97 页(仿冒的许可性关联的性质)

[4] See, generally, M. Henry (ed.), *International Privacy, Publicity and Personality Laws* (London, 2001); J. Adams, Character Merchandising (London, 1990), 245—246, 237—245, 272—276; H. G. Richard, Canadian Trade Marks Act Annotated (Toronto, 1991—2000), 12—14; R. T. Hughes, *Hughes on Trade Marks* (Toronto, 1999), §24; J. Olsen and S. Maniatis (eds.), *Trade Marks: World Law and Practice* (London, 1908); J. Lahore, *Patents, Trade Marks and Related Rights*, Vol. I (Sydney, 1996), 54, 155; J. T. McCarthy, *McCarthy on Trade Marks* and Unfair Competition, 4th edn (St Paul, Minn., 1999), ch. 13.

版权

1988年《版权、设计和专利权法》(Copyright, Design and Patents Act)(以下简称1988CDPA法)规定了版权所延伸保护的作品类型。[5] 根据规定，如果照片或者绘画是一件原创的艺术作品，版权可能存在于一幅照片或者一幅画中。[6] 但是，版权的第一所有者归属于作品的作者、艺术家或者是摄影者，或者如果照片或者绘画是在雇佣工作过程中完成，版权归属于雇主。[7] 绘画或者照片的主体(对象)将不享有版权。[8] 对艺术作品的侵权会延伸到平面作品的三维形式，反之亦然[9]；但是证明对绘画的侵权可能是困难的，并且在每个案例中都有各自实际情形。[10] 录音的版权将归属于制作者[11]，而影片的版权将归属于制片人和总导演。[12] 因而版权将会对阻止未经本人授权利用一个人的声音的诉讼提供有限度的保护，例如如果影片中的一个演员的声音被剥削式利用了。[13]

---

〔5〕 See, generally, K. Garnett, J. Rayner James and G. Davies, *Copinger and Skone James on Copyright*, 14th edn (London, 1909), 54 et seq.
〔6〕 CDPA 1988, s.1 and s.4.
〔7〕 Ibid., ss.9—11.
〔8〕 See, e.g., *Lyngstad v. Anabas Products Ltd* [1977] FSR 62, 65 (未经授权的商人从一个独立录音室那里合法的获得了原告即一个流行乐组合 Abba 的版权)。See also *Gouht Estate v. Stoddart Pulishing Co.* (1998) 80 CPR (3d) 161, 168—170 (Ontario Court of Appeal) (如果没有相反的约定，照片的对象主体和杂志文章的文字材料不享有所有权利益)。
〔9〕 CDPA 1988, s. 17(3).
〔10〕 参见例如 *Merchandising Corporation of America Inc. v. Harpbond Ltd* [1983] FSR 32(原告的画像没有侵犯素描的版权约定，面具不能构成一项绘画形式的艺术作品)。
〔11〕 CDPA 1988, s. 9(2)(aa).
〔12〕 CDPA 1988, s. 9(2)(ab). See, generally, Garnett, Rayner James and Davies, *Copinger*, 204—204.
〔13〕 这可以通过表演者权予以保护，见下文。

1988CDPA 法对因个人或家庭需要而委托（他人）摄影或者拍片的赋以一定限度的隐私权。根据第 85 条，委托人有权制止照片被复制并流向公众，制止作品在公众中展览或者展示，或者以广播或有线节目服务的形式播放。这也受到一些例外的限制，例如照片或者影片被其他享有版权的作品附带性的包含利用，以及依法采取的行为。[14] 这一条款规定并非是一项原则，而是 1988 年法中对第一版权所有者的规定变更的结果。根据 1956 年版权法第 4 条的规定，照片的委托人是第一所有权人，因而能够控制任何对版权作品未经授权的使用。当第一所有权从委托者向作者转移，就有必要对委托者赋予一定限度的隐私权以保持与根据 1956 年法律享有同样的地位。[15] 实际上，委托摄影的情况是有限的，典型的例子是婚庆照片录像或正式画像。[16] 实际上，摄影艺术的情况从一个人必须正襟危坐被人拍照的时代以来已经有了很大的发展，那个时候通常会委托职业摄影者为其提供服务。[17]

刚出道的艺术家和表演者会寻求以最小的代价获得最大化的公众熟知度，常常不愿意或者不能坚持对他们的形象被利用方式的控制。在此类案例中，版权的所有（归属）一定程度上受制于私人合约安排，尽管实际上不太可能阻止未经同意的拍摄，但是在版

---

[14] CDPA 1988, s. 85(2).

[15] 为扩张这些限定的条款，曾经有人作出最终没有成功的努力。参见:《1994 年（未经授权使用）照片和电影法案》,有关议员们的辩论参见 *Hansard, Fifth Series*, HL, vol. 552, cols. 919—930, 28 February 1994; *Hansard, Fifth Series*, HL, vol. 553, cols. 74—84, 18 March 1994; *Hansard, Fifth Series*, HL, vol. 554, cols. 1625—1636, 11 May 1994。

[16] See, e.g., *Williams v. Settle* [1960] 2 All ER 806. Cf. *Lady Anne Tennant v. Associated Newspapers Group Ltd* [1979] FSR 298（原告是玛格丽特公主的侍前夫人，由于被告发表了一张公主在私人聚会上特殊打扮的照片，最终获得了侵害版权的损害赔偿；原告拍摄了这张照片而拥有版权，随后这张照片从她手里转到他的儿子手上并卖给了第三方《每日邮报》）。

[17] See S. Warren and L. Brandeis, "The Right to Privacy"（1890）4 HarvLRev 193, 211,主张：之前合同法能够为个人提供足够的控制商业性利用其照片的工具，与此同时，变化了的技术和社会条件使得向侵权法寻求保护变得必要。参见下文第 146—150 页。

权基础上能建立一定的保护机制。

表演者权

通过诉诸表演者权的方式,也能确保一定程度上的保护[18],特别是在表演者并不拥有表演的物质性载体的版权的情形下(作品可能处于公共领域或者版权属于他人)。[19] 表演上的权利存在于由一人或多人所做的适格(qualifying)[20]的实况表演上,这也可以扩展至戏剧表演(包括舞蹈和滑稽剧)、音乐表演、对艺术作品的朗读或背诵以及多种形式的行为表演或者相似的表达。[21] 因而,某个戏剧表演的演员、舞者或者滑稽戏演员,无论相关个体是否享有任何潜在作品的权利,都可以获得保护;实际上,一个戏剧演员并不需要是对某个特定作品的演绎,一个临时的即兴戏剧表演也有资格获得保护。[22] 演奏表演并不一定局限在对某个特定作品的表演,因而包括即兴的表演在内,也同样可能获得保护。考虑到广告的创意和广告所宣传的产品或服务之间的联系通常是极其微弱的,因而不难设想以街头艺术家或者卖艺人的表演为特征的广告同样能获得这样的保护。类似的是,某个演员或名人对文学作品的朗诵可以获得保护,即使朗诵者对文学作品或者录音作品不享有版权。综艺行为表演(Variety Acts)也是一个相关的类型,尽管很多这种表演属于戏剧表演的范畴。[23] 体育表演一般不属于

---

[18] See, generally, R. Arnold, *Performers' Rights*, 2nd edn (London, 1997). 比较性的资料参见, e.g., H. G. Richard and L. Carriere, *Canadian Copyright Act Annotated* (Scarborough, Ont., 1993) (活页), 14.01-1; J. Lahore, *Copyright and Designs* (Sydney, 1996), 54,041 et seq。

[19] See, e.g., *Mad Hat Music Ltd v. Pulse 8 Records Ltd* [1993] EMLR 172; *Bassey v. Icon Entertainment Plc* [1995] EMLR 596.

[20] CDPA 1988, s. 181.

[21] CDPA 1988, s. 180(2).

[22] See R. Arnold, *Performers' Rights*, 42.

[23] Ibid., 45.

1988年CDPA第180条(2)所规定的保护类型,尽管很多体育表演例如交际舞和滑冰根据180条(2)a的立法意图可以被归为舞蹈的类型中。人们存在这样的争议:既然即兴的表演能被保护,那么理所当然的这种保护应然延伸至那些可以被视为在某项特定体育规则范围内做即兴表演的运动员,而且根据这样的观点,只有势利的自命不凡者才会不将运动员视为一个歌剧演唱者。[24]

表演者权利延伸至对实况表演的直播或者有线传送、公开表演和未经同意以录制方式即兴的转播或者有线播放、违禁唱片的交易、对使用录音要求公平的报酬。[25] 此外,还有以可分割财产权形式存在的复制权、发行权、出租和出借权,这些可以与版权相同的方式同样可诉。[26]

注 册 商 标

性质和功能

为有助于当前和以后章节的讨论,列举一下商标的若干功能以及和人格的商业利用相关联的方式是有助益的。很早以前,经营者就认识到利用名人的姓名或形象将他们自己的陶器和竞争对手的区别开来的潜力,今天利用名人特征作为商业标志的实践已经很盛行了。这种商业实践是怎样和现代的注册和非注册商标的潜在功能相衔接的呢?

传统上,商标被视为为某产品提供来源的标记(尽管是匿名

---

[24] Ibid., 46 and 39. See also V. Pasek, "Performers' Rights in Sport: Where Does Copyright Stand?" (1990) 8 CW 13, esp. 15; "Performers' Rights in Sport: The Experts Comment" (1990) 9CW 12.

[25] CDPA 1988, ss. 182—184.

[26] CDPA 1988, s. 191I. See, R. Arnold, *Performers' Rights*, Ch. 4.

的[27]），英国法院历史性地赋予了这项功能以最重的分量。[28] 人们还常常认为商标进一步提供消费者实际上可以依赖的质量指示或者保证；尽管消费者可能会对产品的确切来源并不关心，但他们可能会确实倾向获得产品具备确保质量的担保。[29] 这种保证并非是绝对的法律保证，因为制造者可能会自由地改变产品的质量，当然这可能会不利于他自身的经济利益。[30] 因而，广而言之，商标的初始功能包含产品来源和区别于竞争对手产品的关键性质量的两重性。[31] 目前来看，更重要的是作为广告或者商品推销的标志价值的商标日益被强调的保护功能。[32] 无论是从严格意义上还是更

---

[27] See, e. g., *Powell v. Birmingham Vinegar Brewery Co. Ltd* (1896) 13 RPC 235, 250; *Re McDowell Application* (1926) 43 RPC 313, 337。

[28] See, e. g., *Wagamama Ltd v. City Centre Restaurants Plc* [1995] FSR 713, 730; *Scandecor Development AB v. Scandecor Marketing AB* [2001] ETMR 800, 808; *Philips Electronics BV v. Remington Consumer Products* [1998] RPC 283, 300; *BACH and BACH FLOWER REMIDIES Trade Marks* [2000] RPC 513, 533. See also *British Sugar Plc v. James Robertson and Sons* [1996] RPC 283, 298 per Jacob J, 认为原产地标志是渗透在 1994 年商标法和相关指令的单一意图。

[29] See, e. g., *SA CNL-Sucal NV v. HAG GF AG*[1990] 3 CMLR 571,583; *IHT International Heiztechnik v. Ideal Standard* [1994] 3 CMLR 857, 877; *Deutsche Renault AG v. Audi AG* [1995] 1 CMLR 461, 475; *Canon Kabushiki Kaisha v. MGM Inc.* [1999] ETMR 1,8.

[30] *SA CNL-Sucal NV v. HAG GF AG*[1990] 3 CMLR 571, 583; *Scandecor Development AB v. Scandecor Marketing AB* [2001] ETMR 800, 809; *Glaxo Group and Others v. Dowelhurst Ltd*(No. 2) [2000] FSR 529, 540. See Parks, "'Naked' Is Not s Four-letter Word: Debunking the Myth of the" Quality Control Requirement "in Trade Mark Licensing" (1992) 82 TMR 531, esp. 535—545. See also E. Hank, "The Quality Assurance Function of Trademarks" [1975] 65 TMR318; L. Akazaki, "Source Theory and Guarantee Theory in Anglo-American Trade Mark Policy: A Critical Legal Study" [1990] 72 JSPTO 255.

[31] See, e. g., *Parfums Christian Dior SA v. Evora BV* [1998] RPC 166, 180 per Jacobs AG, citing W. R. Cornish, *Intellectual Property*, 3rd edn (London, 1996), 529. See also *Loendersloot v. Ballantine & Son Ltd* [1998] FSR 544, 552—553; *Sabel BV v. Puma AG, Rudolf Dassler Sport* [1998] RPC 199, 209.

[32] See F. Schechter, "The Rational Basis of Trademark Protection" (1927) 40 Harv L Rev 813, and see also T. Martino, *Trademark Dilution* (Oxford, 1996), esp. 72—78; M. Strasser, "The Rational Basis of Trademark Protection Revisited: Putting the Dilution Doctrine into Context" 10 Fordham Intell Prop Media & Ent LJ 375,389—390 (2000).

广泛意义上包含质量保证或者产品区分功能,商标更被视为"无声的推销员",而非商品来源的指示[33],即它能触发消费者对产品或者服务产生联系,而且能够促进销售这些产品或者服务,或更富争议地说,促进销售其自己。这种方式不是依赖于消费者对产品来源或者质量的误认;而是寻求保护商标的市场支配力。[34] 这并非通过对持续性的生产具有一定质量的产品而回报和保护生产者[35],而是肯定了对扩大产品生产的投资提供法律保障[36],由此,建立了防范不当利用的屏障。[37]

举一个实际的例子,有一种用于零售的可即食的包装餐,上面有著名厨师的名字和图片。没有人会幼稚的认为这种餐点是由该著名厨师亲自制作并从他的厨房里出来的,或者说是由名厨自己参与制作的。另一方面,他的名字和形象能清楚的将特定产品与那些竞争制造商的产品区分开,并可能吸引购买者注意力,而某种特定的商标品牌或者包装方式可能做不到这一点。有些消费者可能会将具有名厨姓名和形象的包装视为一种食品具有相当质量的指示或者保证。另一方面,带有名厨名字和形象的外包装可能仅仅起到广告工具的功能,而消费者并不信赖外观将其作为来源指示

---

[33] Schechter, "Rational Basis", 818.

[34] Cf. *Philips Electronics NV v. Remington Consumer Products Ltd* [2001] RPC 745, 753 (ECJ) Colomera 大法官在个人意见中区分了商标与设计及专利,前者寻求保护产品来源的同一性认同,由此间接保护了商品所赢得的信誉,后者寻求保护商品自身的经济价值,而这来源自特定的设计和技术表现。

[35] 参见前注[29]。

[36] See *Parfums Christian Dior SA v. Evora BV* [1998] RPC 166, 180. Jacobs AG (ibid. ,180—181)对于广告或者投资功能持一种相当狭窄甚至怀疑的观点,认为"这些功能仅仅是原始功能的派生功能:如果不是将某个标志用作标示来源标志、由此将商标所有者的产品与竞争者的产品相区别的功能,那么在标志上作广告就没有什么意图。因此,在我看来,即使在某些条件下商标的其他功能需要保护,法院将重点放在商标的来源标记功能上也是而且仍将是对与商标相关的欧盟法进行解释的恰当的起点"。Cf. *BMW AG and BMW Nederland BV v. Deenik* [1999] ETMR 339, 354.

[37] See A. Kamperman Sanders, *Unfair Competition Law* (Oxford. 1997), 107—108.

或者质量保证。再举另外一个常见的例子,有一种标有某著名流行歌手的名字和形象的 T 恤衫或者是其他类型的商品。这里歌手名字和形象的使用就稍有不同的意图:他并不必然指示制造商的确切来源或者确切身份,实际上购买者可能对这些并不关心。有些购买者可能将标有名人姓名和形象的外观视为名人授权使用其形象的暗示;有些可能也会认为这种授权是对产品质量的有效保证。还有一些人可能会对 T 恤衫是否经过了名人的授权不感兴趣,而且也不把这种授权视为质量保证;他们仅仅是想购买一件带有他们所钟爱的明星的名字和形象的 T 恤衫,而对于产品的来源和质量并不关心。无论不同的消费者对这些不同的因素持何态度,明显的是,名人的姓名和形象可以具有事实上的产品推销功能,推销自身而不是任何产品,这同广告功能有细小的区别。这种产品推销功能已经相当程度的远离了商标的传统功能。

姓名的可注册性

个人的标志元素特别是个人姓名在多大程度上能被注册为商标是利用商标保护功能的前提基础。个人姓名并非是商标的一类特定类型。1994 年 Trade Marks Act(以下简称 1994 年 TMA)禁止注册可能会包含代表任何皇室成员的各种皇家武器或者旗帜的标志或者任何可能会暗示王室成员身份的标志或者任何可能会暗示皇家支持或授权的词语、字母或者图案。[38] 当然,这种特权并没有延伸至其他人,申请人在将他人姓名注册为商标之前无需得到某人的明示允许,虽然根据注册的实践,除非申请人能够出示相关人或者他的法定代表的同意申请文件,否则可能会因为恶意而遭到拒绝。[39] 1994TMA 的第 1 条将商标定义为"任何能将某个企业的

---

[38] Trade Marks Act (TMA) 1994, s. 4.
[39] Trade Marks Registry Work Manual (1998; see http://www, patent. gov, uk), Ch. 6, para. 9.11.2. Cf. the Canadian Trade Marks Act, RSC 1985, c. T-13, s. 9(1)(k)—(I),禁止"含有任何可能会错误暗示与任何生者有关联的内容"以及"含有任何尚在世的个人或者在注册前三十年内过世的人的肖像和签名内容"的(商标获得)注册。

产品或者服务与其他企业相区分的可通过图形代表的标志",并且明确将个人姓名包含在定义范围之内。乍一看来,任何标志只要能通过图形再现出来、并可能将一个企业的产品或服务同他人的区分开来,同其他事物相比并不缺少与众不同的特征,就都是可注册的[40],否则就构成了商标被拒绝注册的绝对性理由。[41] 当要评价一个姓氏是否在申请日具备这个能力时,有必要记住姓氏"很自然的适合于确定这样起名字的所有个人",而有关普通或者平常的姓氏,要证明获得独特性常常需要一段时间。[42]

在 ELVIS PRESLEY 商标一案中[43](这是依据 1938 年 TMA 法作出判决的最后几个案例之一)可以看出英国法院并不倾向在商标立法中赋予这种识别标志广泛的权能。本案的关键问题是:"Elvis"和"Elvis Presley"的名称以及"Elvis A. Presley"的签名标记是否能区分出申请人——作为以 Elvis Presley 名义进行商业经营者的继承人的 Elvis Presley 企业公司的产品。申请遭到了 Sid Shaw 先生的反对,他一直经营着使用"Elvisly Yours"这个商标的公司并进行 Elvis Presley 系列纪念产品的交易,而"Elvisly Yours"商标注册的产品范围是与 Elvis 有关的各类产品。

根据1938TMA 的第 9 条和第 10 条的规定,申请人得满足"独特性"的确定要件,并且证明其要分别注册为 A 类和 B 类的标记要么"适于区别"、要么"能够区别"出自己的商品或服务。更具有(文字)描述性的标志可以具有较低的内在独特性,更不容易将申

---

[40] See *Philips Electronics NV v. Remington Consumer Products Ltd* [2001] RPC 745, 754 (ECJ); Cf. *Philips Electronics NV v. Remington Consumer Products Ltd* [1999] RPC 809, 818 (CA). See also *BACH and BACH FLOWER REMEDIES Trade Marks* [2000] RPC 513, 524; *AD2000 Trade Mark* [1997] RPC 168, 171, and see, generally, D. Kitchin et al., *Kerly's Law of Trade Marks and Trade Names*, 13th edn (London, 2001), Ch. 2.
[41] TMA 1994, s. 3(1)(b). See *Philips Electronics NV v. Remington Products Ltd* [1999] RPC 809, 818; *AD2000 Trade Mark* [1997] RPC 168, 173; *British Sugar Plc v. James Robertson &Sons Ltd* [1996] RPC 28 I, 305.
[42] *Re Mister Long Trade Mark* [1990] ETMR 406, 410.
[43] [1999] RPC 567.

请人的商品与其他交易人的商品区别开。在 TARZAN 商标案中[44]，TARZAN 这个名字由于直接指向了商品的本体物质，注册被驳回。当局认为"Elvis"和"Elvis Presley"的标志是描述与 Elvis Presley 有关的商品，在商品和申请人的营业之间并不具有独特性的关联。[45] Robert Walker 大法官曾在 Registra of Trade Marks v. Du Cros (W&G) Ltd 一案中作过一个由 Parker 大法官设计的著名的试验：标志是否对于申请人的商品来说是独特的，很大程度上取决于这个问题："其他经营者在一般性的营业中和没有任何不适当的企图时，是否可能有意愿使用这个标志或者一些与其近似的标志用在他们自己的商品上或者与其商品相联系。"[46] 尽管根据第9条(1)(b)规定，签名标记被视为具有独特性，但并不能说相当多的公众成员对于申请人的标志和持异议者在早期所用的以近似的草书体签的"Elvisly Yours"标志之间不会产生导致欺骗或者误导效果的合理可能性。[47] 因此，该申请被驳回了。

有观点认为：TARZAN 一案的判决应该由其案件事实（一个名字由合成词语构造的虚构的角色）限定，并且其竞争性经营者不可能根据 Du Cros (W&G) 的试验结论[48]合理地利用"Elvis"和"Elvis Presley"的名字，但这种观点被否定了[49]。与此类似的是，上诉法院否定了一项长期发展起来的一般原则[50]，这项原则不允许经营者利用未经授权的名人的姓名来销售自己的商品，否定这项原

---

[44] [1970] RPC 450.

[45] [1999] RPC 567, 578.

[46] Ibid., 579.

[47] Ibid., 567, 586, 适用了 *Pianotist Co.'s Application* (1906) 23 RPC774 和 *Smith, Hayden & Co.'s Application* (1946) 63 RPC 97 案所确立的标准。Morrit 大法官基于没有证据证明签名商标的真实性而驳回了有关签名商标的上诉请求：[1999] RPC 567, 592。

[48] *Registrar of Trade Marks v. Du Cros (W&G) Ltd*. [1913] AC 624.

[49] [1999] RPC 567, 583.

[50] 来源自以 *Mirage Studios v. Counter-Feat Clothing Co. Ltd* [1991] FSR 145 案的判决为终结的一系列案例。参见下文 73—84 页。

则建立在这样的基础上:利用名人的名字意味着一种许可或者认证,结论是:申请人的标志不能导致第 11 条、12 条所规定的欺骗或者误导,因为他们被视为已故名人的商品化权的权利继承人。[51] 并不存在普遍的公众推断:在这种情形下使用名人名字就会被视为得到许可或授予权利。这种观点反映了管理当局的过度简单化处理,并且与每个案件都应基于其自身的案情作出判决的原则不相一致。[52] 申请人并没有使公众知道"Elvis"和"Elvis Presley"的名称是由申请人及其许可授权的人在商标这种意义上使用的。[53]

依据 1994 年 TMA 处理的商标注册的案件,沿循了这种方式。这样,在 *Executrices of the Estate of Diana, Princess of Wales* 申请案中[54],一项要求将 *Diana, Princess of Wales* 注册在更广范围的商品和服务上的申请遭到了拒绝。由于缺少任何人格权利,*Diana, Princess of Wales* 在自己的名字之类的东西上没有任何权利。而人们可能会乐意接受个人的姓名作为特定商品来源的指示,当涉及到名人姓名时,则并非必定如此,此时名字的使用可能仅仅被看作是确认商品的实体内容。相关证据并未表明消费者会认为:所有带有公主名字的纪念性物品的生产和销售,是由能对产品质量负责的某一企业控制的。继承人的权利主张,受到以下事实的削弱:其他的标记例如官方徽标或者印记也被用在商品上以表明某种授权,这意味仅仅名称并不能足以表明相关的商业联系。[55] 类似的,在 *JANE AUSTEN* 商标案中[56],一项对在化妆品和相关产品上注册

---

[51] Ibid., 583—584.
[52] Ibid., 597, *per* Simon Brown LJ.
[53] Ibid., 584 *per* Robert Walker LJ.
[54] [2001] ETMR 254.
[55] Ibid., 271, and see B. Isaac, "Merchandising or Fundraising? Trade Marks and the Diana, Princess of Wales Memorial Fund" [1998] EIPR 441. See, also, C. Waelde, "Commercialising the Personality of the Late Diana, Princess of Wales — Censorship by the Back Door?" in N. Dawson and A. Firth (eds.) *Perspectives on Intellectual Property*, Vol. VII: *Trade Marks Retrospective* (London, 2000), 211.
[56] [2000] RPC 879.

JANE AUSTEN 名称的申请被拒绝了,随后 *JANE AUSTEN* 纪念基金的受托人启动了复核程序,据称他们是要保护 *JANE AUSTEN* 作为一个文学家的尊严和名誉,而不是保护信托基金的自身经济利益。[57] 当局认定相关标志缺乏依照 1994 年 TMA 法第 3 条(1)(b)所规定的独特性的特征。考虑到 *JANE AUSTEN* 的名气,这个名称只能被公众视为是对商品实体内容的指示,而不是商品来源的指示。依据第 3 条(6)(b)之规定主张这一申请是出于恶意的进一步的异议没有获得支持;一般,人们都不会认为将某个历史性的文化名人的名字作为商标的申请是不合适的;而且与注册申请相关的产品也不会损害 *JANE AUSTEN* 作为一个作家的历史地位或他的文学遗产。[58]

英国法院和注册主管当局所采用的方法,反映出对于注册商标的潜在本质和功能的保守观念。如果某个标志具有足够的独特性并能将申请人的商品和竞争性经营者的产品区分开,就可以获得注册。明显的是,法院不倾向于扩张商标可注册性的范围从而为商标或者标志的推销价值提供保护。

在处理独特性的问题上,英国商标注册局遵循以下逻辑前提:姓氏的语词原则上是不能获得注册的,除非可能被视为识别商品单一性来源的标志,但尚须考虑以下因素:姓氏的一般性;市场的大小以及商品的性质。[59] 除此之外,一项(有点主观的)一般性便利指引规则规定:如果名字在伦敦电话簿黄页上登记的频率超过 100 次,标志就被视为是一般的。但是,更多的一般性姓氏在商品或服务只有有限的交易者提供时,可以区分出商品或服务(例如定期航线服务),因为出处的来源越少,那么被循环周期性使用的姓氏区分出某一特定经营者的商品或服务的可能性就越大。[60] 被最

---

[57] Ibid., 891.
[58] Ibid., 890—891.
[59] Trade Marks Registry Work Manual (1998), Ch. 6, para 3.12.1,由 Practice Amendment Circular 6/00 (reprinted in (2000) 29 CIPA Journal, 278) 所修订。
[60] Ibid.

早使用的姓氏被视为具有较强的区分能力,即使是根据一般准则
(100登记者)认定的更普通的姓氏也可以接受申请。[61] 全称、两
个或两个以上姓氏或名字的结合,基于他们具有更大的区别商品
单一来源的能力,初步看来可以接受,因为竞争性经营者不太可能
被允许正当合法地使用这些组合。[62] 而一个单一的名字初步看来
也可以被接受作为商品商标,注册登记的实践中,由于缺乏独特性
的证明,而否定了一些单一名字注册为某些服务(第42类,食品和
饮料,健康和美容护理等)的商标,基于这些名字被频繁的使用在
诸如理发店、餐馆等营业中,如果缺乏独特性的证据而对这些服务
在全国范围内授权,是不恰当的。[63] 除了这些指引中的数据外,还
需要证明名字通过使用所获得的独特性,越一般的名字,越需要更
充分的证据。[64] 这些标准与以前法律所适用的相关数据相比较,
已经相当宽松了。[65]

很明显,注册一个不常见的名字要容易些,因为一个普通的名
字如 Smith 或者 Jones 会缺少独特性特征。因而,那些具有不常见
名字或者独特名字的标志不难获得注册。晚近的吉他手 Frank
Zappa 在确立独特性方面没有难题[66],但同行的音乐人 Brian Jones
(或他的继承人)或者是 Robert Smith 就要有更大的难题。同样的,
球星 Mark Jones 在确立独特性上就要比同行 Jurgen Klinsmann 有更
大的困难。[67] 虽然某个拥有更一般性名字的名人通过使用而有可
能获得独特性,但在很多案例中,商业交易过程中的使用是受到限

---

[61] Ibid., 3.12.5.
[62] Ibid., 3.12.8.
[63] Ibid., 3.12.6.
[64] 依据先前法律所判决的案例可见。如,*Teofani & Co. Ltd v. Teofani* [1913] 2 Ch 545 and *Re Burford (H. G.) & Co. Ltd's Application* [1919] 2 Ch 28, and see, generally, T. A. Blanco White and R. Jacob, *Kerly's Law of Trade Marks and Trade Names*, 12th edn (London, 1986), 8-53—8-54。
[65] See CIBA *Trade Mark* [1983] RPC 75, 86.
[66] See, e.g., UK Registration 1123495.
[67] See, e.g., UK Registration 1586827.

定的,尤其是早期在确立某个营销方案时。从这点看,商标注册登记很明显不是授予处于真空的一个名字确保垄断权的手段。每一项商标申请必须对要申请注册的商品和服务作出陈述[68],还要说明商标一直被用在那些相关的商品或者服务上,或者是申请人本人或者经其同意而使用,或者他具有善意诚信的目的对该商标进行如此利用。[69] 如果不能达到这些要求,可能会被注册当局以申请是出于恶意的理由而拒绝。[70] 此外,商标有可能因为以下情形被撤销(宣告无效):商标在最近的五年内没有被商标所有者或者经其同意而使用,或者没有正当理由而停止使用商标已满 5 年期间。[71]

签名、肖像和其他标记

有些情形,姓名之外的一些标志,例如个人签名,可以被注册为商标。尽管这种注册只保证签名所表现的书写形式上的权利并不是名字本身。[72] 签名符号在体育和时装领域是相对常见的,尤其是在体育装备和服饰上,虽然它们通常与名字或者装备名称联起来用。因为如果没有对公众进行大量的宣传普及,签名本身一般很难标识出是来自于某个特定制造商的产品。因而,从实践来看,本质上签名性商标具有有限的价值。尽管签名乍看上去能体现签名者的特点[73],但并不必然如此。一种极端,也许是最通常的情形,签名作者的名字以一种独特的和高度变形的形式体现出,而

---

[68] TMA 1994 s. 32(2)(c). 可能会寻求商标注册的商品分类在 1994 年的商标规则之表格四中(Trade Marks Rules 1994, schedule 4)列出。See generally, Adams, *Character Merchandising*, 77.

[69] TMA 1994 s. 32(3).

[70] Ibid., s. 3(6).

[71] Ibid., s. 46(1). See, generally, *Nestle UK Ltd v. Zeta Espacial SA* [2000] ETMR 226.

[72] 个人签名上能否存在版权是有疑问的:see ANNE FRANK Trade Mark [1998] RPC 379(商标登记局)(根据 1994 年商标法规定,基于在先权利的无效程序,签名未获得版权)。

[73] *Re Fanfold Ltd's Application* (1928) RPC 199, 203.

另外一种极端就是一个人可能采用不具有区分性的印刷体姓名。Laddie 法官一开始在 ELVIS PRESLEY 商标案中主张争议的商标属于后一类。然而，上诉法院的多数法官主张其具有足够区分性，尽管注册申请以与异议者的在先注册的商标相冲突的理由遭到拒绝[74]。

一个人的肖像也会成为有特色的标志并足以将一个企业的产品和服务与另一个企业的相区分。[75] 商标注册可以是具备特色标志的某一特定形象[76]，而不是普通的某个形象，如此的形象商标注册的价值可能会被针对此类商标侵权界定的狭窄范围（即便是根据 1994 年法中相当宽泛的侵权条款规定）所严重限制。根据英国商标注册当局的实践，当涉及个人姓名时，当商标包含或者组成部分是一个生者或者刚刚殁去的人（但只有当该人是知名的情况下）并且没有获得该人或者其代理人的书面同意时，可以因"恶意"注册而被否定[77]。

商标侵权的范围

1994 年 TMA 法相对此前的立法，包括了相当程度的更广泛的侵权条款，而这就可以部分地解释为什么法院对可注册的范围问题采取审慎的策略。[78] 根据司法处理上的平衡，被告在贸易中利

---

[74] [1999] RPC 567,586—587 per Robert Walker LJ and 596 per Simon Brown LJ. Morritt 大法官（590-2）根据无法确定签名的真实性以及签名无法起到区分申请者的产品商标意义上的作用，从而作出不支持申请人的判决。Cf. *BACH and BACH FLOWER REMEDIES Trade Marks* [1999] RPC 1,43—45（申请人的风格化因在先使用者对"Bach"声明弃权，签名获得了登记）。

[75] 例如参见 *Rowland v. Mitchell*[1897] 1 Ch 71,依据之前的立法判决的案例可见，Blanco White and Jacob, *Kerly on Trade Marks*, 12th edn, 8—58。

[76] 例如参见 UK Registration 2036489（头戴比赛头盔的赛车手达蒙希尔（Damon Hill）的特写画像）。

[77] See Trade Marks Registry Work Manual (1998), Ch. 6, para. 9.11.3. Cf. note 39 above.

[78] See *ELVIS PRESLEY Trade Marks* [1997] RPC 543 at 559 per Laddie J,并参见 Kitchin et al., *Kerly's Law of Trade Marks*, Ch. 13.

用某个标志并不必然表明这种利用是在把该标志当商标使用并意在侵权。[79] 因而,被告必须要关注侵权行为的明确的除外适用规定;例如"使用与产品或者服务相关的种类、质量、数量、用途、价值、地理原产地、生产或提供日期、或者其他特征的指示说明"。[80] 另一种观点认为:必须存在着当成商标的使用,即能表明贸易来源,这种使用是在商标侵权范围之外的在推销方面的多种利用。因而,如果在商品上使用的某种标志,不被认为是商品来源的指示,而仅仅被视为商品的装饰或者是有"支持、荣誉或者有从属关系的徽章"[81],则不存在侵权。在这一点上司法当局有点迟疑不决,并且在等待来自欧洲法院的明确规则[82],迄今为止在这一问题上没有解决。[83]

在注册商标侵权的范围上,有一些有限的指引,是明确关于签名、个人姓名或者肖像方面的,而且侵权问题常常是"一种感受而非科学"[84]。举个简单的例子,如果在标志和货物之间存在一一对应[85],那将不会有侵权成立的问题。而同样的名字、签名或者肖像标志被用在同样的商品上,就会产生侵权问题。很小的差别,例如有细微差别的笔迹和肖像,可能会很有争议的使得这些标志不在上述条款的规范之内。关于文字标志,注册申请只能被限定在申请中展示的图形,除非申请者说明申请只是针对文字而不指向图形[86],

---

[79] *British Sugar Plc v. James Robertson & Sons Ltd* [1996] RPC 281,290; *Philips Electronics NV v. Remington Consumer Products Ltd* [1999] RPC 809, 823.

[80] TMA 1994, s. 11(2). See, e.g., *Bravado Merchandising Services Ltd v. Mainstream Publishing (Edinburgh) Ltd* [1996] FSR 205.

[81] *Arsenal Football Club Plc v. Reed* [2001] ETMR 860,880.

[82] Ibid.

[83] See *Philips Electronics NV v. Remington Consumer Products Ltd* [2001] RPC 745 (ECJ).

[84] *Wagamama Ltd v. City Centre Restaurants Plc* [1995] FSR 713,732 per Laddie J.

[85] TMA 1904, s. 10(1).

[86] Trade Marks (Amendment) Rules 1998, r. 5, para. 4 (SI 1998/925).

法律规定的有关侵权条款与此相似的是采用狭义界定。[87]

实践中,大部分的案件会根据第10条(2)处理,该条规定了同一标志用在相似的商品或者服务、或相似的标志用在同一商品或服务以及存在混淆的可能性(总体评价上这包含着关联可能性等概念)的侵权。[88] 在评估标志的相似性时,法院必须要确定视觉、听觉以及概念上的相似性程度,并且在合适的地方评价这些不同因素的重要性程度,要考虑到争议中的商品或者服务的类型以及标志所运用的环境,并要注意到标志的不完全的记忆或图画。[89] 此时,尤其是在肖像和签名上的商标注册的价值的局限,显而易见。签名,从定义来看,是表征个人姓名的一种独特的形式。一种相当小的性质的差异,可能会有争议地、使后面的标志不可能被视为与已注册商标具有可混淆的相似性。因而,以差异足够大的字体书写的同样的名字不会侵犯已注册的签名商标。[90] 与之类似,肖像的商标注册只延伸到某一特定的形象再现,而不是同样的一个肖像。缺乏相似性又会成为一个问题,而且这很难确立混淆概念。举一个前面的例子,如果名厨的形象以另一种方式出现,或者是用了一种稍有不同的肖像,很显然标志之间将不具备同一性,认定是具备混淆的相似性也是困难的。使用与某注册商标相似而非

---

[87] Cf. *Bravado Merchandising Services Ltd v. Mainstream Publishing* (*Edinburgh*) *Ltd* [1996] FSR 205,2009(尽管与已注册商标的表面存在差异,但是标志被认定具有同一性)。

[88] *Marca. Mode CV v. Adidas AG* [2000] All ER (EC) 694; *Canon Kabushiki Kaisha v. MGM Inc.* [1999] ETMR 1; *Sabel B V v. Puma AG, Rudolf Dassler Sport* [1998] RPC 199.

[89] *Lloyd Schuhfabrik Meyer & Co. GmbH v. Klijsen Handel BV* [2000] FSR 77, 84 (ECJ); *REACT Trade Mark* [2000] RPC 285,288 (Appointed Person). See also *Wagarnarna Ltd v. City Centre Restaurants Plc* [1995] FSR 713,720, and see, generally, C. Morcom, A. Roughton and J. Graham, *The Modern Law of Trade Marks* (London, 1999), 115—118.

[90] Cf. *Crawford and Son v. Bernard and Co.* (1894) 11 RPC 580 (Court of Session,苏格兰最高民事法院)(被诉人在苏格兰威士忌上的自身签名"Robert Crawford"不构成对原告Daniel Crawford签名标志的侵权)。

同一的姓名,不太可能出现,因为大多数情形下利用人格的目标是利用名人姓名有利于商业推广的关联性,尽管某些形式的广告处理很隐晦地暗示名人的名字或者昵称/绰号。在这些情形下,标志的相似性将会得到一般性评估。除了这两种情况,当同一或者相似标志是被用在与注册商标所用商品不相似的商品或服务上,同时这个标志在英国享有声誉,而且标志因没有正当理由的使用而不当利用了或者有害于标志的独特性特征或者名誉时,侵权也可能成立。[91] 再次的,主要问题集中在:在名声以及不公正利用或者有害于标志的独特性特征或者名声成立之后,再考虑同一性或者相似性的确立。[92]

有些情形下,个人姓名的注册可能会因某项经营而具有独特性,以至于随后个人再使用他的名字可能会受到限制。例如,根据以前的法律规定,Bentley 汽车的商标所有人能够限制其以前的设计师 W. O. Bentley 及其竞争对手 Lagonda 汽车制造商以混淆性的相似方式使用这个名字,事实上这种方式并不妨碍设计师以真诚的善意使用自己的名字,但是"Lagonda"和"Bentley"的用语相对于其他的广告文字内容被更加关注。[93] 显然,再考虑与注册商标相关的交易时,这是一个须谨记在心的因素。

---

[91] TMA 1994, s. 10(3).

[92] See *General Motors Corp. v. Yplon SA* [1999] ETMR 122,129—133; *British Telecommunications Plc. and Others v. One in a Million Ltd* [1999] FSR 1,25; *C. A. Sheimer (M) Sdn Bhd's Trade Mark Application* [2000] RPC 484, 503 (Appointed Person); *CORGI Trade Mark* [1999] RPC 549, 557—559 (Appointed Person); and see also A. Michaels, "Confusion in and About Sections 5(3) and 10(3) of the Trade Marks Act 1994" [2000] EIPR 335.

[93] *Bentley Motors (1931) Ltd v. Lagonda Ltd and Bentley* (1947) 64 RPC 33. See, also, *BARRY ARTIST Trade Mark* [1978] R. PC 703 (Registry) (时装设计师申请在服装类商品上将个人签名注册为商标的请求被驳回了,因为签名与另一个公司的同一标记的在先注册构成可混淆的相似,而申请人是后来从该公司分离出去的,当然这并不妨碍申请人作为设计师使用其签名的能力,而不是在实际成品上使用)。

人格上的经济利益包括了既存的营业利益和潜在的认可价值。[94] 商标注册仅仅与之前的类型有关,组成了自己利用或者授权许可别人交易自己肖像的相对小的一群人;这种注册过程相对是耗费时间和昂贵的;明显的限制了商标法上确定人格利用的案例类型的范围。英国法院不倾向于将商标注册视为一种保护人格的经济利益的工具,从而构成了对可能注册为商标的事物的限制,并且将侵权的范围限制在相对狭窄的范围。

法律之外的救济方法

引论

虽然英国法否定了对人格的商业利用的诸如此类的实体救济,但是在广告业各种形式的行为守则提供了充当"软法"的规范。[95] 这些规范尚未反映在实定法中,但它们会变得日益重要,因为法院在表达自由和1986年《人权法案》规定的其他权利之间保持平衡时,明显地被迫关注各类相关政策。[96] 国际社会建立了一套有关网络域名的规范,在下面将会简要介绍。

《独立电视委员会守则》

在英国,电视广告是由独立电视委员会(ITC)管制的,这是一个根据1990年《广播法》所建立的法定机构。[97] 电视广告播出前,应有正式播出前的批准并经广播广告净化中心(BACC)(一个由广播者自己所建立和资助的组织)的过滤处理。这样,任何潜在的侵权广告会相对于媒体发布广告的时间,在一个较早的阶段得

---

[94] 见前文第8—10页。
[95] I. Ramsay, *Advertising, Culture and the Law* (London, 1996),152。
[96] Section 12(4). See, generally, 218—224 below。
[97] See http://www.itc.org.uk. 电视节目受到一项单独的法律方案的约束,这就形成了一种对隐私的零散的法律认可。将在第8章详尽考察。

到处理。[98] ITC 根据法令的授权有权命令有许可权的电视节目提供者(地面或卫星商业广播单位)将违背各项 ITC 守则的广告剔除。目前而言,相关条款规定在《广告标准和行为守则》中。在"保护隐私和对人格的利用"的名目下,规定了:未经别人同意,在涉及到特写相关人的广告中,不得包含生者个体的描写或者指涉,除非是用于图书、电影、杂志等的非攻击和非诽谤的广告。BACC 指引中规定:未经授权的指涉可以被扩大解释为或扩展到,对知名人士的扮演或者歪曲的模仿,而不论是否存在观者或者听众对所特写的人物身份产生误认的可能性;无论何种情形下,这种模仿如果明确和某个人相对应,必须得到相关的允许。[99] 同时又规定证言(对真实个人的经历的观点或者陈述的表达)必须是真实的;并且在被广播经营者接受之前提供文件证据以支持,并且不应以某种可能引发误导的方式使用。其目标更侧重保护观众的利益,而不是那些被描述者的隐私或者经济利益。[100]

媒体投诉委员会

媒体投诉委员会[101]是一个受理和裁定与报纸杂志的评论内容有关的投诉的独立机构。[102] 该机构保护个人权利,也保护公众知情权。[103]《行为守则》(The Code of Practice)[104]包括了 16 个独立

---

[98] 见后文。

[99] Independent Television Commission(独立电视委员会), *Code of Advertising Standards and Practice*, December 1998, r. 15。

[100] Ibid., r. 29.

[101] See http://www.pcc.org.uk, and see, generally, L. Blom-Cooper and L. R. Pruitt, "Privacy Jurisprudence of the Press Complaints Commission" (1994) 23 Anglo. AmLR 133; R. Pinker, "Human Rights and Self Regulation of the Press" (1999) 4 Comms L 51; C. Munro, "Self-Regulation in the Media" [1997] PL 6.

[102] 可获得的司法评论,See, *R v. Press Complaints Commission, ex parte Stewart-Brady* [1997] EMLR 185, 189。

[103] See *Douglas v. Hello! Ltd* [2001] 2 WLR 992, 1018 *per* Brooke LJ.

[104] Press Complaints Commission, Code of Practice (London, 1999).

的主题,而大多数的投诉是与报导内容准确性(每年大约有三分之二)有关,随后是对隐私的侵权(大约占六分之一)。[105]《守则》的第3条规定"(1)人人有权获得对其隐私、家庭生活、健康和通讯的尊重;如果未经同意而公开发表披露(相关情况),则应该就其侵入隐私作出正当化解释。"进而,第3条特别阐明:"未经别人同意而利用长镜头摄像机拍摄他人在私人空间的照片是不允许的",而"私人空间"的定义为:"合理的预期存在隐私的地方"。根据委员会的规定,对公众开放的地方可能是人们认为合理的预期存在隐私的地方,同样的,私人拥有的地方也可能是个人不认为存在隐私的地方。因而,一个合理预期的隐私可能存在于名人在大教堂内拍照的情形[106],却不存在于演员在旅馆外拍照的情形,虽然财产的公开或者隐私性是一个有争议的问题。[107]

  这些条款可能会因公共利益而有适用除外,公共利益包括:"侦探或者揭露犯罪或者严重违法行为;保护公众健康和安全;防止公众被某些个人或组织的陈述或者行为误导"。[108] 表达自由在公共利益问题中被明确提到,委员会声明:它将会关注披露素材已经或将会被公众所获取的程度。无论如何,当以公共利益为因由时,相关评论需要作出全面的解释,说明报道是如何服务于公共利益的,如果涉及到儿童时还要负担更高的(解释责任)。因此,如在评论监狱主管当局所采取的实施决定的文章中发表一张被监押者的照片,被视为是为了正当的公共利益[109],报道女明星的性生活细节则与此不同[110]。很多投诉涉及到的是那些没有明显公众知名度的个人而非明星的隐私,这可以部分的反映出投诉程序的速度和

---

[105] See the annual reports, reproduced at http://www.pcc.org.uk.
[106] Complaint by Sir Paul McCartney, Report 43, 30 May 1998.
[107] Complaint on behalf of Sean Connery, Report 47, 25 April 1999.
[108] See, e.g., complaint by Stephen Billington, Report 43, 23 Augus1998
[109] Complaint by Beverley Fielden, Report 53, 29 August 2000.
[110] Complaint by Granada Television on behalf of Ms Georgia Taylor 2000, Report 51, 18 June 2000.

低成本[111]，而事实上媒体(主要是小报)常常会侵犯到相当普通的人的生活。

广告标准局守则

（平面）媒体广告是由《英国广告行为守则》规制的[112]，由广告标准局（ASA）[113]管理，这是一个广告业管理自己事务的民间机构[114]，《行为守则》的运作给我们提供了处在英国法之外或者边缘上的行为处理的观察角度。《行为守则》并没有定义何谓广告，却列举了其所运用的载体方式和材料：大多数的非广播媒体如报纸杂志、海报、电影、录像制品和邮件表。相当重要的，并不包括广播媒体(被独立电视委员会守则所覆盖)（见前文）、书的目录和包裹及外包装，后者对未被授权的商人而言是有潜力的富有成效的宣传媒介。[115]

《英国广告行为守则》明确表明其不具有法律的效力[116]，违反守则的广告者将会被要求撤销或者修改广告[117]，尽管业界常自发地作出承诺并受尊重。如果不存在共谋，广告者通常会收到媒体组织的适时通知被拒绝发布广告，并会遭受不利的公开披露，之后会收到违反《守则》的裁决。[118]《守则》也特别强调，广告发布者享有特权可以拒绝某个广告所有者的广告发布而不论是否符合守则的条款规定，当然这取决于每个广告经营者的观点。[119] 如果某个误导性的广告或者促销在广告标准局已经作出否决后仍然出现，

---

[111] See Pinker, "Human Rights and Self Regulation", 52.
[112] *British Code of Advertising Practice*, 10th edn (London, 1999).
[113] See http://www.asa.org.uk.
[114] See, generally, G. Crown, *Advertising Law and Regulation* (London, 1998), 474—578; G. Robertson and A. G. L. Nicol, *Media Law*, 3rd edn (London, 1992), 559—561.
[115] *Code of Advertising Practice*, paras. 1.1—1.2.
[116] Ibid., para. 1.3.
[117] Ibid., para. 68.6.
[118] Ibid., para. 68.39.
[119] Ibid., para. 68.28.

将会提交至公平交易总理事,他将会诉诸一个任何会负责保证、准备或者承诺广告将会终止的实体。如果不成功,将会发布禁令以阻止继续发布广告。[120] 广告标准局的裁决受司法审查的制约[121],尽管很少付诸实践。[122]

在"保护隐私"的名目下,现在的《守则》规定:"广告者不应当以不利或者侵犯的形式,不公正地描绘或者指涉人。"《守则》要求刊登广告者在具备下列情形之前必须获得书面的同意书:(1)涉及或描述到公众成员以及他们具有识别性的特征时,在人群的场景中附带的包含了该人的除外;(2)涉及到具有一定公众知名度的人物,虽然若这种能够精确反映著作、文章或者影片内容的指涉未经事前同意仍可被接受[123],以及(3)"对广告商品的默示的个人同意"。《守则》随后指出:当广告没有包含与所特写的人物的地位或者观点不相一致的内容时,则不需要事先的同意。[124] 这多少有些令人迷惑,并且只能借助于某些客观标准以决定哪些可能与主体的观点或者立场不相一致。显然,这个条款可能会覆盖一些直接的案例:例如将某个著名的个性火爆的格斗选手的形象与酒精类产品相联系。当然,某个人可能会基于高度主观的原因反对将其形象未经授权进行商业利用,可能会因为对某类特定的产品或者营业的反感,或者是出于一种不愿意和任何种类的商业广告发生联系的简单意愿,或者是无法被一般人所深知的信念或者观点。广告涉及到逝者时,应该特别注意避免构成规定中的冒犯或者施加痛苦[125],而"如果没有经过皇室成员的事先同意,通常不能在广

---

[120] Control of Misleading Advertisements Regulations 1988, SI 1988, No. 915 as amended (SI 1995, No. 1537).

[121] *R v. Advertising Standards Authority ex parte the Insurance Service Plc* (1990) 2 Admin LR 77.

[122] See, generally, Crown, *Advertising Law*, 476, and see, e. g., *R. v. Authority, ex parte SmithKline Beecham Plc* [2001] EMLR 598.

[123] *Code of Advertising Practice*, para. 13.1.

[124] Ibid., para. 13.2.

[125] Ibid., para. 13.3.

告中出现或者提及他们",这一规定的例外情形则是在与广告商品无关的附带性提及或者在诸如著作、文章或者电影等传记性材料中提及。[126] 只有在经过事先同意后,才能使用皇室臂章或者徽章。[127] 除了隐私条款外,《守则》规定证言和授权证明应该是真实的,而且只能用于书面同意文件所明示授权的事项。[128]

《广告行为守则》此前的几个版本对保护经济利益给予更大的重视,虽然当某广告的影响将会"实质性的减少或者排除他们能够控制那些决定他们的姓名、肖像或者名誉被用在某种商业基础上的环境或者条件的权利"时,来自于那些处在较高程度的公众曝光度的经营或者职业位置的人所作的抱怨,只是供大家娱乐消遣的话题。[129] 这可能适用于任何未经授权的利用;考虑到在有关商品推销和授权的合同中排他性专用通常是很重要的条件,一项排他性许可通常会价值更高。不清楚为什么在新版的守则文本中将有关经济利益的条款删掉,虽然这很少被援用。例如,在1989—1995年期间,当时适用《守则》的第8版,只出现一项投诉,由足球运动员 Paul Gascoigne 提起的在保险服务方面的广告,关系到本质上是经济利益的保护。尽管最终被认为:广告没有暗示任何在广告者的服务上的授权,却有可能减少或者取消其控制自己的姓名、肖像或者名誉被以商业方式利用的环境或者条件。[130] 其他的投诉都是关于本质上是隐私利益的。例如,一个议员关于为某个提供屋顶服务(事实上一直不令人满意)的公司提供不当认证的广告传单的投诉获得了支持。[131] 类似的,一项针对国家出版机构的除汗广告(绘有全国矿工联合会的主席,并附有"专为你出汗而备"的说明

---

[126] Ibid., para. 13.4.
[127] Ibid., para. 13.5.
[128] Ibid., para.14.
[129] *British Code of Advertising Practice*, 8th edn(London,1988), para17-3.
[130] ASA Monthly Report 10, March 1992.
[131] ASA Case Report 185, September 1990. Cf. ASA Case Report 192, April 1991(法院认定,使用足球经理的照片以和航空服务建立关联,并不意味着任何认证而且也和其作为公众人物的身份并非不相一致和协调)。

语)的投诉,根据由联合会基金主持的一项调查的结果,被认为是非常冒犯的。虽然公众人物不能指望享有和一般人同样程度的隐私权利,但是这些与广告宗旨无关的故意利用,被认为是非常令人不快的。[132]

每年根据广告行为守则处理的关于侵犯隐私的投诉数量相对较少,这意味着如果人格利用侵权被认可,则大量的诉讼涌入法院的危险就较小。考虑到所适用的媒介的有限范围,以及任何这类方案所依赖的自我规范的基础日益薄弱,实践中,这个行为守则具有明显的范围限制。[133] 从实践的立场看,在一个自我规范的体系内有一些可取的东西,这种体系对隐私能提供一定程度的保护,同时也能提供一种避免法院纠纷解决的成本和拖宕问题的替代型纠纷解决办法。[134]

统一域名争端解决规则

未经授权使用网络域名的现象广泛存在,而且并不限于使用经营者的名称或扩展至个人的姓名。尽管对这些争议以仿冒侵权的名义提起诉讼[135],但大部分与个人姓名相关的纠纷是通过法律之外的争端解决程序得到处理的。域名登记由很多的组织来管理,他们通常会以第一次的出现或者第一次服务为基础分配登记,而并不授予名字任何知识产权。主管当局和登记者之间的协议安排是合同性的。[136] 例如,在英国,域名登记者 Nominet UK 有限公

---

[132] ASA Case Report 187, November 1990.

[133] See, e.g., R. Rijkens and G. E. Miracle, *European Regulation of Advertising* (Oxford, 1980), 41—43, 文中总结了支持和反对在广告业中建立自律制度的各种争论。媒体在有关隐私以及相关问题上的自律性角色的作用时常被质疑为是不足的:参见下文第 8 章第 238—241 页。

[134] See M. Arden, "The Future of the Law of Privacy" (1998—1999) 9 KCLJ 1, 18.

[135] See *British Telecommunications Plc & Others v. One in a Million Ltd* [1999] FSR 1.

[136] See, generally, Kitchin et al., *Kerly's Law of Trade Marks*, Ch. 21.

司实行自己的争端解决规则。这取代了之前更为局限的规则,并且在一定程度上是根据《统一域名争端解决规则》而成型的,尽管他们之间存在显著的差异。[137]

统一域名争端解决规则(UDRP,1999年10月24日)[138]一直是由"名称和字段分配网络公司"(ICANN)(一个非营利的公司)执行的。这项规则的制定参照了所有具有公信力的域名注册单位所使用的注册协议。这些单位为一般的基本域名(起初是那些以.com、.net、.org 结尾的域名,现在包括那些新的后缀如.aero、.biz、.coop、.info、.museum、.name、.pro 等)提供注册服务[139]。这项规则同样被某些带有国家代码的基本域名的管理人所采用。相关注册程序意在为制止恶意滥用域名提供一种低成本和高效的解决办法。争议会被提交给一个的独立的管理委员会,根据ICANN 指令和规则处理争议。委员会由1至3个仲裁员组成,仲裁员是从来自于30个国家的120名仲裁员中指定的。最受欢迎的争端解决机制是由世界知识产权组织[140]和在线争端解决协会(Disputes.org/eResolution.caConsortium)[141]所执行的机制。委员会的决定不受制于任何有约束力的先例。根据规则,委员会(审理团)没有预先选择适用的法律条文,而必须在"他认为可适用

---

[137] See http://www.nominet.org.uk. See D. Osborne and T. Willoughby, "Nominet's New Dispute Resolution Procedure—They CANN Too!" (2001) 6 Comms L 95. 要参看对之前政策的分析,参见 D. Osborne, 'Domain Names, Registration and Dispute Resolution and Recent UK Cases [1997] EIPR 644。

[138] See http://www.icann.org.

[139] See, generally, J. M. Gitchel, "Domain Name Dispute Policy Provides Hope to Parties Confronting Cybersquatters" (2000) JPTOS 611; R. Chandrani, "ICANN Now Others Can" [2000] Ent LR 39; S. Jones, "A Child's First Steps: The First Six Months of Operation —The ICANN Dispute Resolution Procedure for Bad Faith Registration of Domain Names" [2001] EIPR 66; D. Curley, "Cybersquatters Evicted" Protecting Names Under the UDRP' [2001] Ent LR 91.

[140] See http://www.wipo.org.

[141] See http://www.disputes.org.

的规则或者原则"[142]的基础上审理,并尽量适用争议各方所属国家的法律。虽然这样的权威决定是有影响力的,但是并不具有约束力。胜诉的起诉方所能获得的救济仅仅是争议域名转移给起诉方或者取消被诉方的使用权。不存在要求被诉方金钱补偿或者作出支付命令的权力。

如果第三方主张:已登记的域名若(1)与起诉方有合法权利的商标或者服务标志雷同或者具有令人误解的相似性;(2)注册人在域名上并不享有权利或者合法利益;(3)域名已经被注册或者正在被恶意使用,则执行程序是强制性的。[143]《统一域名争端解决规则》对"恶意"作了未穷尽的界定,当某项注册(1)意在以远高出与域名直接相关的实际成本的对价,"将登记域名出售、出租或转让给"起诉方或者某个竞争者,(2)阻止商标或者服务标记的所有人在相关域名上使用该标志,如果这类商标的图案是可以确定的;(3)旨在破坏竞争对手的经营;(4)通过来源、赞助单位、附属关系或者授权等方式,产生与起诉方标志具有令人误解的相似性以吸引网络使用者进入其网站进而谋取商业利益。[144]

这种争议解决程序已经使得很多知名人士转移获得包含有他们个人姓名的域名。在 *Winterson v. Hogarth* 一案中[145],知名作家 Jeanette Winterson 确保了被被诉人欲以拍卖方式出售而注册的基本(top-level)域名(以 .com,.org and .net 结尾)的回归。由于诉辩双方都是英国居民,委员会参照了英国法院的相关判决[146],认为法规并不要求商标是需要注册的。[147] 尽管英国法院在 *ELVIS PRESLEY* 上诉案[148]中的判决已经作出先例,但是委员会认为这并不能

---

[142] Rules for Uniform Domain Name Dispute Resolution Policy, r. 15(a).
[143] Uniform Dispute Resolution Policy, para. 4(a).
[144] Ibid., para. 4(b).
[145] WIPO Case No. D2000-0235.
[146] 参见前注[142]。
[147] See, also, *Roberts v. Boyd*, WII'O Case No. D2000-0210; *Adu p/k/a Sade v. Quantum Computer Services Inc.*, WIPO Case No. D2000-0794.
[148] 参见前注[43]。

决定普通法上的权利是否应该存在于依据英国法上的个人姓名的问题。[149] 通过适用英国法，委员会认为原告具备提起仿冒侵权诉讼、以阻止被告使用其姓名的有效诉因，并且被告使用域名并非出于善意。于是作出命令要求被告将相关域名转移给原告。

然而，在 Springsteen v. Burgar[150] 一案中，委员会中多数人对先前的判决[151]是否确立了这样的原则——名气很大的名人的姓名，需要具备必要的独特的附属意义，才能获得等同于未注册商标的权利——提出质疑。多数仲裁员还认为先前委员会所下的结论——将单纯的姓名或其他具有类似属性的名字注册为域名，能够阻止和对抗已注册或者是普通法上的商标权利的合法所有人获得"相应的域名"——过于随意。多数意见认为，这就使得注册人负担起证明其善意的举证责任，而不是由原告来证明恶意的构成。尽管已注册的域名（bruce-springsteen.com）与原告未注册的商标相同，多数意见认为注册人在该域名上享有一定权利或者正当利益，而且原告并没有证明被告恶意注册和使用该域名。

被告的域名注册并不妨碍原告根据《统一域名争端解决规则》第4条之(b)(ii)所规定的目的，将标记用于相应的域名中，因为其已经将 brucespringsteen.net 注册为官方网站的域名。事实上，既不能说被告注册域名是为了"主要是破坏竞争对手的经营"（UDRP para.4(b)(iii)），也不能说被告"有意地通过来源、赞助单位、附属关系或者授权等方式，产生与原告标志具有令人误解的相似性，以吸引其他的网络使用者进入其网站进而谋取商业利益"（UDRP para. 4(b)(iv)）。不可能指望任何网络用户直接上网点击 bruce-springsteen.com 网站是乐观的期望能够进入 bruce springsteen 的官方网站；网络用户"不会认为所有带有名人或者知名的历史人物或

---

[149] Winterson v. Hogarth, WIPO Case No. D2000-0235, para. 6.8.
[150] WIPO Case No. D2000-1532.
[151] *Winterson v. Hogarth*, WIPO Case No. D2000-0235; *Roberts v. Bovd*, WIPO Case No. D2000-0210; *Adu p/k/a Sade v. Quantum Computer Services Inc.*, WIPO Case No. D2000-0794.

者政治家姓名的网站是被授权或者与这些名人具有某种联系"。因而任何要减少网络作为一种"对广泛的议题和事务发布信息、评论或者意见的工具"的功能的做法,都应该受到抵制。

随后的判决将针对 *Springsteen*[152] 案的批评意见作为自身的附带意见,认可诉请可以基于普通法的权利而胜诉。正如在 *Brozon v. Julie Brown Club* 一案所提到的,作者和表演者可以在仿冒侵权诉讼中确立普通法上的权利,以保护其姓名不被作为来源的指示(《巴黎公约》所界定的一种不正当竞争行为[153])。被告不应当在提供的商品或者呈现的表演中,使得消费大众被引导相信其包含作者的作品而实际上却非如此。[154] 类似地,在 *Barnes v. Old Barn Studios Ltd* 一案中,判决不仅指出一个可能难以获得注册为商标的姓名并不妨碍其成为普通法上的商标,从而保护其免受仿冒侵权的危害,同时认定由具有绝对多数优势的审理委员会作出的判决视普通法意义上的标志属于规则豁免的范围。[155] 因而,在一系列相关的裁决中,很多知名作家得以将包含其姓名的域名权利收回。[156]

如果注册人实际上并没有将有争议的域名用于某个网站命名,那么对于原告,情况就相当困难了。在这种情况下,原告会发现很难证明仅仅是名字注册而没有实际用于网站会构成恶意,而注册和恶意使用是胜诉所必需的。[157] 当然,事实上,委员会认为构成恶意并不一定需要被告方积极的作为,在某些情形下,不作为也

---

[152] 比较 *Montv and Pat Roberts, Inc. v. Keith*, WIPO Case No. D2000-0299。

[153] Paris Convention for the Protection of Industrial Property, Article 10 bis (参见前注[27])。

[154] *Brown v. Julie Brown Club*, WIPO Case No. D2000-1628.

[155] *Julian Barnes v. Old Barn Studios Ltd*, WIPO Case No. D2001-0121.

[156] See ibid., and *De Bernieres v. Old Barn Studios Ltd*, WIPO Case No. D2001-0122; *Beevor v. Old Barn Studios Ltd*, WIPO Case No. D2001-0123; and see also *The Authors Guild Inc. v. Old Barn Studios Ltd*, e-Resolution Case No. AF-0582 a-i.

[157] Uniform Dispute Resolution Policy, para. 4(a).

能构成恶意[158],尽管这有可能被认为是将举证责任负担给了被告而不是原告。

尽管个人姓名通常具有特定性,在某些案例中,某个戏剧角色名字可能被视为不具有特定性的一般词汇因而不存在相关的标记权利,虽然这些案例相对少见。例如,在 Sumner, p/k/a Sting v. Urvan 一案中,原告未能证明在 Sting 这个名字上存在任何商标权利,尽管他是以此[159]为艺名的著名音乐家。与此前的案例不同,涉及到的个人姓名在英语言系统中是个具有不同意义的常见的单词。而且也不存在主张诉讼所必要的恶意之存在的任何证据。值得注意的是,委员会还提出该争议解决程序是否应该扩展到商标和服务标记之外、覆盖到地理标示或者人格权利的问题[160],虽然此后的委员会并没有表示过类似的疑问。

目前这项程序,主要是由名人发起的,一般会认为他们于其姓名上享有普通法上的标志权利。这也适用在一小部分案例中,这些案件中,有限的证据表明具有较高社会知名度的人姓名一直被用作商业性的标志,他们也被认定享有普通法上的权利。由此,具有高知名度的投资银行家、金融广告主和政治基金筹集人能够有权要求使用其姓名的域名转还给他。[161] 并不清楚的是,对不享有注册商标权的、也不具有与某些商业、交易或者职业上的商誉相同类的东西(而这些商誉可能会构成普通法上的商标权利的实质性

---

[158] See *The Authors Guild Inc. v. Old Barn Studios Ltd*, e-Resolution Case No. AF-0582 a-I 以及所引判决。
[159] WIPO Case No. D2000-0506.
[160] Ibid., citing Report of the WIPO Internet Domain Name Process, 30 April 1999。
[161] *Rattner v. Buy This Domain Name*, WIPO Case No. D2000-0402, Cf. *Tony Alessandra D/B/A Alessandra & Associates v. Inss and Allesandra's*, WIPO Case No. D2001-0619 (marketing consultant), and see World Intellectual property Organisation, "The Recognition of Rights and the Use of Names in the Internet Domain Name System: Interim Report of The Second WIPO Internet Domain Name Process" (Geneva, 12 April 2001), para. 177.

要素)的私人个体而言,能够获得多大程度的救济。[162] 最终,姓名是否具有足够的特定性以及是否存在恶意使用就是关键。[163] 这就反映了在决定根据普通法仿冒侵权的规定、商誉是否存在于某个姓名的时候的立场,这是英—澳司法体系至少在一定程度上还没有解决的问题。这将在下一章中探讨[164]。随着 UDRP 拓展适用到新的基本域名,这一体制将会扩展适用到一些建立在未经授权的商业利用、侵犯人格权利而不是商标权利基础上的新型诉讼主张。[165] 这种扩展会到何种程度,我们拭目以待。

---

[162] See B. Isaac, "Personal Names and the UDRP: A Warning to Authors and Celebrities" [2001] Ent LR 43, 52; D. Osborne, "Don't Take My Name in Vain! ICANN Dispute Resolution Policy and Names of Individuals" (2000) 5 Comms L 127, 128. Cf. R. Chandrani, "Cybersquatting—A New Right to Protect Individual Names in Cyberspace" [2000] Ent LR 171,173.

[163] See, e. g., *Rattner v. Buy This Domain Name*, WIPO Case No. D2000-0402.

[164] 参见下文第 61—71 页。

[165] See "Interim Report of The Second WIPO Internet Domain Name Process", para. 185 et seq. 比较 G. E. Evans "Comment on the Terms of Reference International Name Process" [2001] EIPR 61。

4 人格上的商誉：英国和澳大利亚法上的仿冒侵权规定

引　论

乍一看，利用人格特质的案例与传统法上的仿冒概念似乎格格不入。在其本原或者经典意义上，仿冒侵权意在阻止被告仿冒与原告一样的商品[1]。这一基本界定逐渐扩展并适用到实际上看来与原告的商品是不同种类或不同性质的误导行为[2]。同样这个概念涵盖了这样的案件：尽管原告和被告并非属于同一经营行业的直接竞争的经营者，但是被告作出的他们之间的业务相互联系的错误暗示，也会损害原告的声誉以至原告的商誉（goodwill）[3]。因此，被告将无权继续从事此项经营，以避免误导公众相信其从事的是原告的业务或者与原告的经营具有某种联系[4]。在晚近的当代，仿冒侵权进一步扩展到对商品错误描述或者对描述术语的误用等情形，如果某个经营者能够表明它属于某个产业集体或者某个特定的用词或者姓名能反映某一类产品的特定性以使得他们有权使用该用词或者姓名真实的描述他们的产品，以作为这个集体

---

[1] See, e.g., *Reddaway v. Banham* (1896) 13 RPC 429.

[2] *Spalding (A. G.) & Bros. v. Gamage (A. W.) Ltd* (1915) 32 RPC 273,283—284.

[3] *Erven Warnink BV v. Townend &Sons (Hull) Ltd* [1979] AC 731, 741—742 per Lord Diplock.

[4] *The Clock Ltd v. The Clock House Hotel Ltd* (1936) 53 RPC 269, 275.

4 人格上的商誉:英国和澳大利亚法上的仿冒侵权规定

中每个经营者的商誉的有价值的部分。[5]

这些逐步的扩展,在不同的时间,推进了发展出一种新型和范围更广的不正当竞争侵权类型的设想。例如,在 *Vine Products & Co. Ltd v. Mackenize & Co. Ltd* 案中,Cross 法官认为先前案件的判决[6]已经超出了"仿冒侵权的既有轨迹,而进入了'不公正贸易'和'非法竞争'的不确定领域"[7]。进而将之前的判决作为认定为仿冒侵权的例子,而非一种不合法竞争的新型侵权。[8] *ErvenWarnink v. Townend* 一案的判决引发了同样的思考。[9] 虽然之后的判决否定了这种能包揽一切行为的诉讼形式,转而认可一种更具有动态性(灵活性)针对不公正贸易的法律保护方法。认定某一种行为不公正并不足以保证其是可诉的,该行为必须满足上议院在 *Erven Warnink*[10] 判决中所列举的构成仿冒侵权所具备的要件。即使是形式多变、最难界定的侵权[11],也具有一定的固定要素,这就限制了其适应性。英国的法院一般对人格利用方面的仿冒侵权案件持一种相对保守的观念,而澳大利亚法原则上更倾向利用侵权构成的核心要件对人格利用侵权提供救济。对这两种进路的分析将会显示:在扩张侵权范围以到达上述目的的过程中存在相当多的问题。

---

[5] *Erven Warnink BV v. Townend &Sons (Hull) Ltd* [1979] AC 731; *Chocosuisse Union Des Fabricants Suisses de Chocolat v. Cadbury Ltd* [1999] RPC 826 (CA).

[6] *Bollinger v. Costa Brava Wine Co. Ltd* [1960] RPC 16.

[7] [1969]RPC 1,23.

[8] Ibid., 29.

[9] *Erven Warnink BV v. Townend &Sons (Hull) Ltd* [1979] AC 731 See, e. g., G. Dworkin, "Unfair Competition: Is the Common Law Developing a New Tort?" [1979] EIPR 241.

[10] See *Mail Newspapers v. Insert Media* (No. 2) [1988] 2 All ER 420, 424 *per* Hoffmann J.

[11] *Erven Warnink BV v. Townend &Sons (Hull) Ltd* [1979] AC 731,740 per Lord Diplock.

仿冒的基本要件

对现代仿冒侵权的探讨一般都从 Diplock 大法官在 *Erven Warnink v. Townend* 一案中的演讲开始,这篇谈话列举了要形成一个有效的诉因所具备的五个必要(但并不充足)要素:(1) 具有误导性陈述;(2) 陈述由交易中的交易者作出;(3) 陈述是向其预期的顾客或者其所提供的商品或者服务的最终消费者作出的;(4) 前述行为能对其他经营者的经营或者商誉造成可计量的伤害(从某种意义上是一种合理的可预期的结果);并且(5) 这种行为实际上对提起诉讼或(在制止侵害的衡平诉讼中)可能提起该诉讼的某个经营者的经营或者商誉造成损害。[12] 当然,人们更愿意利用侵权构成要件的"经典三要件"来分析:(1) 原告在其商品、名称(姓名)、标志等方面享有商誉;(2) 被告的误导性陈述导致了混淆(或者欺骗);并且(3) 对原告造成了损害。[13] 在分析某个仿冒侵权诉讼的特定要素事实时,分别分析这三个要件常常是有利的,尽管他们通常相互影响而且很难截然分开。[14] 在分析三个要件如何相互关联之前,我们先分析英国法院和澳大利亚法院在解释三个核心要件所采取的不同方法。

商　　誉

商誉和声誉

仿冒侵权制度保护那些容易被被告的虚假误导陈述所侵害的

---

[12] Ibid., 731,742.
[13] *Consorzio del Prosciutto di Parma v. Marks & Spencer Plc* [1991] RPC 351, 368, 之后是大法官 Oliver 在 *Reckitt & Colman Ltd v. Boren Inc.* [1990] WLR 491, 499 的评论。
[14] *County Sound Plc v. Ocean Sound Ltd* [1991] FSR 367, 372.

附着在经营或商誉上的财产[15]。所保护的利益是原告在经营商誉上的一种财产性权利而非某种特定的标记或者形成中的标记。[16] 根据 Macnaghten 大法官在 *IRC v. Muller & Co.'s Margarine Ltd* 一案中的经典判词[17],商誉就是"经营上的良好的名称、声誉、商业关联上的利益或者优势。这对于招揽顾客是一种吸引力量。"[18] 实际上,正如 Macnaghten 大法官进一步强调的那样,商誉似乎与某种形式的经营具有密不可分的联系,"商誉并不是独立存在的。它不能自生自为。它必须依附于商业的经营。破坏了经营,商誉也就随之凋落,尽管商誉的组成成分仍存在并有可能再次组合或者复原"。[19] 法院强调必须证明"商誉或者声誉"的情形下,当前在运用有选择性的"声誉(reputation)"术语时,问题就复杂了。[20] "声誉"这个概念比"商誉"所涵盖的范围广的多,因而更容易满足构成条件。占上风的观点认为:仿冒侵权规定所保护的是商誉而非更广泛意义上的声誉[21],

---

[15] *Spalding (A. G.) & Bros. v. Gamage (A. W.) Ltd* (1915) 32 RPC 273 per Parker LJ 引证并同意 *Reckitt & Colman Ltd v. Borden Inc.* [1990] 1 *WLR* 491, 510 Jaunce 法官的意见。See also *British Telecommunications Plc and Others v. One in a Million Ltd and Others* [1999] FSR1, 10 per Aldous LJ.

[16] *Star Industrial Co Ltd v. Yap Kwee Kor* [1976] FSR 256, 269 per Lord Diplock.

[17] [1901] AC 217.

[18] Ibid., 223.

[19] Ibid., 224.

[20] See, e.g., Nourse LJ in *Consorzio del Prosciutto di Parma v. Marks & Spencer Plc* [1991] RPC 351, 368. See, also, J. Drysdale and M. Silverleaf, *Passing Off Law and Practice*, 2nd edn (London, 1994), Ch. 3.

[21] *Anheuser Busch Inc. v. Budejovicky Budvar NP* [1984] FSR 4 13; *Nice and Safe Attitude Ltd v. Piers Flook* [1997] FSR 14, 20. See also *Athlete's Foot Marketing Associates Inc. v. Cobra Sports Ltd* [1980] RPC 343, 349, Walton 法官分别比较了 *A. Bernardin et Cie v. Pavilion Properties Ltd* [1967] RPC 581 和 *Maxim's v. Dye* [1977] FSR 364 两案所采取的限制性和扩张性的方式。澳洲法院在认可声誉方面走的更远,在某些法院实践中不需要有实际的经营商誉,参见如: *Conagra Inc. v. McCain Foods (Aust) Pty Ltd* (1992) 23 IPR 193; *Al Hayat Publishing Co. Ltd v. Sokarno* (1996) 36 IPR 214; *Rumcoast Holdings Pty Ltd v. Prospero Publishing Pry Ltd* (1999) 48 IPR 75。根据 1994 年商标法的 56 条规定,如果在英国境内没有营业或者商誉,如果标记"知名",而且在相同或相似的商品或服务上别的相同或相似的标记被使用,而这种使用可能会引发混淆,那么对知名标记也可以提供一定程度的保护。See, generally, C. Morcom, A. Roughton and J. Graham, *The Modern Law of Trade Marks* (London, 1999), 225—227.

而且如前述,这种商誉必然而且可能与某个特定经营具有不可分割的联系。在 Anheuser Busch Inc. v. Budejovicky Budvar NP[22] 一案中,Oliver 大法官警告:把"不能在真空中存在的商誉和那些毫无疑问而且事实常常不需要任何当地经营所支持的单纯声誉"相混淆是危险的;虽然商誉自身并不构成任何法律所保护的财产。[23]

同样也需要在商誉和个人意义而非商业或者经营意义上的声誉进行区分,尽管很难作出这种区分,尤其是涉及到职业声誉时,这种声誉既含有经济性的资产性质也包含个人尊严方面的内容。[24] 不同的法律对这种利益的保护差别明显。侮辱侵权以及某些诽谤案件,自身是可诉的,没必要去证明特定的损害的存在。[25] 另一方面,当商誉被普遍视为一种财产权时,如果不存在损害那么就不能利用仿冒侵权提起诉讼,或者如果没有损害的可能性,就不能提起预防制止侵害的衡平诉讼。案件中,如果被告的陈述伤害了原告个人或者职业上的声誉,法律会推定单一的侵害个人声誉利益的事实会伴随某些侵害,而在误导性陈述的案件中,则不会作出这种推定;原告必须证明对商誉的损害发生了或者势必要发生。通过下文对各司法当局的分析,这种背景下的商誉和声誉的区分就会更明显。

某些自由职业或文艺职业上的商誉

原告需要表明哪些内容来证明其享有商誉,或者说原告在某些经营中需要具备多大程度的投入或者相关性才能证明其享有商誉?或者稍微变化一下说法,原告需要在多大程度上成为一位交易者?法院确实认为各种各样的人可以提起仿冒侵权的诉讼,并且也受理了那些可能不是通常意义上或者一般人认为的"交易者"

---

[22] *Anheuser Busch Inc. v. Budejovicky Budvar NP* [1984] FSR 413.
[23] Ibid., 470.
[24] 参见经济利益和尊严性利益的区分,上文第 8—12 页以及进一步参见下文第 250—252 页。
[25] 参见下文 251。

4 人格上的商誉:英国和澳大利亚法上的仿冒侵权规定

的起诉。对"经营"概念(trade)的解释很广泛,而且包括了那些从事自由职业和文学艺术职业的人。[26] 涉及到表演者或者作家的案件,法院认为:个人可以就其姓名享有商誉从而可以提起仿冒侵权的诉讼。[27] 因而,当一个儿童读物作家的笔名与作家本人具有同一性时,可能符合作者作为原告的部分条件。虽然这种保护可能不会延伸到对原告姓名以私人方式误用的情形[28],但也不会局限在对艺名或者笔名的误用。因而,如果原告能够表明其在商业、经营或者职业方面的良好声誉因被告的不实陈述而受损,他就可以提起仿冒侵权诉讼以阻止未经授权利用其姓名。[29] 早期,英国司法系统在这方面的实践不尽明确,需要在某些细节上进一步考察。

早期的英国司法实践

最初的案例是 *Byron v. Johnston* 一案[30],诗人 Byron 伯爵(起诉的时候恰在国外)的代理人被(法院)授予这样的权利——可以禁止他人出版署名为 Byron 伯爵但实际作者不是他本人的作品。报告中并没有说明禁令授权的依据是什么,虽然这一决定适合于随后的(前面已经提及的)仿冒案件的类型,在这些案件中,如果原告能够证明他们享有商誉并且满足侵权构成的要素,他们就能获

---

[26] *Kean v. McGivan* [1982] FSR 119. See also *British Diabetic Association v. Diabetic Society Ltd* [1995] 4 All ER 812, 819.

[27] *Landa v. Greenberg* (1908) 24 TLR 441. See also *Hines v. Winnick* (1947) 64 RPC 113(原告是乐队指挥,获得法院授权制止别人用他的艺名"Dr Crock and his Crackpots"表演); *Modern Fiction v. Fawcett* (1949) 66 RPC 230(作者获得法院颁布的禁制令以阻止被告以"Ben Sarto"的笔名出版); *Forbes v. Kemsley Newspapers Ltd* (1951) 68 RPC 183 (由于没有明示或默示的协议约定笔名"Mary Delaney"应该由原告的雇员享有,原告最终得了该笔名权利。)

[28] See *Landa v. Greenberg* (1908) 24 TLR 441 per Eve J.

[29] 例如参见 *Clark v. Associated Newspapers Ltd* [1998] 1All ER 959(原告是作家,对原告作者身份的错误散布,受制于仿冒侵权规定和1988年CDPA法的84条)。有关损害的性质,参见下文第97—107页。

[30] [1816] 2 Mcr 20 (35 Eng Rep 851)。

得禁令授权。随后，在 Routh v. Webster 一案中[31]，被告（一家合资公司的临时董事们）出版了一份将原告姓名列为公司托管人（信托人）的说明书，原告获得了阻止被告未经授权使用其姓名的禁制令。原告并没有同意做公司的托管人而且担心被告使用其姓名会使其承担法律责任。Langdale 大法官认为这个案件可以作为一个警示：被告在未经他人授权时不能使用别人的姓名："什么！他们会被允许使用任何他们所喜欢用的姓名，在他们的经营中作为他们的代表并且承担各种责任，并且他们凭无心为之的说辞就可逃避各种后果？绝对不能。"[32] 一个很有说服力的观点是，Routh v. Webster 一案的判决结果是当时的合伙与公司法的产物。[33] 本案中公司的成员承担有限责任，而原告可能在责任负担上与合伙人处于同样的位置。因此，很难说未经授权使用别人姓名会被禁止是公认的一般原则。同样也很难确定 Routh v. Webster 一案的规则是否区别于仿冒侵权规则。如果原告是一个具有商誉的商人，问题就是多余的了，因为要承担责任或这种承担责任的风险被视为仿冒的首要损害要素。[34] 然而，如果某个私人个体并非商人（甚至从最广泛的意义上讲，包含了那些自由职业、艺术和文学行业的人[35]），如果这个个体可能遭受承担责任的风险，那么在 Routh v. Webster 一案中确立的有限制的规则就与之相关了。

在一系列涉及到职业外科医生的先例中，法院并未对未经授权使用一个真人姓名提供任何法律救济，阐释了早期的限制性的救济进路和商誉这个概念是如何随个人或者职业声誉这个概念而产生的。一个早期也是问题诸多的权威判例是 Clark v. Free-

---

[31] [1849] 10 Beav 561 (50 Eng Rep 698).

[32] Ibid. Followed in Walter v. Ashton [1902] 2 Ch 282.

[33] R. G. Howell, "Is There an Historical Basis for the Appropriation of Personality Tort?" (1988) 4 IPJ 265.

[34] See C. Wadlow, The Law of Passing Off, 2nd edn (London, 1995), 144, and see, further, 101—102 below.

[35] 见前注 26。

man[36]案,案中原告 James Clark 爵士(女王的内科医生),寻求阻止被告以"James Clark 爵士肺结核药丸"的名义售药。原告作为治疗肺结核疾病的专家在医界和一般公众很有名望。诉讼以诽谤的诉因提起。然而,在1854年的《普通法程序法》颁布之前,无论是法律审法院还是实体审法院都不能在诽谤案件中颁发禁制令,因为实体审法院不能审理诽谤案件而且在1854年之前法律审法院根本不能签发禁制令。[37] 那时,只有衡平法院(court of Chancery,直接隶属于国王)才能行使颁发禁制令的权限,而且只有当案件依据普通法规定交由陪审团审理时,才能颁发禁制令。

在一个具有相当程度上困惑性并很少被报道的判决中,Langdale 大法官认为:尽管公开可能对诽谤案中的原告构成一种相当严重的侵害,但是正确的程序依赖于普通法规定而且这也并非衡平法院所能裁决的事项。[38] 该案的事实不能与 Croft v. Day[39] 一案相比,后者是一个早期的仿冒案例,被告试图将自己的商品仿冒成他人的商品。类似的,Byron v. Johnston 案(可能是一个早期的仿冒案例,尽管报告并没有清楚说明)和 Routh v. Webster 案(以独立和限定的诉因的视角可以更好的解释)都不能被适用。不过,Langdale 法官注解道:"如果 James Clark 先生以制造和销售药丸为常业,那么本案就会与那些法庭为保护财产而进行干预的案件很相似。"[40] 这种推演有些前后不太一致。所引用的一段似乎表明仿冒侵权是可适用的,尽管事实上 Langdale 法官在前面一段中已经明确排斥了这一主张。所以引用的这一段明显不适用于附着于人格或者声誉上的财产权的概念,因为根据诽谤法的立法意图,为保护名誉而生的诽谤诉因并不需要原告有能力表明对商业或者制造业上的利益构成损害。这就难以断言 Langdale 法官为什么对如下

---

[36] (1848)11beav 112(50Eng Rep 759).
[37] See *Bonnard v. Perryman* [1891] 2 Ch 269, 283 per Coleridge CJ.
[38] (1848) 11 Beav 112, 1 17.
[39] (1843)7 Beav 84 (49 ER 994). (*Clark vs Freeman* 案的报告中无此引注)。
[40] (1848)11 Beav 112, 119.

问题作出推测:除非原告考虑到了以仿冒的性质提起诉讼的可能性,如果他一直都是由自己来制造和销售药品,那么其在诉讼中的处境将会如何。

后来的案例显示出法庭不情愿地追随了 Clark v. Freeman 案中的判决。在 Williams v. Hodge[41] 一案中,原告(另一个知名的外科医生)寻求能得到临时禁制令以阻止被告在手术器械商品目录中使用他的名字,避免给公众造成其中的一种器械是由他发明的印象。原告主张:执业医师向公众表示自己是发明人有悖于医生行业的一般伦理,而且被告将自己姓名附于外科用具产品上的做法将会损害他并且使其成为同业人士中的笑柄。原告是基于什么来请求准予签发禁制令并不十分清楚。原告的律师认为:被告的不实表述给原告的经营造成了有形损失,且也属于 Massam v. Thorley's Cattle Food Co.[42] 的情形,那是一个之前的由 Joseph Thorley 的权利继承人(Joseph Thorley 是一种牛饲料的发明人,他在这种饲料上冠以自己的姓名)对其竞争对手(使用这一名称进行交易)提起的仿冒侵权案件。法庭驳回了请求临时禁制令的申请,因为其受到 Clark v. Freeman 议案判决的约束,尽管 Kay 法官认为:在医界一直以来对于享有杰出声誉人士的名字的使用都是极其不正当的,而且被告无权使用原告的姓名就如同其无权拿原告的钱包。[43] 如果问题是没有先例的新问题(res nova),禁制令是有可能获得的,但是实际上法庭认为自己受到 Clark v. Freeman 先例的约束并且不能偏离之。

先于 Williams v. Hodge 一案的 Clark v. Freeman 的判决一度受到批评,尽管这些批评言论并没有在 Williams v. Hodge 案件中被法庭所考虑。例如,在 Maxwell v. Hodge[44] 一案中(该案是关于 Belgravia 杂志名称权利而非人格利用问题),Cairns 法官认为:"对

---

[41] (1887)4 TLR 175.
[42] (1880)14 Ch D 748.
[43] Ibid.
[44] (1867) 1 6 LR 2 Ch App 307.

我而言,*Clark v. Freeman* 一案的判决似乎基于其在姓名上享有财产性权利的判断而可能倾向于原告。"[45] 这些判决都在上诉法院于 *Dockrell v. Dougall*[46] 一案中的意见中得到引用,该案中,另一个著名的医师 Morgan Dockrell,请求颁发禁制令以阻止被告在其治疗痛风广告中使用他的姓名。原告以诽谤的诉请在初审中没有得到支持,因为陪审团发现被告的陈述并非诽谤性的,上诉继续审理了原告是否在姓名上享有财产性权利的问题,因为缺少先例支持,该主张在初审中被驳回。当然,Vaughan Williams 上诉法院法官接着在法官附带意见中认为:原告如果能够表明其在"财产、营业或者职业方面"遭受损害的话,就具备诉因。[47] 但陪审团并没有发现这样的损失。因此,尽管原告在事实方面败诉,但这一法官附带意见表明:如果原告能够表明对其营业或者职业方面的权利造成了损失,法庭可能会接受仿冒侵权的诉讼。

当代英国的司法处理

20 世纪初,仿冒侵权法发展出了更加牢固的理论基础,在被告谎称自己的商品是原告产品的虚假陈述之外得到了扩展,同时将所保护的利益确认为是原告在其营业上的良好声誉利益而非此类的经营。[48] 然而损害人格声誉和损害商誉的概念在 *Sim v. H. J. Heinz & Co. Ltd*[49] 一案还是被视为同一的。该案中,一个著名的演员 Alastair Sim,以诽谤和仿冒为诉因,诉请临时禁制令,以阻止被告在广告中模仿他的独特的声音。原告主张一个专业人士例如演员在他的戏剧或者音乐作品表演中存在一定的经营或者交易性

---

[45] Ibid., 310. See also *Dixon v. Holden* (1869) 20 LT Rep 357, 358 per Malins VC. 要查看后来的反对意见,参见 *British Medical Association v. Marsh* (1931) 48 RPC 565, 574 per Maugham J。

[46] (1899) 15 TLR 333.

[47] Ibid., 334.

[48] See, *Spalding (A. G.) & Bros v. Gamage (A. W.) Ltd* (1915) 32RPC273, and Wadlow, *Passing Off*, 27.

[49] [1959] 1 WLR 313.

质，其中存在着商誉。这些商誉是一种财产权利，类似于在商品表面或者外观上的财产权利，也有可能因为虚假表述而受到损害，并误导公众对其表演产生混淆。在仿冒和诽谤诉讼中都需要确定的事实要素是相同的：认别定性和对声誉的损害。因此，既然以诽谤为诉因不可能获得临时禁制令，而司法当局只能在事实非常清晰的案件中才能决定颁布临时禁制令[50]，所以主张仿冒也不能获得禁制令。此情况下，McNair 法官无需判断原告是否在其声音上享有商誉以提起诉讼的问题，尽管他认为："如果一方可能基于商业牟利的意图未经同意而利用另一方的声音，法律将存在根本的缺陷。"[51]这一判决得到了上诉法院的认可，Hodson 法官又略微引申，并认为原告具有一个可主张的方面，虽然他也质疑原告的声音事实上能否视为一种财产以及在一般领域是否存在一定的不正当竞争。[52] 前一个问题，引申出更抽象的思考：这样一种新的利益能否被视为一种"财产"[53]，第二个问题触及到虚假陈述概念的核心。见下面的论述。当前的司法意图中重要的是：一个人在个人人格特质例如声音方面可能享有商誉的观念并没有完全被否认排斥。

当然，建立在类似概念基础上的主张在 *Lyngstad v. Anabas Products*[54]一案中被驳回。该案中瑞典流行乐队 Abba 的成员寻求阻止在未经其授权的商品上使用他们的名字和图片。该主张的实质是：原告作为娱乐业者，已经使公众在心目对他们的姓名和形

---

[50] Ibid., 316, citing Bonnard v. Perryman [1891] 2 Ch269. American Cyanamid Co. v. Ethicon Ltd [1975] AC 396 一案的判决似乎并没有影响这个规则。参见 *Herbage v. Pressdram Ltd* [1984] 1 WLR 1160, 1162 per Griffiths LJ; *Khashoggi v. IPC Magazines Ltd* [1986] 1 WLR 1412, 1418 per Donaldson MR; *Kaye v. Robertson* [1991] FSR 62; and see, generally, A. M. Dugdale (ed.), *Clerk and Lindsell on Torts*, 18th edn(London, 2000), 1649.

[51] [1959]1 WLR 313, 317.

[52] Ibid., 319.

[53] See D. Lloyd, "The Recognition of New Rights" [1961] CLP 39, 以及进一步参见第10章。

[54] [1977] FSR 62.

象建立起了良好信誉，而被告为了自己的商业目的剥削利用这种声誉。[55] Oliver 法官驳回了原告的诉讼请求因其重点关注的是原告未能证明其在英国所从事的经营有可能会被被告的营业或者商品所混淆。原告们自身并没有在国内从事任何商业性经营，在英国境内所建立的唯一的商业联系就是由他们的唱片公司而非这个组合本身授权第三方在字谜游戏上使用其名字和形象的许可，而在审理期间这些许可仍然生效。[56] 类似的，认为在原告姓名上存在某种所有权的观念由于与英国法相背而被排斥。此外，基于法院认可的证据所做的推测是，公众中的有些人可能认为原告已经授予了某些形式的使用他们姓名的许可，尽管 Oliver 法官怀疑这样的推断是否存在基础，因为依据他的观点，流行歌手对于这样的许可不存在一般性的惯例，而且可以获得的证据表明实际上这也并非如此。[57]

原告方无法提供显著的存续性商业或者经营活动，可能是有问题的，尤其是在抗辨质证程序中，而这构成了该地区有报道的英国司法实践的主流方式。根据"美国氨基氰"[58]案中确立的原则，当被告具备显著的经营商誉而可能因为禁制令的颁布而受到损害时，通常是基于"便利的平衡"原则（balance of convenience）而照顾被告的利益。此外，如果原告的利益存在于某个辅助授权营业中，也就是说是纯粹的经济利益，对原告进一步的、不利的因素就是在审判中损害赔偿将是足够的救济。[59] 如同这一地区的多数诉讼，主要取决于具体的每个案件的事实。

---

[55] Ibid., 65.
[56] Ibid., 64.
[57] Ibid., 68. 比较 *Halliwell v. Panini*（未报道，1997年6月6日高等法院衡平分庭），该案中原告一个流行乐队组合具有明显的商业化经营活动。
[58] *American Cyanamid Co. v. Ethicon Ltd* [1975] AC 396.
[59] See, e.g., *Halliwell v. Panini* (Unreported, High (court, Chancery Division, 6 June 1997).

澳洲法上的人格之商誉

英国法院所采取的限制性的司法方法,和澳洲法院所采取的更开放的方法形成对比,后者的实践最早体现在 Henderson v. Radio Corporation, Pty Ltd[60]一案中。该案中的原告,两位职业的舞厅舞者,最终有权限制了未经其授权在一张唱片的封面使用其形象的行为。首席法官 Evatt 表明:尽管只有在当事人各方从事商业经营时,才一定会获得对仿冒的补救救济,但是经营(business)一词可以在最广泛的包括各类职业和行业的意义上使用。[61] Manning 法官详细阐述道:广告业的实践发展已经"开拓了一个新的营利性地利用很多人个性的领域,这些人因他们从事的体育运动和社会活动、艺术活动以及其他活动而产生出远播的声名,他们发现自己可以通过向几乎是无穷尽的各类商品提供推荐或者代言而获取大量的金钱。"[62]因此,那些基于仿冒诉讼的目的能够显示其享有商誉的原告,既包括演员[63]、职业的马术师[64],流行歌手组合[65],也包括电视评论员[66]。

总结

人格上的商业利益可以分为两个相对广泛的种类:既存的经

---

[60] [1960] RPC 218.
[61] Ibid., 234.
[62] Ibid., 243.
[63] Pacific Dunlop Ltd v. Hogan (1989) 87 ALR 14.
[64] Paracidal Pty Ltd v. Herctum Pty Ltd (1983) 4 IPR 201.
[65] Hutchence v. South Seas Bubble Co. Pty Ltd (1986) 64 AIR 330.
[66] 10th Cantanae Pty Ltd v. Shoshana Pty Ltd (1987) 79 ALR 279 (相关诉请因为事实问题败诉)。比较 Honey v. Australian Airlines Ltd [1989] ATPR 40—961, affirmed (1990) 18 IPR 185 (澳洲联邦法院,全员法庭)(原告是一个业余的运动员,他有效地获得法院支持以阻止任何经营性利用他在其肖像方面的声誉的行为,而且阻止任何宣称原告已经认证了被告经营及其活动的虚假陈述)。

营利益和潜在的认知价值。[67] 有些名人很活跃地交易他们的个人形象,自行利用或者授权许可第三方,而其他名人的有价值的特征仍然是潜在的、没有实现的。[68] 前面所讨论的大多数情形中的原告,属于后一类。[69] 在早期的案例中,未经授权使用原告的姓名,与对个人或者职业名誉的伤害概念有着不可分割的紧密关联。实际上,只有在 Lyngstad 一案中,原告的形象以与商誉类似的经济性资产利用,而非作为他们个人名誉的一个方面,相应地,这是以仿冒的请求单独提出而没有与诽谤一并提起的个案,尽管诉请最终没有胜诉。这些做法反映了针对人格上的商誉的两种不同的观念。[70] 早期的英国司法当局否认个人可能在姓名方面享有一种财产权利,尽管他们承认如果一个人能够表明在经营或者职业方面遭受损害也可以享有诉因。[71] 按照 Lyngstad 一案的进路,原告相关的经营或者商誉并非存在于他们作为歌手或者音乐人的职业中,而是存在一种可以为商业目的利用他们形象的附加性经营中,这种经营可能由原告自己作出,也可能更现实地授权其他人来经营,尽管 Oliver 法官认为普遍的商业实践并非如此。实质上,法庭关注的是该团体(组合)既存的经营利益的范围,而不是通过其在

---

[67] 见上文第 8—10 页。

[68] 未经授权的使用,可能使得存在于姓名或者其他属性上的原告的潜在价值被知悉,参见 String fellow v. McCain Foods Ltd [1984] RPC 501, 545。

[69] Clark v. Freeman [1848] 11 Beav 112; Dockrell v. Dougall (1899) 15 TLR 333; Williams v. Hodge (1887) 4 TLR 175; Sim v. Heinz [1959] 1 WLR 313. Cf. Lyngstad v. Anabas Products Ltd [1977] FSR 62.

[70] 我们可以看看以其所有者或者创立人的名字进行经营交易的案例。在这些案例中,因被告的虚假陈述而受到损害的相关商誉与所有者或创立人的人格并没有关联,但却和所有者的继承人所从事的特定经营活动相关。See, e. g., Rodgers (Joseph) & Sons Ltd v. W. N. Rodgers & Co. (1924) 41 RPC 277 (餐具制造商); Pioret v. Jules Poiret Ltd (1920) 37 RPC 177 (剧场舞台服装制作人); Parker & Son (Reading) Ltd v. Parker [1965] RPC 323 (房地产经纪人)。

[71] 见前注[47]。类似地,在 Sim v. Heinz (前注[49])案中,尽管上诉法院准备采取这种方法,但是程序的临时性以及诉请与事实问题相关的诽谤诉请的事实,并不需要进一步地考虑相关事实问题。

音乐或者歌唱事业中的活动所产生的认同价值。[72]

71 尽管看上去过于狭窄,但是将个人形象上的相关经营和商誉限定在既存的经营利益上,是有可取之处的。仿冒侵权的构成要件是相互关联并且很难区隔的。[73] 在展开对构成损害要求更细化的考量前需要指出一个前提。如果大家认可利用人格特征损害了那些完全区别于个人名誉的经济利益,那么准确的说,一个人失去了什么?一般而言,某个著名的医师不会自己生产药品,同样某个知名流行歌手也不会自己生产 T 恤衫,因此在经典的仿冒侵权案件中,并不存在经营业务直接从原告转移到被告的情形。由此,广而言之,一个被他人剥削利用了人格特征的人,要么会因为牵涉进被告的经营业务而受害,要么会由于被告未经其同意就使用其个人特质而失去了本来可以收取的许可费用。[74] 由此引发两点问题:第一,也是直接相关的,如果某个特定专业人士发现有人未经同意利用其形象,这会在职业方面令其受到损害吗?在前述的案例中,知名的医师与药品相联系,可能会被想象认为损害了原告的职业能力。相关诉讼是以诽谤的诉因提起的,尽管以仿冒为由提起也是被认可的。现代商业实践倾向于认为一个职业人士的经营可能包括了个人人格的利用,并且在此意义上,在 *Lyngstad* 一案中的认定似乎过于狭窄。虽然,关于经营或者职业的概念的广度是见仁见智的问题。例如,某个政治家或者商业联合会可以被视为参与职业性或者经营性活动的人吗?私人个体可能都要被排除出

---

[72] 比较 *Kaye v. Robertson* [1991] FSR 62,法院认定原告(演员)并没有"就其意外事故以及康复过程的相关利益处在交易者的位置"(Ibid., 69 per Glidewell LJ),由此也就不能构成仿冒诉讼的诉因进而无权阻止被告(一家报纸)刊登原告在一起严重事故之后在医院康复治疗的照片。虽然法院承认"如果适宜讲述的话",原告具有"出售自己事故和康复故事的潜在有价值的权利"。法院并不关注原告作为一个演员的一般能力上的声誉,但却关注他在出售自己故事上的声誉,实际上坚持相当狭窄的界定。

[73] 参见前注[14]。

[74] 在颇不寻常的一个案例 *Kaye v. Robertson* 中(参见前注[72]),售卖自己故事的机会只能给最高的出价人(因为事实问题而败诉)。

去,因为他们在个人形象上几乎不存在有可能被未经授权的商业利用所损害的商誉。第二点是,某种依原告申诉认为有害的关联或者潜在的许可费用的损失能否构成恰当的损害构成要件。下文将会详细探讨。

虚假陈述

引论

仿冒侵权上的虚假陈述的性质可能有多种表现形式,人们不可能也不愿意对此进行界定。[75] 原始的形式是被告谎称其商品就是原告的产品或者与原告的产品具有相同的品种或者质量。[76] 商业利用人格特征的案例往往与在被告和原告的关联性上进行虚假陈述有关,可能以许可或者认证协议的形式,导致对公众的误导,并导致对原告的损害或者损害的事实可能性。就当下的情形看,"关联性虚假陈述"这个相当模糊的概念可以细分为以下几种类型:(i)谎称原告和被告的经营是相关联的(经营关联性虚假陈述);(ii)之(a):谎称被告的产品生产经由原告许可并且与原告产品种类、来源和质量的一致,而这些要素是公众据以判断来源的标准(强型许可关联性虚假陈述);(ii)之(b):谎称原告和被告之间存在某种(模糊)的许可联系(弱型关联性虚假陈述);(iii)谎称被告的产品或者服务是由原告认证(endorsement)经营的(认证性虚假陈述)。虽然种类(ii)一般性地覆盖了"许可关联"性质的虚假陈述,但是对于两种不同的(a)(b)形式加以区分是有利的,下面将会发现这种优势。除非文章特别说明,凡提到种类(ii)虚假陈述一般是包含(a)(b)两种情形。

---

[75] *Bulmer (H. P.) Ltd and Showerings Ltd v. Bollinger SA* [1978] RPC 79, 99; *Spalding (A. G.) &Bros. v. Gamage (A. W.) Ltd* [1915] 32 RPC 273, 284.

[76] *Reddaway v. Banham* [1896] AC 199; *Spalding (A. G.) &Bros. v. Gamage (A. W.) Ltd* [1915] 32 RPC 273.

虚假陈述的第一种类型已经达成充分共识,无需太多的展开。在 20 世纪的开端,仿冒侵权的范围已经从原被告商品完全混同的这种虚假陈述类型,扩展到"尽管原被告并非是同一类经营业务的直接竞争者,但是被告所做的两者之间相互关联的虚假陈述将会损害原告经营上的信誉以及商誉"的情形。[77] 由此,根据传统的原理,"任何人都无权以导致他人相信其所从事的经营就是另外一个人的或者其所从事的业务与另外一个人存在关联的方式或者名义进行经营。"[78]这一原则包括了引发别人误认为被告的经营与原告一致、或者是原告营业的分支、或者是与原告的经营相关的各类虚假陈述案件。[79] 此处的焦点问题就是法院将可诉的虚假陈述的范围从经典原则扩展到前述虚假陈述类型 ii 和类型 iii 的方法和程度。虽然一般认为从"角色商品化"[80]角度分析盗用个人人格利益行为没有什么用处,但是就当前的英国和澳洲的司法部门而言,这两个概念不可分割地纠缠在一起。虽然我们首要关注的是前述的虚假陈述类型 iii(认证型),但我们需要考察从类型(i)到(ii)的发展,这一发展正是当前英国法院作出的。需要分析的中心问题就是从类型(i)到(ii)的过渡,是不是可诉的虚假陈述类型的符合逻辑的发展,或者换而言之,这种发展是否已经突破了仿冒侵权的范围,是否有效地发展出了独立于仿冒侵权的新型的责任形式。

英国法上的虚假陈述的性质

在第一个著名的英国案例 *McCulloch v. Lewis A. May*(经销公

---

[77] *Erven Warnink BV v. Townend& Sons(Hull) Ltd* [1979] AC 731,741—742 per Diplock。

[78] *The Clock Ltd v. The Clock House Hotel Ltd* (1936) 53 RPC 269,275 per Romer LJ.

[79] *Ewing, v. Buttercup Margarine Ltd* [1917] 2 Ch 1, 11 per Cozens-Hardy MR. See also *Harrods Ltd v. R. Harrod Ltd* (1924) 41 RPC 74; *British Legion v. British Legion Club (Street) Ltd* (1931) 48 RPC 555.

[80] 见前文第 5—6 页。比较 *ELVIS PRESLEY Trade Marks* [1999]RPC 567, 580。

司)Ltd[81]案中,原告是一个以Mac叔叔为艺名的著名儿童广播节目主持人,在他的广播节目听众和那些读过他的书或者知道他是知名的儿童演讲者和知名儿童人物的大众中享有广泛的声誉。[82]被告作为食品制造商,以"Mac叔叔的麦片"名义制造和销售麦片。原告声称被告是在以他的名誉进行商业交易,这种方式构成了仿冒侵权。一般认为,处在真空中的非现实的人的虚构名字不具有权利属性,这是之前的英国早期案例 Clark v. Freeman 中获得支持的诉请。原告需要证明他的这个名字在某种职业、经营或者产品上享有声誉,而且被告的行为妨碍了或者有形的侵害了这一职业或者经营业务的相关行为,因为它导致或者有可能导致公众对于原被告之间的职业、经营或者产品产生混淆。[83] 这些行为很寻常,与前面提到的虚假陈述的第一类类型完全一致。Wynn Parry 法官进一步指出,"构成混淆的要件很关键,但是混淆的构成要件需要比较",这是另一个不可争辩的命题。然而,他的法官意见引入了新颖的观点,同时也是一种相当模糊的判断混淆的标准,推论出在之前的法院判令阻止仿冒侵权的案件中,都存在"原告和被告都共同参与的某一共同活动领域(无论距离多远),而这就是法院能够有管辖权的存在要素。"[84]据此,既然原告并没有任何程度的参与生产或者销售麦片的活动,那就不能说被告因利用了原告的角色名字(虚构名字)而仿冒了原告的产品或者经营。

引入"共同活动领域"的判断标准,严格说来是不必要的,因为基于很难证明引发了公众的混淆,起诉可能会被驳回。[85] 另一方面,由于认为原告没有受到任何损害,而整个论断更加有吸引力。尽管损害的构成要件会在后文中详加探讨,但是前述的对商誉的

---

[81] (1948) 65 RPC 58.
[82] Ibid., 61.
[83] Ibid., 64.
[84] Ibid., 67.
[85] Ibid.同时参见 J. Phillips 与 A. Coleman:"Passing Off and the Common Field of Activity"(1985)101 LQR 242。

有关不同理解有必要提及。虽说在技术上是附带的，但 McCulloch 案中的损害断言却是很明显的。第一类主张的损害（被提起诉讼的风险），被视为"幻想和错觉"，而第二类损害——对原告作为广播节目主持人和作家的职业名誉的损害风险以及对他的生存手段和谋生方式的侵害，也不被视为真实可见的风险。个人人格上的良好声誉可能被限定在致力于剥削利用人格某些特征的真实经营中，或者再扩展一些，存在于更广泛意义上的如某些专门性职业、艺术或者文艺行业的经营中。[86] 前述第二类主张的损害的证明难度在于，由于不存在面临法律责任的某些风险，就很难说服法官认定虚假陈述将会损害原告在其职业或者经营中的良好声誉。McCulloch 案中被告的行为能够损害原告作为广播节目主持人的声誉吗？被告行为能对原告的职业或者经营产生任何影响吗？很明显，问题纯粹是猜想中的。但是考虑到最后结果，原被告之间完全不同的各自的经营性质暗示：原告可能要承担沉重的举证责任证明损害存在。[87]

"共同活动领域"原则的推演方式[88]，并非是一种理性推导的模板，并且随后就被抛弃了，至少不再被作为必备构成条件。[89] 然而，这种情形持续到这一原则在处理原告寻求将可诉的虚假陈述行为类型从前述的(i)（经营关联性虚假陈述）扩展到(ii)（许可关联虚假陈述）时出现了问题才改变。例如，在 Wombels Ltd. v. Wombels Skips Ltd 一案中[90]，原告作为 Wombels 虚构角色的被许可人，商业性利用有关角色并且在更广泛的产品范围内向第三方颁发使

---

[86] Ibid., 69—71.
[87] 参见下文第 100—101 页。
[88] Wynn Parry 法官的判决中并没有探讨多少案例，判决在很大程度上是在 Maugham 法官对于 British Medical Association v. Marsh (1931) 48RPC565 的评论的基础上作出的。
[89] See Lyngstad v. Anabas Products Ltd [1997] FSR62, 67; Lego System Aktieselskab v. Lego M Lemelstrich Ltd [1983] FSR155, 186; Mirage Studios v. Counter-Feat Clothing Co. Ltd [1991] FSR145, 157.
[90] [1975] FSR488.

用许可。他们请求法官颁发临时禁制令以阻止被告使用 Wombels 这个词语同他们的垃圾清扫用品建立联系。由于在 Wombels 这个单一名字上不存在版权(著作权)[91]是毫无疑问的,因此诉讼只能依靠仿冒侵权路径,虚假陈述的要旨在于被告将自己的营业仿冒成原告的业务。Walton 法官相当机械地适用共同活动领域原理的判断标准,驳回了这一诉讼。理由是:既然原被告并不存在共同的活动领域(许可使用知识产权资料和提供垃圾清算用具是分别区隔的),因此不存在可能在两者经营业务之间建立联系的任何混淆的危险。[92]

最终,在 *Tavener Rutledge Ltd v. Trexapalm Ltd* 一案中[93],出现了这样的问题:原被告之间的许可关联,是否能足够构成两者业务是相互关联的虚假陈述?这是比在 *McCulloch* 和 *Wombels* 案中更清楚地由概念(i)向概念(ii)的转变。原告(未经授权许可的 Kojak 牌棒棒糖生产商)请求法院颁发禁制令以阻止另外一个棒棒糖的生产商使用同样品牌,后者获得了 Kojak 电视系列节目的制作商环球电影公司的许可。原告明显很无耻地掩盖了他们已经从事棒棒糖交易超过六个月,并且其"Kijakpops"上建立了相当良好的声誉。尽管被告很尽责地确保他们的棒棒糖生产有相关许可,但他们较晚地进入市场被认为是有害的。被告主张他们的生产具有来自环球公司的许可足以构成抗辩,但是被 Walton 法官驳回了,基于如下的理由:在公众心中,在名字的所有者(从事电视系列节目制作)与原告(从事棒棒糖生产)之间不存在实际的或既存的共同活动领域。原告主张角色商品化的经营行为对于公众来说已经足够知悉,因此公众能够想到"Kojak"名称的使用是由电视系列节目制作人的授权许可并且许可人对产品进行一定程度的质量控制。[94] 因此,社会大众由于未经授权的商人的产品和许可认得经营的联系

---

[91] Ibid., 491.
[92] Ibid.
[93] [1977] RPC275.
[94] Ibid., 280.

而被误导。Walton 法官并未采纳这一主张,而是认为并没有证据表明角色商品化的经营是广泛知名的并且公众会推断出生产商与原始的版权所有人之间存在使用许可。无论在什么情形下,这些都不足以证明。所需要证明的是,许可证颁发人对使用其名字的产品的质量进行控制的行为是足够的为公众知悉因此公众不仅能够推断出存在这样的许可,而且认为这种许可是产品质量的保证。但是没有证据能证明这在本案中存在。[95]

因此,尽管没有证据支持存在前述的虚假陈述类型(ii)(a),也就是关于为公众所信赖的质量保证的许可协议的虚假陈述,但是至少承认了这样的虚假陈述行为是可诉的。有意思的是,Walton 法官在探讨角色商品化问题时,对虚构角色和现实人物进行了区分,发现"当涉及到现实人物时,由于现实人物有真实的人格特征,因此他的授权或者他使用自己的姓名无疑就表明或者在某些适当的情形下可能表明,某项授权是否存在",另一方面,对于如 Kojak 之类的虚构形象而言,"没有人能想到原告公司生产的棒棒糖已经得到 Kojak 的授权,更不要说得到扮演虚构角色的演员的授权"。由此,这就更容易推断出涉及到现实人物的虚假陈述的可诉性得到了承认,尽管 Walton 法官认为在涉及到扮演虚构角色的演员时,这一原理并不适用。[96]

在 *Lyngstad v. Anabas Products Ltd* 一案中[97],流行音乐组合 Abba 的成员在试图证明关于许可或授权协议的关联性虚假陈述时失败了。两者之间缺少共同活动领域并不是致命问题,因为 Oliver 法官倾向于将其解释为一个需要证明导致混淆的现实可能性的短

---

[95] Ibid., 280—281.
[96] Ibid., 280. Cf. *Hogan v. Koala Dundee Pty Ltd*(1988)83 ALR187;*Pacific Dunlop Ltd v. Hogan*(1989)87 ALR14;以及下文的探讨。
[97] [1977]FSR62,67。参见注释[56]相关的案情事实介绍。

语,而不是绝对要件。[98] 原告主张的混淆与原告的歌唱活动和被告的经销商品的经营活动并不相关。而是原告主张他们作为歌手的演唱活动已经产生了公众利益,被告以营利为目的滥用乐队成员的名字和照片,从而给公众造成了被告销售的产品在某种程度上与原告有关联的印象,因为原告要么许可生产这种产品,要么认证或同意产品的经销。因此,应该禁止被告的行为,因为这会损害乐队通过授权其他人使用他们的姓名和照片而从事这些商业经营的机会。[99] Oliver 法官倾向认为,原被告之间的联系(至少隐含着原告方的某种同意),可能会对原告造成损害,例如当产品质量存在缺陷时。[100] 但是,事实上并没有充分的证据能表明公众对于原被告之间的关联可能产生混淆。在 Oliver 法官看来,被告只不过是"迎合了青少年对他们偶像肖像的需求"。[101] 如前所述,本案原告的相关事实实际上相当弱,原告在该国利用他们形象的机会十分有限,考虑到相关性商誉在本国司法实践中界定的范围很窄,这就成为一个很关键的因素。[102] *American Cyanamid*[103] 一案中确立的原则,没有什么能依他国司法当局的请求迫使赋予临时性救济的内容[104],无论如何,便利的平衡原则是有利于被告的。[105]

---

[98] Ibid., 67. See also *Annabel's (Berkeley Square) Ltd v. Schock* [1972] RPC838, 844; *Lego System Aktieselskab v. Lego M Lemelstrich Ltd* [1983] FSR155, 186.
[99] Ibid., 66—67.
[100] Ibid., 67.
[101] Ibid., 68.
[102] 参见前注[55]所涉文本。
[103] *American Cyanamid Co. v. Ethicon Ltd* [1975] AC396.
[104] 参见下文第 84—89 页。
[105] [1977]FSR62,68。另见 *Harrison and Starkey v. Polydor Ltd* [1977]FSR 1(原告主张被告谎称 Beatles 与一位记者之间的采访录音片是由原告所制作、允许、发起或者许可的说法,只要考虑到很少会产生混淆的可能性,就是很荒谬的(前揭第 4 页))。

Stringfellow v. McCain Foods（GB）Ltd[106]一案更接近传统的虚假陈述行为类型（i）并且能直接用来阐释商誉与虚假陈述之间的关系。上诉法院认为被告在包装和销售速冻即烤薯条时使用了"Stringfellows"的名号，这种行为自身并不构成将会导致公众相信被告的经营产品与原告的时尚夜总会之间存在某种关联的混淆。[107] 然而，法院似乎认可了被告的广告因主题是与夜总会相关的[108]，因此确实是有意无意地构成了虚假陈述，尽管法院认为虚假陈述并不导致对原告的损害。[109] 从一种角度看，这并非是盗用人格特质的案例：如果被告要通过与"Stringfellows"名称建立联系以获取利益的话，那么他可能更愿意与夜吧的经营建立联系而非是与Stringfellow先生本人。这两个概念在法律上容易区分，但事实上，他们两者的声誉却是不可分割地联系在一起的。[110] 再设想一下，如果原告是一个著名的演员或者娱乐圈人士，但是他并没有经营可能存在商誉的夜吧，那么会是什么情形？这就使得我们重新回顾一下前面探讨的商誉和经营的不同界定。在这种假定情景下的虚假陈述，能否导致公众对"Stringfellows"薯条与作为演员或娱乐明星的原告的经营或者职业存在关联产生混淆，是一个见仁见智的问题。最直接的问题是，此种情形下的原告是否会在其职业或者经营方面承受损失，如果不是的话，那么是否能发现一些其他的损害要素。这个问题在下面将会深入探讨。

英国的司法实践在将前述的关联性虚假陈述的类型扩展到覆盖类型（ii）（a）和类型（ii）（b）时，态度比较审慎[111]。但在 *Mirage*

---

[106]　［1984］RPC501.
[107]　Ibid.，538.
[108]　Ibid.，540.
[109]　参见下文第103—104页。
[110]　比较前揭〔70〕。
[111]　参见前注〔75〕所涉相关文本。

4 人格上的商誉:英国和澳大利亚法上的仿冒侵权规定

Studios v. Counterfeat Clothing Co. Ltd[112]一案中,却是例外。此案中,原告是取得商业成功的卡通形象"忍者神龟"的制作人。关键的是,法院认为,原告相当大一部分的经营业务其实是在很多商品上授权许可第三方使用龟的形象;到起诉之时,仅在英国就已经许可了超过 150 家的被许可人[113],其中包括了质量监控条款。原告经营行为的双重属性[114](既创造又通过许可来商业开发角色上的权利)的意义在这里得到强化,因为未经授权的商业利用可能会对原告造成一系列的损害,包括许可使用费的损失以及由于伪劣商品的牵连而降低许可权的价值。[115] 由于原告自己并不生产或者销售商品,也就不会使得公众对于他的经营和被告的此类经营相混淆。原告和这些产品的唯一关联,就是原告许可了将龟的形象用在这些产品上。有证据表明,公众能意识到如果原告没有许可,那么龟的形象通常就不会出现在商品上。换句话说,公众将龟的形象与原告是相联系的。根据次席大法官的观点,售卖商品与原告之间的联系已经足以提起仿冒侵权诉讼。[116]

在这个问题上,澳洲法院在 *Children's Television Workshop Inc. v. Woolworths*(新南威尔士)*Ltd*[117](木偶案)和 *Fido Dido Inc. v. Venture Store Pty Ltd*[118]案中的观念被赞同并沿循。在木偶案中,法庭认为被告在其产品营销中使用了木偶形象构成了虚假陈述,因

---

[112] [1991]FSR145. 参见早期的案例 *BBC v. Celebrity Centre Productions Ltd*[1988] 15 IPR 333,法院颁发了临时性禁制令以阻止被告出版名为《A to Z of Eastenders》的杂志。被告承认原告具有仿冒诉请的因由,因为被告的出版物可能被认为是由原告所许可或者授权的。因此,Falconer 法官(前揭第 337 页)无需探讨原告案件的实质问题(基于案情而赋予临时禁制令),而且判决在法律的相关问题上价值有限。

[113] [1991]FSR145,146. 参见前注[56]中所涉文本,Lyngstad 一案中的原告经营业务的有限性。

[114] Ibid.

[115] Ibid., 156.

[116] Ibid.

[117] [1981]RPC187.

[118] [1988]16 IPR 365.

为有证据证明公众在看到木偶产品时会想到产品已经得到木偶形象创作者对于使用这种虚构角色的许可。与此类似，在 *Fido Dido* 案中，法院认可能够表征 Fido Dido 角色的制作人与被告之间的"创办、附属或者认可"许可关系的虚假陈述足以成为原告提起仿冒侵权诉讼的必要条件，虽然法院基于便利原则拒绝颁发禁制令。[119]

在 *Mirage Studios* 一案判决中，最有意义的还是对于原告而言，他没有必要出示肯定性的证据表明公众会信赖相关产品是经原告授权许可的误导性陈述；如果误导性陈述已经作出，就没有必要进一步证明虚假陈述是公众购买相关问题产品的原因。次席大法官认为，公众"所期望的是购买他们所要的商品，也就是真货。"[120] 由此，若证据不足，法庭必须推断如果顾客意识到产品不是真货，他就不会购买，但是会寻求真正的目标。[121] 这些段落必须结合上诉法院在 ELVIS PRESLEY 商标案中的论述来看，该案中 Robert Walker 大法官指出：尽管 *Mirage Studios* 一案的判决是"清楚和有信服力的"，但并没有给出"因未经授权使用名人形象的过分诉求而亮出路灯，但却比较清楚地阐明了其据以引申的相对限制的范围的原则"。[122] 类似地，Simon Brown 大法官认为角色商品化一般是"在公众心目中确立并且认可的、作为角色自身专有的保留权"，而这是总体上对诸多的司法当局实践效果的简单的观点，并且使得之前牢固建立的所有这类案件必须就事论事的原则被完全破坏。[123]

实际上，不仅仅需要存在某个虚假陈述，而且每个虚假陈述就其各自的案情而言，必须是一个实质性问题。姓名或者角色的表述必须具有诉讼主张所涉商品的商标上的意义，而且"公众能够相信被告和许可人之间存在某种形式的联系并不足够支持诉请主

---

[119]　Cf Wadlow, *Passing Off*, 314—315.
[120]　[1991] FSR145, 159.
[121]　Ibid.
[122]　[1999] RPC567, 582.
[123]　Ibid., 597.

张,只有公众是基于信赖这种想象的关联才选择购买被告商品的"[124]。关键的问题是,是否在那些有利益关系和关心相关产品的公众之间产生了混淆。[125] 虽然在某些案件中,原告可能会认为公众并非总是会愿意购买真货,消费者可能不会去关心一件商品是否是被许可生产或者有特定来源。[126] 如果在商品上附加角色形象的目的是增加情趣或者品味,那么陈述宣传就不具有实质性意义;一种未经授权的商品与经授权的商品具有同样的吸引力和风格。[127] 正如 Laddie 法官在 ELVIS PRESLEY 商标案中一针见血指出的那样,"如果某个追星迷购买了印有他的偶像的海报或者杯子,那么他仅仅是满足了一种喜好,而不是购买一种有特定来源商品。他有可能对产品的来源并不感兴趣"[128]。原告对产品质量进行了控制的证据可能有助于原告在案件中处于有利地位,但这不是决定性的;只有当公众确实是因信赖这种由许可人所实施的产品质量控制时,相关证据才有作用。[129] 因此,尽管在法律上一个相关的虚假陈述可能会被证成立,但是在实践中很难证明。

　　公众对于商品化或者认证的认知,对存在产品质量控制或者认可的确信,以及对这种确信的信赖,是三个不同的概念。[130] 虽然有关仿冒侵权的案件是由某个独坐一隅的法官审判的,但是是否存在由于虚假陈述所导致的混淆,本质上则是一个在某种意义上必须考虑到虚假陈述对于社会成员的可能性影响的"陪审团问

---

[124]　Wadlow, *Passing Off*, 313.
[125]　*Arsenal Football Club Plc v. Reed* [2001]ETMR860,869 per Laddie J.
[126]　See *BBS Worldwide Ltd v. Pally Screen Printing Ltd*[1998]FSR 665,674.
[127]　H. Carty, "Character Merchandising and the Limits of Passing Off" (1993) 13LS289, 298.
[128]　[1997]RPC543,554. 另请见 *Arsenal Football Club Plc v. Reed* [2001]ETMR860,870(商品上印有足球俱乐部的名字或者昵称,仅被购买者视为一种忠诚或者支持的象征,而非表明产品的来源)。
[129]　Cf *Tavener Rutledge v. Trexapalm*, 以及前注[93]相关文本。
[130]　Wadlow, *Passing Off*, 316.

题",法官必须将自己置身于某个商品潜在购买者的位置上考虑。[131] 当原告起诉时,被告正要或者将要开始经营,法院必须"尽最大可能测算在现实世界的市场上将会发生什么",如果是被告的经营已经持续了一段时间,"由法院去估计产生混淆或者损害的必要性就会降低,因为在多数情形下,市场上发生了什么能够被看到。"[132]

欺骗的实例将会是很有用的证据,虽然法院最终判决并不只依靠或主要依赖于这种证据,而且法庭"必须最终信赖将自己设定为一个理性的个体的感知"[133]。原告可能希望通过调查取证来证明某项虚假陈述是实质性的,而且引发了公众的信赖,但是主要的难题在于如何设计不具有引导性(倾向性)[134]的问卷,同时问卷不能使被调查人"引起这种思考,而这种思考是在公众没有触及该问卷的情况下,绝不可能引发的"[135]。根据有关关联性虚假陈述的案例的经验,任何调查的答案往往是模糊和不能成为肯定结论的。[136]

英国法院需要考虑涉及到授权或者关联性的虚假陈述是否是可诉的案件的范围一直以来都受到限制。通过讨论适用在 *McCulloch v. May* 一案中[137]确立的共同活动领域标准,是否可诉的问题就不被考虑。虽然在 *Tavener Rutledge v. Trexapalm* 一案中[138],这

---

[131] *General Electric Co. v. General Electric Co. Ltd*[1972]1 WLR 729,738 Lord Diplock,同意并引证了 Sheppard 法官在 *Pacific Dunlop Ltd v. Hogan*（1989）87ALR14,28 中的判词。

[132] *Arsenal Football Club Plc v. Reed* [2001]ETMR 860,869 per Laddie J.

[133] *Parker-Knoll Ltd v. Parker Knoll International Ltd*[1962]RPC 265,291—292 per Devlin LJ. See also *Neutrogena Corp. v. Golden Ltd*[1996]RPC473,495；*HFC Bank Plc v. Midland Bank Plc*[2000]RPC 176,198。

[134] See Drysdale and Silverleaf, *Passing Off*, 181.

[135] *Imperial Group Plc v. Philip Morris Ltd* [1984]RPC 293,302.

[136] 参见 *Hogan v. Koala Dundee Pty Ltd*（1988）83ALR187,192—195,以及下注 199 相关文本。同时可见 Sheppard 法官在 *Pacific Dunlop Ltd v. Hogan*（1989）87ALR14,22 中的判词,以及英国法 *Stringfellow v. McCain Foods* [1984] RPC510,531—532（只有极少数的公众相信原被告之间存在营业上的关联）。

[137] 见前注[81]相关文献。

[138] 见前注[96]相关文本。

种可能性被顺带的认可,但是当在 Lyngstad v. Anabas[139]一案中直接涉及这一问题时,却没有足够的证据能支持这一诉请。在 Nice and Safe Attitude Ltd v. Piers Flook 一案中[140],原告是服装生产商,通过使用"NASA"的标牌在服装领域建立起一定的商誉(尽管有些寄生依附性),他向另外一个获得美国国家航空管理局(在英国并没有任何习惯性商业活动)授权的竞争性生产商提起了仿冒侵权诉讼,Robert Walker 法官没有沿承 Mirage Studios 一案的判决而是支持了原告的诉讼请求。法院并不认为 Mirage Studios 一案的判决理由可以支持被告以获得美国 NASA 的授权进行抗辩。因此,在 Halliwell v. Panini 案中[141],也就是唯一一个该问题被直接考虑的案件,被告在印有原告辣妹乐团组合成员肖像的粘贴标签上没有明示未获得授权并不意味着这就是可以导致社会公众据此相信或误认货物经由原告授权而购买产品的虚假陈述。原告自己生产的某些产品特别标明产品是"正宗"的,而另外一些产品没有标明,因而对于这些产品是否都是正宗的授权许可产品并没有一般性的推断标志。由此,并不能说产品是否经过授权就是决定任何消费者选择的实质性因素。Lightman 法官认为,被告仅仅是"迎合了对于偶像的大众需求"[142]。实际上,证据表明,原告所没有反对的其他的产品只是涉及到数量少而且没有市场反响的、对流行乐队认可授权的放弃者。前例中没有明示放弃认可,使得继续探讨的意义很小。[143]

---

[139] 见前注[101]相关文本。
[140] [1997] FSR14.
[141] 未报道的,高等法院,大法官法庭分册,1997 年 6 月 6 日。
[142] Ibid., 101, Lyngstad v. Anabas Products Ltd.
[143] 法院一般不会认定未申请认可就阻断了商业联系的表征。例如 Associated Newspapers Groups Plc v. Insert Media Ltd[1991]FSR380,387. Cf Sony MusicProductions Pty Ltd v. Tansing (1993) 27IPR649,653; Twentieth Century Fox Film Corp v. Sorth Australian Brewing Co. Ltd (1996) 34 IPJ 225,251; Britt Allcroft (Thomas) LLC v. Miller(2000)49 IPR 7,18, and see, generally, Wadlow, Passing Off,195。

对角色商品化和认证采取更限制的保护策略,与商业实践或者说"角色商品化"的需求不相一致,可能招致批评。然而,在版权法和商标法认可范围之外来扩张独占性权利的努力很可能遇到抵制,尤其是当这种观点是建立在设想消费者会引发混淆的基础上的。有人会认为角色形象不能用来区分作为商品来源或者质量保证,他只是基于自身的权利行使而增加了产品的价值,而削弱了 *Mirage Studios* 一案判决中的理由。虽然前者是仿冒法上关注的问题,而后者则是版权法而非侵权法或者商标法上的关注问题。[144] 引入角色权利补充版权法上的文字/艺术和戏剧作品的不足,在英国法上曾经被明确讨论并被拒绝了[145],而且将这种对仿冒侵权的扩张认定的潜在危险就是要对角色的制作人赋予比在版权法上规定和适当限制的权利更广泛的权利和市场力量。"不应该轻易制造垄断"的观念是很有力的。[146]

还有一点需要进一步指出。沿循着澳洲法院的理论,次席大法官在 *Mirage Studios* 一案中面临着如何在澳洲作法和前述的英国作法之间进行调和的问题。

次席大法官比较了如在 Wombels 案中姓名(名称)不存在知识产权因此也就不存在可以进行许可的要素,以及在 *Mirage Studios* 一案中原告将神龟图案进行许可经营的情形。他认为,*Wombels*、*Tavener Rutledge* 和 *Lyngstad* 等案件的判决,认定被告只是利用了不存在财产权利的名称[147],是较好的判决先例。严格说来,认为某项关于原被告商业联系的虚假陈述只有和特定知识产权例如商标或者版权的许可有关时才是可诉的,这种观点是可商榷的。

---

[144] Wadlow, *Passing Off*, 315.
[145] Whitford Committee, Report of the Committee to consider the law on Copyright and Designs, Cmnd 6732(London, 1977), para 909。委员会认为法律保护的任何发展都应该留给仿冒法和反不正当竞争法去解决,尽管在此问题上委员会没有给出任何建议。
[146] [1999]RPC567,598 Simon Brown 大法官。
[147] Ibid., 158。在 *Lyngstad* 案中,原告的照片同样也是被别人使用,可能会构成许可使用的对象,尽管原告在那些具体的照片上不具有版权。

这种严格的解释可能无法支持更扩展的意见——只要被告的虚假陈述涉及原被告之间有某种形式的许可关联,那么就是可诉的。然而,这种区分没必要影响判决更广泛的应用。只要记住仿冒侵权的理念之一就是保护消费者免受市场上的混淆的影响,因此将消费者感受纳入考虑因素是合理的。实际上,期望普通消费者能够将潜在的知识产权权利获得授权与并没有潜在的知识产权权利存在的两种情形相区分,是令人怀疑的。正如次席大法官指出的,考虑到交易习惯的改变,在那些潜在的知识产权权利并不存在的案例中,例如那些涉及名称许可的情形,在提交给法庭的证据不同的未来场合时,需要再考虑如何处理。更可取的观点似乎是,这样一种区分是非实质性的。[148] 在以后的案件中,还需要提到两个关键的问题。首先,前述的虚假陈述类型(iii)[149](认证关联型)能够构成将被告的产品或者经营与原告的经营(广义的界定)相关联的虚假陈述;其次,在法庭并不坚持肯定性证明的情形下,公众信赖虚假陈述达到什么样的程度会成为法庭推断的因素。英国司法机关一直坚持相当限制性的模式,因此考察一下澳洲的实践将是很有启发意义的,因为那里对这个问题给以了充分论证。

澳洲法上的虚假陈述的性质

澳洲法院对前述的各类关联性虚假陈述类型都采用扩张性的规制方式[150],这种方式源自 *Henderson v. Radio Corp. Pty Ltd*[151] 一案中的判决。该案中,原告是一对著名的职业舞者,他们的照片未经同意就被用在某标准舞音带的封面上,这些音带主要是为舞蹈教学而用的,但也面向公众出售。Evatt 主审法官认为,音带的封面

---

[148] 例如参见 Carty,"Character Merchandising",300;Drysdale and Silverleaf, *Passing Off*, 71; M. Elmslie and M. Lewis,"Passing Off and Image Marketing in the UK"[1992]EIPR 270。
[149] 前注[75]相关文本。
[150] Ibid.
[151] [1969] RPC 218.

设计上，Henderson 舞蹈组合的图片很醒目，从远处看（比如看商店橱窗的这种距离）潜在的购买者就很容易被欺骗。[152] 虽然音带的背面附上了另外一个舞厅舞者的推荐，但是原告的照片出现在了封面上，封面并没有任何原告授权的标志。然而，原告形象的被利用似乎是幸运的，因为这种音带在英国设计和制造，在澳洲被许可复制；直到原告起诉，被告仍然不知道原告的身份。然而，被告拒绝撤下封面，原告提起了仿冒诉讼。

有证据能够认定，音带主要面对的群体（标准舞的学生和教员）可能会相信原告的照片出现在音带封面上就表明他们推荐或者认证这一音带。[153] 如前述，将经营作为最广义的解释，包括职业或者行业[154]，那么被告的行为构成了将原告行为和被告行为建立关联的虚假陈述。原告自己并没有参与制造或者销售音带的事实并不影响定性，他们没有必要证明被告从事的是与其具有竞争性的活动领域。[155] Evatt 主审法官认为，要满足仿冒的诉因，原告只需要证明被告对如下事实作了虚假表述：他的产品与原告的一致，或者他的经营和原告的相同或相关联。[156] 就此而言，在仿冒侵权的扩张认定上，并没有什么革命性的变化。

显然，被告承认了原告对其产品推荐、认证或者支持是做了虚假陈述，可能是基于相信在共同活动领域不存在竞争可以作为辩解无罪的事实，而这就可以使得被告为自己的商业利益继续利用原告的形象。这种让步以及对法院能够严格适用"共同活动领域"标准的希望，是被误导了。作为一项原则，某个职业人士的姓名或者形象出现在商品上是否能够构成基于职业人士的专业能力而对商品的认证或者推荐，以及反过来能够构成把原告的职业与被告

---

[152]　Ibid., 231.
[153]　Ibid., 232.
[154]　Ibid., 234.
[155]　Ibid., 233—234.
[156]　Ibid., 231, 引自 Romer 大法官在 *The Clock Ltd v. The Clock House Hotel Ltd* 案中的附带意见（参见前面的注释[78]和相关文本）。

4 人格上的商誉:英国和澳大利亚法上的仿冒侵权规定

的经营相关联的虚假陈述,是有疑问的。在这里被告经营业务性质的(与原告的)接近性应该成为相关考虑要素;当经营业务紧密相关,将会比较容易地推断出一项虚假陈述可能会导致公众在原被告的经营之间产生混淆。想象一下如果原告的照片被用在毫无关联的物品例如肥皂粉盒上,那么原告将处于什么情境,将是非常有意思的。在这样的案例中,推断原告作为职业舞蹈者被和洗衣粉生产商联系起来了,将难以明辨。因此,仿冒侵权规则的适用似乎只能限制在"经营工具"的认证方面,这就可能导致把被告的商品或者服务与原告的经营或者职业相联系起来。

Evatt 主审法官判决的很多阐述存在模糊之处。法官注意到了被告为了自己的商业利益而利用了原告的专业声誉,但是不承认这样的观点:实体审法庭无权限制被告宣称原告推荐了自己产品的不实陈述,除非原告能够证明他们的职业名誉受到损害或者在一定意义上他们通过职业行为而盈利的能力由此受到损害。[157] 法官继续指出:

> 除非有证据证明损害存在,法院的强制性权力不应该启动,这固然是对的,但是不当的利用了别人的职业或者经营性声誉本身也是一种侵害,在我们看来,不亚于利用了别人的财物。原告的职业性推荐过去是、现在仍是他们自决的行为,无论是限制还是授权,都是依照自己意愿进行,但是被告的行为不当地剥夺了他们的这一权利以及如果他们介意认证被告的音带可能会坚持索要的报酬或薪金。[158]

这些论述引发了很多问题。首先,也是最明显的,就是前引段落中最后一部分。如果具有一个有效诉因,原告可能只是主张收费,而这正是要探讨的问题。仿冒诉讼的诉因的存在,依赖于损害的证明,这将在下文详细探讨。进一步看,相关论述中并没说明,仿冒侵权的救济是否只是限制在可能损害原告经营或者职业的虚

---

[157] [1969] RPC 218,236.

[158] Ibid.

假陈述中,换而言之,这种救济是否应该扩展到未对原告的这种能力构成损害的情形中。

狭义的解释将会明显限制原告在涉及到"经营工具"的认证的案件的救济可能,相关性虚假陈述可能与这样的事实相关:原告作为舞蹈教员的经营身份可能会与被告的营业相联系,由此原告可能由于被告的虚假陈述而受损害。广义的解释倾向于视原告的认证能力与他们的经营或者职业并不相关,无论本质上是经营(也就是许可或者经营商业)还是作为一项财产权利。前者可能处于仿冒侵权的范围,其中原告经营或者职业中商誉可能是被保护的利益。后者则不在仿冒侵权的范围内,在个人人格的某些方面构成了一项财产性权利,例如公开权。[159] 实际上,用"盗用"这个术语是模糊的。这意味着法律责任的承担建立在对这类绝对性财产权利的盗用基础上,还是仍有必要证明虚假陈述导致了公众的混淆或者上当?整体看来,Evatt 法官的判决表明了证明虚假陈述而非盗用了独立的财产性权利的必要性,这一观点也在 Manning 法官的判决得到确认,尽管 Manning 法官对是否需要证明损害存在是不明确的。[160]

紧随 Henderson 案之后的判决,但并没有解决这些难题,因为它们关注的是前述的类型(i)和类型(ii)的虚假陈述[161],而非认证(endorsement)、关联(association)和认可(approval)的概念。在 *Children's Television Workshop Inc. v. Woolworths (NSW) Ltd*[162] 一案中,原告是《芝麻街》电视节目的制作人,其中塑造了"木偶"的角色,法院认为其有权制止被告销售未经许可的"木偶"商品。(法院)认定被告的行为将会欺骗公众相信被告的商品是由原告所许可、或者与原告存在关联关系,这就足以构成在原被告的经营之间

---

[159] 前见下文第 171—189 页。
[160] Ibid., 243. 进一步参看,下文 104—105 页。
[161] 参见前面注释[75]相关文本。
[162] [1981] RPC187.

的"联系",从而能够适用传统的仿冒原则进行处理。[163] 根据 Helsham 大法官的观点,一旦原被告经营关系的某种联系成立,消费者可能就会认定被告的经营与原告之间是有联系的,于是就可以认定原告的合法商业利益受到了损害。许可机会的损失足以构成损害,没有必要再去证明对原告声誉的不良影响以及由于被告的劣质产品而对原告经营的损害。[164]

尽管在 *Hunchence v. South Seas Bubble Co. Pty Ltd*[165] 一案涉及到了对一个流行乐队组合的形象的商业利用,但是对认证(endorsement)这个有些麻烦的概念不需要考虑。案情在本质上与英国早期的案例 *Lyngstad v. Anabas*[166] 相似,同样也是乐队组合的成员要求制止未经授权的商业化行为。*Hunchence* 的事实更充分,因为被告所利用的无疑是版权保护内容[167],而更重要的是,原告已经进行了大量和有计划的许可商业化的经营活动。本案中混淆的可能性是很大的,因为原被告之间都是在直接的同一市场上竞争。[168] 令人感兴趣的是它直接和虚假陈述的性质相关。Wilcox 法官提到了现代商业化许可协议的规模和方法并认为消费者很可能会认为原告许可商品销售,作为回报就要获得特许收益或者收取其他费用。虽然有标志或者标签显示出商品是未经原告授权的"私卖"品,但是根据《贸易行为法》和侵权法的规定,被告需要对实际上并不存在的而其T恤衫隐含的有来自原告的"支持或者许可"的虚假陈述负责。[169] 似乎原告所授权的产品就是高质量的,而被告的产品由于在款式、材料的选择和其他方面存在不足,就恰好相反。对便利性原则的平衡时,是有利于原告的,因此就没有必要提供肯定确认证据证明消费者将会基于商品默示表明是由原告授权生产的

---

[163] 参见前注[78]。
[164] [1981]RPC187,194—195.
[165] [1986]64ALR330.
[166] Ibid., 97.
[167] 参见前注[147]的相关文献。
[168] [1984]64ALR 330,340.
[169] Ibid., 336—339.

而信赖(原告的)质量保证。[170]

在 Paracidal Pty Ltd v. Herctum Pty Ltd[171] 一案中,认证(endorsement)的概念也没有被深入考虑。该案中,原告是一位西班牙籍养马人、马术师兼驯马员,他获得了法院的支持,得以制止被告在其马术表演广告中使用原告及其马匹的复印照片。毫无疑问,原告在澳洲是著名的马术师,具有相关的商誉,其案情事实似乎也比 Henderson 案更强有力。原告的经营(在某个马戏团驯兽和表演)与被告的经营(运营一家展览各种马匹和表演马术活动的野生动物园)是处于相似的领域[172],在两者经营之间产生混淆的可能性是相当大的。[173] 而且,本案中原被告至今的关联或者说原告授权的暗示,很可能在职业和经营方面损害作为马术师的原告。于此,本案是一个典型的"经营工具"型的滥用,可能会存在对两种经营之间存在联系的混淆的危险。因此,Paracidal 案相较于 Henderson 案而言,与传统的仿冒侵权概念以及关联性虚假陈述的第一类型[174]更为一致。

商业联系和认证

随后,在 10th Cantanae Pty Ltd v. Shoshana Pty Ltd 案中[175],有关的虚假陈述涉及到了认证(endorsement)或者关联(association),也就是虚假陈述类型(iii)。原告是一个名为 Sue Smith 的著名的电视购物推销者,过去曾出现在广告中推荐各种产品。被告发布了一个广告来推销 Blaupunkt 录影机,广告的内容是一个妇女(与原告在貌征上没有任何相似之处)正在看电视,电视字幕为"Sue Smith 正随心所欲用着她的录影机"。法院认为原告在从事一种最

---

[170] Ibid., 344.
[171] [1983]4IPR201.
[172] Ibid., 202.
[173] Ibid., 206.
[174] 前注[75]的相关文本。
[175] [1987]79ALR299.

广义上的经营,由此具有可以保护的商誉。Wilcox法官认为,有必要证明的是,原告认证推荐了被告的录影机、或者暗示被告的产品与原告相关联的虚假陈述可能会导致社会公众的成员被误导。[176] 在这个方面,本案原告的事实依据比较薄弱。广告只是提到了很一般的名字"Sue Smith",并没有包含任何明确指向原告的信息,因为广告中所刻画的妇女与原告并不相像。而且,原告并没能出示证据证明任何人实际上都被误导认为广告所指的就是原告,并且Wilcox法官认为,推断并不存在这样的证据也是恰当的。[177] 在同一性问题上支持原告,就等于授予了原告在一般性名称"Sue Smith"上具有执行力的垄断权利,至少是在当广告并没有指向原告而被告没有明示的弃权/免责声明时。[178]

联系(connection)、认证(endorsement)或者关联(association)等模糊的概念,仍是难以界定和有不同理解的事物。虽然Wilcox法官认为广告并没有足够清楚地点明原告,但是他提到如果事实更明确的话他可能认定被告不实陈述了将原告自己与广告产品关联起来,而且"广告受众可能推断出她至少是以一种模糊的方式推荐了这个产品,产品是适宜购买的"。以Wilcox法官的观点,无论认证的程度有多么模糊,都不能认为广告受众不会受到由令人尊敬的人所推荐的广告引导的影响。Pincus法官持一种更严格的观点,认为"不能太过轻易的接受这样的观点:广告仅是提到了某个名字,就一定意味着广告中的产品就具有某些特征——例如他们已经得到了名字被提到的人的认可甚至检验"。仅仅在广告中使用未经授权的人的名字或者图片,并不必然构成仿冒。[179] Pincus法官也不认可"赞助/支持"(sponsorship)的概念,这个概念有时候被认为是与"认证"或者"认可"术语相连的,虽然是误用。Pincus法官指出,"赞助/支持"(sponsorship)这个术语在商业环境下,表

---

[176] Ibid., 302.
[177] Ibid., 303.
[178] Ibid., 302,Wilcox法官的论证。
[179] Ibid., 306.

明一个商人或者组织和个人支持或者部分出资某项活动,例如体育比赛甚至电视节目。[180] 赞助/支持和认证是不同的,但是相互补充的行为。如果一辆赛车每个位置都塞满了商标和各种商业组织的标记,那么车手自己也可能从头到脚被广告覆盖,这些展示的内容并不意味着认证,而是表明经营者由于获得了向公众展示的机会作为回报而提供的赞助。尽管车手可能会认证某些商品,但是他并不赞助它们。相似的,在 10*th Cantanae* 案中,广告中所刻画的人物不能说是赞助了 Blaupunkt 录影机。[181]

之后,在 *Honey v. Australian Arilines and Another* 案中[182],缺少任何实体意义上的认证被认为是重要的。由于广告主要是用于在学校推广体育运动而不是航空公司自身,第一被告的广告很明显的突出了原告,从而使被告标示变得并不显著。相似的是,第二被告,一个宗教团体,并没有意图利用原告的身份,并没有提到他的名字,仅仅是在他们的出版物上利用他的图片宣扬一项活动或者一种生活方式。因此,Northrop 法官认为,本案的案情与 10*th Cantanae* 案不同,因为本案并没有涉及到相关产品的典型广告。在 *Honey* 案中,并不能认为有相当多的人会推测原告赋予了被告的产品以认证[183],而且,如前所述,由于原告是一位业余的运动员,这就使得法庭认为原告在经营或者职业能力上并没有相关的商誉。[184] 在广告领域里,广告并不包含"营业工具"型的认证,甚至是"非工具"型认证,但是会涉及利用那些被描述为"吸引注意力的工具",这包括了没有暗示任何授权、却使用名人的姓名或者形象以建立与商品或者服务的联系。[185]

于是,在为数不多的涉及到类型(iii)虚假陈述的案件时,认

---

[180] Ibid., 307.
[181] Ibid.
[182] [1989]ATPR40-961,affirmed[1990]18IPR185(澳大利亚联邦法院,完全法庭)。
[183] [1989]ATPR40-961,50,499.
[184] 参见前注[175]的相关文本。
[185] 参见第 1 章。

证、关联或者关系的概念始终都是模糊和没有清晰界定的。对于类型(ⅱ)(不明确的(弱型)许可关联)和类型(ⅲ)(认证关联)这两类虚假陈述的基本假设,似乎是在广告或者商品上未经授权而使用他人的形象将会意味着原告已经表明了他对于被告产品或者服务的认可,因此他们的经营相互之间是关联或者联系的。这样的虚假陈述可能导致公众的混淆,反过来又可能对原告的经营造成损害或者损害的可能。因此,通过这些假设,未经授权的商业利用人格行为可能被列入传统的包含了对原被告经营的相互关联性进行虚假陈述的仿冒行为。

角色的不当利用

然而,在 *Hogan v. Koala Dundee Pty Ltd*[186] 案中,Pincus 法官倾向于采取更为激进的方式。该案中,被告未经授权利用了来自原告的影片《鳄鱼邓迪》(*Crocodile Dundee*)中的形象,尤其是还使用了 Dundee 的名字并且在他们的店铺内外以及商品上使用了这一合成的形象。合成形象包括了一只袋熊,带着一定镶边上有齿状装饰的草帽,穿着无袖的背心并手拿一把小刀,这个形象与原告影片中的 Paul Hogan 形象极为相似。Pincus 法官认为,被告使用这样的形象"意在使他们的顾客在头脑中联系到 Paul Hogan 或是这部影片或者两者兼有,或者简而言之,就是想从鳄鱼邓迪上获利"。[187] 因此,本案的诉请并非是典型的利用人格特征的案例,因为被告并非在经营中只是利用了单一形象,而是将电影和影片的角色都与经营建立起了关联,虽然实际上在演员自身的能力和演员在影片中的角色之间很难进行区分,两者是密不可分的交织在一起的。

原告主张,就如下情况而言,被告的行为已经构成误导公众的虚假陈述:(i)无论被告的经营活动是由原告所有,还是得到原告

---

[186] [1988]83ALR187.
[187] Ibid., 189.

特许授权或者经过原告许可；(ii) 无论被告或者其产品有来自原告的认证，还是被与原告相关联或者附属于原告；(iii) 无论被告的货物或经营是否得到原告的支持或者认可。[188] 由此，在原告请求方面没有什么革命性突破。第一项请求中规中矩，属于前述的第一类关联性虚假陈述[189]，比较平稳的能够援用 Romer 大法官在 The Clock Ltd v. The Clock House Hotel Ltd 案中提出的经典原则，这一原则包含了原被告的经营相关联的情形。[190] 第二和第三项请求，也同样很平稳地属于扩展的仿冒侵权的范畴，体现为虚假陈述类型(ii)，或者更准确的说，属于前述的(ii)(b)型，也就是关于原被告之间存在许可性质的关联的虚假陈述，这是被澳洲法院长期以来一直承认的类型。[191] 原告是 Hogan 本人以及影片制作公司 Rimfire Films，后者获得了拥有剧本的制作公司委任的商品化权，而这个制作公司反过来是由 Hogan 本人所拥有的。毫无疑问，第二原告在影片制作和授予商品化许可方面都存在经营利益，而这可能被宣称被告商品是由其所许可的虚假陈述所损害。

Pincus 法官倾向于不以虚假陈述类型(ii)的相关术语来分析问题，认为被告的商品是由原告许可的，并且又提出了一个全新的而且令人惊讶的更广义的观点。Pincus 法官认为"形象使用(包括姓名)即使与经营毫无联系，也可能提起仿冒侵权的诉讼"。他继续指出：

> 我认为至少在澳大利亚法上，一个足够知名的、具有一定视觉特征或者其他特征的虚构角色的创作人，都可以制止其他人在销售产品时使用他的角色，也可以授权别人使用他的角色。此外，即使角色创作人除了在创作或者制作角色所出现的作品之外，自身并没有从事任何的此类经营业务，他也可

---

[188] Ibid., 190.
[189] 参见前注[75]相关文本。
[190] 参见前注[78]。
[191] *Children's Television Workshop Inc. v. Woolworths (NSW) Ltd* [1981] RPC187.

4 人格上的商誉：英国和澳大利亚法上的仿冒侵权规定

以这样做……这一权利体系的特征未必与之前的类型完全一致。尤其是在角色上的授权，不一定要授权进行经营。[192]

这一观点非常宽泛，完全与英国法上的保守立场相左，而且也与扩展的澳洲法院的方法相左；后者认为仿冒侵权诉讼，并不授予姓名（或者形象）自身以任何权利，而是对经营的商誉予以保护；这样的商誉不是独立存在的，因此不能被概括的授予许可。实际上，这就等于在司法上认可了一种自成一体的角色性权利，而这一观念是被英国法所明确排斥的。[193] 广泛范围内的不当利用角色侵权行为实际上可能对创作人（假定版权法已经充分的激励和回报了他们的技艺、努力和投资）有利而倾覆了平衡，而损害了竞争者可能以最有吸引力的方式经营产品的自由。小说作品的创作人应该受制于市场的严格限制，没有版权法的保护，他们的角色将不会受到保护。当存在有关许可型关联的实质性虚假陈述、并导致对原告的既存商誉造成真实损害时[194]，不论是以在原告的经营与被告的假冒产品之间建立损害性的联系形式，还是原告在许可性版权材料上存在既有营业上的商誉，以许可费的损失为表现形式，仿冒侵权诉讼是可能成立的。创造者在角色上的经济利益不应该进一步被保护，这是可探讨的。

与随后的探讨最直接相关的是，被告行为的性质以及 Pincus 法官否认责任应当以源自虚假陈述本身的与许可性关联有关的虚假陈述为基础。与前述的澳洲法院实践相反，Pincus 法官倾向于采纳 Henderson 案中的第二种策略甚至更加模糊的方法，这就意味着法律责任的承担不一定建立在虚假陈述的基础上，而不当利用商

---

[192] [1988]83 ALR 187,196.

[193] 参见前注[145]。同时可见《商标法改革》白皮书,Cm1203(1990),paras4.42-3;ELVIS PRESLEY Trade Marks[1999]RPC567,580 and 597。

[194] 因此，在原告尚未进入相关市场并未能表明对商誉造成真实损害却主张（被告）已构成新型的虚假陈述，英国法院不愿授予临时禁制令以制止在既有商誉经营领域内的其他经营者。参见 Lyngstad v. Anabas Products Ltd[1997] FSR 62,70;Tavener Rutledge Ltd v. Trexapalm Ltd[1997]RPC 275, 281—282。

誉自身就已经足够了[195],尽管 Pincus 法官进一步扩展了相关立场,从而包括了"把恰属于原告的形象不当地与自己商品相关联"的行为。[196] 在 Pincus 法官看来,"由于受抨击的不当行为在许可协议方面在误导公众,因此在判决有关盗用他人形象的案件时,存在一定程度的人为拟制。"[197]这不能说公众被诱导认为原被告之间存在一种明确公知的联系,由此,对公众是否会相信原告颁布的许可进行询问调查,将会明确公众对于与角色广告化相关的法律而非事实问题的态度。那些相信许可必须是基于姓名的使用而授予的公众,将会想象有关的法律要件以及法律上还不清楚的问题。

这些结论反映了在 *Hogan* 案中,两方所出示的调查证据的模糊的特点[198],也说明了将这样的案件以公众是否因为许可协议而被误导为处理基础,是不协调的。这些问题很多是公众成员所未考虑的,而且肯定是模糊和不确定的。正如 Pincus 法官认为的,"不同于对商品来源或质量的陈述,仅仅在广告中使用他人形象,虽然可能促进销售,但并不一定通过在购买的公众中制造或者依赖于一定的结论来实现。"[199]没有这些不具有决定性的证据,Pincus 法官可能会认为相当数量的公众可能会将形象与原告的影片联系在一起,而较少的公众会倾向认为这个店铺与影片没有商业关联。由此要证明存在一项虚假陈述,而且这项陈述为公众所信赖,可能会有很大的难度。[200] 然而,这不能阻止 Pincus 法官基于事实认定实际上存在着"与影片形象具有关联的明确的陈述",以及存在某形式的许可费用损失[201]的损害,而且所授予的禁制令确实阻止了被告以一种"被认为会引导公众相信被告或其所售商品与

---

[195] 参见前注[160]相关文本。
[196] [1988]83 ALR 187,198.
[197] Ibid.
[198] Ibid., 192—195.
[199] Ibid., 195.
[200] 比较前注[120]相关文本。
[201] [1988]83ALR187,200(尽管已经注意到了这种推理的自我循环(Ibid., 198))。

影片相关联的"方式使用这个角色形象。[202] 正如随后新西兰最高法院所评述的那样,这种方法,很大程度上并非是由这种结论所导致的:默示认定在姓名、名誉以及为商品化角色而利用的虚拟角色上存在财产性权利,从而造成事实上的欺骗或者独立的损害的结论。[203] 如果这是事实,仿冒侵权诉讼是否是实现这种目标的最好的方式就是有疑问的。

  Pincus 法官的新方法并没有被随后的澳洲判例所沿用。在 *Pacific Dunlop Ltd v. Hogan*[204] 案中,澳洲联邦法院的全院庭审中,认为有必要对虚假陈述和对商誉的损害进行证明,而非采用 *Hogan v. Koala Dundee Pty* 一案中确立的更广义的不当利用的概念。在 *Pacific Dunlop* 案中,涉案的是一个广告,该广告模仿了影片《鳄鱼邓迪》的一幕,当时 Hogan 所扮演的角色正在设法用一把比攻击对手所挥舞的刀子更高级的刀来击退泽鳄的攻击。在被告的广告中,主角正设法凭借他那高级的"Grosby Leatherz"靴子阻击进攻者。事实问题的认定是有利于原告的(这一次又是 Paul Hogan 和片商),而且乍看起来,会有相当数量的社会公众将会认为原告和生产商的广告以及广告中的产品存在某种商业性的联系。[205] 与 *Koala Dundee* 案一样,被告在产品上使用了影片的形象,虽然这在商业利用虚构的鳄鱼邓迪的形象与 Hogan 的个人人格特征之间很难区分。第一原告之前曾经在若干个广告中使用了该形象,而且鳄鱼邓迪的角色形象不仅与扮演他的演员形象高度一致,而且也与演员已获公认的个人特征一致。[206]

  多数人认为被告须对仿冒行为承担责任。Beaumont 法官认为,相关的请求事项是"相当比例的公众是否会被误导相信与事实相反的原被告之间订有一项商业协议,根据这个协议原告同意这

---

[202] Ibid., 202.
[203] *Tot Toys Ltd v. Mitchell* [1993] 1 NZLR 325, 363.
[204] [1989] 87 ALR 14.
[205] Ibid., 38.
[206] Ibid., 35.

个发布广告",这是一个需要获得肯定回答的问题。[207] Burchett 法官倾向于不同的观点。在他看来,需要认定的相关问题是广告是否表达了靴子是由原告自己认证的虚假事实。以 Burchett 法官的观点,角色的商品化"不应被视为在公众心目中引发一种思维的逻辑训练,"其关键在于制造产品与角色之间的关联,而非是否作出了确定的虚假陈述。因此,询问消费者是否会作出原告授权给被告的推理,也就等于问了一个"纯粹细枝末节的问题"。Burchett 法官认为,重要的是顾客想要(把产品)与角色或者个人特征同一起来并且被"穿戴属于鳄鱼邓迪(他被拟人化,甚至被认为是 Hogan 先生的化身)的服饰的愿望"所打动。被 Hogan 自身所激发的这种感情,不能被视为是误导的,因为"他所允诺的产品将会具有的质量不在于皮革上,而是将产品与他相联系起来"。另一方面,未经授权的广告,具有误导性,因为缺乏产品与名人之间的有价值的联系。[208] 但是这种方式,相对于假定消费者意识到或者关心原被告之间的商业联系的方法,要少一些人为假设的色彩,实际上他要限制名人认证或者建立产品关联的权利自身。这种推理一定程度上是脱离了在传统仿冒概念内引入人格利用或者商角色品化利用的逻辑分析:这种仿冒也就是,某项使消费者产生信赖的虚假陈述,导致消费者们相信被告的经营与原告的经营相关(通过许可、授权或者关联),并导致了原告经营的损害或者损害的可能性。

虚假陈述的构成要件随后在 *Talmax Pty Ltd v. Telstra Corp. Ltd*[209] 一案中得到沿用,法院认定根据《商业行为法》第 52 条以及侵权法的规定提起的诉讼中,被告使用了原告(游泳手)的照片的广告,并不实地表征了:被告"赞助"了原告并且原告同意被告在广告中使用他的姓名、形象以及声誉并且支持被告的电信服务。[210] 与此类似的,在一个虚构角色商品化使用的案例 *20th Century Fox*

---

[207] Ibid., 42. Sheppard 法官不同意有关事实认定。
[208] Ibid., 44—45.
[209] [1996]ATPR paras 41—535(昆士兰高等法院——上诉法庭)。
[210] Ibid., 42,828. 法庭(Ibid.,42,828—829)对相关损害持很宽泛的观点。

Film Corp. v. South Australian Brewing Co. Ltd 中,法院认为被告使用了"Duff Beer"这一来源于《辛普森一家》(*The Simpsons*)电视卡通系列节目的专用语,构成了一项暗示被告的啤酒与原告的卡通制作业务和扩展性的关联性商品化经营有关联的虚假陈述,这可能损害原告的许可经营业务。[211] 当前的最关键的问题是,法律责任建立在虚假陈述而非更广义的、与 *Koala Dundee* 案的判决相承接的、角色不当利用的概念的基础上。

不可避免会传递这样的印象:尽管澳洲法院在极尽边缘性努力寻找两者间关联性虚假陈述的构成条件,实际上,在人格利用的案例中,他们一直在保护并不存在的名人的认证权利。[212] 这些结论在法院所接受的损害的认定性质上得到了支持。

损　　害

仿冒并不保护姓名或者其他标记上的财产性权利,但是却保护潜在性的经营商誉上的财产。[213] 尽管侵权的基础是侵害了一项财产权利,但诉因中的侵害本质反映在除非原告能证明存在对商誉的损害或者损害的可能性,否则诉因就是不完全的。[214] 由此,要在仿冒诉讼中胜诉,原告必须能满足 Diplock 法官在 *Erven Warnink*[215] 一案中所确立的第五条标准(或者是传统三位一体要件的第三要素)[216]并且能够表明被告的虚假陈述对其商业或者商

---

[211] [1996]34 IPJ 225,246(澳洲联邦法院——普通分庭)。
[212] See R. G. Howell, "Personality Rights: A Canadian Perspective: Some Comparisons with Australia" [1990]1IPJ(Australia)212,219; J. McMullan, "Personality Rights in Australia" [1997]8AIPJ86,91. Cf: D. R. Shanahan, Image Filching "in Australia" The Legal Provenance and Aftermath of the Crocodile Dundee Decisions [1991]81 TMR351, 365.
[213] Star Industrial Co. Ltd v. Yap Kwee Kor, Ibid., 16.
[214] P. Cane, Tort Law and Economic Tnterests, 2nd edn(Oxford, 1996), 78.
[215] 参见前注〔12〕相关文本。
[216] 参见前注〔13〕相关文本。

誉造成实际损害,或者在"由于惧怕而请求停止行为"(*quia timet*)诉讼中,存在损害的可能性。同样这也是在英国和澳洲法上存在巨大分歧的地方,特别是涉及沿用 Henderson 案件判决的诸多案例。

我们可以发现,两条迥异的路径反映了侵权法从其最初源头逐步扩展的方式。[217] 在传统的仿冒诉讼中,被告谎称他的商品或者服务就是原告的商品或者服务[218],由于原告和被告之间会自动出现经营的转移,由此这里就很难引发损害的探讨问题。[219] 然而,随着可诉的虚假陈述的类型的扩展以及传统事实性诉讼的变迁,损害的构成对于区分在仿冒侵权法上可诉的虚假陈述和不可诉的虚假陈述,变得日益重要。实际上,在 Erven Warnink 这个从传统的诉讼演变出来、扩展了可诉的虚假陈述的案件中,证明存在损害的必要性被清楚地表现出来。[220] 然而,一种替代性的方法似乎认为如果可以证明其他关键要素,那么原告确实遭受了损失。这似乎是新南威尔士州高等法院全院审判在 Henderson 案中所采用的方式[221],虽然这很难被作为一种一般规则,而且 Henderson 案判决的这个方面不仅与英国法院不一致而且也和坚持有必要证明损害存在的澳洲联邦法院随后的判决不一致。[222]

绝大多数的法官认为损害是一个原告需要证明的、以在仿冒诉讼中胜诉的关键要素,虽然证明损害存在的要素的严格性在每

---

[217] See, generally, Wadlow, *Passing Off*, Ch3.
[218] *Spalding(A.G.)&Bros. v. Gamage(A.W.)Ltd*(1915)32 RPC 273;*The Clock Ltd v. The Clock House Hotel Ltd* (1936)53 RPC 269.
[219] See Wadlow, *Passing Off*,155, and D. Young, *Passing Off*, 3rd edn(London, 1994),62.
[220] 参见前注[12]相关文本。
[221] *Henderson v. Radio Corp. Pty Ltd*[1969]RPC 218,236. 另可见 *Walt Disney Productions Ltd v. Triple Five Corp.* [1992]93 DLR (4th)739,747(王座法院的 Alberta 分庭)。
[222] 例如,参见 *Taco Bell Pty Ltd v. Taco Co. of Australia Inc.* [1981]42 ALR 177 (全院审判);*Vieright Pty Ltdv. Myer Stores Ltd*[1995]31 IPR 361,369(全院审判);*TGI Friday's Australia Pty Ltd v. TGI Friday's Inc.*[1999]45 IPR 43,50(全院审判);以及 Wadlow,*Passing Off*,155。

个案件中各不相同。如果原被告双方面对同样的顾客群体,而且存在剥削利用原告商誉的明显意图,那么此时将会比在双方的经营领域各异的情况下更容易认定存在实际或者可能的损害[223],而后一种情形下,法院可能需要更加充分的损害存在的证据。[224] 在利用人格的案件中,原被告不会在共同的经营领域内竞争,而且根据传统的分析,原告很难证明存在损害。例如,一个名人在电视上推介促销,通常他并不制造和销售录影机,一个著名运动员也不会经营一条航空线路,名人舞蹈教师通常也不制造和销售音带。因此也就不会存在传统仿冒侵权诉讼意义上的经营的转移,在那种情形下由于被告的虚假陈述,原告的顾客转向被告而使得原告的销售量损失。同时,即使是传统侵权概念并不十分狭窄,能够囊括将被告的产品或者营业与原告相联系起来的虚假陈述类型。因此,还有很多不同可能的损害类型需要进一步考虑。有一些已经认识清楚了,而另一些可能更不确定。下列的五类损害类型将会被依次探讨:(i) 有害性关联;(ii) 承担责任的危险;(iii) 失去控制;(iv) 失去许可机会;(v) 稀释(Dilution)。

通过有害性关联造成的损害

人们主张应该扩张仿冒侵权的范围以便涵盖人格利用的情形是基于这样的理念:一项许可或者授权协议会在传统原则内导致这样的行为,那就是被告不应当表明他的经营就是原告的经营或者与原告的经营相关。[225] 若能够证明存在这样的虚假陈述,那么此处的损害类型就应该是在原被告之间的有害性关联的形式。例

---

[223] *Associated Newspaper Group Plc v. Insert Media Ltd*[1991]1 WLR 571,579—580 Browne-Wilkison 副御前大臣(VC)的论述。

[224] *Stringfellow v. McCain Foods(GB) Ltd*[1984] RPC501. 另见 *Pinky's Pizza Ribs on the Run Pty Ltd Ltd v. Pinky's Seymour Pizza & Pasta Pty Ltd*(维多利亚上诉法院高级法庭)[1997]ATPR ¶ 41-600,44,283Tadggell 法官的论述。

[225] 参见前注[78]。

如，在 *Harrods Ltd v. R. Harrod Ltd*[226] 一案中，原告是著名的百货店的老板，他获得了法院签发的禁制令，阻止被告（一个借贷公司）以迷惑性的类似名称经营，因为原告因公众将其和被告联系起来而受到损害。类似的，在 *Annabel's (Berkley Square) Ltd v. Schock*[227] 一案中，原告是一家高档夜总会的所有人，也获得法院颁发的临时禁制令以阻止被告在保卫业务上使用 Annabel's 的名字。法院认定，在享有名气的夜总会与"只具有不受关注的公众形象"[228] 的保镖中介之间的关联，可能会给原告商誉造成无法量化的损失。

我们可以界定两类与利用人格特征相关的商誉的不同概念。[229] 第一类和一个人在职业或者文学艺术行业方面的声誉有关；而第二类也是更狭义的概念，则是与原告在使用自身形象的实际经营或者授权许可使用方面相关的声誉。这里提出的问题是未经授权而商业性使用他人的人格特质是否能够在经营或者职业方面损害到这个人。在早期的职业性案例中，几个知名的外科医师未能阻止未经其授权使用自己姓名的行为。尽管相关诉讼以诽谤为诉因提起，但在 *Dockrell v. Dougall* 一案中，至少认可了这样的可能性：如果原告能够证明他遭受了财产、经营或者职业方面的损失，那么他就可以获得救济。[230] 与此相似的是，在 *Sim v. Heinz* 一案中，法院也认可原告作为一个演员在表演方面的良好声誉可能会由于未经授权的嗓音模仿而受到损害，尽管 Hodson 大法官也怀疑是否存在共同领域内的竞争。[231] 在这个方面，看看 Wynn-Parry 法官在 *McCulloch v. May* 一案[232] 中关于损害问题的论述会很有启

---

[226]　[1924]41 RPC 74.
[227]　[1972] RPC 838.
[228]　See *Miss World (Jersey) Ltd v. James Street Production Ltd* [1981] FSR, 309, 311DenningMR.
[229]　见前注〔70〕相关文献。
[230]　[1899]15 TLR 333（参见前注〔47〕相关文本）。
[231]　[1959]1WLR313（参见前注〔49〕相关文献）。
[232]　[1948]65 RPC58（参见前注〔81〕相关文献）。

发意义。虽然共同活动领域准则,至少作为一项绝对的构成要件[233]已经不再被深信不疑,但仍可能在估计损害或者损害的可能性时相关。在 *McCulloch* 案中,Wynn-Parry 法官驳回了原告有关对其作为作家和广播员的职业声誉和谋生手段的损害之风险的请求,因为并没有现实或者切实的风险。实际上,这个决定足以驳回相关请求而无需援用"共同活动领域"准则。这一方式会足够有效地驳回很多有关人格利用的案件。如果商誉存在于以个人的经营或者职业中(包括艺术和文学行业),那么通常就会很难证明对那个经营领域或者职业方面的损害。当然,这很大程度上是个案,而且某些未经授权的利用(例如未经授权使用外科医师的姓名)可能比其他案件例如未经授权使用广播员的姓名,更有可能损害原告的良好声誉。

在澳洲,在 *Henderson v. Radio Corp. Pty Ltd* 一案的初审中,原告也就是舞厅舞者主张由于被和 Art Gregory 的音乐相关联而可能受到损害,虽然不能说 Art Gregory 的音乐是糟劣的。[234] 同样,原告主张由于被和一支他们通常并不合作的管乐队相联系起来而受到损害,被法院驳回,因为这过于主观臆测不能构成现实和切实的损害风险。[235]

由承担责任和诉讼风险形成的损害

某原告可能声称如果被告谎称其经营与原告具有某种关联,那么原告可能处于(对第三人)承担法律责任和诉讼的风险中。这一类损害与前述的一类相交错,同样也可能在这类损害与 *Routh v. Webster*[236] 一案中确立的原则相交错。很多因素都取决于个案的事实,而且有可能相对较少地导致人格利用案件中使得原告处于法律责任的风险中,尽管1987年《消费者保护法》第2条(2)(b)

---

[233] 参见前注[89]。
[234] [1969]RPC218,226.
[235] Ibid.
[236] [1849] 10 Beav 561(50 ER 698)。参见前注[31]的相关文本。

规定:当产品缺陷导致损害发生,那么将自己的名称或者商标附在商品上从而使自己表现为产品的生产者的任何人都要承担责任。[237] 例如对 Clark v. Freeman[238] 一案(知名外科医师的姓名被用在假药上)加以变形以及其他一些涉及职业声誉的案例,出现这样的情境并非是完全不可想象的。然而,一些涉及更普通的商品或者服务的案例中,个人的商业利用一般不会使得原告处于责任风险中;实际上,在 McCulloch v. May 案中,争议产品是早餐麦片,这种诉讼主张由于完全是想象和虚幻的而被驳回。[239]

失去控制

这一类损害更加不确定。有些案件原告可能主张被告谎称两者之间的经营具有关联可能是具有损害性的,因为这种虚假陈述即便是没有造成有害的关联或者承担责任的风险,也可能导致原告对于自身声誉的控制的丧失。实际上,与前两类损害类型的情形不同,被告的经营可能是完全无害的。在有限的几个案例中,法院认可了控制的损失作为一种损害的类型。例如,在 British Legion v. British Legion Club(Street) Ltd[240] 一案中,被告的俱乐部是一种正当方式运营的,并没有迹象表明原告可能会由于被告的运营方式遭受有害性关联的损害,或者被告可能会面临诉讼风险。但是,Farewell 法官认为如果被告遭遇财务问题或者许可法上的麻烦,那么就存在这种损害的可能性,当然他也承认实际上发生这种问题的可能性很小。在 Hulton Press v. White Eagle Youth Holiday[241] 一案中,还有更加出乎想象的情形,法院认为,原告 Eagle 杂志的出版人由于某虚假陈述而与被告的假日营地活动相关联,如果发生了

---

[237] 见 Wadlow, *Passing Off*, 165; J. Adams, Character Merchandising, 2nd edn (London, 1996), Ch.7.
[238] [1848] 11 Beav 112. 参看前注[36]相关文本.
[239] [1948] 65 RPC58, 67 *per* Wynn-Parry J.
[240] [1931] 48 RPC 555.
[241] [1951] 68 RPC126.

灾难、恶性事故或者宿营地发生了流性病,原告会受到损害。

更晚近的是,在 Lego System Aktieselskab v. Lego M. Lemelstrich Ltd 案中,法院认为原告不能控制自己的声誉构成了对其商誉的损害的风险[242],尽管也有其他类型的相关损害,当然这些类型也是有疑问的[243]。某些既判的案件可能是因案情而定的,这就表明作为对控制的丧失确实存在损害的风险。然而,如果没有这种源自控制损失带来的真实的损害风险,那么认为控制损失就是一种自足的损害类型的说法自然就很难与作为仿冒侵权法构成要件的损害的要求相协调。若果真如此,那么可能任何关联性虚假陈述都将构成对于原告的控制其声誉能力在一定程度上的损失,这就使得损害的构成证明成了多余的。更可取的观点似乎是,控制损失并不构成一类损害的类型,并且人格利用案例中的原告,不太可能仅仅通过主张未经授权而商业利用其人格特征导致了其对自身人格特征利用之控制的损失,就能胜诉。尽管有害性关联或者责任承担风险可能更容易与损害必须是由被告的虚假陈述所导致的构成条件相一致,但是控制损失可能处在仿冒范围之外而且与虚假陈述的诉讼主张一致。

失去许可机会

人格上的商誉的概念可以有两种解释进路。[244] 一方面,相关的商誉可能与一个人广义上的经营相关,包括了职业、艺术和文学行业等方面。因此,未经授权的商业利用人格特征可能会损害一个人在其职业方面的良好声誉,例如医药、表演、广播等诸如此类。前面所认真研究的两类损害主要是和这样的商誉的概念相关。另一方面,相关声誉可能存在于一个人通过广告或商业化或者授予第三

---

[242] [1983] FSR 155,195。另参见 Miller 法官在 *Harrods Ltd v. Harrodian School Ltd* 案的附带意见 [1996] RPC 697,714。
[243] 见 Wadlow,*Passing Off*,173;H. Carty,"Heads of Damages in Passing Off" [1996] EIPR 487,490。
[244] 参见前注[68]的相关文本。

方许可使用其形象的辅助性经营中。这是有关人格上商誉的更狭义的概念,虽然是并不具有吸引力的界定,因它有助于聚焦到原告可能遭受的损害的本质上。因此,如果原告能够证明侵权的前两个构成要素,那么他就能够主张他授权使用其形象的业务可能会由于丧失要求被告为使用其形象而支付一定费用的机会而受到损害。换而言之,当原告暂时不能就其形象进行许可经营时,他可以主张被告侵害了他未来许可使用其形象的潜在机会。这些观点都是极有争议的。

尽管英国的法院没有直接提到这个问题,但是类似的观点得到了上诉法院的简短的认可。在 Stringfellow v. McCain Foods(GB) Ltd 一案中,原告主张在薯条上使用 Stringfellow 名字,将会损害他们的声誉并且会损害他们通过姓名商品化活动营利的未来机会。[245] Slade 大法官驳回了这个诉求,认为没有必要详细考虑与许可商业化权利相关的法律,而是进一步考虑以很有价值的商誉的名字从事经营的个人有可能会以营利为目的使用名字。[246] 但是,相关证据并没有证明,却在展示被告的广告时表明:原告能够以 Stringfellow 名字开发商品化权利或者被告的广告侵害了或者很可能侵害原告商业开发其姓名使用的机会。在 Slade 大法官看来,"就这类声称的潜在损害而言,一个人是在纯粹臆想的领域而且这不足以构成仿冒侵权诉讼,尤其是起诉一个无辜的被告。"[247]

在澳洲,在 Henderson v. Radio Corp. Pty Ltd 一案中,初审认定的损害(以限制原告在相关领域的扩展能力为形式[248])在上诉中

---

[245]　[1984]RPC501,544.

[246]　Ibid., 544. 上诉人的辩护律师表明原告并没有根据 1938 年的商标法注册 Stringfellow 这个名字,而且表明原告并没有授予法律上有效的许可姓名使用行为,而且认为法院应当参照 Star Industrial Co. Ltd v. Yap Kwee Kor [1976] FSR256 案中个人理事会的决定。

[247]　[1984]RPC501, 545.

[248]　[1969]RPC218,228. 沿循 Eastman Photographic Co. Ltd v. Griffiths(John) Cycle Corp. Ltd[1898]15 RPC 105 以及 Hulton Press Ltd v. White Eagle Youth Holiday Camp Ltd[1951]68 RPC 126,这些案件各自的扩展领域相当程度上是想象出来的。比较 Newsweek Inc. v. BBC[1979]RPC 441,448 Denning MR 的论述,以及参见 Wadlow, Passing Off, 171—172.

被否定了。然而,Evatt 大法官进一步指出:不当利用他人的经营或者职业声誉自身就是一种损害。被告不当地剥夺了原告授予或者维持其职业性推荐认证的权利,因此也侵夺了原告可能主张的费用。[249] 与此类似,Manning 法官认为被告的行为已经"剥夺了原告当被要求授予相关权威性可能获取的许可费或者报酬"。[250] 在 Henderson 案以及随后案件判决[251]中的这个方面的论证很费劲,而且这种循环推理并非未被察觉。新西兰高等法院的 Fisher 法官在 Tot Toys Ltd v. Mitchell 一案中[252],对这些问题进行了精炼的总结:

很明显,损害必定证明或者推测为仿冒的要件之一。原告永远不可能仅仅通过主张他们的损失就是向被告收取继续进行这种合法性还处于疑问的行为的费用的权利损失而满足这个要件。要承认这个观点也就意味着否认损害是构成侵权的必要和独立的要件。如果被告的行为是合法的,那么不能以他可能诱导其他人未经原告同意从事同样的行为就认为是非法的。当然在 Crocodile Dundee[253] 案和类似的判决中,认定的损害被认为是损害了向被告和其他人商品化许可的权利。只有原告具有可执行的阻止未经同意而使用其形象的权利时,原告才有权向角色的商品化利用收取费用。在当前的背景下,只有当原告能以仿冒起诉被告,他才有权阻止别人滥用。只有他能证明存在损失才能以仿冒理由起诉。他唯一能够证明的损失就是他向角色的商品化利用收取的费用损失。所以论证是循环的。除非存在并非潜在的角色商品化权利的

---

[249] 参见前注〔158〕相关引文。
[250] 〔1969〕RPC218,243。
[251] 参见 Talmax Pty Ltd v. Telstra Corp. Ltd〔1996〕ATPR? 41-535,42,828(昆士兰高等法院上诉法庭);Twentieth Century Fox Film Corp. v. South Australian Brewing Co. Ltd〔1996〕34 IPJ225(原告拒绝将虚构形象许可使用在酒精和烟草产品上;这类损害可能更有信服力,因为这包括了损害性关联的要素(尽管法官并不此如定性))。
[252] 〔1993〕1 NZLR 325。
[253] Hogan v. Koala Dunkee Pty Ltd〔1988〕83 ALR 187。

损失，否则大家会认为诉讼将会失败。[254]

除了澳洲法院已经推理出的法律拟制，很难得出任何结论。[255]

稀释（Dilution）

尽管该类损害的地位并不确定[256]，仍然值得做简要的分析。由于商标保护的内在机理已经转变为可以囊括各种新型经济功能/工具，因此就有相应的认可新型损害的需求。正如在美国法上发展起来的稀释原则，保护商标免因竞争交易对手在非竞争性商品上使用[257]，而使其在公众心目中的认同度被"蚕食渐耗"。这种损害不需要以对产品来源或者质量的混淆为基础，但是却保护商标的广告性权利和商业性吸引力。这一概念体现在1994年《商标法》5（3）和10（3）的法定商标设计类型中[258]，赋予《商标指令》中的4（3）和5（2）以法律效力[259]，尽管商标法没有提及仿冒侵权问题。[260] 在 *Taittinger SA v. Allbev Ltd* 一案中[261]，法院在普通法上最切近地认同了稀释作为一种损害类型。该案中，被告以"Elderflow-

---

[254] ［1993］1NZLR 325，362.

[255] Wadlow，Passing Off，151.

[256] Ibid.，174—177. See also H. Carty，"Dilution and Passing Off: Cause for Concern"［1996］112LQR632。

[257] 参见 F. Schechter The Rational Basis of Trademark Protection (1927) 40 HarvL-Rev 813，825.《1946年兰哈姆商标法》43（c）(1)款（15 USC §1125（C）（1））现在充当一项联邦反稀释法. See, generally, J. T. McCarthy, McCarthy on Trade Marks and Unfair Compitition, 4th edn (St Paul, Minn, 1999), §24; T. Martino, Trade Mark Dilution (Oxford, 1996); M. Strasser, The Rational Basis of Trademark Protection Revisited: Putting the Dilution Doctrine into Context (2000) 10 Fordham Intell Prop Media & Ent LJ 375, 404—416.

[258] See Oasis Store Ltd's Trade Mark Application［1998］RPC631; AUDI-MED trade Mark［1998］RPC 863; CORGI Trade Mark［1999］RPC 549; Cf C. A. Sheimer (M) Sdn Bhd's Trade Mark Appplication［2000］RPC 484，506.

[259] Council Directive 89/104 on Trade Marks, OJL40/1. 参见 *General Motors Corp. v. Yplon SA*［1999］EIMR122。

[260] Trade Mark Act 1994, s.2(2).

[261] ［1993］FSR641.

er Champagne"的名义销售一种非酒精软饮料。上诉法院认为在原告的香槟酒和被告的 Elderflower 香槟酒之间存在被混淆的危险,同时被告的行为也存在着"侵蚀 Champagne 所描述的单一性和独特性并导致原告受到一种遭受隐性却严重的损害"[262]的危险。这里没有明确解释是否可以作为一种建立在自身权利基础上的损害类型。在 Taittinger 案中,法官对稀释的论述是附带性的,因为能够证明混淆会导致损害以及由此造成的销售损失和有害性关联。

随后,在 Harrods Ltd v. Harrodian School Ltd[263]一案中,原告是著名的百货店的所有人,请求法院阻止被告在 Barnes 区的 Harrods' Staff 俱乐部(Horradian 俱乐部)的旧址上,以 Harrodian School 的商号经营私人预备学校。原告主张被告通过暗示学校与百货店之间存在联系有目的的来剥削利用原告的商誉,因为公众可能会相信原告支持或者赞助了这所学校。并没有相关事实的证据能证明原被告之间的经营被混淆了。关于损害,这种有害性的关联对原告的经营不太可能形成损害,虽然学校里曾发生过一起少年性丑闻,但是这并不足以构成损害。有意思的是,这里稀释作为一种损害类型的合法性受到质疑。Miller 大法官指出法律并不保护这类的商标或者名称的价值,而仅其所产生的是保护商誉的价值,此外法律要求有证据证明存在混淆以表征其介入的正当性。通过滥用而侵蚀品牌的显著性,根本不需要以混淆为基础。Miller 大法官还认为"法律要求证明同时存在混淆和损害,却又认可稀释作为一类独立的损害类型不需要以混淆为前提,要接受这样的理念,他自己在心智上也存在困难"。[264]

这里再次触及到了根本问题:未经授权的商业性利用他人人格特征是否是以一种能够在公众当中引发对原被告的经营关联产生混淆的方式进行的。这当然是需要在每个个案中去认定的问

---

[262] Ibid., 678 per Bingham MR, and see ibid, 670 per Peter Gibson LJ.
[263] [1996] RPC 697. See also H. Carty, "Passing Off at the Crossroads: Harrods Ltd v. Harrodian School Ltd" [1996] EIPR 629.
[264] [1996] RPC 697, 716.

题,不可能以肯定或者否定的结论一概而论。尽管名人起诉的主旨是他人使用其肖像的行为降低了他自己人格特征的商业性权利,而且也减少了他自己利用的价值[265],但是仿冒诉讼的诉因须以证明存在混淆和损害为前提。看起来似乎是,以对名人人格特征的市场化权利的稀释为形式的损害,自身并不足以构成仿冒诉讼的诉因。另外一些损害类型有必要再行探讨,尽管考虑到前面的分析,其他种类的损害类型相应地可能同样很难成立。

结　　论

两种模式

在人格利用方面,澳洲法上采取的扩张性方法和英国法上的限制性方法,可作如下总结。第一类限制性模式实际上包括了两个变量,反映了对商誉是作为经营或营业方面的声誉还是附属性许可经营的商誉的两种不同概念,后者只是作为插入语(偶尔)出现。在限制性的模式下,以下要素是需要证明的:

(i) 原告在其经营或者职业(或者许可使用其人格特征的经营方面)存在商誉;(ii)(a) 被告谎称他的经营通过原告的许可或者授权协议而与原告的经营或者职业存在关联;(ii)(b) 公众信赖了这种虚假陈述,相信这一关联是一种对商品或者服务的性质或者品质的一种默示保证;(iii) 原告在他的经营或职业方面的商誉,由于(a) 销售量损失、(b) 有害性关联、(c) 承担诉讼或者责任风险或者(d) 许可费的损失,而受到或可能受到损害。

而在更加开放的澳洲法模式上,则必须证明:

(i) 原告在其经营或者职业方面存在商誉;(ii) 被告谎称原告认证被告生产商品或提供服务,而使得公众可能产生商

---

[265] See *Pacific Dunlop Ltd v. Hogan* [1989] 87 ALR14,25 per Sheppard J.

品或者服务得到了授权或许可的错误信赖;(iii)原告遭受了如果被告要获其授权而利用原告名号时、原告可能收取的许可费的损失。

三个拟制?

涉及人格利用问题的仿冒侵权的法律适用中,最灵活的情形是:存在一个没人相信的虚假陈述,引发要么是表现为对于模糊意义上的经营或者职业概念上的商誉的损害,要么是许可费用的损失的损害类型,这种诉讼的可执行性的基础就是自身是有效的仿冒侵权诉讼的诉因。三条腿的凳子如果缺了一条腿是站不住的,更不用说丢了两条腿。然而,澳洲法院设法通过对拟制的宽泛运用来拓展仿冒侵权诉讼。唯一的一个寻求脱离当前澳洲法院的推理路径、采纳更加直接的方法的案例,就是 Pincus 法官在 *Hogan v. Koala Dunkee* 一案的判决[266],它将责任建立在不当利用而非虚假陈述的基础上。[267] 就当下的探讨而言,这是在错误的案件中进行的正确推理。*Koala Dunkee* 案应该最好被理解为一种角色商品化的案例,该案中被告利用了主角的虚构特征要素(无袖马甲、草帽和刀)以及其他的原型要素(Dunkee 这个名称,相似的版式),而非利用人格特征(利用 Hogan 本人形象)的案例。[268] 而这就可能建立起潜在的惊人宽泛的角色利用的侵权界定[269],利用人格特征的各种案例包含了不同考虑,一种建立在不当利用基础上的新型利用人格特征的各种案例包含了不同考虑,一种建立在不当利用基础上的新型责任会更容易获得正当性[270],正如一致所强调的,人格利用只有通过考虑到经济和尊严双重利益才会被正确理解。而且,一种对人格利用侵权的适度窄的界定,没有必要对虚构角色的

---

[266] 前注[186]相关文本。
[267] [1988]83 ALR 197,196。
[268] 参见前注[192]相关文本。
[269] 前注[193]相关文本。
[270] 正如 Fisher 法官在 *Tot Toys Ltd v Mitchell*[1993]1NZLR325,363 所指出的。

商业化利用设定一个较广的先例，也没有必要满足构成不当利用无形财产的一般侵权。[271]

如果普遍采用这种使仿冒侵权适应商品化角色和人格特征利用之保护的有效的拟制，那么侵权的外在形式将有剧烈的变化。虽然虚假陈述的类型在一定程度上从某个经营者将自己的产品仿冒成他人的情形扩展开来，但是侵权构成一直都被保持在需要证明能够导致损害或者具有真实的损害可能性的合理范围之内。实际上，就未来可诉的虚假陈述可以做广义解释的本质来看，损害为必备要件就成为区分那些可以仿冒侵权为诉因起诉的虚假陈述和不可以仿冒为诉因起诉的虚假陈述的重要的"酸性测试剂"。[272] 如果以损害为要件得到放松，或者完全放弃，那么仿冒侵权将来就可能变成很广泛和强势的垄断权利，这可能削弱对主观意图要件的要求。[273] 在澳洲，仿冒至今尚未发展成为这样的垄断性权利，而且在 Henderson v. Radio Corp. Pty Ltd 一案之后的判决中一直坚持和英国法院同样的以损害为必要条件的方式。然而，涉及人格利用和角色商品化的案件一直都被当作一般侵权法规则不能适用的特殊类型。这就引发了这样的问题：为什么这些案件需要特殊处理，而这种途径从逻辑上将无法获得辩护。

英—澳法体系并未"易受多变频生的新型侵权的影响"[274]，美国法院与此形成对比，法院更愿意发展出普通法上的责任来适应新的社会环境和商业实践需要。[275] 因此，要么以触动社会正义的

---

[271] 参见 112—115 页以下。

[272] Wadlow, *Passing Off*, 149—150。

[273] J. D. Heydon, Economic Torts, 2nd end (London, 1978), 137—138.

[274] W. L. Morison, "Unfair Competition and Passing Off—The Flexibility of a Formula" [1956] 2 Sydney L Rev 50, 60.

[275] 最显著的是公开权和隐私权等个别权利，参见下面的第 7 章。比较 *Henderson v. Radio Corp. Pty Ltd* [1969] RPC218, 237, Manning 法官认为要求引入侵犯隐私的新型侵权行为与普通法上既存的诉因完全不同。See also 10tn *Cantanae Pty Ltd v. Shoshana Pty Ltd* [1987] 79ALR299, 300, Wilcox 法官认为："英国—澳洲法当然并不承认诸如隐私之类的利益，尽管体现在 *Henderson v. Radio Corp. Pty* 案中的仿冒侵权法上的扩张保护向覆盖滥用案例迈进了一步。"

普遍观念的方式驳回原告主张[276]，要么以变通现有侵权规则并且采取更宽泛的法律拟制的方式承认原告的主张。前者在受限制的英国判例法上更普遍，其侵权法领域包括了利用人格的情形，不仅被视为一种对仿冒侵权的无正当理由的扩展，而且是产生效力的新型救济方式的司法创造，法院不打算支持这种方式。[277] 后者被澳洲法院所采取，这是一种自身不会引发反对意见的方式，只要法律拟制没有达到使整个侵权法的内在规则被改变的程度。澳洲法在处理涉及角色商品化和人格利用的案件的经验表明这些担忧多是虚幻的，而且对于虚假陈述的实质性要求和对商誉的损害类型的放松性要求，似乎很大程度上也局限在某些有限的案例类型中。

司法保守主义或者对立法的遵从，并不应该成为法院有限的、补漏性造法的绝对障碍。在澳洲法院实践中，商誉、虚假陈述和损害这传统三要素，被证明是相当有弹性的概念，而非是僵化的绝对要件。一个人可能从法理上怀疑法院相对于现在正在实践的灵活运用商誉、虚假陈述和损害等构成要件以及诸如赞助、支持、关联、授权等模糊的概念而言，是否会行使一种更加宽泛的裁量权，从既存的先例和原则上发展出不当利用人格的新型侵权形式？在这个方面，加拿大法院所采取的、在发展人格利用方面的新型侵权行为（将在下章详细探讨）上的方法，更加直接和在逻辑上内洽。

---

[276] 参见第 1 章探讨的法律之外的规范。
[277] 参见 *McCulloch v. May*[1948]65PRC58,67 per Wynn-Parry J（法官个人意见）。

5 不正当竞争和盗用原理

引　论

本章会详细探讨两个处于仿冒侵权领域之外的概念：其一是具有广泛基础的针对盗用无形财产的诉讼，其二是更狭义的自成一体的人格利用侵权。关于后者，在加拿大更为显著的是安大略省的普通法实践，更倾向于不再沿循澳洲模式：不当利用他人姓名或者肖像在某些情形下自身就是具有可诉性的过错。应该指出的是：在加拿大的几个省并行存在着如下的发展状况：首先，在马尼托巴湖地区、不列颠哥伦比亚、纽芬兰省和萨斯喀彻温省发展出法定的侵犯隐私权的侵权类型[1]；第二，魁北克省在《魁北克人权和自由宪章》[2]以及《民法典》[3]的基础上，发展出自己的方式；第三，安大略省的普通法上的人格利用侵权制度；第四，孕育中的普通法上侵犯隐私权的侵权类型。本章只是关注普

---

[1] Privacy Act,RSM1987,c. P125; Privacy Act,RSBC,1996,c. 373; Privacy Act, RSN1990,c. P-22; Privacy Act, Rss1978, c. P-24. See, generally, D. Vaver, "What's Mine is not Yours: Commercial Appropriation of Personality Under the Privacy Acts of British Columbia, Manitoba and Saskatchewan"[1981]15UBCL Rev 241; M. Choromecek and S. C. McCormark, World Intellectual Property Guidebook Canada(New York,1991), Ch.7; L. Potvin, "Protection Against the Use of One's Own Likeness"[1997]11IPJ 203,212—217; M. Henry(ed.), International Privacy, Publicity and Personality Laws(London,2001), Ch.7.

[2] RSQ c. C-12. 参见下文 225—227 页。

[3] SQ1991,C. 64.

通法上的人格利用侵权的问题，这很大程度上源自、当然不仅仅是安大略省法院的实践。尽管普通法上的侵权规范相当不成熟，但它的发展和范围将在下文勾勒。在这之前，将会简要探讨一下广泛的多、也更加确定的一个盗用无形财产的侵权的概念。

盗用无形财产

曾经多次提到，当可诉性的虚假陈述类型不断发展[4]、损害作为必备要件更加容易满足和被认可时[5]，普通法庭已经脱离仿冒侵权的边界，进入到新型的不正当竞争或者盗用的侵权领域。然而，现代的重述更明确的强调有必要证明能够导致对原告的良好声誉（美誉）造成损害的虚假陈述。[6] 尽管法院在否定诉因之存在的论述中，没有什么指导意义[7]，但是仍有大量的针对这种侵权

---

[4] *Vine Products & Co. Ltd v. Mackenzie & Co. Ltd* [1969] RPC1, 23 and 29 per Cross J. 特别是在20世纪六七十年代的诸如 *Bollinger v. Costa Brava Wine Co. Ltd* [1960] RPC16 和 *John Walker & Sons Ltd v. Henry Ost & Co. Ltd* [1970] RPC489 等案件中，虚假陈述的类型得到扩展，这些处理将仿冒侵权与涉及到某知名的姓名\标志或者装潢的虚假陈述相区分，而前者包括了对欺骗性名称的不当使用的案例，这种方式在 *Erven Warnink BV v. Townend & Sons (Hull) Ltd* [1979] AC731 一案的现代重申中结束。

[5] See *Tattinger SA v. Allbev Ltd* [1993] FSR641. Cf: *Harrods Ltd v. Harrodian School Ltd* [1996] RPC 697, 715, per Miller LJ. See H. Carty, "Dilution and Passing Off: Cause for Concern" [1996] 112 LQR 632, 656, 664.

[6] *Erven Warnink BV v. Townend & Sons (Hull) Ltd* [1979] AC731, 742; *Reckitt & Colman Ltd v. Borden Inc.* [1990] 1 WLR 491, 499.

[7] See, e.g., *Hodgkinson & Corby Ltd v. Wards Mobility Ltd* [1994] 1WRL1564, 1569; *Mail Newspaper v. Insert Media (No. 2)* [1998] 2ALL ER 420, 424; *Harrods Ltd v. Schwartz-Sackin & Co. Ltd* [1986] FSR490, 494; *Cadbury-Schweppes Pty Ltd v. Pub Squash Co. Pty Ltd* [1981] 1 WLR193, 200 per Scarman LJ (Privy Council). In Australia also see *Victoria Park Racing and Recreational Grounds Co. Ltd v. Taylor* [1937] 58CLR479, 509 per Dixon J; *Moorgate Tobacco Co. Ltd v. Philip Morris Ltd (No. 2)* [1984] 56CLR 414, 445 per Deane J.

观念及其优点的学术性争论。[8] 这些问题已经详尽探讨过,现在只有某些凸显的问题需要再提及。

大家所关注的新型诉因的范围各异。一种观点认为英—澳体系"并不愿意采纳一种关于责任的一般原则,以将竞争者不劳而获的各情形包括进去"[9]。这种广泛的原则将不需要以制定法或者普通法上的知识产权为前提,因为这一方式下所保护的利益将会通过一种新的一般化的诉讼方式囊括。[10] 这种模式明显与传统保守的英—澳体系相左,在后者无形财产通过特定名目下的受保护利益而非通过泛化一般原则获得保护。一个人的劳动和努力所创造的有价值的无形财产本身并不必然产生一项权利;只要当这样的无形财产属于制定法或者衡平法所认可的特定类型时才会被保护。[11] 作为规则,有关责任的一般性封顶(有限制)理论并没有获得英国法传统的青睐,后者的侵权责任限定在一些制止特定种类的有害行为的零散的规则上,其相关发展实质是通过类比,对既有的责任类型进行增加扩展。[12]

还有更加折中的方式,建议建立一种狭义的盗用商业价值的侵权规则,以补充既存的制定法和普通法上的知识产权范围[13],虽

---

[8] See W. R. Cornish "Unfair Competition? A Progress Report" [1972] 12 JSPTL126; G. Dworkin, "Unfair Competition: Is the Common Law Developing a New Tort?" [1979] EIPR 241; H. Brett, "Unfair Competition-Not Merely an Academic Issue" [1979] EIPR295; P. Burns, "Unfair Competition: A Compelling Need Unmet" [1981] EIPR311; S. Ricketson "Reaping Without Sowing: Unfair Competition and Intellectual Property Rights in Anglo-Australia Law" [1984] UNSWLJ(special issue)1; J. Adams, "Is There a Tort of Unfair Competition" [1985] JBL 26; A Terry, "Unfair Competition and the Misappropriation of a Competitor's Trade Values" [1988]51 MLR 296; A. Kamperman Sanders, Unfair Competition: A New Approach(London,1996).

[9] Ricktson, "Reaping Without Sowing", 30.

[10] Ibid. ,31.

[11] Victoria Park Racing and Recreational Grounds Co. Ltd v. Taylor[1937]58 CLR 479,509 per Dixon J.

[12] 见第2章。

[13] See e.g., Terry, "Unfair Competition and Misappropriation".

然原告仍得克服有很多决定因素的、司法当局对这种侵权的不接受。与其他地区的新发展一样,可以相信,一个更加动态和前瞻的方式无法与法院和立法之间的恰当的平衡相一致,因为法院应该遵循立法的相关趋势以反映国会立法的连续性。[14] 正如 Brandeis 法官在 International News Service v. Association Press[15] 一案的不同意判决中指出的,法院并没有准备好在确定设置一项新的财产权利的限制之前应该做的调查[16],这也导致了英—澳法体系在随后的案件中驳回一项有关不正当竞争诉讼[17]。但是,如果直接利用这种方式的逻辑结论,那么法院就无法发展出新型的财产权利。而且,相对于通过立法发展出这样的新型知识产权,法院的处境将会更加糟糕。实际上,很多制定法上的知识产权类型正是由法院经过长期实践发展出的规则和原则的法典化。[18]

即便是可能克服对司法造法的一般性反对,但对下列观点仍存在争议:有关不正当竞争和盗用(不当利用)的概念过于模糊,而且是"主要特征就是其所允许范围的一种诉因,由夸大的一般化所产生(原文如此),为了便于司法解释什么是市场上的公正这一特质概念"[19]。实际上,长期以来人们所持有的"区分正当竞争和不正当竞争,以及什么是合理的什么是不合理的,是法院的权利"的

---

[14] *Erven Warnink BV v. Townend & Sons (Hull) Ltd*[1979]AC731,740.
[15] 248 US 215[1918].
[16] 248 US 215[1918],267.
[17] *Victoria Park Racing and Recreational Grounds Co. Ltd v. Taylor* [1937]58 CLR 479,509 per Dixon J;*Moorgate Tobacco Co. Ltd v. Philip Morris Ltd(No. 2)* [1984]156 CLR 414,444—445 per Deane J.
[18] Terry, "Unfair Competition and Misappropriation", 315. 援引了 D.G. Baird 在 "Common Law Intellectual Property and the Legacy of *International News Service v. Association Press*"[1983]50 U Chi L Rev411,417 的论述。
[19] *Moorgate Tobacco Co. Ltd v. Philip Morris Ltd(No. 2)*[1984]156 CLR 414,416 per Deane J.

观点[20]在英国法上具有持续的影响。[21] 近些年来,有很多针对促进自由竞争和打击不正当竞争之间的平衡的不同观点,在最高法院层次也有不同的结论。[22] 显然,法院在解释个案中仿冒侵权的必要条件时具有相当大的回旋余地,这在人格利用和角色商品化的诸案例的特定背景下能清楚看出来。[23] 然而,通过一项新的以及有争议的模糊的原则来打破正当竞争和不正当竞争之间既有平衡的巨大难度,使得法院并不鼓励去发展出这样的新型侵权类型,这是可理解的。对这些不确定性的担忧,在英—澳法对这一新兴侵权制度的排斥上可见一斑。正如 Deane 法官在 Moorgate 案中,在对 International News Service 一案判决中的盗用(不当利用)原理的评论中所指出的:"在多数意见判决中,寻找任何普遍性错误的认定要素是徒劳的。"[24]

定义的难题同样很多[25],在很大的程度上,新型的盗用侵权的支持者避免提出任何"盗用竞争者的商业价值"[26]或者"创造出诸如新的名称、标志、制作程序、设计、营销方式或者文学或者艺术创造之类的无形商业价值"[27]之外的概念。虽然有些人将清晰界定任何权利的实体内容所存在的难度作为一种主要(如果不是不可解决的)缺陷[28],但是应该记住美誉也就是仿冒侵权保护的利益,

---

[20] *Mogul Steamship Co. v. McGregor Gow&Co.*〔1889〕23QBD598,625—626 per Fry LJ.

[21] Cornish, "Unfair Competition? A Progress Report" 126.

[22] See Re Coca-Cola's Application〔1986〕RPC421. Cf: *Reckitt & Colman Ltd v. Borden Inc.*〔1990〕1 WLR 491, and see J. Drysdale and M. Silverleaf, Passing Off Law and practice, 2nd edn(London 1995), 4—6.

[23] 见第4章。

[24] *Moorgate Tobacco Co. Ltd v. Philip Morris Ltd* (*No.* 2)〔1984〕156 CLR 414, 441.

[25] See Spence, "Passing Off and the Misappropriation of Valuable Intangibles" 〔1996〕112LQR 472, 475—478.

[26] Terry, "Unfair Competition and Misappropriation".

[27] Ricktson, "Reaping Without Sowing", 31.

[28] Spence, "Passing Off and the Misappropriation", 475.

"是一个很容易描述,但却很难界定的事物"[29],"而且是一个相当弹性化的概念"[30]。认定新型诉因的要求,通常会激起基于难以定义等问题的反对意见,而且这些反对意见很大程度上反映了英国法上对于引入侵犯隐私的一般性侵权概念优点的争论。[31] 建议的权利如果越宽泛,那么它就似乎越不确定。应该大力推荐这样的观点:应抛弃不正当竞争和盗用这两个宽泛的概念已经对于侵犯隐私的一般性救济,支持狭义界定的自成一体的人格利用侵权的概念。这种侵权概念已经在加拿大出现,下文将探讨它的发展。

普通法上人格利用之侵权的发展

安大略省的自成一体的普通法上的人格利用侵权[32]

在 Krouse v. Chrysler Canada Ltd[33] 一案中,加拿大法院开辟了新的路径,超越传统的仿冒侵权的范畴,创造了新的人格利用侵权类型。不幸的是,尽管这种进路体现了一定的勇气,但是无论初审还是上诉判决都没有将概念模式廓清。本案中原告是著名的足球运动员,之前曾在广告和营销上以适当的程度利用其肖像,毫无疑问他确实"具有可促销的广告化能力"[34]。被告是摩托车的制造商,在广告推销克莱斯勒车的同时,也散发了一种图册(核心是一份制作精美的海报,便于识别在加拿大足球联赛中的不同球队)。

---

[29] IRC v. Muller& Co.'s Margarine Ltd [1901] AC 217,223—224 Per Macnaghten LJ.
[30] 见第4章。
[31] 见第8章。
[32] 详尽的加拿大文献介绍可以见:J. Irvine, "The Appropriation of Personality Tort'in D. Gibson(ed.), Aspects of Privacy Law"(Toronto,1980),163, and R. G. Howell, "The Common Law Appropriation of Personality Tort"[1986]2 IPJ 149. See also E. M. Singer, "The Development of the Common Law Tort of Appropriation of Personality in Canada"[1985]15CIPR 65。
[33] [1972] 25 DLR(3D)49.
[34] Ibid., 60.

海报的中心正是原告穿着通常的 14 号球衣在运动的图片。看到海报中的汉密尔顿队的 14 号，别人可以认出照片中的人就是 Krouse。

与前面章节所探讨的英国和澳洲的案例不同，原告的主张并非建立在仿冒基础上。实际上，从报告中很难准确地决定案件所主张的基础。尽管是以"侵犯隐私"的名义提出的，有关主张还是具有截然不同和可区分的要素：(i) 本身是对隐私的侵犯；(ii) 以商业目的利用了原告的身份；(iii) 违反信任；(iv) 违反合同以及 (v) 不正当的攫取财富。第一项请求也就是不当地在出版物上使用图片自身就构成了一项绝对的过错，这被认为在原则上是全新的；而且 Haines 法官倾向于根据是否存在普通法上的有关隐私的权利的问题来判决。[35] Haines 法官驳回了以违反合同和信任为基础的主张（很奇怪被包含在内，尽管双方有明示的协议同意排除违反合同、信任、版权或者诽谤的主张）[36]，并进一步指出了他视为本案的关键的一点：也就是原告被与被告的产品同一起来，从而使原告为其他汽车制造商作广告的机会严重受到影响的主张。[37] 这一主张引发了三个事实和法律上的关键问题：原告是否具有"可促销的产品广告能力"；这种能力是否是受法律保护的财产权利；被告的海报是否是对这种权利的利用。

对第一个问题的回答是肯定的，根据两类不同但却紧密相关的案例——仿冒以及个人对其身份要素的权利[38]，可以发现第二

---

[35] Ibid., 56. 安大略省法院曾经承认过普通法上存在侵犯隐私的侵权类型。See *Roth v. Roth* [1992] 9 CCLT(2d) 141; *Mackay v. Buelow* [1995] 24 CCLT (2d) 184, 186—188; *Lipiec v. Borsa* [1997] 31 CCLT 294, 300. Cf: *Lord v. McGregor* (British Columbia Supreme Court, 10 May 2000)（在不列颠哥伦比亚省不存在普通法上的隐私权，尽管"某些学术利益体和司法官员支持普通法上的侵犯隐私的侵权是一个新兴的领域"（前引，13 段）），同时参见 J. D. R. Craig, "Invasion of Privacy and Character Values: The Common Law Tort Awakens" [1997] 42 McGill LJ 355, 367—369.

[36] *Krouse v. Chrysler Canada Ltd* [1972] 25 DLR (3d) 49, 54.

[37] [1972] 25 DLR(3d) 49, 58.

[38] Ibid., 62.

个问题也可肯定地回答。考察了早期的英国有关自由职业者案例和早期的仿冒案件的判决[39]，Haines 法官作出结论："一旦认定 Krouse 具有被用于广告的经营能力，那就很明显，任何一类的案例将会支持原告的诉请。"[40] 与特别提到的 *Clark v. Freeman*[41] 一案中"并不惯于制造和销售药丸"的 James Clark 爵士不同，Krouse"惯于制造和销售用于广告的肖像"[42]。类似的，也特别提到了 *Dockrell v. Dougall*[43] 案，而 Krouse 并没有主张一项财产性权利自身，却主张对其财产的损害，和正被用于广告之上的有价值的商业性财产权利。[44] 不管这种突出英国先例的试图是否一定有说服力，很明显 Haines 法官是想认可对个人人格的商业促销性上的一项财产性权利。同样明显的是，这种财产权利独立于任何的经营或者职业上的美誉概念，其不同于传统的英—澳法上的仿冒的方式，后者需要具备在经营或者职业方面的美誉，而且美誉因被告的虚假陈述而受到了损害。

在这个方面，法院对仿冒的处理是错误的。在 Haines 法官看来，仿冒模式的困境在这一点上可以看得更加清楚，因为"这本是一个更加确切的'对原告声誉不当利用'的例子而非是剥削利用了原告在商品经销上的声誉"[45]。Haines 法官推断，如果大家认可：存在着给与授权的一般性经营，而且原告从事了这种经营，那么仿冒就可能成立。这是一种惊人的宽松解释方法，其根据是没有获得承认的假设：仿冒仅仅由虚假陈述就可构成。法院并不考虑三项构成要素是否已经成立：某虚假陈述导致了对原告的许可其形象利用的经营业务受到损害，或者更有争议的，对作为一个足球运

---

[39] 见第 4 章。
[40] [1972]25 DLR (3d)49,68.
[41] [1848]11Beav 112,见前文 64—65 页。
[42] [1972]25 DLR(3d)49,68.
[43] [1899]15TLR 333,见前文 66 页。
[44] [1972]25 DLR(3d)49,68.
[45] Ibid.

动员的经营或者职业造成损害。[46] 法院粗糙地处理仿冒构成,可能只是在初审中考虑到为以人格利用为依据的判决找到一个额外的也更加传统的依据,而在上诉中则被驳回。

实际上,*Krouse* 一案的判决是在启动一种全新的方式。决定案件的问题似乎是原告在其姓名和形象上具有一种(适度)有价值的经济财富,而且被告未经授权在广告中使用了原告的这些人格特征。虽然,相应地,法官力图重申早期的有关职业人士的案例,这些案例否认了在姓名上存在财产权利的概念,同时又依赖于法院的仿冒判例,最终的判决严格说来则是与上述两种标准都不一致。针对能否在姓名自身之上的财产性权利和"被用于广告上的有价值财产权"[47]之间作出有效的区分,存在相当广泛的反对意见。同样的,在原告商业上的促销性由财产权利和被告的虚假陈述所损害并存在于原告的经营或者职业方面的美誉之间进行调和,也很困难,两者都是有效的仿冒诉因的构成要素。正如 Haines 法官在前面的文字中提到的,虽然所提到的有关既存的诉因方法可能无法提供适当的救济,并不意味着原告将无法获得救济并且在"法官意见"提到:一个人的权利不应当"两头落空"[48]。

被告提起上诉,认为原告没有适格的诉因,因为对原告姓名的使用并非是诽谤性的,而且也不存在要提起仿冒诉讼必须具备的共同活动领域。安大略省上诉法院支持了被告的上诉请求,认为有必要证明存在共同活动领域。[49] Estey 助审法官认为"购买产品的公众如果认为被告的产品是由原告设计或者生产的,他们就不会购买,而且容易理解公众不会认为海报是由被告所设计或生产的"[50]。共同活动领域标准的适用,排除了当案件事实可能较强、对是否存在某个可能导致混淆和损害原告的虚假陈述作出更加周

---

[46] 见前文 107—110 页。
[47] [1972]25DLR(3d)49,68.
[48] Ibid., 55.
[49] 前文 74—76 页。
[50] *Krouse v. Chrysler Canada Ltd* [1973]40DLR (3d)15,25—26.

全的评价,因为此时原告显然在附加性经营方面存在良好声誉,而这可能被虚假陈述所损害。英一澳法上的共同活动领域检验标准现在不再被视为一项绝对的要件,而仅仅是判定是否存在混淆以及损害的一个因素。[51] Krouse 一案判决的这个方面显然与之后的做法并不一致,不需要进一步探讨了。

然而,Estey 助审法官接着指出:"普通法确实考虑了侵权法上可以宽泛地归类为人格利用的概念。"[52] 不幸的是,很难确定任何清晰的归纳推理的类型。其"法官意见"所考察的法院在"若干个侵权领域"的案例[53],大部分是由对取得了不同程度的成功的原告的诽谤案例,建立在默示契约基础上的案例和一些"可以以其他依据进行解释的个别案例"[54]和仿冒案例所构成,尽管考虑到法院之前就共同活动领域问题的决定,这些考察显然是无助的。没有人试图详尽分析这些完全不同的判决,新规则的形成比空口断言法院支持人格利用诉因的存在的说法,强不到哪儿去。在 Estey 助审法官的早期判决中,他曾指出:如果一个案子只在案情上是新的,而非在原则上是新的,法院就会驾轻就熟地将既有原则适用到新情况中[55],虽然他并没有指出相关的原则,此外他还认为:过去"某些诉讼是以合同诉讼的形式,有些以侵权的形式,有些以某种模糊的财产权利的形式胜诉"[56]。

决定 Krouse 一案判决结果的是似乎并非正式的司法依据,而是内在的实质推理[57],尤其是明显存在的商业事实:一个职业运动员不仅作为运动员的身份具有营利的能力,"而且以其认证/推荐

---

[51] 前文75,85 页。
[52] Krouse v. Chrysler Canada Ltd [1973] 40DLR (3d) 28.
[53] Ibid., 22—25.
[54] Ibid., 22.
[55] Ibid. 引自 Pasley v. Freeman [1789] 100 ER 450。
[56] Krouse v. Chrysler Canada Ltd [1973] 40 DLR (3d) 15, 22.
[57] 要了解实质推理和形式推理的区别,请参见 P. S. Atiyah and R. S. Summers, Form and Substance in Anglo-American Law (Oxford, 1987), Ch. 1, 以及进一步参见本书下文的 192—194 页。

商品或企业、或者参与其他商业广告的能力也能营利"[58]。原告真正的冤屈在于自己的事实上的经济利益被侵犯，以及正如 Haines 法官在初审指出的，安大略上诉法院不愿意眼看既有的诉因规定将导致原告保护这些利益免受未经授权的使用的能力被否定。这是否是合法的补漏性造法或者是在法院无法作出恰当的政策选择和打破有竞争的利益间必要的平衡时对立法功能的篡夺，在这点上有现实的反对意见。这样的争论在这个领域并非是唯一的问题。来自美国的经验表明在隐私权和公开权的发展方面，法院采取了同样积极的方式；虽然存在很多因素可以解释美国法体现出的更大程度的司法积极性。[59]

Krouse 一案的上诉中，法院认可了人格利用侵权的存在，但却基于案件事实向侵权发展的潜在可能非常有限，而驳回了诉讼主张。法院认为被告的海报并没有将原告和被告的产品关联起来，却是被告"力图将自己和受到欢迎的足球运动而非某个特定的球队或者球员相关联而获得交易优势"。实际上，Estey 助审法官认为："被告使用新闻实况照片，与默示授权用于体育报道和体育特写以此提升电视台的收视率的做法并无不同，而电视台传送体育报道是对观众的常规服务。"[60]将海报作为一个整体来看，原告的主张很难获得事实的支撑，因为证据表明照片之所以被选用是基于其描绘了足球运动中动感场景的艺术效果，而不是因为其特别刻画了 Krouse 个人[61]，尽管原告可能在看到自己被突出而感到恼怒，特别是海报能使得别人从衣服的号码上辨认出他来，这是可以理解的。然而，被告广告的整体效果不能说是降低了原告在广告或者营销上利用其姓名或者肖像的能力。

在驳回原告基于事实提出的诉讼请求后，Estey 助审法官继续将相关事实与曲棍球运动员的签名出现在曲棍球棍上、或者职业

---

[58] [1973]40 DLR (3d)15,19.
[59] 见下文 189—198 页。
[60] [1973]40 DLR(3d)15,30.
[61] Ibid.

运动员被广告商描述为正在驾驶其所生产的轿车的情况,进行了比较。同样的,有几段判词提到了认证(endorsement)的概念,虽然很容易夸大这个因素的重要意义。一方面,认证的要素应该将侵权从虚假陈述的概念回归到盗用的概念,是有争议的;如此的话,人格利用侵权与仿冒侵权的区别将会很小。另一方面,认证的要件可以被视为"在确认被告可责罚地'篡夺'了原告的人格特征前,确立一个足够有效的连结点的开端"。[62] 这似乎是更可取的观点。实际上,在虚假陈述和认证之间并不存在必然的关联,混淆可能产生于某种错误的假设:谎称原告已经认证了被告的商品或者服务,在仿冒法上可能是可诉的。这并不充分,而且对于某个在仿冒法上可诉的人格利用案例,必须要证明被告已经以一种损害(或者可能损害)原告的经营或者职业的方式,作出将自己的产品或者经营与原告的产品或者经营相关联的虚假陈述。[63] "认证"仅仅是对某事或者某人的个人赞同的声明。原告认证(或者许可、赞同)可能是引发公众对被告的经营与原告的经营或职业产生关联的因素,同时虚假陈述也能和公众的认识相关——相信原被告的经营之间存在关系;与认证相关的虚假陈述自身是不充分的诉因。此外,仿冒上可诉性的损害是对原告经营的良好声誉的损害(或者在"由于惧怕"(请求停止侵害行为)的诉讼上,有损害的现实可能性)。认证机会的损失本身并不是仿冒上可诉的法定损害形式。[64] 然而,澳洲法院所采取的宽松的方式,有效地满足了原告对于这些损害的补偿需求,而且沿循这种方式的案例在涉及到公开权时能更好地被理解,虽然澳洲法院公开地拒绝承认这一权利的存在。[65]

---

[62] Howell, "*The Common Law Appropriation of Personality Tort*", 170.
[63] 参见前文 72—84 页。
[64] 参见前文 103—105 页。
[65] *Sony Music Australia Ltd and Michael Jackson v. Tansing*[1994] 27 IPR 649, 653—634 per Lockhart J, and 656 per French J. Cf: *10th Cantanae Pty Ltd v. Shoshana Pty Ltd*[1987] 79 ALR 299, 300 per Wilcox J.

Krouse 一案所启动的新处理方式，在安大略省高等法院的 Athans v. Canadian Adventure Camps Ltd[66] 一案中得到了延续。原告是一位非常有名和成功的滑水运动员，之前曾对其形象进行开发利用，特别是使用了一张摆出独特姿势和具有特定背景的滑水照片。这张照片被视为原告的"商标"（纯粹口语化的描述，因为并不是注册商标），而且在众多的滑水运动员中尤其能和原告相联系起来。被告经营一家男童夏令营，其中滑水是一项重要特色项目，在其发布的广告中，特写图片就是模仿原告"商标"照片的素描画。虽然图画无意于特定任何个人，但是相关证据表明在画和原告的照片之间存在惊人的相似性。[67] 原告的仿冒诉讼被驳回了，相关判决分析比 Krouse 一案更为理性和传统。Henry 法官认为没有足够的证据表明被告的广告可能引发对原被告之间的经营的混淆。很大程度上，这是因为没有证据表明相当比例的公众对滑水运动有足够的了解以至于能将画和原告统一起来，同时认为有小部分的具有较多体育知识的公众会辨认出原告的主张也是不充分的。[68]

尽管如此，法院继而依据原告"在排他性地开发利用他的人格、姓名和肖像时享有所有者的权利"[69]，支持原告。Henry 法官认为，广告并没有表明原告与夏令营具有任何形式的关联性交易，也没有原告授权、投资或者参与夏令营活动的任何暗示。此外，也没有证据表明对滑水运动熟悉的公众会形成这样的印象，而且在 Henry 法官看来，就证据整体而言，被告的行为"并不构成对原告此类的人格特质的不当利用"。[70] 当然，他并没有就此结案，因为还认定"被告未经同意而商业性使用了原告的标志性形象，构成了一种侵犯，而且在某一程度上构成了对原告开发利用自身形象的专

---

[66] [1977] 80 DLR (3d) 583.
[67] Ibid., 588.
[68] Ibid., 591.
[69] Ibid., 592.
[70] Ibid., 594.

有权利的损害"。[71] 这就构成了人格利用侵权的一类形式,使得原告有权根据"他若同意市场化登载他的图片应该获得的合理数目"[72]的损害赔偿。由此,在认定纯粹的盗用方面,不问是否有任何在侵权法上可诉的关联或授权,*Athans* 一案似乎比 *Krouse* 一案走得更远。而且,就是否有必要证明原告被辨识出来的问题上,判决采取了很灵活的方式。尽管 Athans 的此类人格特征并没有被使用,但是 Henry 法官认为他的"代表性形象"被利用了。在这方面,*Athans* 一案比美国的公开权走得还远,因为即便只有最少量的社会公众可能将原告与被告的图片相一致起来,那么未经授权使用原告的标志性形象就可被认定是可诉的。[73]

侵权的范围及限制

虽然 *Krouse v. Chrysler Canada Ltd* 和 *Athans v. Canadian Adventure Camps Ltd* 两案的判决仍是具有既判力的先例,但是法院考虑到了个人利用的侵权问题,而且在随后的几个案例中得到了确认,同时相关的推理得到了牙买加高等法院的承袭。[74] 大部分的加拿大案例都是临时性程序,很少或没有阐释过相关的法律要点。由此加拿大的人格利用仿冒侵权仍是无定型的诉因,通常被解释为隐私法的一部分,虽然大多数的作者认为 *Krouse* 之类的案例涉及到但是还不同于隐私法上问题,而将隐私包含在内一起探讨可

---

[71] Ibid., 595.

[72] Ibid., 596.

[73] See, J. T. McCarthy, The Right of Publicity and Privacy, 2nd edn (New York, 2001), §6.149. 要成为一项可诉的侵犯公开权的行为,未经授权的利用行为必须能足够辨认出原告,否则不能说他的身份被不当利用或者他的利益受到侵犯。See *Motschenbacher v. R. J. Reynolds Tobacco Co.*, 498F 2d821 (9th Cir. 1974),824 and see further,182 below.

[74] *The Robert Marley Foundation v. Dino Michelle Ltd* (Unreported Suit No. C. L. R115/1992, High Court of Jamaica, 12 May 1994). 该案比加拿大的案例在某种程度上走的还远(下文第 125 页)。

能不过是为了阐述方便。[75] 由于没有一个权威的上诉审判决,因此从既有的判决来看,很难确定侵权的概念基础、范围和相关限定以及任何有关一定程度的商业利用的分析。但是通过以下术语的分析,可以方便的探究侵权的本质以及其和仿冒侵权的关系:(a)受保护的利益;(b)损害的本质;(c)被告行为的性质。

受保护的利益

仿冒侵权保护潜存于经营美誉的财产权,同时人格利用侵权保护"原告在排他的市场化开发利用其人格、形象和姓名方面的所有性权利。"[76]虽然声明的财产权的基础是"商业上促销产品的广告能力"[77],但似乎并不意味着先前利用过人格特征是寻求补偿救济的前提条件。有几个案件的原告是职业体育运动员[78],有一个案件的原告是频繁出现在电视广告上的职业演员[79],其他的原告则有业余健美选手[80],出席会议的失业工人[81]和一个姓氏"与财富和奢侈同义"的家族[82],并没有因为之前未在广告或者营销中利用他们的姓名或者形象,相关诉讼请求就遭到驳回。因此,人

---

[75] See, e.g., L. M. Linden, Canadian Tort Law, 4th end(Toronto, 1988), 52—53; L. N. Klar, Tort Law(Toronto,1991), 56; P. Burns, "The Law of Privacy: The Canadian Experience" [1976]54 Can B Rev 1, 13and 21-13;and see also, G. H. L. Fridman, Fridman on Torts(London, 1990), 521—522; Cf. D. Gibson "Common Law Protection of Privacy: What to Do Until the Legislators Arrive" in L. N. Klar(ed.), Studies in Canadian Tort Law(Toronto,1977), 343.

[76] Athans v. Canadian Adventure Camps Ltd [1977] 80 DLR (3d)583,592.

[77] Krouse v. Chrysler Canada Ltd [1977] 25 DLR (3d) 49,58per Haines J.

[78] Krouse v. Chrysler Canada Ltd [1977] 40 DLR (3d) 15;Athans v. Canadian Adventure Camps Ltd [1977] 80 DLR (3d)583; Racine v. CJRC Radio Capital Ltd [1977] 35 CPR (2d)236. See also Horton v. Tim Donut Ltd [1998] 75 CPR (3d)451 (涉及已故的足球运动员的继承人).

[79] Health v. Weist-Barron School of Television Canada Ltd[1981] 62 CPR(2d)92.

[80] Joseph v. Danials[1986]11 CPR(3d) 544(基于事实的主张败诉).

[81] Dowell et al. v. Mengen Institute[1983] 72 CPR (2d) 238(基于事实的主张败诉).

[82] Baron Philippe de Rothschiild, SA v. La Casa de Habana Inc. [1987] 19 CPR (3d)114.

格利用的可诉群体并不局限在那些存在着商业利益的人,其本身足够广泛能够囊括那些就人格方面具有潜在认同价值的人。然而,尽管侵权范围能够清楚的包括人格上的经济利益,但是并不明确侵权概念是否足够得宽泛能够包括诸如隐私、不受精神痛苦的自由[83]等尊严性利益。这点将在下文考察损害的本质时详尽探讨。

虽然商誉不能独立于特定经营而存在,而且只能在潜在经营存续的程度内存在[84],受侵权法上人格利用侵权规则保护的、排他性的商业开发人格的所有权,并非如此受到限制。虽然侵权规则保护那些被称为"所有者权利"的东西,但是它的存续却是不确定的。这里再次涉及到关于责任的潜在基础和人格利用的经济和尊严双重属性的更大的问题。如果把人格利用问题与知识产权侵权问题相并列,主要的关注点落在确保原告的经济利益上。[85] 另一方面,如果把人格利用问题和诸如诽谤和侵犯隐私等人身尊严侵权相并列,那么焦点又会转移到保护和维护个人尊严上。英国法上的诽谤诉讼,唯一的有显著意义的人身尊严性侵权,与绝大多数的诉因不同,是一种纯粹的与个人生命共始终的人身侵权形式[86]:逝者的声誉和受损的尊严通常不受关注。类似的,在美国,这个问题得到了最详尽的斟酌,侵犯隐私的诉讼通常也是随着生命的结束而消失。[87]

在加拿大,人格利用侵权的性质问题以及是否能独立于为商业利益而享有排他的商业开发人格、姓名或者形象的权利的所有者,并没有得到足够的考量。在 *Gould Estate v. Stoddart Publishing Co.* 一案中[88],已故音乐钢琴家 Glenn Gould 的后人提起了侵犯版

---

[83] 见第 1 章。
[84] 参见前文 61—62 页。
[85] 参见前文 19—20 页。
[86] Law Reform(Miscellaneous Provisions)Act 1934, s.1(1).
[87] 参见下文 183—184 页。
[88] [1997]30 OR(3d)520.

权和不当利用人格的损害赔偿诉讼，因为被告出版的一本 Gould 传记并没有经过其后人的授权。照片上的版权归属于被告，但是采访中的 Gould 的个人口述并没有取得版权，这就使得原告有权提起诉讼。[89] 安大略上诉法院倾向于仅仅依据版权规则判决这个问题，而不考虑人格利用的问题。原告并没有考虑到授权问题，照片的版权归属于作为原版底片或照片所有者的被告。文字材料同样如此，原告的随意的、未经组织的口头讲述自身并不足以构成版权客体。[90]

就个人去世之后，人格利用的侵权能否继续成立的问题，Lederman 法官在初审中的附带意见认为：大多数承认公开权的美国各州认为这样的权利是可独立成型的也是可继承的。他在法官意见里又特别提到了加拿大的省际《隐私法》[91]，其中规定隐私或者人格利用的诉因随着个人的去世而终止，倾向这样的观点：适用于制定法上诉因的限制并不适用于普通法上人格利用的诉讼。法官意见还对美国的隐私权和公开权[92]进行了区分，认为前者属于人身侵权，意在保护个人的尊严和心神安宁方面的利益；而后者"保护个人的名人地位身份的商业利益"[93]。

Lederman 法官认为普通法上的人格利用侵权规则与美国的公开权而不是侵犯隐私侵权规则更为相似。实际上，他在法官意见中明显地称人格利用侵权为侵犯"公开权"，指出：

> 公开权，作为安大略法下的一种与版权同类的无形财产权，应该能够被名人的后人所继承。名誉和声望可以视为个人培育的一种资本财产，可以选择开发利用，可能具有比有形财产更大的价值。这样的一种财产不能被继承人所承继，是

---

[89] Ibid., 529.
[90] *Gould Estate v. Stoddart Publishing Co.* [1998] 80CPR(3d)161,168—170.
[91] 参见前注[1]。
[92] 见第 7 章。
[93] [1997]30 OR(3d)520,528.

没有理由的。[94]

这种判决方式被牙买加在 *The Robert Marley Foundation v. Dino Michelle Ltd* [95] 一案所采纳,该案中前音乐家的继承人成功地获得了损害赔偿以及阻止在短袖衫和其他商品上未经授权就使用 Bob Marley 的肖像的禁制令。法院援用了两个美国的公开权案件[96]的推理,认为排他性的利用 Marley 的肖像和姓名的权利在其去世之后仍然存续,即便是没有证据表明 Marley 生前对其肖像有过使用许可。

随后,在 *Horton v. Tim Donut Ltd* 一案中,去世的曲棍球运动员 Tim Horton 的人格权(表现为商标许可和对利用其肖像的同意)[97] 由他本人在生前授权给一家公司行使, Horton 是这家公司持股百分之五十的合伙人。问题是:他的遗孀是否享有对抗仍在运营的那家公司的商业利用其亡夫人格的权利。[98] 参照 *Athans* 和 *Krouse* 一类案例的判决, Lax 法官认为侵权的要领是"篡夺原告控制和商业利用其形象的权利。"因此,"如果名人放弃自己的权利就不应干涉"[99]。这就似乎把利益的性质看作是可转让的所有权利益而非人身侵权诉因,尽管在 *Athans* 或 *Krouse* 案中并没有支持这一结论的论述。再一次地,决定最终判决的似乎是潜在的实体原因,引人注目的是许可或者(相当模糊地)授权行使人格权的行为。

---

[94] Ibid.

[95] Unreported Suit No. C. L. R115/1992, High Court of Jamaica,12 May 1994.

[96] *Martin Luther King Jr Center for Social Change Inc. v. American Products Inc.* , 694 F 2d 674(11th Cir. 1983); *The State of Tennessee, Ex Rel. The Elvis Presley International Memorial Foundation v. Crowell*, 733 SW 2d 89 [1987]。进一步参见第7章。

[97] 疑问问题在于后者是否可以构成可配置(转换)的实体物质。参见 *Haelan Laboratories Inc. v. Topps Chewing Gum Inc.* ,202 F2d 866(2nd Cir. 1953),868,以及下文175和183页。

[98] [1998] 75 CPR (3d)451,460.

[99] Ibid. ,451,459. Cf. *Dubrulle v. Dubrulle French Culinary School Ltd* [2001] 8 CPR(4th)180(原告的同意使得其对抗被告在烹饪学校名称上使用其姓名的诉讼主张败诉,此外,被告发展出了不同于原告的独特的名称和人格特质)。

这里又引发了很多问题，其中一些可以作为后面探讨的引子。首先，很明显在 *Gould Estate* 案中，Lederman 法官把人格利用侵权在本质上视为公开权，不同于制定法上的侵犯隐私的侵权诉因。这种方式是将人格利用侵权和保护经济利益的知识产权相并列，而非和保护人身尊严的尊严性侵权相并列；实际上，版权法是 Lederman 法官更愿意用来类比的规则。当然，*Gould Estate* 一案的诉讼主张自身包含了继承人的经济利益而非逝去的钢琴家的尊严性利益，虽然 Lederman 法官的论述纯粹是附带性的，却明显专注于整个人格利用侵权而非个别的案件事实。相似的，在 *Horton* 案中，诉讼主张也涉及到了从被告获得授权的人的经济利益。然而，还存在着其他的类比对象，特别是人身尊严性侵权（将在文章第三编探讨），而且很难在经济利益和尊严性利益以及保护这两者的诉因之间进行截然的区分。此外，无论是作为隐私的尊严权、经济性的公开权还是作为包含这两者的自成一体的诉因，对人格利用进行救济，都有很大的正当化难度。[100] 虽然声誉[101]和名望是常见的有价值的经济财富，但是平衡起见，他们是否应该受到法律的保护却完全是另外一回事。财产权未必存在于任何具有经济价值的事物上，在确定是否以及在多大程度上将无形财产视为财产权进行保护时，一定程度的政策选择和对竞争性利益的平衡是必要的。

对原告的损害

要构成有效的仿冒诉讼，原告必须证明由于被告的虚假陈述导致对原告的经营或者职业上的美誉构成损害（或者在"由于惧怕"请求制止非法行为的程序中，存在损害的现实可能性）。损害的形式多种多样，但不同于澳洲的法院，英国的法院没有接受许可费用的损失足以构成仿冒诉讼中的损害的适当的要件。在这种裁

---

[100] 请进一步参见第 11 章。
[101] "认同价值"可能会是更恰当的表述，因为对"声誉"之类的保护，长期以来已经得到确立并且很合理地以诽谤侵权的形式得到保护，参见下文 250—253 页。

判方法下,损害实际上就是一种法律的拟制,相关推理也是自我循环的,因为主张许可费用的能力依赖于有效的仿冒诉讼的确立。[102] 在加拿大的人格利用侵权情形下,损害的表现形式是不当利用了原告在排他性商业开发自己的形象上的权利。需要指出的一个重要问题是原告必须在多大程度上表明对其财产权利的实际损害,或者损害是否会事先假定,人格利用是否是自身可诉的。

人们可能会回忆起在 Krouse v. Chrysler Canada Ltd 案的初审中,Haines 法官认为未经授权商业性利用原告人格的行为构成了对隐私权的"当然"侵犯、没有必要证明损害存在(与"当然诽谤"相类比)的主张,突破了原有的法律原则,只能予以驳回。[103] 上诉审中,基于盗用了原告独占使用其人格的财产权,独立的诉因得到了确认,同时关注一下安大略法院认可新型诉因的依据会很有意思。Estey 助审法官指出:原告"将自己的主张建立在既有的侵害原则基础上"并力图将这些原则用在新的领域。然而,他在法官意见中继续指出:

> 侵害在任何案件中都不能成为这类声称的盗用诉讼的适当的依据,因为这样的过错会被作为诉讼案件的分类,或者在更晚近的司法实践中被归入追索侵占物诉讼或其在现代的变形。由此,原告若要胜诉必须同时证明伤害和损害赔偿度。[104]

随后,在 Athans v. Canadian Adventure Camps Ltd 一案中,原告被认定在独占性商业开发人格权能上遭受损害[105],而在 Health v. Weist-Barron School of Television Canada Ltd[106] 一案中,法院认定原告(6岁的小演员)请求一般性和特别损害赔偿的主张构成了有效的诉讼要件。更晚近一些,在 Holdke v. Calgary Convention Centre

---

[102] 见前文 103—105 页。
[103] [1977] 25 DLR (3d) 49,54—56.
[104] [1973] 40 DLR (3d) 15,27.
[105] [1977] 80 DLR (3d) 583,596.
[106] [1981] 62 CPR (2d) 92.

Authority 一案中,阿尔伯达省法院驳回了原告的诉讼请求,原告是一位从事表演的、用索套捕牲口的牧人,他起诉被告在节庆广告中未经授权使用了他在加拿大牛仔节上进行表演的影象。为了胜诉,原告得证明"他所拥有的财富及被不当利用的事项的商业价值",但没有证据表明原告本能够协商取得广告费用。[107]

然而,有些法官论述表明人格利用侵权是"自身可诉"的。在 *Racine v. CJRC Radio Capital Ltd*[108] 一案中,原告在起诉被告(广播台)不正当解雇以及在双方的足球评论节目合同提前终止后不当利用其人格特征的诉讼中胜诉。Marin 法官认为:"被告的违法行为是自身可诉的,如果存在这样的违法行为那么就可以进行救济",之后又和诽谤进行了类比,即使是原告的经济利益没有遭受任何实际损失,相关诉讼也能成立。[109] 但是,Racine 一案的判决是由较低层级的法院以口头形式作出的,需要慎重看待。然而,此后的一些案例对于侵权是自身可诉的观点提供了支持。在 *Dowell et al. v. Mengen Institute*[110] 一案中,原告请求法院颁发临时性禁制令以阻止被告播放一部拍摄题材是由原告参加的失业劳动者会议的影片。在影片中的会议上,原告被描述得非常激动,有时具有煽动性,原告主张的核心是:他们眼中的正常交流观点的一般会议,被演绎成"意在发掘和宣泄对失业这个主题的内心深处的感受"的心理同沦团体。[111] 法院认可了人格利用诉因的有效成立,但是原告的主张却没有得到案件事实的支持,因为他们已经签署文件授权被告在纪录片中使用他们的姓名、肖像和发言。有意思的是,法院并没有在原告实际遭受了经济利益上的损害的案件上限制适用侵权规则的可能性。如此,就给侵权规则可以保护尊严性利益诸如个人隐私方面的利益,留下了可能性的余地。之后的一个案例,即

---

[107] [2000] ACWS(3d)1281.
[108] [1977] 35 CPR (2d)236.
[109] Ibid., 240.
[110] [1983]72 CPR(2d)238.
[111] Ibid., 240.

Baron Philippe de Rothschild, SA v. La Casa de Habana Inc. [112]一案中,安大略高等司法法院阻止了一个雪茄生产商使用"Rothschild"家族的姓氏作为其的商业名称。判决中处理人格利用诉讼请求的部分只是在声明"一个人未经他人同意不得商业性使用别人的姓名或者肖像"[113],而且判决并没有以原告遭受任何损失或者此前他们曾经商业开发过其姓氏的证据为前提。这表明法院意在保护本质上是隐私利益的东西。

由此,尽管加拿大的普通法承认了人格上的财产权,这一点上相对清楚,但是侵犯这一权利是否是"自身可诉"或者是否必须有证据证明损害存在,还不确定。如果要坚持相关损害可以表现为原告本来能收取的许可费用的损失,可能会陷入循环论证。更广泛的来看,将这样的财产权的存在建立在假设的经济利益基础上,而该经济利益本身还需要法律的保护,同样是循环论证。[114] 在 *Krouse* 案中,安大略省高等法院和上诉法院在职业运动员形象的事实上的价值上确立了新型的所有者权利[115],他们的决定本质上还是建立在某些特定的根本性和没有争议的论断之上。实际上,初审中 Haines 法官在个人意见中指出"我们可能会认为不当利用那些在经营世界具有商业价值、每天都进行交易的东西必须本身具备受法院保护的财产权利"[116]的观点,暴露出那种具有惊人偶然性的处理问题的思维,而问题本身就是争议频生的。如果商业价值将驱使法律赋予财产性保护的观点被普遍接受,那么公共领域将会更加衰退。

---

[112] [1987] 19 CPR (3d) 114.

[113] Ibid., 115.

[114] F. S. Cohen, "Transcendental Nonsense and The Functional Approach" [1935] 35 Colum L Rev 809, 815—817.

[115] *Krouse v. Chrysler Canada Ltd* [1972] 25 DLR (3d) 49,59—62;[1973] 40 DLR (3d) 15,19—20.

[116] *Krouse v. Chrysler Canada Ltd* [1972] 25 DLR (3d) 49,61—62.

130 这些问题将会在第四编充分探讨。由于损害被视为人格利用侵权的关键要素,Krouse(假设原告最终胜诉)和 Athans 等案的原告是否遭受了实际损失就成为难题。在他们的肖像被未经同意而使用之后,他们的处境难道就比之前更加糟糕吗?在这个方面有几个难点,特别是如果假定存在一个相关市场,如何确定被盗用的财产权的市场价值。例如,在 Athans 一案中,原告之前的活动包括在职业方面竞争奖项以及代言有关滑水运动的产品。Henry 法官认为案件事实不足以支撑原告请求,原告之前并没有代言像被告这样的假日营地活动,并驳回了原告要求对夏令营活动例如收取一定比例提成之外还要求本来可以收取的 5000 美金的费用的诉讼主张,因为没有证据显示他会在市场上或者在与被告协商后能获取这样的报酬。根据 Henry 法官的认可,本案中的损害赔偿金被裁量性地估计为 500 美金。[117] 在 Krouse 案的初审中,Haines 法官在评估损害赔偿的难度上作出了如下的判断性评论:"原告一直不能证明他争取竞争性认证机会的能力被削弱的一般性消极后果,而且有专家证据表明不可能。因此损害赔偿也就相应的减少到不正当攫取的水平。原告应该就他人以广告目的使用其图片的不当利用财产权行为而获得补偿。"[118]

这些法官意见反映出在很多案件中,当原告要证明损害成立面临相当大的难度时,坚持损害是侵权的必备要件是有难度的,在这个方面,接受侵权是"自身可诉"的观点也许更现实,尽管法院坚持相反的观点[119]。

由此我们可以从三个更广阔的观点来接近这样的主张。其一,仿冒侵权可能是自身可诉的,原告可能不必证明由于未经授权使用他的人格使他遭受了实际损害。如此的话,侵权制度可能涵盖人身隐私、免受精神痛苦的自由和情感感受等利益,这也就是为

---

[117] *Athans v. Canadian Adventure Camps Ltd* [1977] 80 DLR (3d) 583,596.

[118] *Krouse v. Chrysler Canada Ltd* [1972] 25 DLR (3d) 49,68. 法院所主要关心的似乎是补偿原告而非收缴被告的不当收益。

[119] 见前注[104]相关文献。

什么自身可诉性的概念在 Krouse 案被法院拒绝的原因。[120] 其二，上诉法院声称在 Krouse 案中要采取的处理方法，需要原告能够证明他的经济利益受到现实损害，而且单纯的情感损失或者隐私损害不能构成适格的诉因。由此，除了经济侵权外，人格利用侵权将会是一个很狭窄和限定的概念。第三种方式本质就是前两种方式的折衷，虽然规定要证明损害，但是出示肯定性证据证明实际物质损害的必要性的要求是不严格的。[121] 总体来看，当前各司法当局似乎在做这样的敷衍，在等待一个权威的规则，或者一种能将侵权制度引向其中一个方向或者另外一个方向的案例法。最终，这个问题引出了被潜在性利益代替的价值，以及人格上的经济或者尊严性利益是否值得保护的问题。一方面，不仅仅出于确定性的考虑，还有很多的因素来支持这样的观点：当一个人的姓名、声音或者肖像未经其同意而被利用时，只有能够证明对物质利益造成侵害才是可诉的；除非原告能够证明对这类物质利益的损害或者证明他的声誉遭到了诽谤性的侵害，否则相关诉讼不能成立。[122] 另一方面，这种方法排除了对尊严性利益（除了名誉利益）的损害的救济，例如隐私和免受精神痛苦的自由利益。如果不从尊严利益的角度考察这个问题[123]，如果不能解决为新救济方式提供正当化依据的艰巨任务[124]，将很难作出任何结论。

被告的行为

虽然有效的仿冒侵权诉讼要求原告要证明被告作出了其商品或经营与原告的经营或职业存在关联的虚假陈述，但是在加拿大侵权制度下，只要能证明被告不当利用了原告排他性商业利用人

---

[120] *Krouse v. Chrysler Canada Ltd* [1972] 25 DLR (3d) 49,68.
[121] *Krouse v. Chrysler Canada Ltd* [1972] 25 DLR (3d) 49,69（安大略省高等法院）；*Athans v. Canadian Adventure Camps Ltd* [1977] 80 DLR (3d) 583,594, 596。
[122] Irvine,"The Appropriation of Personality Tort",倡导这样一种保守处理方式。
[123] 见第三编。
[124] 见第四编。

格的所有者权利就足够了。虽然安大略省上诉法院在 Krouse 案中认定,即使没有虚假陈述,能证明盗用也就足够了,但是还是坚持了认证的概念。然而,虚假陈述和认证之间没有必然的关联,授权认证的要件更可理解为帮助确定法律责任的极限(边缘性)标准。[125] 更晚近的,在 Gould Estate v. Stoddart Publishing Co.[126] 一案中,Lederman 法官在回顾了先例后,指出:"法院根据案件的背景认定人格利用的侵权制度限制在'认证类型'的情境中,似乎是开放的。"[127] 我们再回顾一下已故音乐家 Glenn Gould 的后人请求法院阻止被告出版 Gould 照片和传记中他的访谈的案件。如果仿冒侵权制度能用来制止传记性材料或者具有正当法律价值的材料的出版,那么将明显是对言论自由和新闻传播自由的严重威胁。原告的请求构成了这种威胁,因此很自然法院要对此保持警惕。安大略省上诉法院只是根据版权规则判决了此案。[128] Lederman 法官在初审中驳回诉讼请求的相关处理方式,虽然是技术性的附带方法,但是可能会对侵权法的未来发展产生某些不幸的影响。

法院可以简单地根据已故人士的后人没有诉讼依据而驳回原告的请求。这种方法可以有效地与既有判决相一致,因为此前案件中的原告都是在世者,实际上,Gould Estate 案之前的各个案例也都没有认为独占性商业开发个人人格特征的所有者权利可以在个体去世之后继续存在。事实上,相关判决显示这种权利是纯粹的人身性权利。[129] 但是这一简单的处理方法并没有被采纳,或许因为正如前面提到的那样,Lederman 法官倾向于认为人格利用侵权实际上是一种美国模式上的公开权,并且由此应该由已故者的后人继承。[130] 这就把找到另外一种处理原告诉讼请求的必要性留给

---

[125]　见前注[62]相关文本。
[126]　[1997]30 OR(3d)520.
[127]　Ibid., 525.
[128]　见前注[88]相关文本。
[129]　参见随后的 Horton v. Tim Donut Ltd [1998] 75 CPR (3d)451 一案的判决以及前注[98]相关文本。
[130]　前注[88]相关文本。

了法院,而 Lederman 法官在两者上都成功了。

在指出人格利用侵权只局限在"认证类型"的情形后[131],在法官意见中进一步提到了美国法院在公开权上进行的限制,那里公开权的范围是与由《宪法第一修正案》所保障的言论自由所蕴含的社会利益相较量的平衡结果。[132] 因此,公开权在涉及思想、观念、有报道价值的事件或者涉及公益的事项的传播的案件中,并没有被成功的引入,而且"报道价值"和"公共利益"的观念远远超出了对当前事件予以报道传播的意义,而是包括了各种各样的事实性、教育性和历史性资料甚至娱乐八卦。[133] 在 Lederman 法官看来,对言论自由的类似的考虑可能会促使加拿大法院在人格利用侵权上加以限定。于是,他在法官意见总结道:

> 最后,可能是冒着过于简单化的风险,法院似乎在"卖品和主体"(sales vs. subject)之间进行了区分。卖品构成了商业利用并且启动了人格利用侵权。名人的身份仅仅是被用于同样的方式。相关活动不能说是有关名人的。这就与名人是作品或者事业的现实主体的情形形成对比,特别是传记是最明显的例子。这些活动不在侵权的范围之内。再举一个更为具体的例子,在授权认证的情况下,以海报和棋盘游戏为形式,活动的实质不在于名人名气,而是以其他目的利用了名人的某些特征。传记、其他书籍、游戏和讽刺故事本质上不同。活动的主体是名人,相关作品(工作)是提供了解名人内心世界素材的探索途径。[134]

由此,案件中的传记就归为"主体"一类,不能成为人格利用的诉因。

---

[131] 前注[127]相关文本。

[132] [1997]30 OR(3d)520,526。

[133] 前引 Lederman 法官引用 *Current Audio Inc. v. RCA corp.*,337 NYS 2d 949(Sup Ct 1972)案的论述。

[134] [1997]30 OR(3d)520,527,Lederman 法官的意见。

尚不清楚,前述理由是建立在加拿大案例还是美国案例法的基础上的。[135] 平衡来看,似乎是美国判例的延续,因为加拿大案例法上限制性的人格利用侵权规则不能为这样的区分提供充分的支持。实际上,加拿大案例法并不认可这样的观点:人格利用侵权只适用于"认证"的情况。例如,在 Athans v. Canadian Adventure Camps Ltd 一案中,Henry 法官明确认定原告并未认证营地活动,而且"以素描画形式使用其形象并不构成对夏令营活动的认证或者其他形式的关联"。[136]。未经授权使用原告的标志性形象本身就可认定是对商业开发自身形象的专有权利的侵犯,由此就进入了人格利用侵权的领域内。[137] 然而,在 Gould Estate 案中,Lederman 法官认为 Athans 案与认证的适用条件相一致,依据是被告在其促销手册中利用了标志性形象。[138] 在 Lederman 法官没有引证的其他案件中,加拿大法院似乎并没有将侵权限定在认证的情形下。例如,在 Racine v. CJRC Radio Capital Ltd[139] 案中,没有说明原告足球运动员认证了被告的广播台,也没有迹象表明在 Baron Philippe de Rothschiild, SA v. La Casa de Habana Inc.[140] 一案中,身为贵族的原告认证了被告的雪茄生意,同样也没有事实证明在 Health v. Weist-Barron School of Television Canada Ltd[141] 一案中,原告作为儿童演员认证了被告的电视学校。在这些案件中,未经授权的使用已经足以支持诉讼,不需要构成认证的事实。

对于认证标准的唯一支持,体现在安大略上诉法院在 Krouse 案判决中的纯附带性意见,Estey 法官对案件事实(被告本质上是将产品和足球运动的通用名称相联系)和假定情境(运动员的签名

---

[135] *Current Audio Inc. v. RCA corp.*, 337 NYS 2d 949 (Sup Ct 1972) 以及 *Estate of Presley v. Russen*, 513 F Supp. 1339 [1981] 是仅有的两个被引证的美国判例。
[136] [1977] 80 DLR (3d) 583, 596.
[137] Ibid., 595.
[138] [1977] 80 DLR (3d) 520, 525.
[139] [1977] 35 CPR (2d) 236.
[140] [1987] 19 CPR (3d) 114.
[141] [1981] 62 CPR (2d) 92.

被用在运动装备上或者职业运动员被拍摄成正在驾驶广告所有者的汽车)进行了对比。[142] 由此,在第一个显著的案例中,法院清楚意识到"会将侵权扩张到涵盖到每一种处于公共领域的未经明确授权的事物"。实际上,法院注意到"法律的进步并非是由承认某种尽管可能会对某些人或者某些阶层有益、但却对社会多数人和商业实践构成不合理的妨碍的权利而取得的"[143]。

当然,承认并随后发展任何一种新型权利包含了对竞争性利益的平衡,以及刻画出一种必然引发进入新的未知领域的新型侵权诉因。然而,符合逻辑的发展并非是通过在本质上就模糊的"认证"概念的基础上作出似是而非的区分来取得的。需要对竞争性利益平衡的情况下,通过开放性地考虑相关原则或者政策就比从有限的案例法中提取出大部分不能获得支持的区分认识,当然能更好地达到平衡。最终,在 Gould Estate 案中,法院通过援引来自美国法的言论自由的更广泛的原则,为判决提供了更扎实的基础,同时 Lederman 法官很自然地很在意要作出与加拿大先例相一致的判决,因此他所用的相关推理,建立在假定的认证要件基础上,不那么令人信服。但是,前面引述的 Lederman 法官的判决陈述以及相关推理在 Shaw v. Berman[144] 一案中获得赞同并被援用,该案中音乐家 Artie Shaw 提起了人格利用的诉讼,主张从以其生活和工作为素材的传记电影中收取一部分利润。案件中的电影可归入"主体"一类,不能构成人格利用侵权的诉讼。Pitt 法官并没有详细考察 Lederman 法官在 Gould Estate 案中的推理。随后,在 Horton v. Tim Donut Ltd [145] 案中,Gould 一案的处理方法被解读为给下列两者提供了以清楚的可以作为政策基础的区分:其一是,可以归入公共利益的作品,此时私人利益让位于更广泛的言论自由的社会利益;另一方面,是以商业性质为主导的活动,此时这些更广泛的利益并不

---

[142] Krouse v. Chrysler Canada Ltd [1973] 40 DLR (3d) 15,30,27.
[143] Ibid., 30.
[144] [1997] 72 CPR (3d)9,18.
[145] [1998] 75 CPR (3d)451,458. 参见前注[98]的相关文本。

冲突。这种以认证为基础的区分并没被采纳，而且法院认为更加开放的可作政策性依据的方法可能更受欢迎。加拿大最高法院在处理来自魁北克上诉法院关于《魁北克人权和自由宪章》的上诉案件时，没有采纳建立在信息分类基础上（有益社会的信息和商业信息）的区分，而是采取了对争议的权利更加开放的平衡方法。[146] 在探讨宪政和宪章价值的广泛影响之后，会继续讨论这个问题。

最后，被告未经授权而利用原告的形象必须是以能够与原告本人身份一致的方式而为。这在一个人的姓名或者肖像被利用的情形下是没有问题的，尽管若干加拿大的判例是以更广义的同一性边界为基础的。例如，在 Krouse 案中，原告能够通过球衫上号码被辨认出来，尽管从一般背景来看，法院认为被告是将足球运动而非 Krouse 这个特定个体和被告结合起来。如果只有原告的简单的画像，那么结果可能很不一样了。如前所述，在 Athans v. Canadian Adventure Camps Ltd 一案中，法院对识别性问题采取了很宽松的标准，只要证明被告利用了原告的标志性形象就足够了，不问会有多么少的人能从标志性形象中认出原告来。[147] 但是，在 Joseph v. Daniels[148] 一案中，不列颠哥伦比亚高等法院否决了一个业余健美选手在未经授权的人格利用案中的诉讼请求，因为他不能被充分辨认出来。在被告使用的照片上，原告正抱着一只宠物猫，但只显示了原告的部分身体。Wallace 法官认为："要追究被告的责任，必须满足他利用了原告姓名、声誉、肖像或者其他的个性或者人格方面的要素，而观察者能将这些要素与原告关联起来。"[149] 由于只显示了原告的部分身体，被告避免了与原告的任何关联，而且并没有利用"任何能被公众和原告个性关联起来的所有权利益"[150]。在

---

[146] *Aubry v. Editions Vice-Versa Inc.* [1998] 78 CPR (3d) 289, 309.
[147] 参见前注〔73〕相关文本。
[148] [1986] 11 CPR (3d) 544.
[149] Ibid., 549.
[150] Ibid.

Holdke v. Calgary Convention Center Authority[151],阿尔伯达省法院对识别性问题采取了更限制性的方法。原告扮演以索套捕牲口的牧人,在一次牛仔节上进行即兴表演,他的录像照片未经其同意就被用在节庆广告上,但是法院认为照片不能辨认出原告(或其舞台形象"Frank Holt")。而且,原告并未以其通常的牛仔装束穿着。并没有证据证明原告或者他的角色很知名以至于别人能从广告中辨认出他的角色,因此也就不能认定他的形象中的商业价值被不当利用了。与人格利用侵权的其他要素一样,很难确定任何清楚的规则。这就需要权威的上诉审判决,尽管美国法上的公开权判例可以为解决这些争议问题提供帮助。[152]

结　　论

尽管加拿大法院相对于英国和澳洲司法当局,在人格利用侵权案件中采取了一种不同的、较少法律拟制的方式,其侵权制度尚不成熟,特别是同更加成熟和完善的美国法上的公开权制度相比,而且其对于美国的司法处理相对参考的较少。因此考虑到美国法院不得不在一般隐私理念和人格利用的诉因之间进行调和以及判定被保护利益、特别是继受性问题的"所有权性质"[153]时要触及同样的问题,多少令人惊讶(虽然受到先例限制)。加拿大法上的侵权的要件和范围仍待于详细界定,特别是可诉的损害的确切性质问题。实际上,限制涉及到实际损害的侵权案件的内在紧张是明显的,侵权有可能发展成为真正自成一体的既包含尊严性利益(如隐私和免受精神痛苦的自由)又包含经济利益的诉因。但是,加拿大普通法上的人格利用侵权目前仍是对经济侵权的相当受限制的补充。

---

[151]　[2000]ACWS(3d)1281.
[152]　见下文 180—187 页。
[153]　见下文 183—184 页。

第三编

尊严性利益

6 引论
7 美国的隐私权与公开权
8 英国法中的隐私利益
9 名誉利益

6 引　论

　　根植于英国普通法的法律制度,传统上仅仅有限的承认尊严性利益——作为一个属概念,在这里表示一个人对自身的人格所享有的非财产性利益:包括名誉、个人隐私和免于精神痛苦的自由。英国法上没有类似于罗马法上 *injuria* 的概念,*injuria*,在英语里指侮辱或者严重侵害*,但它们都不能揭示出这个罗马概念的本质——它重在"对于他人权利或者人格的任何的言词攻击"[1]。这种违法行为的侧重点在于侮辱而不是对原告造成的(物质性)损失,金钱赔偿代表的是对受伤害感情或受侮辱尊严的慰藉而不是通常意义上的赔偿[2];所以,这种诉讼的主要目的是通过货币责任对被告进行惩罚。[3]

　　直到12世纪早期,在英格兰法律制度中,不当行为还被宽泛地认定为包含两个子范畴:经济损失(*darnnum*)和对个人名誉的侮辱(*dedecus*),*injuria* 这个概念,或者公开侮辱他人荣誉,却被经济损失这一要素遮蔽,从而不再作为英国侵权责任的要件存在。[4]

---

*　它的构成要件包括:被告故意或不计后果地损害被害人的人身或财产,实施强烈、激烈的行为,给被害人造成严重的精神痛苦。——译者注

[1] B. N. Nicholas, *An Introduction to Roman Law* (Oxford, 1962), 216.
[2] Ibid., p.217.
[3] R. G. McKerron, *The Law of Delict*, 7th edn (Cape Town, 1971), p.9.
[4] 参见 J. S. Beckerman, "Adding Insult to Iniuria: Affronts to Honor and the Origins of Trespass" in M. S. Arnold et al. (eds.) *On the Laws and Customs of England* (Chapel Hill, 1981), 178—179,提供了一些可能的原因。

部分的由于教会法庭所提供救济的不足[5]，普通法上准许针对诽谤言词进行诉讼之前，也就是 16 世纪之前，*injuria* 在英国普通法中一直隐而不现。假如王座法庭在早期对有关诽谤的诉讼表示关注的话，大约是 13 世纪初期，有关诽谤的普通法就可能沿着罗马法的轨迹发展，可能已经不仅将侮辱还将经济损失这一概念作为了侵权责任的基础。[6] 事实上，在 Pollock 的眼中，"法律将损害而不是侮辱作为诉因，从起点开始就走了弯路"[7]。

injuria 概念在普通法中的缺位产生了深远的影响。虽然法律上伤害的概念是从罗马法法律词汇 *injuria* 中衍生出来的，公然侮辱或对原告感情的伤害这一要素却不见了。在普遍性救济措施，如妨害权利之诉（*actio injuriarum*）* 缺失的情况下，英国普通法制度很少对尊严受到侵犯的原告提供救济，对这类行为的纠正也只能依赖于对已有侵权法[8]和法律条文扩大化的司法解释。对于其他利益的救济，诸如隐私、免于精神痛苦的自由，只能在其他诸如名誉、财产或者身体权等实体权利受到影响时附带地实现。[9] 对人格的利用，在英国法上很大程度上是通过有关诽谤的侵权法律——它保护一个人在他人心目中的名誉——进行救济的。[10] 但是，对个人荣誉的伤害以及伤害尊严、人格完整和隐私的行为，却超出了对名誉的损害这一概念所涵盖的范围。[11]

---

[5] See J. H. Baker, *An Introduction to English Legal History* (London, 1990), 495—497.

[6] Beckerman, "Adding Insult to *Iniuria*", 181.

[7] F. Pollock, *The Law of Torts*, 12th edn (London, 1923), 243.

　* 因自己权利受到武力侵犯而提起的诉讼。——译者注

[8] See *O'Keeffe v. Argus Printing and Publishing Co. Ltd* 1954 (3) SA 244 (C), 245; J. Burchell, *Principles of Delict* (Cape Town, 1993), 149.

[9] 参见下文 249—250 页。

[10] 参见下文 250—252 页。

[11] See D. Feldman, "Secrecy Dignity, or Autonomy? Views of Privacy as a Civil Liberty" (1994) 47 CLP 41, 56—57.

民法法系和普通法系的交叉法域

需要指出的是,在体现了大陆法传统和英美法传统混合影响的南非,对于未经授权而商业性利用他人人格的行为,受害人可以通过妨害权利之诉获得保护。[12] 在南非的法律制度中,违法行为是建立于侵权损害(*damnum injuria datum*)和妨碍权利之诉(*actio injuriarum*)双重基础之上的。前者演化为对不法行为对实体利益的伤害所提供的普遍性救济,后者则对不法行为对人格利益的伤害提供普遍性救济。[13] 在妨碍权利之诉中,责任的产生有两个根本条件:第一,对原告人格造成侵害的行为;第二,心素(*animus injuriandi*),指违法行为的故意[14](尽管被告的动机不是相关因素,并且没有必要证明恶意的存在,但需要证明原告经受的伤害是出于被告故意,而不是偶然或过失)。[15] 妨碍权利之诉保护由名誉(*fama*)、人身(*corpus*)和尊严(*dignitas*)构成的三位一体的利益[16]:第一个涉及诽谤法,第二个是关于对一个人肉体完整性和个人自由的侵犯,第三个,作为兜底性质的规则,对未被前两者包括的人格权利提供保护。[17]

所以,未经授权为做广告而公开他人的照片和姓名就可能构成对一个人尊严的侵犯,相当于 *injuria*。例如,在一幅关于步枪、手枪和弹药广告中使用原告的照片。[18] 尽管原告同意对方拍摄她举

---

[12] K. Zweigert and H. Kotz, *An Introduction to Comparative Law*, 3th edn (Oxford, 1998), 235.

[13] Mckerron, *The Law of Delict*, p. 10.

[14] Ibid., p. 53.

[15] Ibid., p. 56.

[16] R. Zinnermann, *The Law of Obligations* (Oxford, 1996), 1083; *Roman Law, Contemporary Law, European Law* (Oxford, 2001), 150—151.

[17] Zinnermann, *The Law of Obligations*, 1084. Cf. R. Pound, "Interests of Personality" (1914)28 HarvLRev, 343.

[18] O'Keefe v. Argus Printing and Publishing Co. Ltd 1954 (3) AS 244 (C). Cf. Kidson v. SA Associated Newspapers Ltd 1957 (3) 461 (W). See Mhlongo v. Bailey 1958 (1) SA 370 (W).

手枪瞄准的照片,但这种同意仅限于在新闻文章中使用。诉讼的核心涉及到以发布广告为目的使用原告的名字和照片。[19] 原告的人身(corpus)或名誉(fama)并未受到伤害,诉讼仅仅基于对原告尊严的侵犯。[20] 因此,尊严作为在妨碍权利之诉中受保护的一部分,被认为是一个涵盖了隐私权的足够宽泛的概念[21],尽管隐私权是否应发展为一种独立的诉讼还有争论,但看起来,将它作为尊严的一个方面,在妨碍权利之诉中加以保护的观点更可取。[22]

超越普通法遗产

其他的普通法法域特别是美国,更倾向于通过发展新的诉因的途径,克服普通法传统的不足,以便保护人格中的尊严利益。在接下来的第 7 章中,文章将会追溯和讨论隐私权在美国的发展,以及这种权利何以演化成一种通用的诉因,既保护经济利益又保护尊严利益。隐私权最终导致了一种独立的权利的产生:公开权(right of publicity)。尽管公开权最好被解读为反不正当竞争法律规范的一部分,但只有通过历史的考察隐私侵权行为中对尊严利益的伤害,我们才能理解它的创制。对英国和澳大利亚的法律人来讲,这种历史的考察可以为他们提供解决一些非常复杂问题的洞见,例如对人格的盗用问题。

一些国际公约,特别是《欧洲人权公约》(European Convention on Human Rights),认定个人对于私人生活拥有广泛的权利,但未能为个人尊严提供一种一般性的权利。类似的,其他法域的法律制度,经常通过宽泛立法的方式向个人尊严提供了很原则化的保

---

[19] *O'Keeffe V. Argus Printing and Publishing Co. Ltd.* 1954 (3) AS 244 (C), p. 247.

[20] Ibid.

[21] S v. A 1971 (2) SA 193 (T), 297 "我毫不怀疑,隐私权包含于尊严概念之中,而且支持这一命题的人中不乏权威"; Sv. I 1976 (1) SA 781 (RAD) 784 "由于(原告)的隐私受到侵害,"所以其尊严受到损害。

[22] See D. J. McQuoid-Mason, *The Law of Privacy in South Africa* (Cape Town, 1978), 125 et seq.

护,(以各种方式)确立个人尊严的基本权利地位。[23] 例如,《法国民法典》第 9 条规定:"每一个人都有权利保障其隐私受到尊重"——尽管在被规定为法典条文之前,法院已经通过某些司法技巧保护隐私了。[24] 另一方面,在德国,尽管《德国民法典》拒绝使用进而排除了妨害权利之诉的概念[25],然而,在一定程度上主要通过法院对宪法原则的适用[26],对隐私的保护能够以对人格的普遍性权利保护的形式渗透到法律实践中。[27]

对于保护人格尊严,英国法刚刚开始尝试着从传统的诡辩式(casuistic)路径向原则化路径转化——特别是通过承认普遍性隐私权的方式。《1998 年人权法案》的颁行实施和《欧洲人权公约》在英国的生效为这种发展提供了契机——即使还不算一个坚实基础的话。[28] 由于一个明确的发展方向尚不明朗,因此来自德国和美国两方面的经验——根据宪法原则发展出人格权的方式[29]和将近一个世纪之久的司法造法的普通法发展模式[30]——都将有着重要的启发意义。

---

[23] 参见下文 211—214 页。
[24] See, generally, E. Picard, "The Right Privacy in French Law" in B. S. Markesinis (ed.) *Protecting Privacy* (Oxford, 1999), 49.
[25] See Zimmerman, *The Law of Obligations*, 1058—1094.
[26] 参见下文 230—233 页。
[27] See Zimmerman, *The Law of Obligations*, 1092.
[28] 参见下文 214—224 页。
[29] 参见下文 227—237 页。
[30] 参见第 7 章。

7 美国的隐私权与公开权

引 论

在美国,隐私权的发展在很大程度上应归因于学术评论者的影响和塑造,在这一点上与其他可比较的国家的法律制度有着明显的不同。如果没有事先对此领域相互竞争的法律概念有一个初步的认识,是很难明了利用人格问题在同普遍性的隐私权关系中所占的地位的,这些概念会在下文介绍。一言以蔽之,问题的关键是如何在一个主要目的是保护人格尊严而非经济利益的诉因上,协调与人格相关的经济和尊严两个方面。这种冲突在随后要讨论的公开权在美国的发展过程中也很明显。正是由于协调隐私权的概念同保护一个人(通常是公众人物)所可能享有的对于肖像的经济利益是如此的困难,所以作为一项独立的权利——公开权才有了发展空间。

尽管有关隐私的法律在其他法域的发展也十分有趣,特别是在加拿大,但是对于加拿大相关法律制度的详细分析理解隐私概念同利用他人人格之间的关系作用相对较小。由于同样的原因,英国和值得关注的澳大利亚的法制之间不存在明显的区别[1],所以不需要对两者的比较多加阐明。本章将集中于对美国相关制度的探讨。首先需要指出的是,在隐私权和公开权领域,美国各州之

---

[1] See M. Henry (ed.) *International Privacy, Publicity and Personality Laws* (London, 2001), Ch.3; J. G. Fleming, *The Law of Torts*, 9th edn (Sydney, 1998), Ch.26; S. Theedar, "Privacy in Photographic Images" [1999] PLPR 59.

间存在着很大的差异。下面的论述将集中于美国隐私法同利用他人人格信息问题相关的主导原则和主要的发展阶段,而且也仅仅是一个轮廓性的介绍。

隐私权在美国的发展

沃伦和布兰代斯的论文

隐私权的发展不是源于司法机关对于现存的丛生的规则体系进行大胆的综合统一,从而使之成为一项新的普遍性规则,而是很大程度上受了萨缪尔·沃伦(Samuel Warren)和罗伊斯·布兰代斯(Louis Brandeis)共同发表在《哈佛法律评论》上一篇文章的影响[2]。事实上,隐私权在美国的发展是一个通过学术著述影响普通法发展的为数不多的例子。根据 Larremore 的经常被引用的文章所言,这同时也可能是一个独一无二的例子:它开创和勾勒了一个全新的法学理论领域。[3] 它产生了一大批学术著作,大量的案例法,还迫使人们不得不做仔细的分析——因为该文章所引用的支持自己观点的权威意见都来自 19 世纪的英格兰案例法。所以,在一开始就必须指出,英美两国法律的深刻区别并不是与生俱来的。[4]

尽管究竟是何种环境给了沃伦和布兰代斯写作那篇名著的动因,至今仍不完全为人们所了解[5],但是毫无疑问,两位法官对于

---

[2] "The Right to Privacy" (1890) 4 HarvLRev 193.

[3] W. Larremore: "The Right to Privacy" (1912) 12 Colum L Rev 693. 另参见 D. Zweigert and H. Kotz, *Introduction to Comparative Law*, 3th edn (Oxford, 1998), 702:"可能是所有已在法律评论上发表的文章中最有名的,而且确定是最有影响的文章。"

[4] 另参见下文 189—198 页。

[5] W. L. Prosser ("Privacy"(1960) 48 CalifLRev 383) 认为,促使这两位作者写作的原因是:沃伦的女儿的婚礼未经允许而被公开,但是这种观点目前受到了有力的质疑:参见 J. H. Barron, "Warren and Brandeis, The Right to Privacy, 4 HarvLRev 193 (1890): Demystifying a Landmark Citation" (1979) 13 Suffolk UL Rev 875, 891—894, cited by D. W. Leebron, "The Right to Privacy's Place in the Intellectual History of Tort Law" (1991) 41 Case West Res L Rev, 769.

媒体在当时的活跃表现表示了深深的忧虑。他们感觉到，媒体当时从四面八方僭越规矩和礼节为人们所设定的明显的边界。[6] 特别是，他们提到了（在当时）"刚发明的各种东西和商业手段"的后果，以及这样一个事实："即时成像技术和新闻企业"已经"侵犯了私人和家庭生活的神圣领域"。[7] 他们表示深切关心的另一个方面是："未经当事人授权的私人肖像的发布、流通。"[8] 他们以当时纽约的一个案子为例[9]，一位女演员竭尽全力，阻止她为之工作的那家剧院的经理使用她舞台表演的照片，而该照片是未经她允许偷拍的。事实上，这个案例表明，偷拍照片和未经授权使用他人的照片，在当时是普遍令人担忧的问题。[10]

尽管对隐私的侵犯同诽谤行为表面上很相似：两者都同对感情的伤害有关，对当事人的名誉——关于个体同其所在社区的外在关系——产生损害，以及本质上两者都是物质损害而不是精神损害。但是法律没有认可仅仅由于对感情的伤害就能产生损害赔偿的原则——尽管在法律承认的实体损失已经产生的前提下，对感情的伤害可以构成计算赔偿金的一部分[11]，不过是附带的。[12] 在首先指出下列事实的情况下——违约诉因[13]和违反保

---

[6] (1890) 4 HarvLRev 193, 196.

[7] Ibid., p.195. See, also A. Westin, Privacy And Freedon (London, 1967), 338.

[8] (1890) 4 HarvLRev 193, 195.

[9] *Marion Manola v. Stevens & Myers*, *NY Times*, 15 June, 1890. 法院缺席判决发布了初步的禁令，并为发布终局性禁令的动议留出一段时间进行讨论，但被告看起来对这一动议并不反对。See Warren and Brandeis, "The Right to Privacy", 195, note 7.

[10] See Leebron, "Privacy in Tort Law", 774.

[11] Warren and Brandeis, "The Right to Privacy", 197.

[12] T. A. Street, *The Foundations of Legal Liability* (Northport, N. Y., 1906), Vol. I, 461.

[13] *Prince Albert v. Strange* (1849) 1 Mac & G25, 41 ER 1171; *Tuck v. Priester* (1887) 19 QBD 629; *Pollard v. Photographic Co.* (1889) 40 ChD, 345.

密义务诉因[14]的缺陷,以及相对于罗马法,普通法体系中缺少对尊严的损害这样一个法律概念——沃伦和布兰代斯力图通过其他资源为隐私权的存在建立正当性。[15] 他们论证,从根本意义上说,在某些特定情况下[16]普通法中的版权所提供的保护,只是一项更为一般性的权利在法律领域的体现——隐私权。[17] 普通法保证每个个体都享有这样的权利:决定其思想进行传播的程度和方式,而不论思想以何种方式表达,这些思想和情感具有何种实质或价值或表达方式的优劣。[18] 他们继续论证,在所有的情况下,个人都有权自主地作出是否公开内在地属于他们的东西的决定。当作者公开其作品之后这种权利仍不会消失,并且隐私权完全独立于国会对版权的立法——因为这些版权法的主要目的是为了保护作者对出

---

[14] *Abernethy v. Hutchinson* (1825) 3 LJ Ch 209; *Prince Albert v. Strange* (1849) 1 Mac & G25, 41 ER 1171; *Pollard v. Photographic Co.* (1889) 40 ChD 345. 在早些时候,摄影艺术作品的地位是这样的:未经当事人有意识的为摄影"坐好"之前,便不能为其拍照。合同法或信托法能够为一个审慎的人,在未经其授权的情况下,提供足够的手段阻止其肖像的流通。自从新的技术可以偷偷摸摸的给一个人拍照后,作者认为合同法和信托法原则都力有未逮,有必要诉诸侵权法:Warren and Brandeis, "The Right to Privacy",211。

[15] Ibid., p.198. 见上文第141—142 页对罗马法概念 *injuria* 的讨论。

[16] 在英格兰,自 *Donaldson v. Beckett* (1774) 2 Bro PC 129 中的决定开始,已发表作品的版权完全是从制定法中正式推导出来。然而,在 *Donaldson* 判决之后的一段时间里,普通法下的版权继续存在于未发表的作品中,直到它最后被《1911 年版权法》第 31 节所废止。这给了作者直到发表时控制作品的权利,版权制定法在发表时开始发生作用。类似的是,在美国,*Wheaton v. Peters*,26—33 US 1055 (1834)一案认定,版权完全产生于制定法。然而,在个别的州,对未发表作品仍然有普通法提供的版权保护。沃伦和布兰代斯所关注的,正是这存在于发表之前的普通法权利。自从《1976 年版权法》17 USC §301 开始,单独的联邦制定法上的版权代替了由州普通法保护未发表作品和由联邦制定法保护已发表作品的双重体系。如今,版权自作品产生时刻——即作品第一次以有形形式确定之时起就存在,而不是自发表时刻开始。所以,普通法版权的重要性就很有限了。例如参见:P. Goldstein, *Copyright*(Boston,1989), 第 504 页以下, 以及参见:S. M. Stewart, *International Copyright and Neighbouring Rights*,2th edn(London,1989)。

[17] Warren and Brandeis, "The Right to Privacy", 198.

[18] Ibid., p.199.

版作品所享有的利益。基于普通法的权利则服务于另一个目标：授权作者完全控制公开行为，并且从根本上决定到底是不是公开。

在论证了财产权包括阻止手抄本和艺术作品公开的权利之后，同包括文学和艺术作品的复制在内的案例无关的其他案例则需要一个非所有权性质的权利基础——因为这些客体的价值与其说是源于出版所带来的利润，毋宁说是为了内心安宁或通过赋予阻止任何出版的权利而实现的救济。[19] 尽管两位作者承认，法院仅仅基于对财产权的保护而对当事人提供了救济，然而这些案例"实际上是对一项更具普遍性的权利的承认"[20]。例如，在英国著名的案件 *Prince Albert v. Strange* 中，原告诉求法院阻止被告发表通过一名工作人员的得到的原告蚀刻画作品的一览表，这本质上是具有一个私人和家务的性质。一审[21]和二审[22]判决均基于传统的理由：对普通法中版权的侵犯，以及对保密义务的侵害。然而沃伦和布兰代斯将关注的焦点集中在对一审程序中[23] Knight-Bruce VC 判决书中的数段文字上，该些段落强调法院认可原告享有对个人蚀刻画的隐私权。主要基于这些论证以及二审程序[24]中 Lord Cottenham LC 的附带意见，两位学者从中勾勒并凸现了一项更具普遍性的原则：

> 对于通过写作或艺术方式所表现的思想、情感和激情的保护——尽管当下以阻止公开的方式存在——不过是一项更为一般的权利运用的一个事例：那就是个体独处的权利。正如同每个人都有权免于受到恐吓、殴打，免于受到非法拘禁，免于被恶意控告，免于遭受诽谤……这项原则并非保护个人的作品免于盗窃或者其他物质性的盗用，而是防止各种形式

---

[19]　Ibid., p.200.
[20]　Ibid., p.204.
[21]　(1849) 2 DeG & Sm 652.
[22]　(1849) 1 Mac & G25.
[23]　(1849) 2 DeG & Sm 652,670,696—697.
[24]　(1849) 1 Mac & G 25,42,47.

的发表。事实上,这并不是一项个人财产权原则,而是根植于个人不可侵犯的人格。[25]

所以,这些法律提供了这样一项原则,以供个人保护其隐私不受来自如下方面的侵犯:过于侵扰的媒体、摄影者或者通过现代设备对表演或声音进行复制乃至发行。

本着对勤奋工作进行激励的需要,这种保护给予但不限于苦心孤诣的劳动成果,因为隐私权是更具普遍性的权利——个人安全和对于人格的权利——的一部分。[26] 重点是侵犯隐私行为所带来的对个体尊严方面的影响。法律介入的基础是为了对个人的尊严而不是财产权提供保护。他们所主张的、用以保护个人作品以及其他智力或情感产品的法律原则与其说是保护私有产权,不如说是对个人隐私提供法律救济。通过论证一项先在的权利应该延伸到保护个人肖像、话语、行为或者私人关系,呼吁司法造法就变得不必要了。可见,这种构想意在将一项先在的法律原则适用于一系列新的事实,而不是创制一项新的法律原则。[27]

从上面很简要的概括中可以很明显地看出来:沃伦和布兰代斯在整理了很多判例后认为自己的论证获得了支持:隐私权早就存在于普通法中了。在这里,归纳推理过程中所有可能的漏洞都不那么重要[28]——关键是美国绝大多数法院接受了他们的论证。显而易见的是,人格利用的问题是沃伦和布兰代斯力求解决的特别的棘手现象之一,并在他们的隐私权概念中有着重要的地位——如果不是核心地位的话。此外,很多被用来检验新的隐私权理论的早期判例涉及到了基于广告目的未经他人允许使用他人

---

[25] "The Right to Privacy", 205.
[26] Ibid., pp. 206—207.
[27] Ibid., p. 213.
[28] R. Dworkin 论证说,沃伦和布兰代斯的文章有时候被认为是一种善意的欺骗,尽管出发点是好的:*Taking Rights Seriously* (London, 1977), 119. 比较 R. Wacks,他则怀疑这种观点是否能在隐私权文献中得到支持:*Personal Information* (Oxford, 1989), 31。

姓名的情况。

早期判例法

在接下来的十年中，原告们在一系列的案例中检验了新的隐私权理论。[29] 在 *Schuyler v. Curtis*[30] 一案中，一位已逝女性慈善家的亲属们，以慈善家的名义提起诉讼，反对在一位著名的政治煽动家的雕塑旁边，为了纪念她而为其建造一座雕像。纽约县最高法院在引用了沃伦和布兰代斯的文章后判定，隐私权确乎存在。尽管该慈善家享有盛名，但她依然享有私人空间，且没有丧失隐私权。然而，该决定却被上诉法院驳回[31]：上诉法院尽管没有否认隐私权的存在，却认定无论原告享有什么样的隐私权，都因她的逝世而不复存在。在两个判决之间的一段时间中，在 *Marks v. Jaffa*[32] 一案中，纽约市高等法院，依靠纽约县最高法院在 *Schuyler v. Curtis* 一案的判决以及沃伦和布兰代斯的文章，签发了禁令，阻止报纸为了扩大影响力，而使用一位男演员名字和照片的行为。

同样的，在 *Corliss v. Walker*[33] 一案中，一位已故发明家的遗孀，以隐私权不容侵犯为由，请求法院签发禁令，阻止被告刊登其亡故配偶的生平简历和照片。她主张：此人一生都生活在大众的视野之外。Colt 法官不认同这种论证：既然 Corliss 先生致力于成为一位发明家并因此而在世界范围内享有声誉，他因此就不能遂愿地作为一个非公众人物了。所以，言论和出版自由的利益应当比死者的隐私权拥有更大权重。对比上文的案例，*Schuyler v. Curtis* 一案没有被认定为涉及公开权的例子，却被草率的当做能否

---

[29] 尽管 Prosser 指出，这篇文章对于法律仅仅有间接作用，聊胜于无（"Privacy"（1960）48 Calif LRev 383, 384），但 Leebron, "Privacy in Tort Law"，第 792—794 页，则令人信服的证明，这篇文章对学术圈以及对法院的影响是立即而显著的。

[30] 15 NYS 787 (Sup Ct 1891).

[31] Schuyler v. Curtis, 42 NE 22, 25 (1895).

[32] 26 *NYS* 908 (*Super Ct* 1893).

[33] 57 FedRep 434 (1893).

建造一座雕像之争议。然而,基于被告违反了默示的合同条款的传统理由,法院针对刊登该发明家照片而不是刊登生平材料的行为签发了禁令。[34] 接下来,被告上诉请求推翻一审判决中的禁令[35],因为争议中的一幅照片是在不存在同原告的契约关系的基础上独立获得的。最终法院判定:虽然一位非公众人物可能有权禁止他人刊登其照片,但是在涉及一位公众人物时,法院会考虑更多因素。对于一个政治家、作家、艺术家或者发明家,由于他们希望并追求大众的认可,因此可以说,在公众面前,他们放弃了隐私权。[36] 与此形成鲜明对照的是,密歇根州最高法院在 *Atkinson v. John E. Coherty & Co.*[37]一案中,完全否定了沃伦和布兰代斯二人提出的隐私权理论。在本案中,一位著名律师和政治家的遗孀 John Atkinson 夫人,力求阻止一家公司在雪茄牌子上使用其亡故丈夫的名字和肖像。

尽管作出上述判决的法院的级别较低而不十分重要,但它揭示了值得注意的两个问题:首先,事实上,隐私权自产生之日起,立即被用来作为阻止未经授权而将人格进行商业利用。其次,诸如 *Schuyler*, *Corliss* 和 *Atkinson* 的案例,预示了一个人作为公众人物同其隐私权权利要求协调的困境,而 *Corliss* 案也预示着将隐私权同言论自由以及出版自由进行平衡的难题。第一个难题后来导致了公开权的发展——下文将对此进行论述;而第二个难题现在仍困扰着法院。[38]

---

[34] Ibid., p.436.
[35] *Corliss v. Walker*, 74 Fed Rep 280 (1894).
[36] Ibid., p.282.
[37] 80 NW 285 (1899).
[38] 例如见:收录在 R. Wacks (ed.) *Prvacy* (Aldershot, 1993)卷二中的作品。又见 B. S. Markesinis, "The Right to Be Let Alone Versus Freedom of Speech" [1986],谈到美国法院已经对言论自由进行了过度的保护,以至于损害了个人隐私的利益。

上诉审中对隐私的讨论

1902 年，隐私权问题随着 Roberson v. Rochester Folding Box Co.[39] 一案摆到了纽约上诉法院的面前。未经原告的知悉和许可，一个小女孩通过其监护人诉称：被告获取了原告的相片，配上"家用面粉"的字幕，在面粉广告中使用。由于被告发行了 25000 份广告，原告受到认出广告中的形象就是她的人们的嘲笑和讥讽，尊严受到极大的伤害。她的好名声也受到了影响，身心承受了极大的压力，遭受了巨大的痛苦。[40] 她还主张，自己因此而害病，受到严重的神经性损害，不得不躺在床上和聘请了一位医生。[41] 原告没有以诽谤来申请禁令和主张 15,000 美元的损害赔偿。她也没有诉诸五年前在英格兰定案的 Wilkinson v. Downton[42] 案所确立的规则。令人感到奇怪的是：她声称自己因广告而受到严重的精神打击，以及双方当事人对早期的英格兰权威观点的依赖。[43]

原告诉讼请求的重心在于：未经她同意，其相片被用来为被告的产品做广告；以及被告无礼的举动使其在公众面前曝光——而这种公开是非常令人难受的。尽管没有直接的先例指导，纽约最高法院上诉庭将自己的决定建立在原告的隐私权受到侵犯基础上。而这一决定被纽约上诉法院以四比三的微弱多数所推翻。多数意见并不认可隐私权是先在的已经确立的原则，而强调这有可能招致大量类似的似是而非的诉讼。[44] 而且，承认这样的权利请求还会允许给受伤害的感情提供救济，而这是多数法官在缺乏明

---

[39]　171 NY 538 (1902).
[40]　Ibid., p. 542.
[41]　Ibid., p. 543.
[42]　[1897] 2 QB 57.
[43]　规则的范围可能不具有确定性，或者它可能被轻易的忽略了。在美国，故意加害造成精神痛苦的侵权法的发展，是美国侵权法中单独和稍微晚期的一个部分。见下文第 245—247 页。
[44]　171 NY 538 (1902), p. 545.

确的普通法原则前提下,不愿意接受的。[45] 首席法官 Parker 穷尽
的回顾了各种权威意见狭义的解释了沃伦和布兰代斯所依赖的英
格兰早期案例,并基于传统观念认定:要介入保护原告的财产所应
涉及的信托的违反或衡平法管辖权不存在,美国支持隐私权存在
的判例附带法官意见也被推翻了。在否认存在更宽泛的原则以保
护原告的感情后,多数意见认定,隐私权无法在纽约州法律中找到
一个长久栖身之处,在不影响现有法律原则安定性的前提下,无法
将其纳入到现有法律体系中。[46] 通过强调衡平法的正式基础,多
数意见有效的淡化了沃伦和布兰代斯意图将隐私权同财产权益分
离的努力,以及两人隐私权建立在人格不可侵犯原则上的良苦用
心。[47] 事实上,多数意见可以说反映的是形式主义的路径,而19
世纪末期法理学正是因此而受到猛烈抨击。[48]

　　占少数的反对意见对法院的权力抱有更动态和灵活的看法,
强调诉诸普通法的原则纠正和救济因为社会情况和商业实践的变
化而产生的违法行为,并且反对多数派的坚持通过财产权是否受
到侵犯这一途径寻求法律责任。鉴于普通法恒久的认为个体的人
身和财产不容侵犯,隐私权被认为是对个体免于侵害的权利的补
充。[49] 依据沃伦和布兰代斯同个人作品和其他思想产品进行的类
比,Gray 法官抱有的观点是:一名作家的存在于书信中的文学财产
应当受到保护,免于未经授权的发表,因为这是隐私权附着其上的
财产。[50] 接下来,按照少数意见,原告应具有同样的对财产的权利
使其面容免于商业使用,就像当被告发表她的文学著作时原告所

---

[45] Ibid., pp.546—547, citing H. S. Hadley, "The Right to Privacy" (1894) 3 Northwest U L Rev 1,反对沃伦和布兰代斯的文章,认为衡平法并不涉及个人的感情或道德适宜性的考虑,除非个体所可能遭受的这种不便或不适同财产的占有或收益有关。
[46] 171 NY 538 (1902), 556.
[47] See Warren and Brandeis, "The Right to Privacy", 205.
[48] See Leebron, "Privacy in Tort Law", 796.
[49] 171 NY 538 (1902), p.564.
[50] Ibid.

应当享有的权利一样。如果她的面容或肖像具有价值,那么除非她授予公众使用,该价值专属于原告。

尽管代表多数意见的首席法官 Parker 认识到,法院不能提供一种新的救济,也不能因此而创设一种新权利,他指出立法权可以介入,通过立法的方式禁止在广告中未经授权使用他人的名字和肖像。[51] 故而,鉴于可以立法规定该规则仅适用于特定的案例,"对普遍性法律整体就不会产生不利影响"[52]。在这件事情上,*Roberson* 一案的判决受到来自学术[53]和公众两方面广泛而直接的批评,导致一位多数派意见法官采取了不寻常的措施:撰写文章为该判决辩护。[54] 结果,第二年纽约州立法机关立法规定以广告或贸易为目的,未经许可使用一个人的姓名肖像或照片的行为,既是一种侵权也是一种轻罪。[55]

完全同 *Roberson* 一案的判决相反,三年后在 *Pavesich v. New England Life Insurance Co.* 一案中[56],乔治亚洲最高法院承认在普通法中隐私权的存在。原告,一位职业画家,以诽谤和侵犯隐私为由,起诉被告在其寿险广告中发表原告的照片,并伪造了原告的推荐评论。尽管法院作出了判决,Cobb 法官却不情愿的承认,由于原告主张的权利完全没有先例支持,法院应该谨慎从事;但他又指

---

[51] Ibid., p.545.

[52] Ibid.

[53] See Note, "An Actionable Right of Privacy? *Roberson v. Rochester Folding Box Co.*" (1902) 12 Yale LJ 35.

[54] 见 D. O'Brien, "The Right to Privacy" (1902) 2 Colum L Rev 437, 力求同来自"如此有智慧而又保守"的杂志的批评对话, 见 *New York Times*, 1902 年 8 月 23 号 (Ibid., p.438)。

[55] NY Sess. Laws 1903 Ch. 132 ss. 1—2. 这部分以同样的形式存在于《纽约民事权利法》§§50-1. 这是纽约所承认的唯一一种隐私权,并且是被狭义解释的(见 *Messenger v. Gruner & Jahr Printing and Pub.*, 208 F 3d 122 (2nd Cir. 2000), 125)。法院拒绝接受其他侵犯隐私类型在普通法中具有可诉性的立场,坚持认为,为其他类型的侵犯隐私行为是否应获救济而对各种政策考虑的衡量的工作,应由立法机关完成。See e.g., *Howell v. New York Post Co.*, 612 NE 2d 699 (N.Y. 1993), 703.

[56] 50 SE 68 (1905).

出:先例的缺失并不足以完全否定此权利的存在。[57] 从强调根本原则可以看出,Cobb 法官的判决有很明显的自然权利特色,并基于以下命题:尽管个体向社会出让了他可以在自然状态下行使的很多权利和特权,用以交换作为社会成员所享有的好处,但并不能推测他转让了自己的所有权利。[58]

在法院眼里,隐私权的基础是自然本能。隐私权应当被认为是一项在自然状态下属于个人的绝对权利,在社会中或社会外个人都有权享有。她的地位与其他绝对的权利诸如个人安全和自由平级。[59] 因此,一个希望过着完全或者部分隔离于社会生活的人,可以选择将自己置之于公众注意之下的时间、地点和方式。而且,自公共注意之下抽身的权利也"包含在个人自由权之中"[60]。因此,隐私权被法院认为是源于自然权利,为地方法律原则承认,受联邦宪法和乔治亚州宪法的保障:它们的条文里都宣称:未经正当法律程序,不得剥夺任何人的自由。

Cobb 法官承认,承认隐私权的最主要的绊脚石是,对隐私权的承认将无可避免的减少言论和出版自由,尽管它将两者都看作自然权利,应相互尊重并得到执行。[61] 在得出隐私权确实存在,源于自然法中的自由,并不需要特别的损害就可以通过侵权法执行等诸多结论之后,Cobb 法官继续考虑先例,承认所有为沃伦和布兰代斯所依赖的早期英格兰案例都是基于传统的基础,诸如干涉财产权,违背信托或者违约。[62] 在这一点上,他同意 Roberson 一案的多数意见,但更进一步,批评纽约上诉法院太保守了,拒绝了一项"本能的自然"已证明存在的权利,这是同司法决定、法律历史和法律著作相违背的。[63] Gray 法官在 Roberson 案中的的反对意见被完全

---

[57] Ibid., p.69.
[58] Ibid.
[59] Ibid., p.70.
[60] Ibid.
[61] Ibid., p.73.
[62] Ibid., p.75.
[63] Ibid., p.78.

采纳，起到了事后正当化的作用，尽管乔治亚最高法院的多数意见已经通过其自然权利的论证得出了这一结论。[64]

再转向案件的事实，Cobb 法官完全不认为有抵消表达自由之虞，并用一段值得全文摘录的话结论如下：

> 如果知道一个人的肖像和外形能够为这样一种目的所利用，像随处可见的广告一样被到处陈列，则本性十分敏感的人，甚至敏感程度如普通人一般的对象都能认识到，自己的自由被剥夺了。同时，只要广告主持如此这般的目的利用他，那么他将再清楚不过地意识到：在那个时候他处于别人的控制之下，他不再自由，事实上是个奴隶，没有自由的希望，伺候着一个毫无怜悯之心的主人。只要是一个保持本性的人，甚至是普通感情的人，都会比任何人都更清楚地意识到自己所受的奴役。

不用多讲，被告的上诉被驳回了，理由是侵犯隐私和诽谤，之所以法院认为发表这样一幅广告也构成了诽谤罪，因为发表捏造的推荐意见，暗示着原告故意地说假话，无论是有偿还是无偿的。而事实上他对被告的人寿保险公司没有什么看法。[65]

Pavesich 和 Roberson 两案件的对比比其截然相反的判决结果更深刻。Roberson 一案的判决强调的是在创制新的法律方面法院权力的有限性，以及承担这种权力所可能带来的实际危害。在通过详细和高度形式化地分析判例法，以没有正式先例为由拒绝提供救济之前，法院呼吁立法的介入。完全相反的是，在 Pavesich 案中，乔治亚最高法院意见一致地将重点放在宽泛的原则上，而不是严格和形式地分析相关判例，案例只是被用来回溯地支持一个先在的结论。Roberson 一案判决的基本结构，广义来讲，比 Pavesich 一案的判决更加类似于英国的论证方式。这反映了英美两国在法律论证和法律理论上的根本性区别，至今仍构成英美两国法律的

---

[64] Ibid., p. 79.
[65] Ibid., p. 81.

重大分歧。这些将在下文讨论。[66]

正如 Prosser 后来所指出的[67]，Pavesich 一案成为先例，大多数州的法院决定沿着乔治亚最高法院在 Pavesich 一案中采取的路径，而不是持有像纽约上诉法院在 Roberson 案中一样的保守立场。接下来每个州发展的细节没有必要在这里复述，由于本文目的所必须指出的是：未经授权使用一个人的姓名或肖像，正是沃伦和布兰代斯通过提倡隐私权所力求解决的问题。它在一些对隐私权有争议的早先案例中特别重要，并明显的是 Roberson 和 Pavesich 案件中诉讼请求的要旨。正是意识到建立在对荣誉、财产利益损害或违反保密义务之上的诉因是非常有限的，沃伦和布兰代斯通过确定对人格不可侵犯的权利，为人格利益寻求更大的保护。

不可侵犯的人格和财产属性的增长

必须指出的是，尽管隐私权最初被认知为对不受侵犯的人格所享有的权利，它很快就发展出了明显的财产属性。将一种特定权利指称为一种财产权利的过程，仅仅是在该权利前面加上一个修饰性标签；术语"财产"仅仅带有隐喻性作用，并且这种划分也没有什么固有的重要意义。[68] 但是，回溯法院使用的标签或术语，审查利益的实质，你会很清楚：在隐私案件最早涉及的权利中，法院保护的实质是经济或财产性质的利益，而不是涉及不可侵犯的人格的尊严利益。

例如，在早期涉及隐私权的案件 *Edison v. Edison Polyform Mfg Co.* 中[69]，著名的发明家托马斯·A.爱迪生起诉要求一家公司停止(i) 将其姓名作为公司名称，(ii) 使用其姓名和照片为医疗制剂

---

[66] 参见下文 189—198 页。
[67] Prosser,"Privacy", 386.
[68] 参见下文 276—286 页。
[69] 67 A 392 (1907).

做广告。爱迪生于几年前发明的 Polyform,已经卖给了被告。[70]该转让并没有许可被告就药品相关情况使用爱迪生的姓名和肖像。新泽西州大法官法庭认定:本案不适用不正当贸易法,因为被告没有以爱迪生制造的名义冒充,并进一步认定,爱迪生同该企业有关系,依据是该制剂是按照爱迪生提供的配方生产的,所以爱迪生是在监督该厂家的工作。[71] 侵犯隐私之诉得到了支持,Steven VC 指出:"如果一个人的姓名是自己的财产……那就很难理解为什么一个人容貌的特定摹画不也是一个人的财产,以及其财产性价值——如果有的话——不属于其所有人而属于未经授权谋求利用的人。"[72] 所以爱迪生案区别于两个隐私先例案件:因为本案原告是著名人物,以及重要的是,对不可侵犯的人格权所造成的伤害,以及对经济性质的利益所造成的伤害,隐私权都被看作是能提供救济。

在另一个先前的案例中,*Munden v. Harris* 案[73],一个小男孩通过其诉讼代理人,起诉要求法院颁发禁令并要求损害赔偿,原因是未经其授权在珠宝广告上使用其肖像,表面上看是主张感情或尊严受到伤害。但是,在判决支持原告的请求时,堪萨斯市上诉法院的 Ellison 法官指出,一个人可能拥有相貌上的特点,如果在广告或促销中使用的话,此人可能因此而受益。在本案中,"这是一项当事人希望为了自己的利益而行使的权利,为什么他不能阻止他人以经济为目的的使用呢? 如果其中有价值,足以激起他人的贪欲,为什么该价值不是那个赋予其价值和价值由其产生的人的财

---

[70] Ibid. 在这方面,本案明显区别于两个先前涉及未经授权使用著名外科医生姓名的英国案例(*Dockrell v. Dougall* (1899) 15 TLR 333 and *Clark v. Freeman* (1848) 11 Beav 112),后两者实质上涉及的是江湖郎中卖假药。所以两个案件中的诉讼请求的实质都基于对名誉的损害。但两者主张的诽谤行为没有得到法院的支持。参见下文 266—268 页。

[71] 67 A 392 (1907). 比较对英国法中传统的仿冒和"关联误述",上文第 72—84 页。

[72] 67 A 392 (1907).

[73] 134 SW 1076 (1911).

产呢?"[74] 法院最终判决,一个人拥有"对于其肖像的排他性权利,因为那是物质利益的财产权"[75]。而且,普遍性的赔偿金应予偿付而不必证明特定的损失。[76] 尽管对于财产性标签的使用可能看起来不那么十分重要,回溯对于这种标志的使用可以使人更清楚地看到,法院承认每个人都可能对其肖像拥有经济或金钱性利益。[77]

在 *Flake v. Greensboro News Co.* 一案中,经济因素再一次受到强调。[78] 北卡罗莱纳最高法院支持了一位身材苗条的电台播音员兼舞蹈演员的隐私权受侵犯的请求。她的照片未经其许可被他人用于面包广告。法院声称,如果承认一个人的名字或肖像对于广告来说是有价资产,那么该肖像未经所有者允许不得用于广告[79],不过由于原告的照片只是被错误的使用,被告也作了道歉,法院判决的损害赔偿金仅仅是名义上的。

然而,值得指出的是,在其他涉及在广告里盗用姓名或肖像的案例中,法院不承认任何经济利益,单纯集中于对情感或尊严的损害。例如,在 *Fairfield v. American Photocopy Equipment Co* 案[80]中,一名律师的名字未经其许可被用于复印机广告中,加利福尼亚上诉法院指出,侵犯隐私的诉因的主因是个人行为不当的伤害了原告的感情,并不涉及有关该公开行为可能给一个人的财产、商务、金钱利益或社区地位造成的影响。[81] 在其他的案例中,法院强调,尽管隐私权主要目的是为了保护个人人格免受不法侵害,损害赔偿金也可能包括"追偿本质和复杂地纠缠在个人的人格中所谓的

---

[74] Ibid., p. 1078.
[75] Ibid., p. 1079.
[76] Ibid.
[77] 通过指涉可以激起他人贪欲的价值,Ellison 法官实质上表达出不当得利的原理,以为利用人格提供救济。参见下文 311—313 页。
[78] 195 SE 55 (1938).
[79] Ibid., p. 64.
[80] Ibid., p. 197.
[81] Ibid.

'财产'利益",然而,是对人而不是对财产的侵害才构成了案件的诉因。[82]

所以,除了本质上是保护尊严利益之外,例如在 *Pavesich* 等案件中;包括尊严和经济的大范围的利益也是在隐私权类别内受到保护的。经济利益不必然限于现存的交易利益,还可能包括潜在的可能被承认的利益。[83] 从爱迪生一案的报道中,并不清楚原告是否介入了利用本人姓名开发商业的活动。但是,任何潜在的、未实现的商业利益都被被告抓住了,他清楚地意识到在自己商品上使用爱迪生姓名,并将其作为贸易名称一部分的好处。同样,是否 *Flake* 案中的原告曾经利用过其苗条身材的商业价值也不清楚,然而广告主从利用其肖像推销面包的行为中获益了。*Flake* 和 *Edison* 案件中的原告都很有名气,但是,在 *Fairfield v. American Photocopy Co.* 和 *Munder v. Harris* 案件中的原告都默默无闻,他们的肖像也不具有明显的商业价值。尽管法院在 *Fairfield* 案件中强调,原告作为一名律师所遭受的伤害纯粹是对其尊严利益的损害,而在 *Munden* 案中,法院所持观点是,在不知名的个人的肖像中也存在商业价值,实际上凡是值得别人争抢的东西就值得法院保护。

很难在不同的人可能对其肖像所享有的各种事实上的利益之间画一条泾渭分明的分界线。隐私权在美国的发展所揭示的是,这项新权利可以用来保护一系列的经济和尊严利益,从现存的交易利益到感情和感受之中的利益。然而,无论定义多么的糟糕,一项如隐私权这般广泛的权利也有边界。人们很快明白,隐私权被用来为异乎寻常广泛的各异权利寻求保护,这导致了有关隐私权合理范围和原则基础问题的相当广泛的概念混淆现象。同时有各种相互竞争的概念涌现出来,这将在下文进行讨论。不仅如此,对隐私权与防止未经授权利用人格经济方面特质的权利进行协调

---

[82] *Gautier v. Pro-Football Inc.*, 106 NYS 2d 553 (1951), 450 aff'd 107 NE 2d 485 (1952), 560 (基于《纽约民事权利法》主张隐私受侵害)。

[83] 见上文第8—10页。

是如此困难,最终导致了一项单独权利的发展——公开权。这在接下来的段落中进行论述。

有必要在两种不同的责任基础之间划一条清晰的分界线:隐私权和公开权,以及这些诉由所保护的潜在的经济和尊严利益。尽管在美国隐私权发展同利用他人人格之间的历史联系非常紧密,但概念联系却不确定得多。但尽管事实上利用他人人格和隐私权之间看起来纠缠关联,在对隐私的普遍权利和利用人格问题之间却没有必然的概念关联。事实上,当考虑到法系时,这一点就特别具有相关性了,特别是盎格鲁—澳大利亚法系,这里为利用人格信息提供救济的问题,经常同期望引入对隐私的普遍性权利问题相联系。由此可见,非常可能在为利用人格信息发展出特定普通法救济的同时,继续进行着是否引进对于隐私的普遍性权利的争论。[84]

隐私的概念

在美国新的法律范畴中,由"独处不被打扰"这一宽泛术语所定义的权利,对于为大量增长的各异的利益所遭受的各种不同形式的损害寻求救济的诉讼当事人来说,具有非常明显的吸引力。在这方面,隐私在其早期岁月里仅仅是侵权法的一个余项,涵盖的是基于精神受到损害的案件。[85] 事实上,Prosser 相信,当蓄意精神侵害的侵权法充分发展起来并得到普遍承认以后,将会吸收绝大多数的隐私案件。[86] 然而,这并没有发生。部分由于 Prosser 本人的努力[87],隐私在美国法中,依旧是一个重要的法律范畴——尽管被定义得很糟糕。这种不确定性在英国法中对承认隐私权所抱有

---

[84] See, generally, 238—41 below.
[85] See G. E. White, *Tort Law in America — An Intellectual History* (Oxford, 1980), 174.
[86] Ibid., 摘自 Prosser 的,*The Law of Torts*,1995.
[87] 见下文。

的一贯性担忧中得到反映:这是个过于宽泛、模糊而没有确定边界的、让人绝望的概念,很可能对表达自由带来有害的后果。[88] 毫无疑问,隐私概念有一种"多变的能力,能在不同的律师面前变为不同的事物"[89],它那模糊的性质使得自己很容易被别人操纵。所以,隐私权概念或广或狭,它的本质涉及:"独处不被打扰"的权利[90];对人类尊严或不可侵犯的人格的保护[91];一个人控制获取本人有关信息的权利[92];一个人对其他人的有限可得性[93];个人身份私密性的控制或自治[94]。

很明显,这些概念受到各种不同领域行为的影响,而对这些行为,普通人和法律人普遍认为涉及对个人隐私利益的损害。这些行为的准确程度各异:从那些可能是被认为隐私主要涉及的行为,例如未经授权使用他人资料,偷窥者的行为,远距离监视行为,对个人谈话的录音等等;到那些处于任何一个有关隐私的概念范畴边缘的行为,例如侵扰,侮辱行为或捏造事实、恶意的描写他人。那些最重要的、相互之间有竞争关系的隐私概念须经受检验,用以确定利用他人人格在这些互不相容的体系中的地位,以及它是否是关系隐私法律的核心或者边缘关注点。

需要指出的是,一开始我们仅仅涉及普通法侵权中的对隐私的侵犯,而不涉及隐私的宪法权利。宪法权利是后来发展的[95],基本上为了控制政府而不是控制个体行为,提供保护使人免于,例如,不合理的检查和查封[96]或者干涉同婚姻和家庭关系(例如避孕用具的

---

[88] 见下文第 200—202 页。

[89] T. Gerety, "Redefining Privacy"(1977) 12 Harv CR-CL Law Rev 233, 234.

[90] Warren and Brandeis, "The Right to Privacy", 205.

[91] E. J. Bloustein, "Privacy as an Aspect of Human Dignity: An Answer to Dean Prosser"(1964) NYULRev. 962, 1001.

[92] C. Fried, "Privacy" (1968) 77 Yale LJ 475, 493.

[93] R. Gavison, "Privacy and the Limits of Law"(1980) 89 Yale LJ 421, 423.

[94] Gerety, "Redefining Privacy", 236.

[95] See, generally, R. F. Hixson, *Privacy in a Public Society* (New York, 1987), Ch. 4.

[96] See, e.g. *Stanley v. Georgia*, 394 US 557 (1969).

使用）相关的个人决定[97]，或者涉及堕胎的决定[98]。因为如此，宪法权利在范围上迥异于并且外延小于普通法中的侵权[99]，因为它反映了不同于私人个体行为的政府官员的盗用行为的概念。[100]

简化论的范式

从对截止到1960年报道的大约300个案例的检验中，Prosser总结认为，隐私权不是一种民事侵权行为，而是对原告四种不同利益的四种有区别的侵犯行为，不过使用一个共同的名字来表述而已，它们没有任何共通之处，除了都表示对原告利益的侵犯，用Cooley法官标志性的用语来说：侵犯了原告"独处不被打扰"的权利。[101] Prosser定性了下列四种侵权行为——他认为这四种行为服从于各自离散的规则："(i) 侵入原告独居或独处的状态；(ii) 公开披露原告的令人难堪的私人信息；(iii) 通过公开行为，使公众对原告产生错误的认识；(iv) 为了被告的利益，盗用原告的姓名或肖像。"[102] 然而，尽管他做了相反的声明，Prosser仅仅确认了受其侵

---

[97] See *Griswold v. Connecticut*, 381 US 479 (1965).

[98] See, e.g. *Roe v. Wade*, 410 US 113 (1973).

[99] See, e.g. *Morris v. Danna*, 411 F Supp. 1300 (1976), 1303, 引用了 Prosser 的四分法（见下文）；*Roesnberg v. Martin*, 478 F 2d 520 (1973)（对隐私的宪法权利不能同纽约立法中的权利画等号）。宪法权利可以说更加侧重个人自治而不是个人隐私：See, e.g., L. Henkin, "Privacy and Autonomy" (1974) 74 Colum L Rev 1410, 1425.

[100] See P. L. Felcher and E. L. Rubin, "Privacy, Publicity, and the Protrayal of Real People by the Media" (1979) 88 Yale LJ 1577, 1584. See, generally, J. Rubenfeld, "The Right of Privacy" (1989) 102 HarvLRev 737.

[101] "Privacy", 389.

[102] Ibid. Cf. G. Dickler, "The Right of Privacy" (1936) 70 USLRev 435, 435—436, 提供了更早（但也相对缺乏影响）的三分法的分类：(i) 侵入他人的个人生活或个人事务；(ii) 披露个人的想法，习惯，行为方式，事务等；(iii) 盗用，涉及不当交易行为和盗用潜在利益。此后一类别，Dickler论证，不同之处在于，尽管精神上的苦闷因素经常被人提及，然而最主要的并不是恢复原状，而是阻止被告在其商业利益上获得没有理由的优势。

权四分法保护的三种利益[103]:首先,侵入侵权法保护基本的精神利益,这填补了侵害(trespass)、妨害(nuisance)、和故意导致精神痛苦的侵害三者之间的空隙。[104] 其次,披露侵权行为[105]和虚假陈述侵权行为[106]都保护的名誉利益,同有关诽谤的法律类似,对精神痛苦的关注只具有次要意义。再次,盗用侵权法对精神的保护,"比不上对作为原告身份的一方面的姓名和肖像排他性使用权的财产权利的保护程度"。[107]

这种分类很大程度上是自明的。第一种侵权,侵入,涉及的是同侵犯隐私的流行观念很密切的行为,即个人的独居或独处受到了侵入。[108] 侵权行为很快延伸超越纯粹的物理性侵入形式,包括了诸如通过窃听电话或者使用麦克风对他人的隐私谈话进行偷听的行为[109],而主要的限制是要求侵害必须是对一个理性人来说构成冒犯,而被侵害的对象应当是原告有权将其作为隐私而进行保护的。[110] 侵害侵权法所保护的对象被 Prosser 指称为以精神利益为主,而第二类侵权行为,披露,主要保护对名誉享有的利益。这从下列事实可以很明显的看出来:这类侵权主要关系的是对隐私事实的公开披露,而这会对一个有着正常敏感程度的理性人构成

---

[103] 一个由 Bloustein 指出的事实,"Privacy as Human Dignity",965,和 H. Gross, "The Concept of Privacy"(1967) 42 NYULRev 34, 46。

[104] Prosser, "Privacy", 392.

[105] Ibid., p.398.

[106] Ibid., p.400.

[107] Ibid., p.406.

[108] Cf. *Kaye v. Robertson* [1991] FSR 62,见下文 202—211 页。比较 *Barber v. Time Inc.* 159 SW 2d 291 (1948)。

[109] See Prosser, "Privacy", 390. 在联合王国,Younger 委员会持有的观点是:除了现有的法律以外,没有什么必要采取进一步的法律保护,用以防止通过刺探邻居、房东或他人的方式侵入家庭生活。See, *Report of the Committee on Privacy*, Cmnd 5012 (London, 1972), paras. 119—120.

[110] See Prosser, "Privacy", 391.

冒犯并令人不快。[111] Prosser 的第三种侵权,通过公开行为使公众对某人产生错误认识,保护的也是名誉利益,同诽谤侵权行为联系很密切,尽管它超过了诽谤侵权行为的界限,保护的是感受或感情,而不是严格的限于名誉。[112]

　　基于本书的目的所要讨论的主要利益是第四类:盗用。[113] Prosser 承认,盗用同其他三类范畴比起来有所不同,并论证该法律所保护的利益的财产属性比精神属性更多一些,是对作为身份一方面的姓名和肖像的排他性使用。[114] 盗用这一范畴的界限受两条主要规则的约束。首先,法律仅仅对表征以个人身份的姓名加以保护,而不保护姓名本身不被他人采用;事实上有上千个叫"John Smith"的人存在,这说明不存在对一个姓名的排他性权利。[115] 其次,作为第一项规则的延伸,只有当被告为个人利益盗用原告身份时才会产生法律责任。尽管有一些立法要求原告必须证明被告获取到了金钱利益,Prosser 指出,普通法并不含有这么多限制,例如,只要被告在起诉中、在电报中使用原告的名字,或者在出生证明中使用原告的名字作为孩子的父亲,被告就可能承担责任。[116] 尽管可能已经讨论过,被告在其报纸或杂志上使用原告的姓名也是为

---

[111] 见,例如,*Melvin v. Read* 297 P 91 (1931) (这是一个可诉的侵犯隐私行为,被告制作并展示了反映原告一生的电影,揭露她过去曾是一个妓女,还曾在一起谋杀案中作过被告。通过向社会和原告的朋友披露这些事实,被告毁了原告的新生活)。英国法提供了零散性的保护,主要借助的是诽谤侵权法和违背保密义务侵权法。见下文 207—211 页和第 9 章。

[112] 进一步的讨论见第 9 章。

[113] Prosser,"Privacy",401,他很奇怪的论断道,没有什么迹象表明,沃伦和布兰代斯打算将他们的文章导入自己所作分类中的第四类侵权行为,盗用原告的身份属性的信息。但是,正如上文指出的,沃伦和布兰代斯对"私人肖像未经授权的流通"表示出了特别的关注("The Right to Privacy",195);见上文注释 7—10。很难想象,沃伦和布兰代斯引用的案例除了被归类于 Prosser 的第四种侵权行为外,还能做怎样的分类。

[114] Prosser,"Privacy", 406.

[115] 在诸多先例中,Prosser 选择支持自己立场的是两个英国案例,*Duboulay v. Duboulay* (1869) LR 2 PC 430 和 *Cowley v. Cowley* [1901] AC 450。

[116] 见 Prosser,"Privacy", 405,注释[180]以及引用的参考。

了被告的利益,由于法院给与言论自由考量以很大的权重,所以法院已经认定,在报纸、杂志中偶然包含原告的姓名或肖像的行为是不可诉的。[117]

  Prosser 认为讨论这项权利是否被划分为财产权毫无意义,即使它本不是一项财产权,这项权利一旦受到法律保护,就成了一项有价值的权利,而原告可以通过出售许可的方式享有这种利益。事实上,在 Prosser 看来,有关其所有权属性的证据可能从下列事实中被发现:拥有排他性许可的人有一项"公开权",该权利赋予其阻止第三人使用该姓名或肖像的权利。[118] 在这里,术语"公开权"仅仅附带的被提到,涉及的是在商业盗用案例中的许可权。也许是由于 Prosser 不希望破坏他的"侵权四分法"的概念体系,没有把第四类侵权行为一分为二:"盗用隐私"涉及精神痛苦方面,而"公开权"涉及经济方面。[119] 目前美国其他的侵权法代表性人物,诸如 Harper 和 James 对这种区分的认识更加深刻,认为,两个不相关的观念——精神痛苦(大多数普通人可能遭受的痛苦)和单纯的经济损失(公众人物遭受的痛苦)造成了法律上的精神分裂症,对澄清思想认识毫无裨益。在他们看来,一位公众人物可能因某种公开行为而忍受痛苦,而不大可能因为隐私受侵犯而有所损失。法律应当划一条适当而又经纬分明的线,区别涉及经济对价的案件和单纯涉及精神安宁的案件,例如极度痛苦,耻辱和丧失个人尊严。[120] 最终的结果是,协调单纯的商业利用人格这一理念同隐私权之间的关系变得不可行了,正如公开权的发展所昭示的一样。这会在下文得到论述。

  尽管有这些缺陷,Prosser 对隐私权法律的重新阐释影响十分

---

[117] Ibid., p.405.
[118] Ibid., p.407.
[119] See J. T. McCarthy, *The Rights of Publicity and Privacy*, 2nd edn (New York, 2001), §1.23.
[120] *The Law of Torts* (Boston 1956), 689—690.

广泛,并被美国法律协会在《第二次侵权法重述》中采用。[121] 事实上,这种分类方式是如此的影响广泛和容易为人接受,无怪乎产生了要为分立的案例法组织一个框架的需求,以及 Prosser 被公认为当代侵权法学者的代表性人物。[122] 当然,他的观点也不是一统学术界。

一个整体论的概念

四年之后,Bloustein 提出了一个有关个人隐私的普遍性理论,试图协调法学理论发展的分歧,将隐私重塑为一个单独、统一的法律概念。[123]

在对 Prosser 的分析进行了细致的批评之后,Bloustein 论证认为,贯穿所有案例的原则的共同线索可以被区分出来:沃伦和布兰代斯所定性的"不可侵犯的人格"[124]。隐私案件所保护的利益,从某种意义上,与其说是财产或者名誉利益,不如说是精神利益。像侵权法中的恐吓(assault)、殴击(battery)和非法拘禁(false imprisonment)一样,是对一个人的个体性和尊严的伤害。故而,法律救济代表的是对人类精神的社会性认可,而不是对遭受损失的补偿。[125] Bloustein 承认,"我们用来定性和描述根本性人类价值的词汇不可避免的模糊、难于定义"[126]。尽管他没有描绘出这项权利,

---

[121] See *Restatement, Second, Torts* (1977) § 652. 各个类别的顺序有所改变,新的顺序是:(1) 对独居或独处的侵入;(2) 盗用姓名或肖像;(3) 披露隐私事实;和(4) 通过公开行为使公众产生对某人的错误认识。

[122] 对于 Prosser 对普遍意义上的美国侵权法以及特定意义上的侵犯隐私权所作贡献的描述,见 G. E. White, *Tort Law in America*, Ch.5,特别是 173—176 页。Prosser 的研究框架也为研究其他法域隐私权的发展提供了基础。见,例如,D. J. McQuoid-Mason, *The Law of Privacy in South Africa* (Cape Town, 1978),这本书也描述了隐私法律在几个普通法和大陆法法域的发展。

[123] Bloustein, "Privacy as Human Dignity", 962.

[124] Ibid., p.1001.

[125] Ibid., p.1002—1003, Cf. 21—23 above.

[126] Ibid., p.1001.

他却成功指出为什么这种利益如此重要,值得法律予以保护。[127]但仅就对术语的定义而言,他的隐私概念实在过于模糊。[128]

为了同他的普遍性论题相协调,Bloustein 被迫将盗用案例处理为保护纯粹的尊严利益。按照他的解释,诸如 *Pavesich* 案一类的案例涉及的是原告保护其个人尊严的利益,而不是在 Prosser 框架中的对原告财产权利益的侵害。[129] 他论证,以广告为目的使用他人的照片,有贬损和侮辱当事人的倾向,同侵犯隐私的其他方面诸如披露隐私事实相比,不同之处在于这种贬损和侮辱是通过将商业产品同个人姓名或肖像联系在一起引发的,普遍说来即是如此。[130] "对人格某一方面地商业化"会带来"侮辱和贬损"[131],在一段使人联想起 Cobb 法官在 *Pavesich v. New England Life Insurance Co.*[132] 案件的附随意见的段落中,Bloustein 论证说:

> 没有人愿意被其他人有悖自己意愿地"使用",正是因为这个原因,对个人的照片进行商业利用才是令人厌恶的。以贸易为目的使用一个人的照片将人变成了商品,服务于经济需要和他人利益。在一个所有人都对人们价值的商业化十分敏感的社会,违背当事人意志使其成为商业的一部分就是一种贬损。[133]

在 Bloustein 看来,在绝大多数案件中,被盗用的姓名或肖像没有固有的商业价值,最多纯粹是名义上的价值,连诉讼费用都弥补不了。[134] 这涉及剔除一些"个别案例"[135],在这些案例中,原告的

---

[127] Gross, "The Concept of Privacy", 53.
[128] See G. Dworkin, "The Common Law Protection of Privacy" (1967) 2 U Tas LR 418, 433.
[129] Bloustein, "Privacy as Human Dignity", 986.
[130] Ibid., pp. 986—987.
[131] Ibid., p. 987.
[132] See note 57 above and accompanying text.
[133] Bloustein, "Privacy as Human Dignity", 988.
[134] Ibid., p. 987.
[135] Ibid., p. 988.

肖像事实上具有商业价值,对此 Bloustein 认为,正是这些个案导致 Prosser 以及其他人例如 Nimmer,错误的得出结论,认为所涉及的利益是具有财产性的。这种纯粹的尊严分析,明显同存在着的公开权,即主要保护人格中的商业利益的权利相抵触。而这种权利在其发表文章的 11 年之前就开始发展了。[136] 按照 Bloustein 的观点,公开权的存在取决于如下事实:只有当社会承认隐私权允许个人控制使用其姓名或肖像条件的条件时,个人才能就其姓名或肖像在社会上的商业价值索取回报:不存在公开权,存在的"仅仅是一种权利,在某些条件下,可以为放弃的隐私索取商业价值"[137]。任何人都有权阻止对其人格的商业利用,这"不是因为其商业价值,而是由于如果不能行使这样一项权利,那将是对人类尊严的贬损"[138]。这种分析是纯粹从尊严利益角度解读盗用人格的结果,使其成为侮辱人类尊严的一个方面,而侮辱人类尊严正是 Bloustein 侵犯隐私行为框架的本质。这种观点忽略了这样一种事实,广告主不会因为著名人物——诸如体育和娱乐明星——放弃隐私而向其支付对价,而是会因为这些人的形象已经具有的"知名度价值而支付对价"[139]。

尽管 Bloustein 通过论证 Prosser 的侵权四分法可以被一个单独的隐私权概念所包含,同时还有一个统一的原则支持,以试图挑战 Prosser 的简化主义路径,但作为替代性结论的隐私的统一性概念,以及潜在的原则,都过于含混模糊。简而言之,Bloustein 所要尝试做的工作太庞大了,而对 Prosser 理论的其他批评则相对成功的多。

---

[136] 见下文第 171—179 页。
[137] Bloustein, "Privacy as Human Dignity", 989.
[138] Ibid.
[139] See A. D'Amato, "Comment on Professor Posner's Lecture on Privacy" (1978) 12 GaLRev 497, 499. See also *Lugosi v. Universal Pictures* Cal. 603 P2d 425 (1979), 438.

重估简化论:隐私的核心概念

可能对简化主义路径的最猛烈和最具思想性的抨击存在于 Gavison 提出的论证中,他将隐私权重塑为一个一元的法律概念,反映了我们对隐私的一种超越法律的认识,而不是将它离散为各个利益元素。[140] 尽管简化主义路径的理由在于,隐私单纯被保护而不涉及其他利益的情况十分少见,但这种立场也存在着危险,因为由此可能得出这样的结论:隐私不是一种重要的价值,对丧失隐私没有提供法律保护的必要。[141] 如果这个概念被认为有很大的附随寄生性,那么结果必然是,可以通过保护独立的主权利,诸如财产和名誉来进行法律救济,则隐私概念的独特性就很不明确了。[142] Gavison 论证,日常用语揭示,隐私概念是内在一致的,用于三种彼此不同但相互联系的语境中:(i) 作为一个中性概念,当发生了丧失隐私情况时帮助我们定性;(ii) 作为一种明显的价值,因为只有当丧失隐私是人们为类似原因所不欲时,主张对隐私进行法律保护的要求才会十分迫切;(iii) 作为一个法律概念,使我们能够确定需要进行法律保护的情形。因此,(i) 丧失隐私,(ii) 侵犯隐私和 (iii) 可诉的侵犯隐私行为,三者是相互联系的,都是当前概念的一个子集。尽管简化主义者对隐私的分析否认隐私作为一个单独概念的功用,割断了这些概念联系,Gavison 论证,在所有三种语境下对"隐私"的使用增强了三者是相互联系的理念,同时还使人有理由相信:在所有这些语境中,"隐私"是独立而又内在统一的概念。[143] 被提出的隐私的中性概念从这样一个前提出发:当他人完全不能接近一个人的时候,该主体享有完全的隐私(很明显,在任何社会都不可能)。这又包含三个元素:(i) 关于一个人,他人所掌握的信息量;(ii) 对一个个体的关注;和 (iii) 物理性地接近一个人

---

[140] R. Gavison, "Privacy and the Limits of Law" (1980) 89 Yale LJ 421, 424.
[141] Ibid.
[142] R. Wacks, *Personal Information* (Oxford, 1989), 18.
[143] Gavison, "Privacy and the Limits of Law", 423.

的程度。秘密性,隐匿性和独处性这三个元素可以说是独特而又相互关联的,这就比任何一个围绕着单一元素打转的定义更加丰富,对什么情况下丧失隐私的理解也更符合大众的本能认识。[144]

然而,对一个隐私的核心概念进行的任何公式化,都会拒绝一些边缘的权利请求。尽管核心概念包括了典型的侵犯隐私行为,诸如收集和散发个人数据,偷窥,对个体进行监视和照相,侵入私人领域,偷听,利用设备窃听,它却没能包括诸如此类的行为:侮辱,屡次侵扰,骚扰行为,使他人对某个体产生错误认识,未经要求发送信件和不必要的电话拨叫;它却不能包括商业利用行为。尽管这些侵权行为可以被一个无所不包并且在修辞上听起来很有力的概念包括,例如"独处不受打扰的权利"[145],但这种途径包括了可能的任何权利请求,却拒绝了侵犯隐私所可能包含的任何独特性和意义。[146] 同样地,尽管隐私的内在统一性可在存在于它同人类尊严的关系,却不是处处为真。存在很多方式侵犯人的尊严和人格,却同隐私没有任何关系;为了生存乞讨或出售肉体是对尊严的侵犯,但是同丧失隐私没有什么关系。Gavison 明确的拒绝将人格的商业利用作为隐私的一方面,指出,隐私"可能以与这种商业利用没有任何联系的其他方式受到侵犯"[147],同时还举例说明,政府通过设备进行窃听的行为明显是一种侵犯隐私的行为,但却没有任何商业利用的迹象。[148] 同样,还有很多种方式的利用,同即使最广义的隐私概念也没有什么关系。如果被补偿的服务价格低于市场价,那么个人可能受到商业利用,然而这同隐私的丧失没有任何关系。[149]

这样的说法有时会走向极端:商业利用同侵犯隐私从没有任

---

[144] Ibid., pp.428—429.
[145] Ibid., p.437.
[146] Ibid., pp.437—438.
[147] Ibid., p.440.
[148] Ibid., note 61.
[149] Ibid.

何关系。可以这样论证:(i)商业利用同利用知名人物的肖像有关,(ii)一个人作为知名人物所处的地位同主张享有隐私权不一致,所以(iii)商业利用同隐私没有任何联系。第一个前提是不可能成立的,广告界的商业实践轻易的表明这不是事实,而非知名人物在美国隐私权案件中做原告的案例也随处可见。第二个前提成立的困难更大。尽管将一个人作为知名人物的处境同主张隐私权相协调的努力确实遇到了困难,可是如果主张知名人物被自动的剥夺了一个人对隐私的权利,那就更加说不过去了。[150] 一个不那么极端的观点是,例如,如果一个著名的运动员,发现未经自己的同意,自己的姓名被用于体育器材的促销,那么诉讼请求的实质应该是未经授权对一项商业资产的利用;问题的核心是运动员的公共名誉,而不是他的私人生活。[151] 考虑这样一个案例:一个普通人发现自己的肖像,未经自己同意,被广泛的用于人寿保险的广告中,同 *Pavesich v. New England Life Insurance* 案例中的事实类似。[152] 在这样的案例中,原告可能遭受到不期望发生的来自公众的关注,以至于影响到原告相对公众的隐匿性。而隐匿性,在 Gavison 的分析框架里,正是隐私三个不可约减的核心要素之一。正是这三个要素,构成了有着有限可得性含义的隐私概念。所以,在一些利用人格导致伤害个人尊严利益的案例中,隐私的概念是相关的——虽然不是问题的核心。应当承认,在那些原告是知名人物的案例中,同隐私权概念进行协调是更加困难的。这些情况我们

---

[150] 试比较上文 *Roberson* 和 *Pavesich* 案件在这一点上的分歧,并参见下文的注释〔165〕。

[151] See D. Ginbon, "Common Law Protection of Privacy: What to Do Until the Legislators Arrive" in L. Klar (ed.) *Studies in Canadian Tort Law* (Toronto, 1977), 343, 345,论证商业利用"在隐私法律研究中没有位置";D. Vaver 引用,"What's Mine Is Not Yours: Commercial Appropriation of Personality Under the Privacy Acts of British Columbia, Manitoba and Saskatchewan" (1981) 15 UBCL Rev 241,主张(255):"主张利用不是隐私的一方面的命题,是毫无想象力的。"

[152] 见上文注〔56〕及相关的段落。

将会在描述公开权发展的段落中看得更清楚。

将商业利用完全从隐私范畴中剥离的企图是不现实的,而且涉及到采取更宽泛的视角考量商业利用的构成要素,最终会将实践中的所有肖像都认定为具有商业价值。例如,在 Pavesich 一案中,原告的肖像没有什么固有的商业价值,只要广告主愿意多承担一些成本或者多花一些功夫的话,他可以采用一千幅其他人的肖像。进一步讲,原告诉讼请求的实质是对其尊严利益的伤害,而可能提供救济的法律可能是关于隐私的普遍性权利的,或者既为经济利益又为尊严利益提供保障的盗用侵权法。这个问题又一次突出了问题的核心:单纯从商业利用角度看问题,或者完全从隐私的尊严权利角度看问题[153],都有失偏颇。经济利益和尊严利益应该放在一起考虑。

隐私作为原则

替代性的进路是,不要局限于简单的采用或者拒绝隐私概念。[154] 如果隐私概念就像一个社会学或心理学概念一样内在统一,那么问题就变成它是否能够整合进法律体系中,适当的兼顾各种相互冲突的利益。如果我们将利益定义为一种权利主张、一种请求权、一种需要或者关注,以及作为法律所保护的利益——权利,那么是否应当给予隐私以一种利益的地位,甚至是一种权利呢?[155] 尽管规则都是个别特定化的,描述的是在一个既定情境下的法律,带有相当大程度的直接和精确的规定,而原则可能被认为具有更大的弹性,更多的被用来预测和塑造法律发展的过程。[156] 所以,原则填补了抽象的哲学定义和具体的法律工具的中间地带。既从不主张提供抽象的普遍性定义,也不像简单的先例规则那样

---

[153] 例如在 Bloustein 的框架中:见上文注释137及相关段落。
[154] See P. A. Freund, "Privacy: One Concept or Many" in J. R. Pennock and J. W. Chapman (eds.) *Nomos XIII Privacy* (New York, 1971), 182.
[155] Ibid., p.194.
[156] Ibid., p.197.

有十分确定的功用,原则所处的中间地带可能将这两者都包含进去。[157] Freund 论证认为,隐私权作为一项原则具有核心价值,即使将隐私权整合为一条法律规则会有误导作用,把它作为一个法律原则术语加以排斥也是难以接受的。[158] 事实上,值得指出的是,沃伦和布兰代斯为了力求避免被别人指责宣扬法院立法,他们主张其所构想的仅仅是把一个先在法律原则根据社会条件的变化而进行的简单应用,不是引入一个新原则。

且不论在普遍法理学意义上规则和原则作用之争[159],引用一条主规则,以区分原则和规则是非常有可能的。法院必须适用立法规定,先例规则和案件的判决决定,但如果在一个案件中,没有立法规定或判决决定可以适用,那么在作出判决的过程中,法院必须考虑源于立法、相关案件判决决定和相关判决书的附带意见的原则,[160]尽管立法和有约束力的先例是法律的唯一最终渊源,但是有说服力的原则却不应当被排斥,只要原则在解决没有规则可以直接适用的法律问题方面,可起到相当可观的作用。[161] 然而,不要忘记,只要持有观点认为:尽管有些特定的法律原则不是直接表达在判决或者立法规定中,"且(这些原则)应当被认定符合法官对普通法的详细解释,符合法律汇编中议会的各种法案",仍可能在判

---

[157] Gerety,"Redefining Privacy",239.

[158] Freund,"Privacy: One Concept or Many"198. Warren and Brandeis,"The Right to Privacy",213,为了力求避免受到宣扬法院立法的指责,他们主张其所构想的仅仅是一个先在法律原则根据社会条件的变化的简单应用,而不是引入一个新原则。See, also, E. M. Barendt,"Privacy as a Constitutional Right and Value", in Birks(ed.) *Privacy and Royalty* (Oxford, 1997),12(主张隐私应当被主要承认为一项宪法价值,而不是一组宪法和立法权利)。

[159] See, e.g., R. Dworkin, *Taking Rights Seriously*, Chs. 2 and 3. Cf. H. L. A. Hart, *The Concept of Law*, 2nd edn (Oxford, 1994), 259—263.

[160] R. Cross and J. W. Harris, *Precedent in English Law*, 4th edn (Oxford, 1991), 215.

[161] Ibid., p. 216.

决附带意见中或多或少的找到对这些原则的支持。[162] 从英国法角度出发还有一个有趣的问题是，随着《1998 人权法案》的颁行，究竟在何种程度上，《欧洲人权公约》的核心价值将会影响到普通法的发展。这一点将会在下一章继续讨论。

小结

毫不奇怪，一个像隐私这样含混和宽泛的范畴会受到来自学术人士如此多的关注。上文所勾勒一些观点，尽管有宽泛的代表性，但仅仅来自于因隐私权而产生的长篇累牍的作品中的一小部分。英国普通法体系对宽泛、普遍性概念不信任，倾向于抵制一个普遍性权利，例如 Bloustein 提倡的受一个高度抽象的不可侵犯的人格的原则的支持的普遍性权利。Prosser 简化主义进路描述的优点在于，它能够将一个潜在的很模糊的概念分解为数个自治的侵权概念，这数个概念拥有一个共同的头衔。接下来进行讨论的为这些单个的侵权概念是否是正当的，以及为了保护由"隐私"所涵盖的各种利益，这些概念是否必需。然而，那些像 Gavison 一样的学者，坚信隐私概念在法律和法律以外领域的内在统一性，拒绝这种对隐私进行简化描述的实用主义范式，试图发展一个核心概念，尽管涵盖的范围更小，却可以说有一个更加合适概念立足的基点。在另一方面，如果隐私作为原则被接受了，就像在绝大多数法律制度中一样，接下来的发展就十分可能：制定支持该原则的规则，而不必制造一个新的含糊的普遍意义上的隐私权概念。美国的经验表明，随隐私权而来的各种问题，可以通过制定更多细化和特定化规则的方式，轻易的加以避免。

公开权在美国的发展

最终，隐私权被证明不是一个令人满意的用以保护个人对其

---

[162] Ibid., citing Kelly CB in *River Wear Commissioners v. Adamson* (1876) 1 QBD 551.

姓名、肖像或嗓音的经济利益的方法。不久之后，法院和学术界人士构想出了替代性的责任基础。这种责任基础就是公开权，在 Prosser 和 Bloustein 提出相互对立的隐私权概念时，公开权仍处于其发轫期。这两位学者都有意无意的忽视了这种发展。Prosser 认为对隐私的盗用包括了经济利益和尊严利益两个方面，而 Bloustein 拒绝承认人格中经济利益的存在——尽管可能以一种单独权利对象的形式存在，因为他倾向于将盗用人格视作纯粹的对个人尊严的伤害。在不同的方面，两者都低估了协调个人隐私权同占主导地位的对人格进行商业利用的理念这两者之间关系的困难，更不用说还有不断增长的趋势：承认公开权是一项完全独立的法律范畴。[163]

协调隐私和商业利用关系的困难

即使在早期的隐私权案件中[164]，协调一个知名人物的地位同其主张隐私权的困难就很明显。这就是纽约上诉法院在 *Roberson v. Rochester Folding Box Co.* [165] 一案中认为不能承认在普通法中存在隐私权的理由之一，因为多数派意见是：作武断的区分超越了法院权限，最好留给立法机关去做。然而，在 *Pavesich v. New England Life Insurance Co.* [166] 一案中——后来成为约束性先例——乔治亚州最高法院不准备允许这个困难成为承认隐私权存在的障碍。像其他任何权利一样，隐私权在特定情境下也可以被放弃，例如当一个人站出来竞争公职的时候，或者成为某一职业领域的知名人士

---

[163] 由于公开权主要保护的是人格的经济利益，所以理论上应该在第 II 部分进行讨论。然而，在没有首先理解隐私法及其局限性之前，是不可能理解公开权的发展的。在这里只能作简要的叙述。更加充分的讨论，see McCarthy, *Rights of Publicity and Privacy*, § §1.6—1.11. See, also O. R. Goodenough, "The Price of Fame: The Development of the Right of Publicity in the United States" [1992] EIPR 55.

[164] See *Schuyler v. Curtis*, 15 NYS 787 (Sup Ct 1891); *Corliss v. Walker*, 57 Fed Rep 434 (1893); *Atkinson v. John E. Doherty & Co.* 80 NW 285 (1899).

[165] 171 NY 538 (1902), pp. 554—555.

[166] 50 SE 68 (1905), p. 72.

时。然而,这却不足以构成全盘放弃。在那些同成为公职人员或专业知名人士的条件不相关的领域,这样一个人仍享有隐私权。在该法院的眼里,判决那些决定隐私权放弃或不放弃分界线的案件,同判决其他法律领域的一些案件决定可诉与不可诉的分界线时所遇到的困难相比,不见得更多,因此,应该留给"司法权的正直和睿智"处理。[167]

在这件事情上,存在的困难要比乔治亚最高法院在 Pavesich 案中所预见的大很多,在很多法域,当知名人物作为原告主张,由于他人未经授权使用了自己的肖像,自己的隐私受到了侵犯时,法院拒绝接受这样的观点:他们因受到侮辱而受到精神损害,以至于构成了给予精神损害赔偿的基础。特别是当该知名人物自愿的许可他人使用其肖像进行广告推销或支持某种商品的时候。隐私的标签以面值就能拿走,而且法院也不愿接受这样的观点:未经允许商业利用公众人物的身份就是侵犯其独处不受打扰的权利。[168] 由于他们是公众人物,很多原告被认为已经放弃了隐私权。

第五巡回上诉法院在 O'Brien v. Pabst SalesCo. 一案中的判决很方便的表现了上述的一些问题。[169] 原告,一位知名的足球运动员,起诉 Pabst 啤酒公司在其广告日历中使用了他的照片,主张被告侵犯了自己的隐私权。由于原告是一个禁酒组织的活跃分子,并且曾经多次拒绝推销啤酒和其他酒精饮料,所以原告受的侵害特别严重。法院以多数意见认定,由于原告是最著名和活跃于公开场合的足球运动员之一,他已经不再是一个私人个体,并实际上放弃了对于隐私的权利。他的公众知名度是他长久以来不断谋求和收获的。[170] O'Brien 因被告在广告中使用其照片所受到的不合

---

[167] Ibid.

[168] See McCarthy, *Rights of Publicity and Privacy*, §1.6.

[169] 124 F 2d 167 (5th Cir. 194). 又见 *Paramount Pictures Inc. v. Leader Press Inc.*, 24 F Supp. 1004 (1938); *Gautier v. Pro-Football Inc.*, 107 NE 2d 485 (1952).

[170] 124 F 2d 167 (5th Cir. 1941), p.170.

其意愿的公开，同他从作为运动员的名誉中所意愿受到的公共关注，两者应当被平等对待。在法院的眼中，他不可能接受其一而拒绝另外一个。法院还认定，发行日历尽管误导性的表明原告喝啤酒或者原告接受或推荐喝 Pabst 啤酒，但并未对原告造成损害，理由是酿造和出售啤酒是一项很受尊敬的商业活动，各种人都喝啤酒。所以，将 O'Brien 的照片和一杯啤酒相联系，不可能使原告蒙羞或对其造成损害。[171] 原告并没有明确的主张诽谤行为，故法官的这些论述是存在于主张侵犯隐私权的背景中。[172] 顺带指出的是，O'Brien 可能诉诸的唯一一个权利请求是按合理价格支付 (*quantum meruti*)，主张为被告推销啤酒而应得的一定数额的金钱，尽管法院并不希望对这样诉讼请求的有效性发表任何意见。在案例中，原告并没有表现其遭受了金钱上的损失的意思，因为他不想通过主张这种权利暗示他支持这种啤酒。

然而，Holmes 法官持反对意见，论证认为，原告确实享有一种权利区别于隐私权，因为被告以推销商业产品为目的使用了他的姓名和肖像，侵犯了原告的财产权[173]，这种观点建立在认识和承认广告主通常应为取得使用知名人物的姓名和肖像的权利支付对价的基础之上。在本案中这一点是正确的，因为原告曾经拒绝了一家纽约啤酒公司的要约，不愿以 400 美元的价格为其推销啤酒。[174] Holmes 法官指出，多数派意见将在下述情况下置原告及同他类似的人士于没有救济的处境之中，即不涉及诽谤行为的使用其肖像的行为。而这是同广告主们的行为和习惯相违背的，他们"毫无疑问，已经对购买权利使用他人的姓名或肖像习以为常，用以为其商品制造需求和商誉"。[175] 因此，在没有侵犯隐私之诉的情况下，

---

[171] Ibid., p. 169.
[172] Cf. *Tolley v. J. S. Fry & Sons Ltd* [1931] AC 333，并见下文 253—254 页，特别是在 261—265 页中对"错误认识"隐私的讨论。
[173] 124 F 2d 167 (5th Cir. 194).
[174] Ibid.
[175] Ibid., p. 171.

Holmes 法官认为,盗用原告的有价值的财产权的侵权行为,应当给予原告损害赔偿或恢复原状。[176]

所以很清楚的是,对于保护一个人在姓名和肖像中主要享有的经济利益而言,隐私权不是一个方便的媒介,而且有迹象表明,法院可能愿意阐明一种可替代性的责任基础。正如 O'Brien 案件事实中所表明的那样,很难说清楚这是一种纯粹的经济利益或纯粹的尊严利益。[177] 在 O'Brien 案中,他作为一个知名人物的事实,尽管在多数意见看来足以剥夺其对隐私的权利,却不意味着对其肖像没有任何法定的尊严利益。事实上,一个人对其姓名、声音或肖像的一项很重要的利益,就是他可以对其进行**控制**的利益,而这既有经济方面又有尊严方面的因素。

公开权的诞生

第一个重要的案例是第二巡回上诉法院审理的 *Haelan Laboratories Inc. v. Topps Chewing Gum Inc.* 案[178],当事人是相互竞争的口香糖生产商。原告公司先行同一些著名的棒球明星签订了合同,拥有在同其口香糖产品相联系情况下使用他们照片的排他性权利。在明知原告同这些棒球明星签有合同的前提下,被告故意诱使这些运动员与自己签订授权合同,允许被告可以在同口香糖产品相联系的情况下使用他们的照片。被告答辩认为,即使这些事实都存在,由于同棒球运动员的合同使运动员放弃了以侵犯隐私为诉因起诉的权利,所以这些事实也只能说明一个不可诉的不当行为。隐私权,在本案中依据纽约州立法,是个人的不可转让的权利。结果合同并没有赋予原告任何财产权或其他可以起诉的法律利益。令情况更加复杂的事实是,被告并没有通过代理人同所有的运动员签订合同,有一些合同是第三人同运动员签订,然后又转

---

[176] Ibid.
[177] 见上文第 19—23 页。
[178] 202 F 2d 866 (2nd. 1953).

让给被告的。基于这些事实,故意引诱违约之诉在这里无法使用,因为正在被讨论的违约是由第三人引诱产生,而不是由被告通过其代理人的行为引发的。

尽管含蓄的接受了被告有关隐私权争议焦点的答辩,法院拒绝接受被告的答辩意见:合同只是制造一种责任豁免机制,因此原告在公开其肖像上没有任何其他法律利益。独立于隐私权的是,一个人拥有"一项对于公开其肖像所带来的价值的权利,即关于公开其肖像之排他性特权的授予权"[179],而这样一种授权可以在"总体"上有效成立,并不需要伴随一项商业转让。Flank 法官承认,事实上很多显赫的人物,并不因为其姓名或肖像未经许可被用于商业目的而遭受什么精神上的痛苦,然而因为没能向这种商业开发收取任何费用而感到了一种痛苦的被剥夺感。于是,公开权诞生了,作为一项财产权,使个人能够阻止未经授权而对其姓名和肖像进行商业利用的行为,并且更进一步的是,提供了相关的可以授予他人开发利用的排他性权利,这种排他性权利是可以由被许可人直接行使的。然而,Frank 法官并没有花太大精力在这样一项权利是否应当被认定为财产权的问题上,因为他认为,"在这里,就像其他地方经常发生的一样,'财产'这一标签仅仅是简单的象征着这样一个事实:法院可以执行这一项有着金钱价值的权利请求"[180]。

所以在 *Haelan* 案中,法院不愿意在隐私权严格限制的范围内工作,因为他们意识到对于处理商业盗用问题来说,这可不是一个够用的办法。法院更愿意发展出一种新的责任,以使法律能够应对不断变化的商业环境。在这份短短的判决书中,只有两个案例被援引以支持这种新的立场,且对这两个案例的分析也不是很细致。而另外两个案例甚至被区分的有些令人惊异。[181] 促使该案件出现如此判决结果的,是双方当事人争议背后的实质理由,以及商

---

[179] Ibid., p.868.
[180] Ibid.
[181] Ibid., p.868.

业现实情况：诸如著名棒球明星之类的知名人物的肖像，事实上已经作为可以流通的商品使用了。

正如上文所指出的，Prosser 和 Bloustein 在彼此相互对立的隐私权概念中，对这一新兴和处于发展期的权利漠不关心。Bloustein 拒绝承认任何不是建立在人类尊严受损害基础之上的权利主张，Prosser[182] 认为这种新的权利可以安顿在其盗用隐私的范畴中。正如 McCarthy 指出的[183]，Prosser 更倾向于有限的解释 *Haelan* 案，将其作为涉及排他性被许可人起诉第三方当事人的案件，而不是对一项独立和全新权利的承认。然而，一些和他同期的学者，例如 Grodin，很重视这个判决，认为在这之前法院混淆了商业利益和隐私利益，并督促法院沿着 *Haelan* 案所采取的路径基于不同的原则保护两种不同的利益。[184]

公开权的发展

尽管不乏一些人的努力，例如 Nimmer[185]，他强调了隐私权的不足，呼吁提高对公开权的认识，但法院不愿意马上接受一种新权利的存在。[186] 事实上，一些法院更倾向于将他们的决定建立在更为传统的责任基础上，就像宾西法尼亚州普通法院在 *Hogan v. A. S. Barnes & Co. Inc.*[187] 一案中阐明的一样。原告是一名著名的、也是十分成功的职业高尔夫运动员，曾经在广播、电视和电影中出现过，还是一本有关高尔夫指导的畅销书的作者。被告出版了一

---

[182] Prosser, "Privacy", 406.
[183] McCarty, *Rights of Publicity and Privacy*, §1.7.
[184] J. R. Grodin, "The Right of Publicity: A Doctrinal Innovation" (1953) 62 Yale LJ 1123。
[185] M. B. Nimmer, "The Right of Publicity" (1954) 19 Law ContProbl 203.
[186] See, e.g., *Strickler v. National Broadcasting Co.*, 167 F Supp. 68 (SD Cal. 1958), 70, 法院声明, 自己不希望作为先行者, 在加利福尼亚将公开权作为一种诉因。See, also, generally, McCarthy, *Rights of Publicity and Privacy* §1.9, and H. I. Berkman, "The Right of Publicity — Protection for Public Figures and Celebrities" (1976) 42 Brook L Rev 527, 534 et seq.
[187] 114 USPQ 314 (Pa. Comm. Pl. 1957).

177 本书,名为《和高手一起高尔夫》,在书中,数名著名高尔夫球员(包括原告)的名字和照片突出的显示在书籍的封面套纸和文本中。原告在此前曾明确反对使用其姓名和照片,并且起诉被告,基于以下五个独立的诉因主张损害赔偿:(i)侵犯隐私;(ii)不正当竞争;(iii)侵犯公开权;(iv)诽谤;(v)违背出版人对作者的忠实义务。最后两个诉因在这里没有考虑的必要,在任何情况下都会被法院驳回。[188] 对于第一个侵犯隐私的权利主张,法院将一个真正的隐私受侵犯的案例——原告是一个默默无闻的人,违背个人意愿被暴露于公众注视的目光中——同涉及诸如演员或运动员等公共人物的案例相区分。对后者而言,法院论证,权利请求的实质是附着于姓名或肖像的商业价值被人利用,然而却没有支付相应的款项。[189]

第二项请求,基于 International News Service v. Associated Press[190] 确立的盗用原则,获得了法院的支持。[191] 法院认定,尽管一般说来,不正当竞争原则应当基于欺诈和误导,但这不是构成不正当竞争的必要条件。在某些情况下,基于 INS 案的盗用原则,衡平法也将为不正当盗用他人劳动和智慧的行为提供救济。[192] 原告"对于美誉以及将姓名和照片同高尔夫运动相联系所具有的商业价值,拥有一项可执行的权利",[193] 而被告未经授权使用了这些客体。所以,被告的行为构成了对原告就其姓名和肖像的商业价值所拥有的财产权利的盗用。对于原告的第三项请求,侵犯公开权,法院持有的观点是:公开权,尽管在 Haelan Laboratories 一案中获承认,但仅仅是适用不正当竞争原则的另一种途径,仅仅是贴了另外

---

[188] Ibid., pp.320—321.

[189] Ibid.,314,316, citing Haelan Laboratories Inc. v. Topps Chewing Gum Inc., 202 F 2d 866 (2nd Cir. 1953), p.868.

[190] 138 US 215 (1918). See, generally, Chapter 6 at 28—31.

[191] 114 USPQ 314, 317. 法院依靠的是宾西法尼亚最高法院在 Waring v. WDAS Broadcasting Station 35 USPQ 272 (1937) 中的判决,而这个案例根据的正是 International News Service 一案的判决。

[192] 114 USPQ 314, 319.

[193] Ibid., p.317.

一个标签的不正当竞争,而不是另外一个独立的诉因:"公开权"就是个标签。[194] 这还进一步表明,尽管法院不认为此前案件中的决定是错误的,但一些基于侵犯隐私权的案例,如果以不正当竞争类的公开权作为判决的基础,会更合适。[195]

可见,公开权没有被立即接受为一项新的责任基础,一些法域的法院,更倾向于在现存诉因框架内工作。然而,大多数法域的法院逐渐承认,隐私权和公开权都是独立的诉讼请求[196],而且,公开权是一项明显独立的侵权范畴,而不是盗用原则的适用方式。[197] 在 Uhlaender v. Henricksen[198] 一案中,原告棒球运动员要求法院阻止被告未经授权,在其桌面棒球游戏中使用原告的姓名、竞技成就的相关数据行为的诉讼请求被认为并不是基于侵犯隐私权产生的,而是基于盗用原告姓名的商业价值,重点在于干涉财产权所造成的金钱性损害而非伤害情感。[199] 在另一方面,在 Motschenbacher v. R. J. Reynolds Tobacco Co.[200] 一案中,第九巡回上诉法院认定:原告对于其身份信息具有财产利益,但是拒绝阐明这种权利到底应该是一种隐私权,还是一种公开权。

有趣并值得指出的是,尽管诸如宾西法尼亚法院在 Hogan v. A. S. Barner & C. Inc. 中倾向于将新的公开权作为盗用原则的一个方面,总体说来不正当竞争法在美国公开权的发展中并没有发挥多大作用。只有当诸如公开权这样的新权利获得了独立的身

---

[194] Ibid., p.320.
[195] Ibid.
[196] 应当指出,虽然如此,但一些法院和原告依旧将诉讼请求建立在对经济利益的实质性侵犯或侵犯隐私权上,而不是公开权或盗用,例如 Palmer v. Schonhorn Enterprises Inc. 232 A 2d 458 (1967).
[197] See, generally, McCarthy, Rights of Publicity and Privacy, §1.10; Berkman, "The Rigth of Publicity",534—541.
[198] 316 F Supp. 1277 (1970).
[199] Ibid., pp.1279—1280.
[200] 498 F 2d 821 (9th Cir. 1974), p.826.

份，法院才会停止依赖 International News Service 案中的盗用原则。[201] McCarthy 论证认为，尽管盗用可能在早期的案例中为公开权提供了基础，但公开权不能被仅仅看作是盗用原则的适用，因为"随着时间的流逝，它发展和成长为一种独立的知识产权，比还处于模糊状态的盗用理论更为精确，定义的更好"。[202] 事实上，他论证认为，经过成长和发展，公开权已经超越了早期部分依赖侵犯隐私和盗用理论的时代，而可独立于其法律起源而存在了。此分析确定无疑的支持了这种观点：盗用人格应当被看作一种自治的诉因，包含了经济利益和尊严利益两个方面；尽管具有某些共用的特点，但还是在很大程度上独立于其他的责任基础。作为实践中的问题，不正当竞争（在普遍意义上使用），特别是仿冒侵权行为，仍然在盗用人格问题上十分重要，特别是对不容易受轻易产生的新权利影响的盎格鲁—澳大利亚法律体系。[203] 以英国普通法为模板

---

[201] See C. G. Baird, "Common Law Intellectual Property and the Legacy of *International News Service v. Associated Press*"（1983）50 U Chi L Rev411，论证认为：同普遍担忧的情况相反，盗用理论并没有被法院用来"在法院发现他们所不希望看到的竞争行为时，作为割裂正义的许可证"。

[202] McCarthy, *Rights of Publicity and Privacy*, §5.6 [B][1].

[203] W. L. Morison, "Unfair Competition and Passing Off—The Flexibility of a Formula"（1956）2 Sydney L Rev 50, 60, 又见上文第 108—110 页。公开权在澳大利亚的前景仅仅能在尝试性的判决意见中初露端倪。见 *Sony Music Australia Ltd and Michael Jackson v. Tansing*（1993）27 IPR 649（澳大利亚联邦法院），在该案中，公开权被认定"在国家发展的这个阶段，还不是澳大利亚法律的一部分"（653 Lockhart 法官），公开权的存在被比喻为"不过是在律师眼中一闪而过"（656 French 法官）。未来发展的可能性依然是敞开的（654 和 656），可能公开权会从澳大利亚仿冒侵权中演化出来，尽管有些情况还不明朗：是否这种发展应当经过一个将法律责任建立在盗用而不是不当陈述的法律基础上的过渡阶段呢？大量的澳大利亚先例是不支持范围宽泛的不正当竞争诉讼的（见上文 112—115 页），也有可能盗用作为法律基础的阶段被略过，法律直接从建立在不当陈述的基础上的法律责任过渡到建立在公开权基础上的法律责任。同样，在英国，认为商人不能以出售商品为目的未经授权使用一位知名人士姓名的观点也被驳回了：*ELVIS PRESLEY Trade Marks* [1999] RPC 567, 583 和 597。比较 *Kaye v. Robertson* [1991] FSR 62 和 *Douglas v. Hello! Ltd* [2001] 2 WLR 992。

的法律体系同美国法律体系的潜在差别,以及他们面对目前问题的态度,将在下文进行更加详细的讨论。

对公开权的承认

在 1977 年公开权在 *Zacchini v. Scripps-Howard Broadcasting Co.* 案中被最高法院大张旗鼓地承认了。[204] 该案的事实非比寻常,涉及的并不是典型的案情——例如在广告中未经授权对一个人的姓名或肖像进行商业利用。原告起诉被告播映其在县城集市上进行的人体加农炮表演并要求损害赔偿。俄亥俄州法院认定,尽管被告对原告公开权的侵犯是可诉的,广播公司作为涉及公共利益的法律新闻报道机构享受豁免特权。最高法院推翻了这项决定,认定报道全部 15 秒的表演不受《宪法第一修正案》的保护。关键是,最高法院在侵犯隐私和侵犯公开权之间画了一条经纬分明的界限[205]:尽管通过侵犯隐私权的虚假陈述诉因所保护的利益是个人的名誉利益,还暗示有精神损害的因素,公开权的基本原理是:"保护个人对于自己行为所享有的金钱权利,部分目的是鼓励这样一种娱乐活动。"[206] 法律的目的同专利和版权法律的目的类似,集中于保护个人收获自己的劳动成果,而同保护情感或者名誉没有什么关系。[207] 法院认同了 Kalven 所确定的隐私理论的盗用分支原理[208]:防止盗窃商誉方式的不当得利;不能接受被告无偿取得具有市场价值、而依惯例也应当为此支付价款的东西。[209] 更进一步,言论自由的应用,在传播虚假信息侵犯隐私案件和公开权案件中应有所区分。在传播虚假信息案件中,保护原告利益的唯一方法是力求将带来损害事实的公开和传播降低到最小,在公开权案例

---

[204] 433 US 562 (1977).
[205] Ibid., p.572.
[206] Ibid., p.573.
[207] Ibid.
[208] H. Kalven, "Privacy in Tort Law: Were Warren and Brandeis Wrong?" (1966) 31 Law ContProbl 326, 331.
[209] 433 US 562(1977), 576.

中,唯一的问题,根据法院的看法,是究竟谁可以被允许进行这些公开行为。一般的讲,类似于在 Zacchini 案中人体加农炮演员的原告,只要他能够获得商业回报,是不会拒绝其行为的公开和传播的。所以,当原告的要求仅仅是从未经授权的商业利用中取得回报,而不是反对以任何形式进行公开时,应用言论自由原则是不准确的。[210]

公开权的范围和界限

尽管我们没有这么多篇幅可以详尽的讨论公开权及对其的侵权行为的范围[211],却可以勾勒出它的轮廓,同时还要在思想中认识到,在不同的州,立法规定和普通法之间还有着相当多的不同。[212] 还需要指出的是,公开权还没有像一些人可能建议的那样自治。法院依旧使用源于隐私案件的先例来判决公开权的范围和界限,两种权利之间的联系也没有被完全切断,在那些公开权还处于发展的早期阶段的州里,情况尤为明显。[213]

法律责任在被告"以商业为目的,未经对方同意,通过使用个人的姓名、肖像或其他身份标记,盗用个人身份的商业价值"时产生。[214] 该责任是基于盗用而不是不当陈述产生,因此并不需要欺

---

[210] Ibid., p. 573.

[211] See, generally, McCarthy, *Rights of Publicity and Privacy*, Chs3 and 4.

[212] 已经有人向联邦立法提出建议:See, e. g., M. A. Hamilton *et al.*, "Rights of Publicity: An In-Depth Analysis of the New Legislative Proposals to Congress" (1998)16 Cardozo Arts & Ent LJ 209; E. J. Goodman, "A National Identity Crisis: The Need For a Federal Right of Publicity Statute" (1999)9 Depaul-LCAJ Art & Ent L 227; R. S. Robinson:"Preemption, The Right of Publicity, and a New Federal Statute" (1998) 16 Cardozo Arts & Ent LJ 183.

[213] 见,例如,*Allison v. Vintage Sports Plaques*, 136 F 3d 1443 (11th Cir. 1998), 1147:"阿拉巴马的商业盗用隐私权……就像习惯定义的盗用公开权一样,表现的是同样的利益,产生的是同样的伤害。"

[214] *Restatement, Third, Unfair Competition* (1995) §46, and see text accompanying note 262 below.

诈或者消费者上当的证据。[215] 受保护的利益是个人身份的无形价值，而不是商业交易或促销活动中的商誉。尽管也有相反的判决意见[216]，但原告在事发前已经进行类似商业开发不是胜诉的必要前提。[217] 所以，如果一个原告在案发时并未利用其肖像[218]，或者原告根本没有试图利用其肖像[219]，他们也不会因此而无权主张其公开权受到侵犯。更进一步，相关案例表明："盗用一个相对默默无闻人的身份，可能会导致经济损害，或者行为本身就会为以前没有价值的东西创造商业价值。"[220]

未经授权盗用的侵权行为必须确定原告，否则在任何实在意义上都不能说原告的身份信息被盗用了，或者其利益被侵犯了。[221] 在这方面，公开权区别于关于注册和未注册商标的法律，即使身份信息同用于推荐和保证的商品和服务的来源或关联上没有令人混淆的可能性，法律责任也不会豁免。[222]《重述》声明，对于姓名而

---

[215] Rogers v. Grimaldi, 875 F 2d 994 (2nd cir. 1989), pp.1003—1004.

[216] See, e.g., Lerman v. Vhucklebery Publishing Inc., 521 F Supp. 228 (SDNY 1981), 232.

[217] McCarthy, Rights of Publicity and Privacy, §4.7.

[218] See, e.g. Palmer v. Schonhorn Enterprises Inc., A 2d 458, 462 (N.J. Super 1967).

[219] See, e.g., Grant v. Esquire Inc., 367 F Supp 876 (SDNY 1973)："如果Blackacre 的所有人自主决定对其不进行使用，而是作为储备保留，他依然有权追究侵入者的责任", per Knapp J, 878。

[220] Motschenbacher v. R.f. Reynolds Tobacco Co., 498 F 2d 821 (9th Cir. 1974), 824, n.11, 又见 Restatement, Third, Unfair Competition § 46 comment d. Cf. Landham v. Lewis Galoob Toys Inc., 228 F 3d 619 (6th Cir. 2000), 624 (原告必须表明,将某项商品同其身份联系起来产生了价值); Cheatham v. Paisano Publications, Inc., 891 F Supp. 381 (WD Ky 1995), 385 (救济会提供给那些身份具有商业价值的原告,他们需提供证据(i)身份的显著性和(ii)该人在公共受众中受认可的程度)。

[221] Motschenbacher v. R.f. Reynolds Tobacco Co., 498 F 2d 821 (9th Cir. 1974), 826—827; Waits v. Frito-Lay Inc., 978 F 2d 1093 (9th Cir. 1992), p.1102.

[222] Elvis Presley Enterprises, Inc. v. Capece, 950 F Supp. 783 (S.D. Tex., 1996), 801; Henley v. Dillard Dept Stores, 46 F Supp. 2d 587 (N.D. Tex., 1999), p.590.

言,"公众必须能认识到被告所使用的姓名被用来指涉原告"。而对可视化的形象而言,"从照片或其他描画中必须能合理的确定原告的身份"。[223]。McCarthy 提出了应用于检验诽谤和侵权案件的一系列方法[224]:所公开的"就是或者关于"原告的描述,并且通过被告的这种利用,原告的身份能被大量受众确定。[225]

盗用一个人的身份的方法有很多种[226],虽然辨认一个人身份最一般的方法是通过个人姓名(包括曾用名)[227],昵称[228]或肖像,使用其他诸如原告的噪音[229],名言警句[230],有着醒目标志的汽车[231]等身份标记的行为也将承担法律责任。法律还将保护延伸到可以组合起来认定个人身份的零散标识,例如原告醒目的服饰、发型和姿势。[232] 在普通法中,侵害他人公开权的故意不是必要的因素,而对原告同意的误解也不是有效的抗辩理由。[233]

---

[223] *Restatement*, *Third*, *Unfair Competition* § 46 comment d.

[224] See *Restatement Second*, *Torts*(1977) § 564.

[225] McCarthy, *Rights of Publicity and Privacy*, § 3.7, citing *Henley v. Dillard Dept Stores*, 46 F Supp. 2d 587 (N.D. Tex., 1999), 595.

[226] *Carson v. Here's Johnny Portable Tolilet Inc.*, 698 F 2d 831 (6th Cir. 1983), pp. 835—836.

[227] *Abdul-Jabbar v. General Motors Corp.*, 85 F 3d 407 (9th Cir. 1996).

[228] *Hirsch v. S. C. Johnson & Sons Inc.*, Nw 2d 129 (1979), 137 (在剃须冻胶的广告中使用一位著名足球运动员的昵称"Crazylegs")。

[229] *Waits v. Frito-Lay Inc.*, 978 F 2d 1093 (9th Cir. 1992).

[230] *Carson v. Here's Johnny Portable Tolilet Inc.*, 698 F 2d 831 (6th Cir. 1983).

[231] *Motschenbacher v. R. f. Reynolds Tobacco Co.*, 498 F 2d 821 (9th Cir. 1974), p. 824.

[232] *White v. Samsung Inc.*, 971 F 2d 1395 (9th Cir. 1992),复审被驳回 989 F 2d 1512(9th Cir. 1993)。See, also, W. Borchard, "The Common Law Right of Publicity is Going Wrong in the US" [1992] Ent LR 208; D. S. Welkowitz, "Catching Smoke, Nailing Jell-O To a Wall: The Vanna White Case and the Limits of Celebrity Rights" (1995) 3 J. Intell Prop L 67.

[233] See *Douglass v. Hustler Magazine Inc.*, 769 F 2d 1128 (7th Cir. 1985), 1140, and *Restatement*, *Third*, *Unfair Competition* § 46 comment e. McCarthy, *Rights of Publicity and Privacy*, § 3.41 论证:商标法和不正当竞争法所提供的类比表明,侵权行为的故意同责任的成立并不相关。这同英国仿冒侵权行为的立场一致,不当陈述的成立同精神要素没有关系;See C. Wadlow, *The Law of Passing Off*, 2nd edn(London,1995), 200 et seq.

从早期的案例中渐渐清楚,公开权区别于隐私权的是,它是一项可以自由转让的财产权,而不是一项人身权。[234] 所以当转让公开权时,被转让人就具有了针对侵权第三人的直接诉因,而不是仅仅被豁免了侵犯转让人隐私的责任。然而,公开权的转让或许可仅仅移转了利用转让人肖像商业价值的权利,而没有转让任何的隐私权利。[235] 一个排他性(而不是非排他性)的被许可人将有权在其所遭受的侵害范围内,起诉侵权第三人。[236]

给法院和评述者带来最大麻烦的一个问题是如何去确定公开权的持续期限,特别是决定它是否可以继承。[237] 隐私权是一项人身权,随着原告的死亡而消灭;而公开权正如上文所指出的那样,一般被认为是财产权。因而,一部分人推论认为,这种财产权应当是可以继承的而且死亡人的继承人应当有权从其著名先辈所享有的财产性权利中获利。然而,将公开权描述成"财产性"权利通常是对"法院执行的一项有财产价值的权利请求"这一事实的承认。[238] 这并不能自动推理:由于一项权利有了"财产"权的标签,所以它就应当具备财产的所有属性。鉴于目前的问题是公开权同隐私权的关系,我们就不在这个有趣的问题上赘述了。[239] 在不同

---

[234] *Hadlan Laboratories Inc. v. Topps Chewing Gum Inc.*, 202 F 2d 866 (2nd Cir. 1953).

[235] *Bi-Rite Enterprises Inc. C. Button Master*, 555 F Supp. 188 (1983), 1199; *Restatement*, *Third*, *Unfair Competition* §46 comment g.

[236] *Bi-Rite Enterprises Inc. C. Button Master*, 555 F Supp. 188 (1983), p. 1200. See, generally, McCarthy, *Rights of Publicity and Privacy*, Ch. 10.

[237] 这个问题已经产生了大量的期刊文章,在这里无法全部摘录。在这里仅仅举几个例子,Terrell and J. S. Smith, "Publicity Liberty and Intellectual Property: A Conceptual and Economic Analysis of the Inheritability Issue" (1985) 34 Emory LJ 1; P. L. Felcher 和 E. L. Rubin, "The Descendibility of the Right of Publicity: Is There Commercial Life After Death?" (1980) 89 Yale LJ 1125; Goodenough, "The Price of Fame", See, generally, McCarthy, *Rights of Publicity and Privacy*, Ch. 9.

[238] *Haelan Laboratories Inc. v. Vhewing Gum Inc.*, 202 F 2d 866 (2nd Cir. 1953), p. 868.

[239] 深入的讨论见第 10 章。

的州，成文法和普通法规则之间具有相当明显的不同。[240] 例如，在普通法中，承认公开权的有乔治亚州[241]、新泽西州[242]和（尽管最初是持否定态度的[243]）田纳西州。[244] 根据成文法，公开权在加利福尼亚州也是可以继承的。[245] 但是在纽约州，根据《民事权利法》[246]第50节隐私权框架中所引申出来的任何公开权或其他权利都在当事人死亡时终止。[247] 尽管还有很多法域没有考虑继承性问题，但绝大多数考虑了此问题的法域已经承认公开权是可继承的。[248] 期限为死后10年[249]—100年[250]不等。

当未经授权对他人的身份进行商业利用的行为成立时，被告应对原告的金钱损失承担责任，或者对自己的非法所得承担责任。就像在不正当竞争的其他领域一样，原告可以二者择一或者同时以这两种途径寻求法律救济，但是只能就金额较高者获得赔偿。[251] 尽管对追偿损害赔偿金而言，证明金钱损失的存在并非先决条件，

---

[240] 见，McCarthy，*Rights of Publicity and Privacy*，第6章，特别是§6.8提供了全面的评述。

[241] *Martion Luther King Jr Center For Social Change Inc. v. American Heritage Products.*，196 SE 2d 697（Ga. 1982）特别是704—706页对早期的案例法做了一番重述。

[242] *Estate of Preley v. Russen*，513 F Supp. 1339（1981）.

[243] *Memphis Development Foundation v. Factors etc. Inc.*，616 F 2d 956（1980）.

[244] *The State of Tennessee, Ex. Rel. The Elvis Presley International Memorial Foundation v. Crwell*，722 SW 2d 89（Ten. App 1987）. 在田纳西州有关公开权可继承性的复杂历史，见McCarthy，*Rights of Publicity and Privacy*，§9.5[B][10].

[245] California Civil Code §3344 and §3344.1（The Astaire Celebrity Image Protection Act）.

[246] *Costanza v. Seinfeld*，719，NYS 2d 19（NYAD 1 Dept 2001），30；*Stephano v. News Group Publications*，485 NYS 2d 220（Ct. App. 1984），p. 224.

[247] *Pirone v. MacMillan Inc.*，894 F 2d 579（2nd Cir. 1990）. See S. A. McEvoy: "*Pirone v. Macmillan Inc.*: Trying to Protect the Name and Likeness of a Deceased Celebrity Under Trade Mark Law and the Right of Publicity" 1997 19 Comm & L 51.

[248] *Restatement, Third, Unfair Competition* §46 comment d.

[249] Tennessee Code §47-25-1104（Personal Rights Protection Act 1984）.

[250] See, e.g., Indiana Code §32-13-1-8.

[251] *Restatement, Third, Unfair Competition* §49 comment d.

原告可以单纯就其对使用本人姓名或肖像商业价值的控制权受侵害之事由获得赔偿,但没有特定损害存在的情况下的赔偿金额通常是微不足道的。[252] 鉴于原告证明自身损失以及证明被告在未经授权的盗用行为中的不法所得的困难,有时法院基于未经授权行为的公平市场价值,参照适用许可使用费的标准来确定损害赔偿金[253],但是这样的计算在数字上很难做到精确。[254] 这种方法不仅适用于知名人物,还适用于普通人,他们可以追偿的损害赔偿是以被告从其他人物或职业模特处获取类似服务所需支付的费用衡量的。[255] 由于这种方式计算的损害赔偿金可能难以完全剥夺被告从盗用行为获取的利益,所以法院为了防止不当得利和保证法律的威慑性,有时会在决定公平的市场价值情况不明时,做有利于原告的判决。[256] 在任何案件中,以计算被告获利的形式提供完全的恢复原状的法律救济的方法也适用于相应的情况。[257] 如果情况合适的话,法院还会判定惩罚性损害赔偿。[258]

从最早的案件开始,法院就承认控制未经授权的盗用行为(最初是通过隐私权的形式)[259]同言论自由[260]之间的张力。只有在一个人的姓名、肖像或其他象征性标志被用作商业目的,例如广告或

---

[252] *Zim v. Western Publishing Co.* , 573 F 2d (1978) (5th Cir. CA), 1327 note 19.
[253] *Restatement*, *Third*, *Unfair Competition* § 49 comment d, see, e. g. , *Cher v. Forum Intern Led*, 692 F 2d 634 (VA Cal. 1982).
[254] *Zim v. Western Publishing Co.* , 573 F 2d (1978) (5th Cir. CA), 1327 note 19.
[255] *Restatement*, *Third*, *Unfair Competition* § 49 comment d. See, e. g. , *Canessa v. f. I. Kislake Inc.* , 97 N. J. Super 327, 235 A 2d 62 (1967).
[256] 49 comment d.
[257] Ibid. , and See, e. g. , *Bi-Riet Enterprises Inc. v. Button Master*, 555 F Supp. 1188 (1983).
[258] See, e. g. , *Waits v. Frito-Lay Inc.* , 978 F 2d 1093 (9th Cir. 1992).
[259] See text accompanying note 39 above.
[260] See, generally, McCarthy, *Rights of Publicity and Privacy*, Chs. 7 and 8. Cf. S. R. Barnett, "The Right of Publicity Versus Free Speech in Advertising: Some Counter Points to Professor McCarthy" (1996)18 Hasting Comm & Ent LJ 593.

商品中时,才会产生法律责任。[261] 卖方吸引大家对其商品注意力的利益不可超过受保护公开权的人身和经济利益。[262] 商业利用人格信息通常是虚假地误导公众:某位知名人物是认可这种产品的(尽管这并不是责任成立的要件)。[263] 由于《宪法第一修正案》不保护虚假和误导性的商业言论[264](即使是没有误导性的商业言论,一般来讲法律的保护也比较少)[265],公开权经常胜过利用知名人物广告的权利。[266]

然而,在一个个体的身份主要用于交流信息或表达思想时,不会有法律责任产生。[267] 这就通常排除了在新闻广播中使用个人身份的情况,举例来说,新闻广播可能包括知名人物在公共场合出现或表演的照片。[268] 尽管一个公众人物或目前具有新闻价值的某个人,可能合理地成为新闻或信息介绍的对象,但这并不能延伸到不相关的对其身份的商业利用,也不能引申为对隐私权的放弃。尽管其隐私受到本人活动的新闻价值的必要限制,他仍保留"对其人格的独立权利,即使有新闻价值的相关因素,他仍然有人格免于他

---

[261] See, e.g., California Civil Code § 3344(将身份信息用于"产品、商品或货物上或其中,或者以广告、出售或招徕顾客购买产品、商品、货物或服务");and,e.g., *White v. Samsung Electronics America, Inc.*, 971 F 2d 1395, 1401 (9th Cir. 1992); New York Civil Rights Law § 51(在本州境内以广告或贸易为目的,使用他人的姓名、肖像、相片或声音);又见,例如 *Messenger v. Gruner &Jahr Printing and Pub.*, 208 F 3d 122 (2nd Cir. 2000)。

[262] *Restatement, Third, Unfair Competition* § 47 comment a.

[263] See note 215 above.

[264] See *Central Hudson Gas & Elec. Corp. v. Public Service Commission of New York*, 447 US 557 (1980), 563; *Florida Bar v. Went for It Inc.*, 515 US 618 (1995).

[265] See, generally, 44 *Liquormart, Inc. v. Rhode Island*, 517 US 484 (1996).

[266] *ComedyIII Productions Inc. v. Gary Saderup, Inc.*, Cal. Rptr. 2d 126 (Cal. 2001), p.133.

[267] See, generally, *Restatement, Third, Uhfair Competition* § 47.

[268] See, e.g., *Titan Sports, Inc. v. Comics World Corp.*, 870 F 2 d 85 (2nd Cir. 1989); *Paulsen v. Personality Posters, Inc.*, 299 NYS 2d 501 (1968) (电视喜剧演员,由于表演过模拟的竞选总统的节目,无权阻止他人出售包含该演员照片的海报,因为它构成了涉及公共利益的新闻或信息)。

人商业利用的自由"[269]。同样地,在小说作品或传记作品中使用某人的身份通常会被允许,无论被告是否获得了商业利益,因为类似于性命、噪音或肖像的这些概念并不会延伸到指称一个人的生活事迹[270],而且,任何救济将仅限于因诽谤或以不实信息侵犯隐私权的情况。富于表现性的作品(包括非言词性的视觉再现),当其目的是为了娱乐而不是提供信息时,并不会丧失宪法保护。但是,当对知名人物的描写几乎只是等同于盗用此知名人物的经济价值时,便没有保护了。[271] 公开权并不意味着可以通过审查令人不快的描写,控制知名人物的形象。一旦知名人物自己将本身置于公众的注意之下,则《宪法第一修正案》要求对知名人物的形象进行评论、戏仿、讽刺以及其他性质的表现性使用的权利必须被给予更宽泛的范围。[272]

总结

说最高法院应该部分基于鼓励就业和投资的要求而强调公开权的效用基础,一定程度上是有些讽刺意味的。[273] 这不禁令人想起沃伦和布兰代斯的论证方式:尽管他们部分地将呼吁建立隐私权的论证立足于普通法版权,但他们强调隐私权应当立足于人格尊严不受侵犯的原则,而不希望立足于鼓励努力付出而将隐私权

---

[269] See *Titan Sports, Inc. v. Comics World Corp.*, 870 F 2 d 85 (2nd Cir. 1989) 88, 以及引用的先例。

[270] See, e. g., *Ruffin-Steinback v. depasse*, 92 F Supp. 2d 723 (E. D. Mich., 2000); *Matthews v. Wozencraft*, 16 F 3d 432 (5th Cir. 1994); *Rogers v. Grimaldi*, 875 F 2d 994 (2nd Cir. 1989).

[271] *Comedy III Productions, Inc. v. Gary Saderup, Inc.*, 106 Cal. Rptr 2d 126 (Cal. 2001) (已故喜剧表演成员的肖像以商业出售为目的被复制于T恤衫上,因没有显著的包含变革性或创造性的属性,因此不能受到第一修正案的保护)。Cf. *Hoffman v. Capital Cities/ABC, ii Inc.*, 255 F 3d 1180 (9th Cir. 2001).

[272] *Comedy III Productions, Inc. v. Gary Saderup, Inc.*, 106 Cal. Rptr 2d 126 (Cal. 2001), p. 139.

[273] See text accompanying note 206 above.

局限于有目的的劳动产品的范围内。[274] 随着 Zacchini 一案的判决,事情又转回了原点。公开权从其早期附随于隐私权的渊源中发展起来,立足于所宣称的人格不可侵犯性原则。从其发展史的源头来看,隐私权的盗用这一法律分支,在以采用看起来更加类似于知识产权——诸如版权、专利和商标——的财产权而不是类似于人格权的形式,并发展成为完全自足的公开权之前,就已经发展出了明显的财产属性。然而,将公开权同已经建立起来的知识产权的核心法理基础协调一致是困难的,后者很难适用于公开权或者自成一体的盗用人格的侵权诉讼。[275]

最终,我们又回到这一事实:盗用人格是一个包含了完全不同范围利益的混合问题,而且,在经济和尊严利益之间划一条经纬分明的界限不是处处可行的。[276] 尽管公开权的发展主要是为难以归于隐私权原则框架中的主要是经济性的利益提供更大保护,这并不意味着这种利益能够完全被划为经济利益。尽管美国早期的盗用隐私的法律受到了中肯的批评:没能在尊严方面诸如精神痛苦、羞辱和对个人尊严的损害,同知名人物的经济利益方面作出适当的区分[277],但现在对两者作出更为精确的区分是可能的了。

设想同 O'Brien v. Pabst Sales Co.[278] 案相似的情境,原告作为一个著名的足球明星和活跃的禁酒运动人士,未能成功的阻止被告在啤酒广告中使用原告的姓名的肖像。尽管确实存在一个使用著名足球明星姓名和肖像的市场,但使用原告姓名和肖像的对价却不能完全根据客观的使用情况而定。一定量的金钱并不能完全克服原告根本上反对用自己的名字和肖像被用于促销自己反对使用的商品的立场:他的尊严利益要优位于他通过允许他人使用其

---

[274] See text accompanying note 26 above.
[275] 见第 9 章。
[276] 参照在上文 8—10 页对经济利益所下的严格定义。
[277] See text accompanying note 120 above.
[278] See text accompanying note 170 above and see, e. g., *Newcomer v. Adolf Coors Co.*, 157 F 3d 686 (9th Cir. 1998).

姓名而可能获得的任何经济报酬。尽管法院拒绝支持其隐私权受侵犯的主张,但将原告的利益完全理解为可以通过公开权予以保护的纯粹经济利益是不合适的。

可以进一步设想这个例子:F 是一个著名的运动员而 O 是一名普通人。F 和 O 的肖像均被用于:(a)一种业内领先的须后水品牌的广告;(b)一种次等的须后水品牌的广告;(c)一种汽车备件的广告;(d)一种啤酒广告;(e)一种色情杂志的广告。O 可能反对对其肖像做任何商业使用,因此主张在所有的上述场合其隐私权都受到了伤害。尽管 F 可能无法主张其隐私受到侵害,鉴于其作为知名人物,他可能强烈的反对(d)和(e)中的使用,并且在任何该等情况下也不会允许其肖像被这样使用。F 可能在也反对(c)或(b)使用的同时,却不反对(a)中的使用,这可能完全是主观的原因,例如,即使每种使用所支付的费用完全是一致的,他可能不希望自己同次等的须后水或汽车备件联系在一起。尽管案例(e)甚至可能(d)(假设该运动员是一名活跃的禁酒运动人士)会涉及侵害名誉,因此基于诽谤是可诉的,其他的案例却不太可能有这种情况。在看到自己的肖像被使用于该种情况中,这位运动员可能受到什么损害呢? 很明显,如果要论证他的隐私权受到侵害是很牵强的。换句话说,能够这样讲,他遭受的损害是精神痛苦,侮辱,经济损失或经济机会的损失,或所有上述损害的混合体吗? 部分上述案例可能涉及的是公开权,而部分可能被视为实质上牵涉到尊严而不是经济利益。

需要指出的根本观点是,试图为知名人士所遭受的纯粹的经济利益损失同为其他主体所遭受的纯粹尊严利益损失之间画一条精确的界限是过于简单化的。尽管公开权的发展为知名人士主张隐私权受损害这种不协调的情况画了一个句号,这并不意味着尊严利益和经济利益将会根据独立的侵犯隐私权的诉因和侵犯公开权的诉因而清晰的分开。事实上,就像 McCarthy 指出的一样,如果法院承认一种独特的法律权利,其损害赔偿金可以根据精神损害和商业损害加总衡量的话,美国的法律会更具内在和谐性。如果法律中存在这样一种单独的权利范畴,同我们目前存在着"独立的"公开权和盗用范畴内的隐私权相比,情况可能会明显更为容易。[279] 在没有遵循美国模式的法域,该等独立诉讼成功的形成取决于很多因素。首先,人格盗用问题同建立一种关于隐私的普遍性权利的讨论之间的联系必须被切断,该等讨论将会在后面的章节中进行讨论。其次,需要被讨论的是,对于该等为盗用人格所提供的新的救济,是否存在令人信服的根本的正当性。再次,从英国法方面看来最重要的是,该等新的救济必须基于已有的判例,或者该等判例的逻辑推演。这些问题将在接下来的章节中进行讨论。[280]

差异的原因

解释英国法律和美国法律的差异是一项令人生畏的工作,需要在该领域内完全而深入的工作。[281] 然而,可以勾勒一些因素,尽管由于不可能与客观事实对应,或由于其本质上高度的一般性,一些见解仅仅是尝试性的。综合在一起,这些因素可能有助于解释两个表面上非常相似的法域如何对同一个基本问题作出了如此不同的反应。此差异的大量原因可以在下列四个比较宽泛的副标题中得到比较合适的讨论,尽管这不可避免的会在一定程度上有重合:(i) 社会学上的因素;(ii) 先例和法律理论;(iii) 政治和制度因素;以及(iv) 学术影响和法律文化上的差异。

社会学上的因素

首先,我们可以考虑一下普遍意义上侵犯隐私的情况和专门

---

[279] McCarthy, *Rights of Publicity and Privacy*, §1.39.
[280] 分别见第11章和第12章。
[281] 下列讨论对法律推理和法律理论的比较研究做了出色的描述,P. S. Atiyah 和 R. S. Summers, *Form and Substance in Anglo-American Law*(Oxford, 1987),以及 J. G. Fleming, *The American Tort Process*(Oxford, 1988)。

的未经授权盗用人格的情况哪个在美国更普遍,或者,更确切的讲,在隐私法形成的时期更普遍。沃伦和布兰代斯所表现的担忧是新闻侵权和未经授权的他人肖像的流通,而且,看起来他们对美国社会当时的这些问题做了更为广泛的反思。[282] Winfield 提示,英国法律和美国法律差异背后的原因之一是:"在美国比在其他地方存在着更普遍的有争议的广告方法。"[283] 联合王国的广告行业通过自愿的行为守则的方式所进行的法律外的规制,也可能对加强公平交易的自然标准起到了一定作用,但严重的媒体的活动频繁地冲击着他们自我规制的系统,并经常引起公众呼吁通过立法确立隐私权,以解决隐私方面的侵犯和泄漏问题。[284]

第二个可能原因是,美国公民相对于英国更加热衷诉讼。尽管美国好争讼的文化基础很难确定,有人认为这种情况是美国个人主义,竞争性和道德观的反映。[285] 美国人,看起来本质上是"权利思维",对澄清疑问有着不厌的胃口,倾向于将任何争议诉诸诉讼。[286] 第三,能被法院接受很明显也是一个重要的因素,没有它任何诉讼的要求得不到满足。众所周知,在实践中,英国法院只向足够富有、能够支付诉讼费的人以及政府应当提供补贴的十分贫穷的人敞开大门,尽管这种补贴不提供于诽谤和恶意捏造事实的诉讼中。[287] 实践中的现实情况是,只有那些富有的、其拥有的肖像事实上是一项有价值的资产的人,或者视其个人尊严感十分重要的

---

[282] See text accompanying notes 7 to 10 above.
[283] "Privacy" (1931) 47 LQR 23, 38, 转引自 L. Brittan, "The Right of Privacy in England and the United States" (1963) Tulane L Rev 235, 240. 又见 J. D. R. Craig 和 N. Nolte, "Privacy and Free Speech in Germany and Canada: Lessons for an English Privacy Tort" [1998] EHRLR 162, 167, 指出同美国和很多欧洲国家不同,加拿大并没经历过街头小报和到处充斥着摄影师的新闻时期。
[284] See 48—50 above.
[285] See P. S. Atiyah and R. S. Summers, *Form and Substance* (Oxford, 1987), 189, and the references cited.
[286] Fleming, *American Tort Process*, 2. CF. B. S. Markesinis, "Litigation Mania in England, Germany and the USA: Are We So Very Different?" [1990] CLJ 233.
[287] Access to Justice Act 1999, Sched. 2, para 1.

191 人，才能承担并正当化这种诉讼成本。从这个角度来看，在早期的隐私先例中，*Roberson v. Rochester Folding Box Co.*[288] 和 *Pavesich v. New England Life Assurance Co.*[289] 的原告都是普通的公民，对于其肖像并没有明显事实上的经济利益的事实让人多少觉得惊讶。风险代理费的安排在这些例子的诉讼中是否起了作用，也是一个可以讨论的问题，尽管 Fleming 指出，早在 1881 年，风险代理及酬金安排几乎就是法律职业的惯例。[290] 这个因素可能作为最重要的因素的之一，揭示了侵犯隐私权以及类似于蓄意加害造成精神损害之类的尊严侵权行为发展的原因，并且，更普遍的讲作为美国侵权法特征的司法能动主义的原因。风险诉讼变得可行，过了一段时间后，有助于改变对于法院在带来法律变化方面作用的司法认知。[291]

先例和法律理论

大家一般都接受，相对英国而言，在美国运行遵循先例原则要

---

[288] See note 39 above.

[289] See note 56 above.

[290] Fleming, *American Tort Process*, 196. 值得指出的是，在 *Roberson* 和 *Pavesich* 案中所主张的损害赔偿（分别为 15000 美元和 25000 美元，尽管只有 *Pavesich* 案中原告的主张得到了支持）是非常高的（考虑到损害的性质）。这个数字可以同不到十年前英国 *Wilkinson v. Downton*［1897］一案中对精神伤害判决 100 英镑的情况相对比，以及上议院针对 *Tolley v. J. S. Fry and Sons Led*［1931］AC 333 一案中对被告以漫画讽刺一位高尔夫球员的行为，向主张诽谤的原告判决 1000 英镑赔偿金的判决，认为判决的赔偿数额过大，判决发回重审。即使考虑到通货膨胀和汇率差异的因素，这些数字揭示的差异也是巨大的。很明显，对于侵犯隐私高额赔偿的预期可能克服原告或者律师方面任何不愿进行诉讼的因素。这么多的赔偿看起来相对精神损害而言是过高了，说为了证明什么或令原告满意也过多了，倒是为律师费留下了足够的空间。

[291] Fleming, *American Tort Process*, 233. 尽管英国法通过引进有条件律师费安排（Courts and Legal Service Act 1990，为 Access to Justice Act 1999 所修订）的方式，已经向美国模式靠拢，但普遍意义上新立法对诉讼的实际影响，特别是新的特定诉因的发展，仍有待观察。

宽松许多。[292] 下级法院有更大的余地漠视本应有约束力的先例，而上级法院，特别是州最高法院和美国最高法院，拥有更大的权力可以推翻先例。进一步来讲，美国法院更愿意通过辨别案件同先例的差异或灵活的解释判决推理的方式，规避不便或本可能有约束力的先例。很明显，在很大程度上，差异是由于在多元法域产生的大量案例法。尽管在很多情况中，有约束力的州判决的数目相对较少，但在另一些情况中，可能有一系列的案例法可供选择，而这些案例法可能为几乎任何的法律立场提供支持。最终，法院在适用这样大规模的先例方面有着很大的回旋余地，很多法院认识到，他们可以基于实质的政策或价值基础而在相互对立的先例中作出选择，而不是坚持他们过去的权威意见。此外，在美国法院中，反对意见的出现更为频繁，同清晰而可靠的规则相比，这将无可避免的削弱判决的先例价值。它们就像是向未来的法院发出的采纳少数意见的请柬，而这些邀请也频繁的被接受。[293] 越来越多持保守立场的法院受到了来自遵循更加灵活和前瞻性方式的其他法院的不断增长的压力，并经常以保证全国法制统一性的名义屈服于这些压力。[294]

这些因素在由 Atiyah 和 Summers 所提出的理论中得到了反映，即尽管存在表面上的相似性，英国和美国法律体系有着深刻的不同：英国法律体系是十分形式主义的，而美国法律体系是十分实质主义的。他们论证，美国法院更倾向于采用实质推理，涉及道德、经济、政治或制度考量。而英国法院坚持形式推理、更加严格的规则取向，排除、推翻或至少削弱起抵销作用的实质理性的作用。这些差异可以说导致了这两个国家法律的根本不同的视角：英国更加形式主义，而美国更重视实质。[295]

---

[292] See, generally, Atiyah and Summers, *Form and Substance*, Ch. 5; Cross and Harris, *Precedent*, 19—20.
[293] See Atiyah and Summers, *Form and Substance*, 129—130.
[294] Fleming, *American Tort Process*, 36.
[295] Atiyah and Summers, *Form and Substance*, Ch. 1.

考虑到这一类论证中包含的高度的一般性，不难看出在美国隐私权法律发展中的一些起作用的因素。沃伦和布兰代斯整理的支持他们隐私权的先例都是早期的英国案例。在第一个重要案例 *Roberson v. Rochester Folding Box Co.* 中[296]，纽约最高法院拒绝支持原告认为自己隐私权受到侵害的诉讼请求，其强调的事实是：从来没有任何先例可以支持该等权利请求，早期的法律评述者也没有提到过这样的权利。同沃伦和布兰代斯不同，多数意见并不认为隐私是一项先在的原则和狭义的解释沃伦和布兰代斯文章中所依据的先例；衡平法并不涉及个人的感受，除非被诉行为干扰了财产的使用或享用。正如上文所指出的，多数意见反映的正是自19世纪末以来为法理学所猛烈抨击的形式主义路径。法律变革被视为立法机关的辖地，也只有他们的介入才是正当的。[297] 然而，在后来成为主导性先例的 *Pavesich v. New England Life Assurance Co.* 中，乔治亚最高法院认识到，先例的缺少使得法院应当小心前进，但认为这不构成确定性地否认该等权利。构成该判决基础的就是实质推理。隐私权被视为是州宪法和联邦宪法所保证的关于个人自由的基本权利的自然推论。尽管法院不情愿的承认，为沃伦和布兰代斯所依赖的所有早期的英国先例是基于传统的基础，例如干涉财产，违背信托或违约，但这些情况并没有被用来作为形式主义的原因否定隐私权的存在。Gray 法官在 *Roberson* 一案中的反对意见很大程度上利用了沃伦和布兰代斯的综合模式。该反对意见以事后追溯为正当的方式，被完整适用于乔治亚最高法院的多数意见通过其实质自然权利的论证方式得出的结论。

英国法院的普遍方式同纽约上诉法院的更为相近：强调形式主义权威的重要性，很大程度上尊重立法机构。是 *Pavesich* 而不是 *Roberson* 一案成为主导性先例的事实表明，美国法院不允许形式主义的论证方式成为通过司法发展隐私法律的障碍。而在英国，这

---

[296] See note 39 above and accompanying text.
[297] See note 55 above.

种形式主义论证方式的发展,却否定了一种新的救济方式产生的可能性。[298]

该等对待先例的态度,也是关于法院什么可以做,什么不可以做以及什么应当做什么不应当做的普遍法律理论和理念的部分反映,可以作为关于实质法律所发生的发展情况的背景,尽管也仅有如此作用。[299] 形式主义的地位在美国于19世纪末开始动摇。其核心的原则是,相信法律体系实质上是完整和全面的,实质上包含了对所有可能问题的答案;秉持严格分权,认为只有立法机关而不是法院才能创制法律;信赖作为主要法律推理工具的法律概念的内在逻辑性;将确定性和可预测性作为最重要的法律理念。然而,在20世纪早期,工具主义者以及晚近的现实主义者[300],反对该等观点,强调法律必须服务于社会目的,呼吁更加活跃的司法角色。这同强烈的法律实质主义观点具有很高的同质性,涉及到适用先例判决背后的实质理性的运用,而不是形式主义的三段论推理;而且同司法创制法律的观点大体一致。[301]

在英国,从另一个角度来讲,占主导地位的实证主义过去以及

---

[298] *Dockrel v. Dougall* (1899) 15 TLR 333;*Corelli v. Wall* (1906) 22 TLR 532, 533;*Tolley v. J. S. Fry and Sons Ltd* [1930] 1 KB 467, 478 (CA);*McCulloch v. Lewis A. May (Produce Distributors) Ltd* (1948) 65 RPC 58, 67;*Sim v. H. J. Heinz &Co. Ltd* [1959] 1 WLR 313, 317.

[299] See, generally, Atiyah and Summers, *Form and Substance*, Ch. 9.

[300] 这可能不是个巧合,*Haelen Laboratories Inc. v. Topps Chewing Gum Inc.* (See text accompanying note 178 above),作为第一个重要的公开权案例,第二巡回上诉法院的判决是由作为现实主义运动的激进分子之一的 Jerome Frank 法官作出的。在 *Haelan* 一案中,强调实质原因(棒球运动员身份的事实上的商业价值,以及这些价值通常是进行交易的)胜于适用严格的规则,对先例的轻视,以及对司法功能的灵活态度,都是现实主义学派的特点。See J. Frank, *Law and the Modern Mind* (London, 1949), esp. Ch. 4, and see generally, M. D. A. Freeman, *Lloyd's Introduction to Jurisprudence*, 6th edn (London, 1994), Ch. 8.

[301] Atiyah and Summers, *Form and Substance*, 255. 对现实主义对美国侵权法影响的全面讨论,See G. E. White, *Tort Law in America*, Ch. 3.

现在仍倾向于立法主导的立场,倾向于司法应该保守并遵循法律。[302] 确实,只是在相对晚近的时代,英国司法机关才承认他们确实在边缘地带拥有创制法律的有限权力,尽管这种权力很少得到行使。[303]

潜在的政治和制度结构

英国和美国的法院,在法律发展方面所起的不同的贡献也可以从政治和制度因素得到解释。在英国实证主义传统中,法律被视为作为主权的命令所设置的规则整体;所有的权利来自实证的法律,而法官是不能创制或变革法律的。这可能同美国的立场不同:主权属于人民,宪法反映了自然法的理念:人民拥有先在的道德权利,诸如对生命的权利、对自由的权利。[304] 正如 Brittan 所指出的,隐私权在美国发展的原因之一是,隐私权的存在受保护着公民权利的成文宪法条款的保护,以及,正如前面指出的那样,在 Pavesich 案中乔治亚最高法院将隐私权视为受联邦和州宪法保护的个人自由的自然推论。[305]

然而,正如 Brittan 论证的,尽管该等宪法规定为新诉因的出现提供了契机,但这些条文的模糊性决定了它们也仅仅是契机。对于自由的权利和类似的权利可以给很多侵权法上的创新提供正当化的理由。[306] 欧洲人权公约将会在何种程度上影响英国普通法的

---

[302] Atiyah and Summers, *Form and Substance*, 257.

[303] J. Steyn, "Does Legal Formalism Hold Sway in England?" [1996] CLP 43, 48, 引用了 Reid 法官的文章, "The Judge as Lawmaker" (1972) 12 JSPTL 22 作为一个关键的突破,此前如果法官认为他们有创造性角色的话,会被认为是不妥当的。

[304] See, generally, Atiyah and Summers, *Form and Substance*, Ch. 8. 又见 R. A. Epstein: "*International News Service v. Associated Press*: Custom and Law as Sources of Property Rights in News" (1992) 78 Virg L Rev 85, 在新的财产权出现的背景下也持有类似观点,对比了"自上而下"的实证主义同权利来源于共同体的传统和普遍惯例的"自下而上"的理念。

[305] See text accompanying note 56 above.

[306] Brittan, "Privacy in England and the United States", 242—243.

发展,仍然有待观察。这个问题将在下一章讨论。

在两个国家中立法机构和司法机关的机构关系是一个更具解释力的因素。同美国法院不同,英国法院通常假定,改革将始于立法机关,如果必要的话。并且法院通常不愿自己进行变革,反映的理念是:通过立法方式进行法律变革是比较高级的方法。[307] 尽管这在一些时候不过是司法保守和消极的借口,它却解释了为什么判决会明确的对被告的行为表示司法上的异议,却拒绝承认自己有什么权力,可以基于有限的隐私和盗用人格的判例法,创设什么新的救济。[308] 英国法的法律变化和改革经常"是典型的概念化的,同过去决裂的形式",对法律实然和法律应然有一个明确区分,事情的决定经常在大量的考量和诸如法律委员会之类的法典改革机关讨论之后。[309] 所以,主张英国普通法从不改革的观点是有误导性的,正确的说法是,法律变化的方法论不同,而且立法改革在英国要比在美国的大多数州频繁的多。[310] 确实,在美国,立法机关可以说在侵权领域是相对迟钝的。正如 Fleming 所主张的,他们在侵权法改革动议方面的漠然,强化了司法机关的活动,削弱了那些认为法院不应当篡夺立法机关角色的论证。[311] 如上文所指出的,以新的侵权立法的形式,对零零碎碎的英国隐私权规则作出立法改革,仍未在英国发生。与此同时,推动立法机关行动的力量的缺乏或不足,并没有一个活跃的司法机构来弥补,而且英国法院仍不断的提醒自己(有些可能是相当得体的论证)不要篡夺议会的角

---

[307] Atiyah and R. S. Summers, *Form and Substance*,第 5 章,特别是 141 页以下。在英国法中隐私背景下对该理念的表述,见 *Malone v. Metropolitan Police Commissioner* [1979] 1 Ch 344, 372 per Megarry VC; *Kaye v. Robertson* [1991] FSR 62, 66 and 71。

[308] See 202—204 below.

[309] Atiyah and Summers, *Form and Substance*, 148—149.

[310] Ibid., pp.140—141.

[311] Fleming, *American Tort Process*, 38 et seq. See, also, Markesinis, "Litigation Mania", 242.

色。[312] 有待观察的是,是否立法机关会介入,或者是否英国隐私权法会以普通法的方式增量发展。《1998年人权法案》带来的先兆将于下文讨论。[313]

学术影响和法律文化

在这个领域,学术著作的影响是十分深远的。尽管无论萨缪尔·沃伦还是路易斯·布兰代斯都不是学者,他们的文章却是发表在一流学术期刊上的一种学术的尝试,以突出法律的不足,并且呼吁承认一种新的权利。Prosser重组隐私侵权法的努力也是同样的意义深远,被很多人视为隐私侵权的现代概念渊源。[314] 事实上,White认为,对于隐私侵权法的戏剧性增长:从一个余项范畴发展成为扩张性的由四部分要素组成的侵权概念,Prosser至少担负了部分的责任。在接下来的著作中,一个看起来为了方便而作出的分类被扩大、提炼直到加强巩固,在《第二次侵权法重述》中成为"法律"的同义词。[315] 这样一个过程只能源于长久的反思,而司法过程的性质很少适合进行这样的体系化工作,特别是当法官面对如此大量的判决和"前赴后继的等待判决的案件"。[316] 可能英国和美国最容易分辨的不同并不是是否存在着能够为责任构建替代性基础,对大量和离散的案例法进行定序和构建的学者,这样的学者在两个法域都有很多,尽管英国学者可能更沉默寡言,不愿批评司法决定。[317] 差异是在于这样的事实:美国法院事实上留意他们

---

[312] See, e.g., *Kaye v. Robertson* [1991] FSR 62, 66 and 67.
[313] See 214—8 below.
[314] See Leebron, *Tort Law in America*, 808.
[315] G. E. White, *Tort Law in America*, 177—178.
[316] *White v. Jones* [1995] 2 AC 207, 235 *per* Lord Steyn.
[317] B. S. Markesinis and S. F. Deakin, *Tort Law*, 4th edn(Oxford, 1999), 58, citing A. Paterson, *The Law Lords* (London, 1982), 14—20.

的努力,律师摘引他们的著作因此被法院在第一时刻考量。[318] 在英国,有着长久的传统,司法机关不愿意将学术著作视为权威性材料,甚至是有说服力的材料。尽管现在在某些领域引用量有所增长,特别是在上议院。在美国,司法机关、法律实践者和学术界的互动比在英格兰和威尔士要强很多[319],后者的沟通渠道至今仍是一个有待解决的问题。[320]

最后,法域的数量有助于提供一个显著的非同质化的路径。英国法官和实践者很大程度上是围绕着伦敦四大律师学院的、相对较小和亲密的文化的一部分,而美国的法律实践者分布的要广泛的多。其后果之一就是,美国的法律实践者在视野上不那么保守,更乐意在新的和未有过先例的基础上启动法律程序[321],还在不小的范围内得益于上文提到的风险代理收费方式。那就是说,应当了解,法院在某些州要比在一些更"自由主义"的州保守许多,他们对改革热情不大,而对更加严格的遵循先例原则尊敬有加。[322] 然而,最终在两个体系中很多都取决于律师递交的论证的性质和质量。在其法律外作品中,Steyn 法官提示,在一些上议院受理的民事案件中,律师倾向于忽视更广阔的含意,过于注意先例和狭隘的概念争论。而实质论证的平衡,以及对于何为最佳的法律解决方案的评估,才经常是更有决定意义的。Steyn 法官指出,律师通常不在这一更高的层面上进行争论。[323]

这些因素明显不能单独的解释公开权和隐私权在美国的发

---

[318] See, e.g., Lord Steyn in *White v. Jones* [1995] 2 AC 207, 235, and see B. S. Markesinis and N. Nolte, "Some Comparative Reflections on the Right of Privacy of Public Figures in Public Places" in P. Birks (ed.) *Privacy and Loyalty* (Oxford, 1997), 113、114,通过在法律论证中引入比较性法律材料批评了律师在法院长篇大论的倾向。

[319] See, generally, P. S. Atiyah and R. S. Summers, *Form and Substance* (Oxford, 1987),14 章,特别是 398 页以下。

[320] See P. Birks, "The Academic and the Practitioner" (1998) 18 LS 397, 401.

[321] See, generally, P. S. Atiyah and Summers, *Form and Substance*, Ch. 13.

[322] See Fleming, *American Tort Process*, 35.

[323] Steyn, "Legal Formalism", 54.

展。但放在一起就可以在相当程度上解释英国法和美国法为何在此领域截然不同。它们也可以说明为什么让英国法院跟随美国法院的领导并非易事[324];两个法律体系中的差异过大,从而不能简单的进行复制。

结　论

隐私利益是可以被未经授权的商业利用行为所损害的一系列事实上的(de facto)利益的一种。一种一般性的隐私权,由于其表面上的吸引力,经常被视为是解决针对多种不同的利益的多种不同形式的损害的灵丹妙药。未经授权披露个人信息,物理性的侵入,骚扰和未经授权利用人格都呼唤着一个一般性的隐私权。美国的经验表明,隐私概念的内在模糊性使得其可以保护一系列不同的利益,不过这种弹性不可避免的带来相当程度的概念不确定性。更为重要的是,这种弹性可能会对和隐私相竞争的利益如表达自由产生相当高的潜在的不利影响,特别是在英国这样的,传统上把表达自由看作是一种剩余性的自由(residual liberty)而不是被宪法保护的权利的国家。

不过,概念的不确定性、平衡相竞争的利益的困难等中心问题,以及可能相对影响较小的定义问题都可被有效的规避,办法是为了更为具体和狭窄的界定的侵权形式而拒绝一个一般性的隐私权。一个独特的人格利用侵权形式可以避免或肯定能缓解这类问题。这不是说一种人格利用的侵权形式很容易界定;这种侵权形式也会有时难以在一些利益的冲突中取得平衡:如一个人免受商业性利用他的人格特质的自由,和更为广泛的允许利用这些特质以促进传播信息和表达观点的公共利益之间的冲突。不过,如果

---

[324] 这种建议经常被提出。See, e. g., Justice, *Privacy and the Law* (London, 1970), para. 120,认为二者近似的发展可以在理论上实现,但实践因素经常起到反作用。

庞大和难以处理的一般性隐私权的概念被拒绝、以利于一个更为狭窄和具体的侵权形式的话，这些问题的严重性将会降低。此外，在美国隐私权和公开权的发展表明了要在一个主要保护人格中的尊严性利益的侵权救济方式中包含进基本上属于经济性利益的东西的困难性。隐私权和公开权作为不同权利的难以处理的位置安排可以通过把两者都纳入一种独特的侵权形式中去的方式予以避免。

8 英国法中的隐私利益

引 论

美国的法院通过对既有权威观点的综合,在普通法中发展出了有关隐私侵犯的侵权行为法,该种法律是以不同寻常的、对权利进行界定的方式作出的。对英国的律师来说,这里具有明显讽刺意味的地方是,这些权威观点,或者说至少在最初的沃伦和布兰代斯的论断中,都是以19世纪的英国案例为基础的。在美国的侵权法诞生后的一个世纪里,英国法始终顽固的拒绝采用与其类似的方式。

对隐私侵犯问题有四种基本的处理方式。[1] 第一种,通过调整现有的诉因来涵盖隐私侵犯问题。第二种,零星的增加新的诉因,这既可以通过参照适用可追究责任的情形(如对人格的利用或骚扰),也可以通过明确地给它们贴上侵犯隐私的标签。第三种,以一种一般性的救济方式宣称原则上每一种对隐私的侵犯都是可诉的,只要其满足对追偿的一些必要的限制即可:这既可以是非穷尽的,对追偿的条件和范围不作出限制,也可以相反,是穷尽的、对追偿的条件和适用情形全面的作出界定。第四种,宣称每个人都有一个对隐私的一般性的、开放的权利,但不对隐私会在哪些情形下被侵犯作出界定。本章的第一部分将讨论前两种处理方式的局

---

[1] R. Gavison "Privacy and Its Legal Protection" D Phil Thesis, University of Oxford (1975), 243. See also Justice, *Privacy and the Law* (London, 1970), para. 127.

限性,而接下来的部分将讨论在英国普通法传统下适用第三和第四种处理方式的可能性。在 1998 年《人权法》颁布后,这一领域的法律处在一个相当不确定的状态中,而一种新的别具特色的发展范式的出现,还需假以时日。

如此的一种发展进程必须先去克服对一般性隐私权的四种基本反对意见,这些反对意见过去老是被提起,今后也仍可能被振振有词地提出。第一种反对意见是有关定义的问题,尽管阐明一个概念和通过立法确立一项权利是两个不同的程序与过程,但有关隐私的定义仍然在多个委员会报告中占据着显著的位置[2]。但无论 X 是什么,定义一个 X 与定义一个有关 X 的权利都基本上是不同的两件事情,因此,在多个互相可替代、彼此存在竞争的定义中选择一个关于隐私的定义的种种困难,不能作为反对一般性的隐私权的一项具有决定意义的理由。[3] 事实上,给"隐私"一个确定的法律含义,也不见得比给其他一些被研究的过滥的法律概念如"财产"、"名誉"以确定的法律含义来得更难。[4]

这里就涉及到了第二种反对意见,即一个更深层、潜在的、有关概念之不确定性的问题。人们不无疑问:隐私是否是一个足够有特色的、具有足够的内在逻辑性的价值呢?其是否可以作为一

---

[2] Younger Committee, Report on Privacy, Cmnd 5012 (1972), para. 57—73 and para.665.该委员会的任务在于考察是否需要立法以对公民个人及商业和工业利益免受私人、组织或公司对隐私的侵犯提供进一步的保护,比较 Calcutt Committee, Report on Privacy and Related Matters, Cm 1102 (1990), paras. 12.13—12.18,该委员会满意于一个侵权法意义上的隐私侵犯行为可以被恰当的定义,并能被明确的指向对个人信息(包括照片)的公开行为。尽管这体现的是一种较为狭窄的隐私概念,但是这是因为 Calcutt 委员会报告所面临的任务本来就比之前的几个报告的任务来得狭窄("在考虑已有的救济手段的情况下,为了进一步保护个人隐私免受新闻活动的侵扰和提供公民个人对新闻界的追索能力"所需要的措施)(para.1.1)。

[3] N. Maccormick, "Privacy: A Problem of Definition?" (1974)1 JLS 75, 77.

[4] See D. seipp, "English Judicial Recognition of a Right to Privacy" (1983) 3 OJLS 325,331; Calcutt Committee, Report on Privacy and Related Matters, para. 12.12. See, further, 273 and 249 below.

个具有相应的内在逻辑性的实体法律权利的基础呢？事实上，在美国居于主导地位的简化主义路径的魅力也在于：其克服了隐私概念的内在模糊性，通过简化的方式，将有关隐私的概念化解为多个可对一些更容易识别的利益进行保护的独立规则。[5]

进一步的一个反对意见，是平衡个人隐私权与信息自由中的、更具有广泛性的公共利益价值时产生的困难，抽象地看，这似乎具有同等重要性，且已被视为是司法界"在有争议的社会和政治问题上发挥了过多的作用"[6]的一个表现。

最后，一个更为基本的反对理由是，有人认为：一个一般性的隐私权的概念很难在英国法中容身，因为英国法总的来说是通过界定哪些情形是对义务的违反，而不是通过对权利做正面界定的方式组织起来的[7]，即英国法潜在的指导准则是"凡不被禁止的即是被允许的"[8]。这最后两个反对意见在 1998 年《人权法》将《欧洲人权公约》（以下简称"公约"）并入之后，已经站不住脚了。1998 年《人权法》预示着向一种更明确的权利界定的方式的

---

[5] See 161—164 above. R. Wacks, "The Poverty of Privacy" (1980) 96 LQR 73, 81—86, 该文相当倚重美国的经验，强烈主张英国法不应当承认隐私的概念，其论证说隐私已经和其他的概念产生了混淆，例如作为一个侵权法上的概念，其与保密、诽谤及对姓名和肖像的专有权产生了混淆，在宪法领域，其与免受无理搜查的自由、结社自由与表达自由等产生了混淆(Ibid., 78—81)。Wacks 论述说隐私可以说是一个不可兑现的模糊概念，作为对一个潜在价值的一般抽象，其无论意味着什么，都不应当用于描述一项法定权利或诉因 (88), and see, further, R. Wacks, *Personal Information* (Oxford, 1989)。

[6] Younger Committee, Report on Privacy, paras 652—653. Cf. Calcutt Committee, Report on Privacy and Related Matters, paras. 12.24—12.29.

[7] See Calcutt Committee, Report on Privacy and Related Matters, para. 12.15; P. H. Winfield Privacy (193) 47 LQR 23,24.

[8] See, e. g. *Attorney-general v. Guardian Newspapers Ltd* (No.2) [1990] 1 AC 109,178 *per* Donaldson MR; Douglas v. Hello! Ltd [2001] 2WLR 992, 1009 *per* Brooke LJ; Younger Committee, Report on Privacy, para.35; and see, generally, A. Lester and D. Oliver (eds.), Constitutional Law and Human Rights (London,1997),102. Cf. N. MacCormick, "A Note Upon Privacy" (1973) 59 LQR 23; N.S Marsh, "Hohfeld and Privacy" (1973) 89 LQR 183.

迈进，而这不可避免地会带来对各种相竞争的权利的司法衡量。[9]

英国法对隐私利益的零星承认

由于缺乏对隐私侵犯的一个一般性的侵权法上的认定，英国法在几个不同的领域中用零星的方式对隐私中的利益进行了保护。[10]所以，在一段时期内，人们可以说被误导认为隐私法是不存在的，问题只在于零星保护的程度和法律进一步发展的能力。[11]保护主要是通过对现有诉因的诡辩式（casuistic）的适用而取得的，而不常是明确的以保护"隐私"的名义作出。尽管 Younger 委员会在 1972 年指出"原则……是不存在争议的，问题只在于所需要去适用的国内立法的性质"[12]，但国会对法律的改革并没有随之而来。类似的，法院也一如既往的对将零星保护发展为一个更全面和一般的权利或原则心存犹疑。[13]

正如被经常引用的上诉法院在 Kaye v. Robertson 案中的决定所揭示的[14]，传统的实用主义做法有着明显的局限性。原告 Gorden Kaye 是一位男演员，他通过其诉讼代理人要求阻止出版有关原告如何从一次严重事故中康复的照片和出版与之相关的独家故事。被告在之前曾进入过原告的病房，用闪光灯拍摄了照片，并对他进行了细致的采访，而原告当时其实并不处于可以同意这样一次采访的健康状态中。

四种各不相同的诉因在此案中得到了讨论。基于诽谤而提出的权利主张不能使法庭相信存在着任何陪审团都会据之得出诽谤

---

[9] See 218—224 below.
[10] See, generally, Seipp, "Right to Privacy; Justice", *Privacy and Law*, Ch. 4.
[11] J. Steyn, "Does Legal Formalism Hold Sway in England?" [1996]CLP 43, 54. Cf. R. Wacks, *The Protection of Privacy* (London, 1980), 5.
[12] Younger Committee, Report on Privacy, para. 662.
[13] *R. v. Khan (Sultan)* [1996] 3 All ER 289, 301 *per* Lord Nicholls.
[14] [1991] FSR 62.

成立之结论的清楚的案件事实,故很难获得只有存在彼种情形才能发出的临时禁令。[15] 仿冒也很快被驳回了,因为原告并不被认为是一个在销售有关他自己所发生的事故及康复状况的故事的商人。但按理说,这一点应该得到更多的考虑,尤其是考虑到法院已承认 Kaye 有一个潜在的、具有价值的将他的故事出售给最高出价者的权利。[16]

基于拿着闪光灯拍照可能会给原告造成痛苦而主张存在着对人身的非法侵入的说法,也因为缺乏有任何损害存在的证据而被驳回了。[17] 何况,原告寻求一项禁令并不是为了阻止可能的其他来访记者,而是为了阻止被告从拍照及这一非法侵入活动中获利。[18]

针对恶意谎言的权利主张最终胜出,因为被告恶意的出版了错误的文字(满足恶意的构成要件是因为记者完全知道原告并不处于可以同意接受采访的健康状态中),这对原告潜在而具有价值的,将有关他的康复情况的故事予以出售的权利造成了特别损害。[19] 尤为重要的一点是,禁令是被用于阻止被告出版有关 Kaye **自己拥有的**故事,这里面的权利只限于有关他的康复的、自己拥有的个人故事。因为任何人都有权根据已公开的信息和报道者已经

---

[15] Ibid., 66, applying *William Coulson & Sons v. James Coulson & Co.* [1887] 3 TLR 46.

[16] [1991] FSR 62, 68. See also C. Wadlow, *The Law of Passing Off*, 2nd edn (London, 1995), 305, and see Chapter 4 above. Cf. T. Bingham, "Should There Be a Law to Protect Rights of Personal Privacy?" [1996] EHRLR 450, 457.

[17] [1991] FSR 62, 68. Cf. W. V. H. Rogers, *Winfield and Folowicz on Tort*, , 14th edn (London, 1994), 59, 注意到了尽管这样的处理方式很好操作,但其与非法侵入是"本身可诉"之事实难以调和。

[18] [1991] FSR 62, 69. See also P. Prescott, "*Kaye v. Robertson*: A Reply" (1991) 54 MLR 451. 建议医院作为共同原告加入,这样可以给原告以一个非法侵入领地的诉因。Bingham, "Shoud There Be a Law to Protect Rights of Personal Privacy?", 457.

[19] [1991] FSR 67—68. 规定如果书面出版的文字是故意要对原告造成金钱损害的话,那么这足以认定存在充分的损害。

被允许知道的信息,来出版一个有关事故及其背景以及有关 Kaye 的康复的一般信息的故事。从表面上说,得到保护的是原告排他的出售自己拥有的故事(很可能是向最高出价者)的能力:这在实质上是一种经济利益。这样的故事比其他任何对事故的客观报道只多出来一个价值,即它包含了 Kaye 自己的私人想法和感情。所以,可以说从效果上讲,法院保护的是原告的私人想法和感情,这从实质上讲,也就是隐私[20],或者说,原告与世隔绝、独处独居、免受干扰的权利,只不过法院拒绝对它们明确予以保护罢了。[21] 这正如 Cane 所说的:"法官为了保护人们免受来自新闻界的不受欢迎的关注,而只能去归咎于一些人试图获利的动机,这真可以说是英国法的一个衰败的迹象。"[22]

尽管上诉法院承认此案件的事实凸现了英国法在保护个人隐私方面的失败,但他们认为去考虑任何救济手段都应当是立法机关而不是司法机关的事。[23] 这样的态度受到了批评,批评者说这把司法机关在面对当代道德价值和社会需求时,对发展普通法原则所能起的作用看得太狭窄了。[24] 英国法院对其他法域(特别是

---

[20] Bingham 大法官坦率的承认了这一点:[1991] FSR 70。
[21] See note 18 above.
[22] P. Cane, *Tort Law and Economic Interests*, 2nd edn (Oxford, 1996), 80.
[23] [1991] FSR 62, 66 *per* Glidewell LJ, 70 *per* Bingham LJ, and 71 *per* Leggatt LJ. see also *Cruise and Kidman v. Southdown Press Pty Ltd* (1992—1993) 26 IPR 125. 此案中,原告是一名男演员,他试图阻止被告(一家杂志)刊登他孩子的照片以保护他们的家庭隐私,澳大利亚联邦法院虽然对原告的期望表示同情,但声称隐私权在澳大利亚未得到承认,并拒绝了基于违反保密义务、诽谤和侵犯版权所提出的诉因。
[24] A. Lester, "English Judges as Lawmakers" [1993] PL 269, 285. 英国法在此领域中缺乏 Blackburn 法官在 *Rylands v. Fletcher* (1886) LR 1 Ex 264 和 Atkin 法官在 *Donoghue v. Atevenson* [1932] AC 562 中显示出的大胆的司法综合。Cf. *Pavesich v. New England Life Insurance Co.* 50 SE68 (1905), and see 324—329 below.

德国和美国)的做法也有一些有限的参照[25]（我们可以理解，这些参照发生在诉讼中间程序中），不过具有讽刺意味的是，德国和美国法的相关发展主要是司法能动性而不是立法介入的后果。[26] 而英国上诉法院很明显对走上类似路径心存犹豫。[27] 我们还需要继续观察英国法是将维持弹性适用现有诉因的传统[28]，还是这样一种诡辩式的做法将被抛弃，并为一种更具原则性的做法所取代。[29]

接下来是对为隐私中的利益提供间接保护的主要诉因作的一个简要的大致介绍。

零星的法律条款

实用主义的解决办法和在法律上零星的承认是英国法不承认一个一般性的隐私权或一个对隐私侵犯的一般救济的当然结果。如同已经被指出的，1988 年《版权、设计和专利法》(Copyright, Designs and Patents Act)第 85 节为制作用于私人或家庭目的的照片的人提供了一个有限的隐私权利，允许他们可阻止照片被公之于众。[30] 而实践中最重要的法条是 1998 年《数据保护法》(Data Protection Act)，对持有和处理个人数据中的许多活动进行了规制。[31] 尽管表面上不涉及隐私，但该法执行了欧盟理事会 95/46 号指令。

[25] [1991]FSR62,70 per Bingham LJ, citing B. S Markesinis, *The German Law of Torts*,2nd edn (Oxford, 1990), 316: "英国法……比德国法差" see also [1991]FSR62, 71per Leggatt LJ(注意到了在美国有关公开的权利与有关隐私的权利作为不同的权利得到了发展)。Cf. D. Beddingfield, "Privacy or Publicity? The Enduring Confusion Surrounding the American Tort of Invasion of Privacy" (1992) 55 MLR 111.

[26] See Chapter 7 above and 230—233 below.

[27] Cf. 324—329 below.

[28] See, e. g. P. Prescott, "*Kaye v. Robertson*: A Reply" (1991)54 MLR 451.

[29] See, e.g, B. S. Markesinis, "Our Patchy Law of Privacy —Time to do Something About It" (1990)53 MLR 802.

[30] See 33—34 above.

[31] See generally S. Chalton *et al.* (eds.) *Encyclopaedia of Data Protection* (London, 1988—2000), Part I. 对隐私和个人信息的关系的一个详细的讨论，see Wacks, *Personal Information*。

该指令明确提及了各国法律在个人数据处理问题上的潜在目标：如《欧洲人权公约》和"共同体法的一般原则"所承认的，对隐私权进行保护。[32] 这里顺便要指出的是，在照片是用数据格式储存的时候，可能会产生1998年《数据保护法》下的责任。[33] 该法规定个人资料应当被公平合法的处理，未经资料主体同意，其个人数据不得被随意处理。一个可能的例外只在于资料控制者合理的相信，并特别注意到表达和出版自由对公共利益的意义时，出于新闻报道、文学、艺术等特别目的而对相关个人资料的出版活动。[34] 该法案规定了对个人资料的获取权[35]，阻止可能造成损害或痛苦的处理活动的权利[36]，和要求赔偿的权利。要求赔偿的权利包括要求对与第3节规定的新闻报道、艺术或文学等特别目的有关的违法行为所造成的痛苦（无论是否造成损害）进行赔偿的权利。[37]

根据1996年《广播法》(Broadcasting Act)，广播标准委员会(Broadcasting Standards Commission, 简称BSC)[38]有义务去制定和检审一部对原则进行规定和对实践活动进行管制的规范，并对有关各种违规活动的投诉进行处理和裁决。这些违规活动之一，就是"在节目中对隐私的无根据的侵犯，或在对节目中的材料的获取有关的活动中对隐私的无根据的侵犯"[39]。BSC无意于创立实体性的法律权利。其作用只限于提供一种机制，使得一项投诉一经确认，即可受到BSC认为合适的公开报道。[40] 因此，上诉法院拒

---

[32] Preamble, para. 10 (see also paras. 2 and 11) and Art. 9.
[33] Douglas v. Hello! Ltd [2001] 2 WLR 992, 1007 per Brooke LJ.
[34] Section 32(1).
[35] Section 7.
[36] Section 11.
[37] Section 13 (2).
[38] See, generally, V. Nelson, *The Law of Entertainment and Broadcasting*, 2nd edn (London, 2000), Ch. 33.
[39] Broadcasting Act 1996, s. 107(1).
[40] Ibid., s. 119. See *R v. Broadcasting Standards Commission ex Parte British Broadcasting Corp*. [2000] 3 WLR 1327, 1332 per Woolf MR, and 1339 per Mustill LJ.

绝干涉 BSC 的下述决定。在此决定中，BSC 同意了这样的做法：一家有限公司可以对出于拍摄电视节目之目的而对其一家店铺内的员工秘密录像的活动，提出一项公平性投诉，并且这项权利主张可以以公司自己的名义提出，而不是员工因为隐私被侵犯或可能因此遭受的痛苦而以自己名义提出。[41] 尽管人们注意到了公司的隐私的概念很难把握和适用，因为其"没有对伤痛的敏感，也没有需要被保护的自我"[42]，但是该决定主要是建立在1996年《广播法》的语义和特别目的之上的，其关注的与其说是法律权利不如说是广播标准，因此这就使得一个对"在其他语境下合适的隐私的范围来得更广的理解方式"[43]得到了正当化。

财产中的利益和隐私：非法侵入和非法妨害

早期的权威见解否认了与财产相关的隐私权的存在。[44] 例如，在 Chandler v. Thompson[45] 案中，Le Blanc 大法官声称，尽管书上曾有过对打开窗子去侵扰原告的隐私的行为的起诉，但就他所知，这样一类的起诉从来没有得到过法院的支持。后来，在 Tapling v. Jones 案中，Baron Bramwell 毫不含糊的宣布隐私不是一项权利，对其的侵害也不构成不法行为或诉因。[46] 然而，隐私中的利益却看上去能够在诸如非法侵入[47]或非法妨害[48]这样的实体性诉因能成立的时候得到保护，只不过这种保护往往是以不太明确的方

---

[41] Ibid.
[42] Ibid., 1340per Mustill LJ.
[43] Ibid., 1339per Hale LJ.
[44] See, generally, Winfield, "Privacy", 23, 24—30., and Seipp, "Right to Privacy", 334—337.
[45] (1811)3 Camp 80, 82, 170 ER 1312,1313.
[46] (1865)11 HLC290, 305, 11 ER 1344,1350.
[47] See, e.g, *Hickman v. Maisey* [1900]1 QB 752;Cf. *Bernstein v. Skyviews & General Ltd* [1978]QB 479. and see, also, *Rv. Broadcasting Complaints Commission, ex Parte Barclay* [1997]EMLR 62.
[48] See, e.g. *Walker v. Brewster* (1867) LR 5 Eq2; cf. *Victoria Park Racing and Recreation Grounds Co. Ltd v. Taylor*(1937)58CLR 479,495—496 and 517.

式作出的。

个人隐私和诽谤

一种得到了一定的支持的观点认为,法院通过对诽谤这样的侵权行为作出扩大解释,已经对个人隐私中的利益作出了有限的承认。对名誉造成的伤害本来就是一个具有内在弹性的概念,这使得它可以很方便的在这种处理办法中被借用过去。只不过大多数权威观点还是能按照老路子被解释为对名誉的伤害而不是对隐私的侵犯。个人隐私中的一些利益与名誉中的利益相当类似,特别是在牵涉到会造成"假象"(false light)的隐私侵犯案件中,诽谤和隐私侵犯活动的重合部分也相当可观。这些事项都将在下一章中得到详细的讨论。

个人隐私和违反保密义务

通过起诉违反保密义务来保护隐私中的利益的做法已经得到了公开的承认[49],Younger 委员会在其 1972 年的综合性审查中认为,这为保护隐私中的利益提供了最为有效的手段。[50] 在一个早期案例 *Prince Albert v. Strange* 中,一项禁令被发出以阻止一份描述了原告的私人蚀刻版画的目录的出版。尽管一审法院[51]和上诉法院[52]的裁决都认为受到侵害的权利是隐私,但禁令发出的理由却是对财产的侵害。在美国,此判决被用作为一个一般性的隐私权的主要基石。而英国法院则将保护延伸到了可能被认为是隐私利

---

[49] *Attorney—General v. Guardian Newspapers* (No.2)[1990]1 AC 109, 255 *per* Lord Keith. 如同 G. Paton 在以前所观察到的,"一旦发现有对合同、信任或保密义务的违反之后,法院看上去愿意给实际上是隐私的东西提供保护"。"Broadcasting and Privacy"(1938)16 Can B Rev 425, 433.

[50] Younger Committee, Report on Privacy, para, 87; Cf. Wacks, "The Poverty of Privacy", 81—82.

[51] (1849) 2 Deg & Sm 652, 670 and 696 —697, 64 ER 293,301.

[52] (1849) Mac & G 25, 47, 41 ER 1171, 1179.

益的一些领域,其中典型的是有关私人家庭关系的敏感信息的案件。[53] 尽管法院停步不前,没有发展出一个一般性原则,却已更明确的承认了其扮演的角色。[54]

这种附带的保护方式的存在有赖于一个有效的有关违反保密义务的诉因的成立。[55] 对此,有三个要件需要满足。所涉及到的信息必须:(1)具有必要的秘密性;(2)是在已经施加了保密义务的情形下被披露的;(3)已在未经授权的情形下被使用,可能会对传送者造成损害。[56] 要将对保密义务的违反发展成为一个对隐私侵犯的更宽泛的救济方式,这里的第二个要件构成了主要障碍。要说一名在客观基础上可认识到信息是在保密条件下被披露的信息接受方将受一项保密义务的约束的话[57],很难讲此要件能被解释得多宽。一种观点认为,"各方当事人之间的关系并不是决定因素",而"在知道信息将被保密的情况下对信息的接受才影响了信息接受者的良心"。[58] 传统的处理办法要求一些自愿交流,或至少取得机密信息是一个暗含的协议的基础,而一种更宽的解释认

---

[53] See, e.g *Argyll v. Argyll* [1967]Ch 302(夫妻私事);*Stephens v. Avery* [1988] Ch 449(女同性恋关系);*Barrymore v. News Group Newspapers Ltd* [1997]FSR 600(同性恋关系);*Blair v. Associated Newspapeus Plc* (Queen's Bench Division, 13 November 2000)(家庭生活);*A v. B* [2000]EMLR 1007(私人生活). Cf. *Lennon v. News Group Newspapers Ltd* [1978]FSR 573(夫妻私事)。

[54] See, e.g *Hellewell v. Chief Constable of Derbyshire* [1995]1 WLR 804, 807 *per* Laws J(obiter);*R. v. Department of Health ex parte Source Informatics Ltd* [2001] QB 424, 440 per Simon Brown LJ. 在此背景下的对隐私和违反保密义务之间的关系的一个详尽的讨论,见 Wacks, *Personal Information*, Ch. 3. See also H. Fenwick and G. Phillipson, "Confidence and Privacy": A Re-Examination (1996)55 CLJ 447; N. L. Wee Loon, "Emergence of a Right to Privacy from Within the Law of Confidence ?"[1996]EIPR 307 Cf. H. W. Wilson, "Privacy, Confidence and Press Freedom: A Study in Judicial Activism"(1990)53 MLR 43。

[55] See *Attorney-General v. Guardian Newspapers* (No. 2)[1990]1AC 109, 176.

[56] *Coco v. A. N Clark Engineers Ltd* [1969] RPC 41, 47.

[57] Ibid., 48.

[58] *Stephens v. Avery* [1988] 2 WLR 1280, 1280, 1286 per Browne-Wilkinson VC(obiter.)

为,在一个处在被告位置的理性的人将承担此义务时,一项保密义务应当存在。人们赞同说一项保密义务将独立于交易或当事人之间的关系而产生。因此,媒体有义务对两名被宣告犯有谋杀罪的青年的身份予以保密,只要媒体注意到了对寻求保密者有严重身体伤害甚至性命之虞的真实危险的存在。[59] 这样的一种司法权只在特殊情形下适用。[60] 在另一个报纸刊登了一位名模新住址的详细信息的案例中,法院并没有基于同样的理由发出一项阻止此刊登行为的禁令。因为基本上没有证据表明原告的人身安全将因此受到威胁,而即使有关信息纯属琐事*,考虑到通过之前的宣传和原告居住在一个繁忙而人口稠密的城镇的事实所导致相关信息已经或将会被公开的程度,作为被告的报纸也是具有言论自由的。[61]

当保密义务可以存在于信息被无意泄漏(无论是因为意外还是失误)的场合中时[62],原则上完全没有理由说其就不能存在于信息被偷偷获取的情形中。[63] 因此,尽管事实上拍摄者只是可能有一个暗含的保密义务,但在电影拍摄现场[64]或一个专业摄影现场[65]偷拍到的照片都已被基于违反保密义务的理由而受到了出版限制。这两个场合都被认为是私人的,故拍照受到了不同程度的限制;尽管拍照者不算是非法侵入,他们的存在也得到了容忍,但

---

[59] *Venables v. News Group Newspapers Ltd* [2001] WLR 1038, 1065 *per* Bulter-Sloss P.
[60] Ibid.
　* 意思是该信息的披露不具有重大公共利益而值得特别保护。——译者注
[61] *Mills v. News Group Newspapers* Ltd [2001] EMLR 957, 969. See also *B v. H Bauer Publishing Ltd* [2002] EMLR 145(有关原告曾被控强奸而后被宣告无罪的信息不是自然而然的具有保密性或具有个人性、私人性)。
[62] See *Attorney-General v. Guardian Newspapers*(No.2)[1990] 1 AC 109, 281 *per* Lord Goff (obiter.)。
[63] See R. G Toulson and C. M. Phipps, *Confidentiality* (London, 1996),103. Cf. Law Commission, Report No.110, "Breach of Confidence", Cmnd 8388(1981).
[64] *Shelley Films Ltd v. Rex Features Ltd* [1994] EMLR 134,144—150.
[65] *Creation Records Ltd v. News Group Newspapers Ltd* [1997] EMLR 444,451—455.

电影拍摄现场的标志[66]和一旦专业摄影展开就会采取的现场安全措施[67]都明确的表明拍照是不被允许的。在这样的案件中,权利人主要的控诉要旨在于:这样的照片一旦被公开,将会对他们的电影或影集在商业上的排他性造成损失;实质上即对经济利益的损害。顺带得到评论的是,利用远距离摄像的办法获取他人的私人活动的照片及随后的公开活动,也将造成对保密义务的违反,这和一份私人信件或日记被人发现或窃取并公开是一回事情。在这样的案例中,顺带被提出的是,尽管诉因将是违反保密义务,"法律将保护也许可以被合理的称为隐私权的东西"[68]。

人们已经对这样的一种处理方式一般来说是否有效表达了怀疑,因为它适用一项诉因时的"目的与(该诉因)的原始目标相距甚远"[69]。话虽如此,但这种处理方式还是体现了法律已经在其他领域进行的增量式的发展方式。[70] 这可能是在1998年《人权法》出台后,这样的处理方式获得了越来越多的司法界的支持,及英国的法院开始构思一个新的隐私权的原因所在。[71] 这可能是一个中间性的步骤,"对保密义务的违反"在扮演着一个协助新的诉因发展起来的角色。在被这样的诉因所保护的不同利益之间的冲突变得更为明显之前,一个自立自足的、基于隐私侵犯的诉因的有效性问题可能还将磨练法院一阵子。如美国的经验所显示的,在人格利用案件中,中心问题将在于如何在一项隐私侵犯的权利主张中调和经济利益与人的尊严利益。

一些早期的具有指向性的意见可在上诉法院在 *Douglas v.*

---

[66] *Shelley Films Ltd v. Rex Features Ltd* [1994] EMLR 134, 148—150.

[67] *Creation Records Ltd v. News Group Newspapers Ltd* [1997] EMLR 444, 455.

[68] *Hellewell v. Chief Constable of Derbyshire* [1995] 1 WLR 804, 807 per Laws J.

[69] B. Neill, "Privacy: A Challenge for the Next Century" in B. S Markesinis (ed) *Protecting Privacy* (Oxford, 1999), 1, 10.

[70] Bingham, "Should There Be a Law to Protect Rights of Personal Privacy?" 461. See, also, D. Dady, "Opinion: A Statutory Right to Privacy?" [1996] EHRLR 243, 246.

[71] *Douglas v. Hello! Ltd* [2001] 2WLR 992, 1036 per Keene, 1025 per Sedley LJ.

Hello! Ltd.[72]案中的决定看出来。原告系一名演员,其寻求一项禁令以阻止被告在他们的杂志中出版有关原告的婚礼的照片。原告已经将照片的独家出版权卖给了另一家与被告竞争的杂志社,并获得了一笔不菲的款项。对此,好几个诉因得到了讨论。针对恶意谎言的权利主张被驳回了,因为被告对其照片是"独家"照片的声明还不至于会被陪审团认为是虚假的,无论其是公开声明还是如此暗示,毕竟,报纸和杂志声称他们的文章是独家刊登的做法是司空见惯的。对合同关系的干涉也不成立,因为没有证据表明被告实施了或已经卷入非法照片的拍摄活动,也没有充分的证据表明被告已经使用了不合法的手段去干涉了现有的合同关系。[73]

  主要的焦点落在了对保密义务的违反上。在婚礼的接待仪式上,当事人已经付出了相当的努力告诉客人和在场人员:该场合具有秘密性,"人们被信任而得以出现在此私人场合,无论他们以何种身份在场,都务必需要理解他们不可以对他们看到的情景进行拍摄"。鉴于此,法院认为,如果这些事实能在审判中得到确认,那么当然可以说未经授权的拍照活动构成了对保密义务的违反。[74]根据 Brook 大法官的意见,如果"在一些私人场合,潜在的权利人无论是以明示的还是暗示的方式,都明确地表明了任何照片都不得拍摄的话",则"对因为违反保密义务而拍摄的照片的出版活动予以介入和阻止,无疑将是公正的"。在这样的情形中,所有在场人员都将因为他们知道(或被推定知道)此限制而将为保密义务所拘束。但是,也有可能照片是由一名侵入者拍摄的,对他来说就不存在保密或信任关系。所以,法院进一步的考虑了对隐私侵犯的权利主张的可能性,即使基于其他理由,便利平衡*(the balance of

---

[72]　[2001] 2WLR 992.
[73]　Ibid., 1033.
[74]　Ibid., 1008.
  *　指在以禁令授予原告救济时,应考虑到因此可能会给被告造成的损害、痛苦、不便等。——译者注

convenience) 在中间申请 (interlocutory application) 时对被告有利。[75] 有关隐私的讨论受到了 1998 年《人权法》的条款的影响，英国法传统的诡辩式的路径将在多大程度上被抛弃以建立一个新的更为原则的路径仍然有待观察。下文将在对《欧洲人权公约》(ECHR) 的影响做一个更一般性的考虑之后，对早期的权威见解作出讨论。

《欧洲人权公约》对隐私的法律观和人格的商业利用

众所周知，《欧洲人权公约》产生的推动力在于确保欧洲的和平，以及超越各国国内管辖权来保护基本人权，免使人们再罹第二次世界大战中出现的暴行。[76]《公约》第 8 条[77]保护了一系列各不相同的权利[78]，其法律观主要是在于防止国家侵入个人和家庭生活。[79] 当"私人生活"(private life) 的概念没有被穷尽定义的时候，其没有被限定在一个人按照他选择的方式进行生活并排除外部世界的"小圈子"内。此概念已经得到了一种更广的定义，既包含个人"为一个人自己的人格的发展和实现"而与他人建立与发

---

[75] Ibid.

[76] See, generally, H. J Steiner and P. Alston, *International Human Rights in Context*, 2nd edn (Oxford, 2000) 786 et seq F. G Jacobs and R. C. A White, *The European Convention on Human Rights*, 2nd edn (Oxford, 1996), Ch. 1.

[77] 第 8 条规定：(1) 任何人都有权使他的私人和家庭生活、他的住宅和通信得到尊重。(2) 公共机构不得干扰此项权利的行使，除非是在一个民主社会中，为了国家安全、公共安全或国家的经济福利所必需，为了防止混乱或犯罪，为了保护健康或道德，为了保护其他人的权利和自由，而根据法律作出。

[78] See, generally, Jacobs and White, *European Convention*, Ch. 10; C, Warbrick, "The Structure of Article 8" [1998] EHRLR 32; D. Feldmam, "The Developing Scope of Article 8 of the European Convention on Human Rights" [1997] EHRLR 265; L. G. Loucaides, "Personality and Privacy Under the European Convention on Human Rights" (1990) 61 BYBIL 175; J. Leddy, "Article 8: The Pace of Change" (2000) 51 NILQ 397.

[79] See J. E. S. Fawcett, *The Application of the European Convention on Human Rights* (Oxford, 1987), 211.

展关系的权利[80]，又潜在的涵盖了职业或商业性质的活动，因为这些活动是个人与外部世界发展关系的重要机会所在。[81] 所以，"私人生活"被视为包括了一个人的身体上和精神上的完整性[82]，包括了个人性征方面[83]及个人的或私人的空间。[84] 其也包括了个人身份方面的权利，如一个人有权选择自己的姓名[85]，有权在政府当局从事监视和对个人信息的掌握等活动时获得保护。[86]

与未经授权使用个人照片有关的案件经常涉及公共当局（如警方）对照片的拍摄与使用。[87] 委员会一般采取两步检验的方式进行检查。首先，看照片是否是以一种侵犯隐私的方式取得的，以及其涉及的是一个公共的还是私人的事件。其次，照片被拍摄以后的使用目的。[88] 因此，如果申请人是在被逮捕后及在游行后被拘留时被拍照的话，那么即使拍摄是违背其意愿的，考虑到这种行为既谈不上侵扰，又是发生在具有公共性质的事件中，则可认为仍然不构成对隐私的侵犯。另外，委员会认为，如果拍照是为了日后辨认所用，则也是可以的。[89] 所以，根据《公约》第8(1)条，"在决定一项积极义务是否存在的时候，社区的一般利益和个人利益之

---

[80]　*X v. Iceland* (1976)5 DR 86(养狗不算是在私人生活的范围之内)。

[81]　*Niemietz v. Germany* (1993)16 EHRR97,111(搜查经营场所)。

[82]　*Costello-Roberts v. United Kingdom* (1995)19EHRR 112, 134.

[83]　See, e.g. *Dudgeon v. United Kingdom* (1982) 4 EHRR 149(管制同性恋关系)。

[84]　See, e.g., *Dudgeon v. United Kingdom* (1990)12 EHRR 1(搜查秩序)。

[85]　See, e.g *Burghartz v. Switzerland* (1994)18 EHRR 101(丈夫使用妻子的姓)。

[86]　See, e.g *Malone v. United Kingdom* (1985)7 HERR 14.

[87]　比较 L Potvin, "Protection Against the Use of One's Likeness in Quebec Civil Law, Canadian Common Law and Constitutional Law (Part II)" (1997)11 IPJ 295。检讨了加拿大《权利与自由宪章》(Charter of Rights and Freedoms)下警方嫌犯在受到诸如拍照、监视等行为时可获得的保护。

[88]　See S. H. Naismith, "Photographs, Privacy and Freedom of Expression" [1996] EHRLR 150, 151.

[89]　*X v. United Kingdom*, Application No. 5877/72. and see Naismith, "Photographs and Privacy". 152.

间必须取得一个公正的平衡"[90]。即使一项隐私侵犯行为能够成立,仍可能根据第8条第2款规定的例外而获得正当化。[91] 例如,警察拍摄照片的行为可能很容易基于防止混乱或犯罪的理由而获得正当化。[92]

尽管第8条的主要目的是保护个人免受公共当局的随意干涉,其也明确的规定国家在首要的消极义务之外,也有根据第8条去保护私人和家庭生活的积极义务,甚至是在个人之间的私人关系领域。国家机构毫无疑问不是隐私的唯一侵犯人,大量的此类侵犯行为是由诸如新闻单位这样的私人机构作出的。然而,在公约的范围内,国家的这种积极义务能延伸到什么地步还不清楚。[93] 自由裁量理论将保卫公约规定的权利和自由的任务交给了各个缔约国的立法机关和法院去落实,并要求所有的国内救济手段必须先被用尽。[94] 在救济的有效性存在疑问的时候,其必须被尝试。[95] 如果申请者要求国家确立一项积极义务来提供救济,而其涉及的案件是有关非国家的私人方的行为,或与其他公约上的权利存在潜在的冲突的话,欧洲人权法院(European Court of Human Rights)一般会允许一个比较宽泛的自由裁量。[96]

在 *Winer v. United Kingdom* 案中,申请人投诉说英国法缺乏对有关不涉及诽谤的侵犯隐私的真实陈述的救济。委员会认为,虽然国家可以对此有积极义务,但现在的救济手段,尤其是对诽谤的侵权法规定,为防止隐私侵犯行为提供了充分的保护,委员会还注

---

[90] *Cossey v. United Kingdom* (1990) 13EHRR 622, 639, and see, generally, R. Clayton and H. Tomlinson, *The Law of Human Rights*(Oxford, 2000), 821.

[91] See note 77 above.

[92] See, e.g *Murray v, United Kingdom* (1995)19 EHRR193 (在逮捕后拍摄和留下照片不违反第8条)。

[93] See, generally, Jacobs and White, *European Convention*, 174.

[94] See *Handyside v. United Kingdom* (1979—1980)1 EHRR 737, and see, generally, Clayton and Tomlinson, *Human Rights*, 273.

[95] Jacobs and White, *European Convention*, 357

[96] G. phillipson and H, Fenwick, "Breach of Confidence as a Privacy Remedy in the Human Rights Act Era" (2000)63 MLR 665.

意到了 Younger 委员会的结论，即一个针对特定不法行为的特定救济体系构成了适当的保护。[97] 这样的处理方式可以说是不能令人满意的，因为它没有对个人名誉和隐私中的利益作出适当的区分。[98] 在 Spencer (Earl and Countess) v. United Kingdom 案中，委员会驳回了申请人就英国没有履行其在第 8 条下的义务的所作出的主张。在该案中，报纸刊登了利用远距离摄像头拍摄的第二申请人在一家私人医院住院康复的照片，并配之以与她的病情和婚姻有关的个人信息，以及有关第一申请人的个人事务的细节。[99] 申请人在此案中被认为没有用尽他们的国内救济手段，特别是以违反保密义务来起诉报纸的办法。[100] 这对保密法的解释似乎有点宽了。尽管违反保密义务的说法可以令人信服的适用于申请人以前的朋友披露申请人的秘密信息的行为，但如果要把它适用到第二申请人就照片的拍摄和出版提出的投诉上就显然要困难得多。基于何种英国权威见解使得这样的一种建议得到了正当化还不太清楚[101]，但之后的决定已采取了一个弹性化的处理方式。[102]

一般性的隐私权的趋向

1998 年《人权法》的"水平"影响力

1998 年《人权法》的水平影响力和垂直影响力通常被认为有一

---

[97] (1986) 48 DR 154,159 and 170.
[98] Phillipson and Fenwick, "Breach of Confidence as a Privacy Remedy", 665, and see, further, Chapter 9 below.
[99] 向新闻投诉委员会作出的对各家报纸上的文章提起的投诉成功了。(1998) 25 EHRR CD 105, 107.
[100] Ibid., 112.
[101] Ibid.,115—117。依赖于 Hellewell v. Chief Constable of Derbyshire [1995] 1 WLR 804 中的判决附带意见和 Shelley Films Ltd v, Rex Features Ltd [1994] EMLR 134 之判决。
[102] See Douglas v. Hello! Ltd, note 71 above.

个区分,伴之以众多的改进和中间可能性。《人权法》的措辞[103]与国会声明[104]都提出它只是试图约束公共当局。然而,还算清楚的是,《人权法》并不局限于关于个体公民和公共当局之间争议的垂直影响力。支持这种观点的是,法院和法庭被明确的包含在了公共当局的定义当中。这样,他们就受到了约束,必须在裁决一项私人间的争议时,将公约标准考虑进去。[105] 特别值得注意的是,一项试图将处理当事方不涉及公共当局的争议时的法院排除出"公共当局"的定义的修正案被驳回了。这被明确地提出来以预先阻止普通法上的隐私权的发展。[106] 水平影响力的确切程度取决于一系列中间可能性,这将在后文得到详细讨论,在这只将被简要地概括一下。完全或直接的水平影响力将要求法院在任何案件中以与公约上的权利相容的方式给出裁决,不论其是一个针对公共当局的权利要求,还是一个私人之间的权利争议,只要在该情形中一个明确的法条必须得到适用即可。[107] 权威的平衡(balance of authority)

---

[103] Human Rights Act 1998, s 6 (1).

[104] *Hansard*, *Sixth Series*, HC, vol. 582, cols, 1231—1232, 3 November 1997:"我们决定:首要的一点是,一条这样的规定应该只适用于公共当局……而不是私人。公约的期望源于保护个人免受国家不当使用权力,而不是免于其他私人的行为"(Lord Irvine LC);*Hansard*, *Sixth Series*, HC, vol. 314, col. 406 17 June 1998:"我们决定:公约上的权利应当存在于涉及到可能非常广义的'国家'的程序当中,但它们不属于私人之间的诉讼中可直接裁决的事项。"(Mr Jack Straw.)

[105] See also *Hansard*, *Sixth Series*, HL, vol 583, col 783, 24 November 1997:"原则上,法院有义务按照与公约上的权利相符合的方式行事,这不仅是在涉及公共当局的案件中,也应包括在私人之间发生的案件中发展普通法。"(Lord Irvine LC). 比较 R. Brxton, "The Human Rights Act and Private Law"(2000)116 LQR 48, 58—59,警告人们不要对这样的国会声明过度依赖。

[106] Hansard, Sixth Series, HL, vol. 583, col. 771, 24 November 1997, Amendment no. 32(Lord Wakeham). See, generally, R. Singh "Privacy and the Media: The Impact of the Human Rights Bill's in Markesinis" (ed)*Protecting Privacy*, 184.

[107] W. Wade, "Human Rights and the Judiciary" [1998] EHRLR 520, 523—526; "Horizons of Horizontality" (2000)116 LQR 217, 218.

是与这样一种观点相冲突的。[108]《人权法》并没有通过明确宣布任何人都可享有公约上的权利的方式而将公约直接植入《人权法》中。所以对侵犯公约上的权利的行为并不存在诉因。[109] 此外,一项权利不能建立在对法院的裁决的上诉权之上[110],必须有什么东西来作为一项上诉的基础。[111]

尽管"对权利法案的垂直或水平适用的问题不存在一个统一的答案"[112],其他法域处理此类问题的经验仍然是富于启发性的[113],但与有着各种非常不同的以权利为基础的宪章的其他法域寻找相似点时应当小心从事。[114]《加拿大人权宪章》不适用于基于普通法的两个私人主体之间的争议,政府行为也不介入此类争议,这是因为法院虽然"应当以一种与宪法中铭刻的基本价值相符合的方式去适用和发展普通法原则"[115],但毕竟私人主体之间并不互相负有宪法义务。[116] 宪章上的**权利**和宪章体现的**价值**之间的区别的重要性也已被强调过:"宪章只在普通法被发现与宪章体现的价值不相符合处'适用'于普通法。"[117] 此外,当法院一如既往的

---

[108] See s. Grosz, J. Beatson and P. Duffy, *Human Rights*: *The 1998 Act and the European Convention* (London, 2000), 89; I. Leigh, "Horizontal Rights the Human Rights Act and Privacy: Lessons From the Commonwealth" (1999) 48 ICLQ 57, 83—85; Buxton, "Human Rights Act and Private Law", 55; S. Kendtridge, "Lessons from South Africa" in B. S. Markesinis (ed). *The Impact of the Human Rights Bill on English Law* (Oxford, 1998), 25, 28.

[109] G. Phillipson, "The Human Rights Act 'Horizontal Effect' and the Common Law: A Bang or a Whimper?", (1999) 62 MLR 824, 835,该文引用了国会辩论记录。

[110] HRA 1998, s. 9(1).

[111] Buxton, "Human Rights Act and Private Law", 57.

[112] *Du Plessis v. De Klerk* 1996 (3) SA 850, 871 per Kentridge AJ.

[113] See, generally, Leigh, "Horizontal Rights", 62—71; M. Hunt "The 'Horizontal Effect' of the Human Rights Act" [1998] PL 423.

[114] *Douglas v. Hello! Ltd* [2001] 2 WLR 992, 1013 per Brooke LJ.

[115] *Retail, Wholesale &Department Store Union, Local 580 v. Dolphin Delivery Ltd* (1987) 33 DLR (4th) 174, 198 per McIntyre J.

[116] *Hill v. Church of Scientology of Toronto* (1995) 126 DLR 129, 157 per Cory J.

[117] Ibid.

对他们能在多大程度上修改普通法表示谨慎时,类似的谨慎也体现在法官尽管考虑宪章体现的价值,仍然认为应当将对普通法作重大改革的任务留给立法机关去做。[118] 类似的,在南非,《临时宪法》第 3 章中的权利法案被认为不具有一个"一般性的直接的水平适用性,但因其可统辖个人间的关系而可能和应当对普通法的发展产生影响"[119]。南非的处理方式在一定程度上来自于德国的经验,在德国,《基本法》(宪法)中规定的个人权利可以直接得到适用以对抗国家。[120] 但在私人之间的争议中,这些权利不能直接得到适用,而只能通过影响(而不是统辖或无视)私法规范来得到间接适用。[121]

所以,尽管《人权法》没有直接的水平影响力,但可以说其在个人间的争议中有一个间接的水平影响力,这体现在:现存的法律必须以与公约相符的方式进行解释、适用,及在必要的情形下得到发展。在缺乏诉因的时候,一些具有水平影响力的措施或许可以通过对适用于私人之间的法条的解释而作出,但《人权法》没有为一个私人提供就另一个私人侵犯其公约上的权利的行为提供诉因。[122] 不过,《人权法》确实可以说给法院施加了一个以确保符合公约的方式来发展普通法的义务。所以,在一个特定案件中的一

---

[118] Ibid.

[119] *Du Plessis v. De Klerk* 1996 (3) SA 850, 887 *per* Kentridge AJ. Cf. Kriegler J (Ibid, 915),持异议和论证说权利法案并没有统辖"包括适用于私人关系的法律在内的全部法律"。因此,"整个私人关系领域都没有受到打扰。但国家作为立法者、执法者和法律的解释者、适用者,被框在第 3 章的约束之内"。See, generally, Hunt, "Horizontal Effect", 432—434; Leigh, "Horizontal Rights", 66—68.

[120] *Du Plessis v. De Klerk* 1996 (3) SA 850, 874—875.

[121] See, generally, B. S. Markesinis, "Privacy, Freedom of Expression, and the Horizontal Effect of the Human Rights Bill: Lessons From Germany"(1999)115 LQR 47, 50—51; P. E. Quint, "Free Speech and Private Law in German Constitutional Theory"(1989)48 Mary L Rev 247, 285—265. See, further, 230—233 below.

[122] See Hunt, "Horizontal Effect",438; Leigh, "Horizontal Rights",84—85.

项有效救济或许可以通过"依据英国法而不是绕过英国法"[123]来得到。这种形式的水平影响力的较强版本[124]是设想法院必须解释、适用并在必要时候发展法律来实现与公约的相符。[125] 另一方面,一个较弱的版本是,否认任何确保所有私法与公约相符的一般义务,公约上的权利的意义只在于作为一种法院必须考虑的法律原则。[126] 也就是说,《人权法》或许可以被解释为禁止法院以与公约不相符的方式行事,但不能被解释为对法院施加了一项必须按照公约上的权利的要求发展法律的积极义务。[127]

一个清楚的方向还有待产生,而预言发展的进程将是有点困难的。当法院必须在私人之间的诉讼中考虑公约时,并不意味着"在公约的条文上可以直接创立起自立自足的诉因"。[128] 在 Douglas v. Hello! 案中,Sedley 大法官准备构思一些具有非直接的水平影响力的措施,认为原告有一个具有很强说服力的有关隐私权的案件,可以涵盖对个人私人生活的侵犯。法律不需要"在侵犯者和受害者之间人为创造一个保密关系":它可以"把隐私自身视为一个从个人自治的基本价值中引申出来的一项法律原则"[129]。根据 Sedley 大法官的看法,可以"有信心"地说,"法律承认并将适当的保护一项个人隐私权"。这既是基于公正的需要和普通法"通过确

---

[123] A. Lester and D. Pannick, "The Impact of the Human Rights Act on Private Law: The Knight's Move" (2000) 116 LQR 380, 383.

[124] 使用了 Kriegler 法官在 Du Plessisv. De Klerk 案中的不同意见 (See note 119 above)。

[125] Hunt, "Horizontal Effect", 434; Lester and Pannick, "The Impact of the Human Rights Act on Private Law"; J. Beatson and S. Grosz, "Horizontality: A Footnote" (2000) 116 LQR 385. Cf. Buxton, "Human Rights Act and Private Law", 50—51 cf. Wade, "Horizons of Horiozntal", 218.

[126] Phillipson, "Human Rights Act", 843. Cf. Buxton, "Human Rights Act and Private Law" 59.

[127] Clayton and Tomlinson, Human Rights, 235.

[128] Venables v. News Group Newspapers Ltd [2001] WLR 1038, 1049 and 1075 per Butler-Sloss P; Mills v. News Group Newspapers Ltd [2001] EMLR 957, 967 per Collins J.

[129] [2001] 2 WLR 992, 1025.

认每个人都有一项对于私人空间的权利来对一个日益具有侵入性的社会环境作出回应"的需要,也是给予《欧洲人权公约》第 8 条的"使私人和家庭生活得到尊重的权利之适当效力"的需要。[130] 这不算是一项法律创新,而只是给法院已经保护了很多年,但没有明确说是隐私的东西贴上了隐私的标签、作了个承认而已。如果从保密到隐私可以被视为超出了对一个传统的保护形式的现代重述,那这样的发展可以被视为与《人权法》所设想的增量变化正相符。[131] 这样的一种处理方式是否将获得广泛的司法支持还有待观察,*Douglas* 案的其他上诉法院成员还有些谨慎。Keene 大法官认为法院作为一个公共当局不能以一种与公约上的权利不相容的方式行事,这可以说甚至包括了在无公共当局作为一方的诉讼中发展普通法。然而,他认为是否将此延伸到在私人之间创造新的诉因的问题是更具争议的。[132] 类似的,Brooke 大法官拒绝推测是否可以通过扩张现存的诉因的方式,或承认可以衍生出可执行之法律权利的新关系的存在的方式,来承认公约上的权利。[133]

当然,在任何案件中,第 8 条下的权利都不绝对。第 8 条要求以法院为代表的国家尊重私人和家庭生活,并考虑到各种侵犯情形。在 *Douglas* 案的事实中,侵犯"是对一场婚礼的未受控制的牟利性拍摄向受控制的牟利性拍摄作出的",即实质上是对经济利益的侵犯。所以,对这样一种利益的侵犯可以通过计算利润、裁定赔偿,以金钱方式得到适当弥补,故而发出一项禁令的申请被拒绝了。被原告保有的、以对照片的编辑性管控的形式而存在的隐私要素,被认为"与个人保留具有同样的商业性",这意味着其可以很容易的被诠释为一般性损失。不过,Sedley 大法官认为"人身的(利益)和商业的(利益)之间的明确界线"是不存在的。商业利益不能总是仅仅以裁定赔偿的方式处理。"认为第 8 条或我们的国

---

[130] Ibid., 1021.
[131] Ibid., 1026, citing Hunt, "Horizontal Effect".
[132] Ibid., 1035 per Keene LJ.
[133] Ibid., 1016. Cf. 1017.

内立法(将)从不保护转向商业目的的隐私"[134]也是不对的。每个案件都将取决于其各自的事实。

进行平衡的办法

对隐私权发展的一个主要的反对意见是其对言论自由,尤其是新闻自由有潜在的伤害,这往往会使一些更宽泛的事项变得模糊。在各种相互竞争的权利之间寻求平衡的困难性形成了对一个一般性隐私权发展的一种持久性的反对意见[135],不过这种局面在《人权法》出台后将难以继续维持。

斯特拉斯堡*的法哲学往往高度重视第 10 条[136]保护的言论自由,称之为"一个民主社会的关键基石之一,一个民主社会得到进步和每个个人获得自我实现的基本条件之一"[137]。对言论自由的限制只可以是"一个民主社会所必需的",并在存在"紧迫的社会需要"[138]的情况下作出,且限制程度不能超过"为实现合法目的所需"[139]。言论自由不仅针对让人欢迎的、或无冒犯性的、或中立的信息或观点,还包括那些冒犯性的、令人震动的、侵扰性的言论。[140]

---

[134] Ibid. , 1030. Cf. *Kaye. v. Robertson* [1991] FSR 62 and note 22 above,有些具有讽刺意味的是,为通过认定存在恶意谎言的侵权行为以保护原告的隐私时,被归咎的是一项获利性的动机。

[135] See note 6 above.

* Strasbourg,法国城市,欧洲人权委员会和欧洲人权法院所在地。——译者注

[136] 1. 每个人都拥有言论自由。此项权利包括不受公共当局干涉和不受限制地持有见解和传播信息和观点的自由。本条不禁止国家对广播、电视或电影业进行许可证管理。

2. 这些自由的行使,因为其伴有义务和责任,可以受制于法律规定的和一个民主社会所必需的形式、条件、限制或处罚,以利于国家安全、领土完整和公共安全,或系为了避免混乱或犯罪,保护健康或道德,保护他人的名誉或权利,防止保密信息的泄漏,及维护司法的权威与中立。

[137] See, e. g. , *Nilsen and Johnsen v. Norway* (2000)30 EHRR 878, 908.

[138] *Sunday Times v. United Kingdom* (1979—1980)2 EHRR245, 275.

[139] See, e,g, *Derbyshire County Council v. Times Newspapers* [1993] AC534,550 *per* Lord Keith.

[140] *Handyside v. United Kingdom* (1979—1980)1EHRR737,.754; *Zana v. Turkey* (1999)27 EHRR667,689.

尽管一些早期案例给予言论自由以优先于其他竞争性利益的地位[141],但实际上对权利不存在正式的排序。当权利冲突时,各种相互竞争的权利必须根据特定的案件事实得到平衡[142],纵然进行平衡的方法是首先做一个对言论自由有利的假定,并伴之以一些有限的例外。[143] 政治表达一般会被视为更重要,而艺术或商业方面的表达受到言论自由原则保护的力度会弱一些。[144] 商业信息可以受到第10条的保护,但国家在处理商业竞争领域的言论时可以有一个较大的自由裁量空间,因为这些言论不是"言论自由保护的基本核心",其得到的保护水平要比其他观点和信息低一些。[145] 因此,即使是对真实信息的出版活动也可能会在此类特定情形中被禁止,如存在尊重他人隐私的义务或尊重特定商业信息的保密性义务时[146],不过,按第10(2)条去保护他人的权利和名誉并不能与保护商业利益免受有根据的批评相提并论。[147] 而在牵涉到的利益不是纯商业性的和涉及到大众利益(如公共卫生)时,国家可自由裁量的范围将被缩减。[148] 尽管艺术表达是在第10条范围之内,因为它提供了一个参与和交换文化、政治与社会信息及观点的机会,但这样一种自由只能在对第10(2)条施加的义务和责任作出适当注意的前提下得到行使。[149]

---

[141] See, e. g., *Handyside v. The United Kingdom* (1979—1980) 1 EHRR 737, 753, and see, generally, Clayton and Tomlinson, *Human Rights*, 1077 and the references cited.

[142] Phillipson and Fenwick, "Breach of Confidence as a Privacy Remedy", 686.

[143] E. M. Barendt, *Freedom of Speech* (Oxford, 1985), 35.

[144] Clayton and Tomlinson, *Human Rights*, 1067.

[145] *Markt Intern and Beermann v. Germany* (1990) 12 EHRR 161, 173; *Jacubowski v. Germany* (1995) 19 EHRR 64, 77.

[146] *Markt Intern and Beermann v. Germany* (1990) 12 EHRR 161, 175(公司把顾客的不满意见公开的做法不能为第10条所正当化)。

[147] J. Coppel, *The Human Rights Act 1998: Enforcing the European Convention in the Domestic Courts* (Chichester, 1999), 342.

[148] *Hertel v. Switzer*, (1999) 28 EHRR 534, 571(有关微波炉的安全性的陈述)。

[149] *Muller v. Switzerland* (1991) 13 EHRR 212, 228(直接描写性的艺术作品的展览)。

英国法院在 1998 年《人权法》制定前就已经很强调言论自由的重要性。[150] *Reyonlds v. Times Newspaper Ltd.* 案中,上议院强调说言论自由是一项基本的、基础性的权利[151],Steyn 大法官甚至认为言论自由是一项原则,只有紧迫的社会需要才能使对言论的管制例外取得正当性。[152]《人权法》的第 12 节专门规定了新闻自由的问题[153],"只在法院考虑是否施加在施加后可能会影响公约上的言论自由权利之行使的任何救济措施时适用"。[154] 这被解释为要求在考虑各种权利自身的价值的基础之上,在各种冲突的权利之间创设一种平衡,且在此过程中,并不给予其中某一种权利以额外的权重。[155] 我们必须考虑到斯特拉斯堡的法哲学,即"给言论自由以特别的权重,但与此同时又让人们去注意可能对那种权利作出限制的种种考虑"[156]。这不要求法院把言论自由看作是至高无上的,第 12(4) 节中对言论自由以"特别的关注"的要求"包涵了对此因素特定的和个别的考虑"[157]。此要求也不应当被视为绕开了长期树立的普通法原则,因为公约并没有被直接并入英国法。斯特拉斯堡的法哲学应当被用于检验英国法是否与《欧洲人权公约》

---

[150] See, e. g., *Attorney-General v. Guardian Newspapers*（No. 2）[1990] 1AC109, 283 per Lord Goff; *Derbyshire County Council v. Times Newspapers* [1993] AC 534,551per Lord Keith; *R v. Home Secretary ex parte Simms* [2000] 2 AC 115, 126 per Lord Steyn. See also *Imutran Ltd v. Uncaged Campaigns Ltd* [2001] 2 All ER385, 389—390 per Morritt VC, and the references cited.

[151] [1990] 3 WLR 1010, 1029.

[152] Ibid., 1030, and see Lord Nichols at 1023; *McCartan Turkington Breen v. Times Newspapers Ltd* [2000] 3 WLR 1670,1686 per Lord Steyn.

[153] See *Hansard*, Sixth Series, HC, vol 315, col 538, 2 July 1998.

[154] Section 12(1). See, generally, Grosz, Beatson and Duffy, *Human Rights*, 99; Clayton and Tomlinson, *Human Rights*, 1095.

[155] *Douglas v. Hello! Ltd* [2001] 2 WLR 992, 1032 per Keene LJ.

[156] *Ashdown v. Telegraph Group Ltd* [2001] 3 WLR 1368, 1378.

[157] *Imutran Ltd v. Uncaged Campaigns Ltd* [2001] 2 All ER 385,389—390 per Morritt VC; *Mills v. News Group Neqwpapers Ltd* [2001] EMLR 957, 970; *Harris v. Harris* [2001] 2 FLR 895,933.

所保护的权利相符。[158]

两个条款被认为具有特别的相关性。根据第12(3)节,任何中间救济手段都不得通过禁止出版的方式影响公约第10条下的言论自由权利的行使,除非法庭确信申请人已经证明了出版不应当被允许。因此,在 Douglas v. Hello! 案中原告被认为必须证明存在着比 American Cyanamid 案[159]中的标准更为重大的事项。法院必须去审视案件中的各种价值,必须确信天平很可能朝着对申请人有利的方向倾斜,这要求法院去考虑每一种权利都是如何与另一种权利取得平衡的。这是一个在不给任何权利以额外权重的情况下,对各种权利的价值进行权衡的问题。[160] 进一步的,根据明确适用于私人诉讼的第12(4)节[161],法院必须在实施救济手段时对表达自由予以特别考虑。当被主张权利或被送交法院的材料是有关新闻、文学或艺术性的材料(或与这样的材料有关的行为)时,法院必须考虑材料已经或将要被公众所知晓的程度;或其是否已经或是否将会为了公众利益而被公开,法院还必须考虑任何隐私守则(privacy code)。

近期的英国案例法所体现出来的指引相对较少。但在早期案件中,在对存在的诉因进行解释时,公约上的权利被间接的提到,但它们没有被作为压倒性的一般准则。因此,对版权侵犯行为的抗辩理由被解释为考虑到了言论自由及对言论自由的限制,即"在正常情况其不应该包含有免费使用他人作品的权

---

[158] *Branson v. Bower* (*No.*1) (Queen's Bench Division, 21 November 2000) , para. 12 per Eady J (affirmed, *Branson v. Bower* (*No.*1) [2001] EMLR 800(Court of Appeal)).

[159] *American Cyanamid Co v. Ethiion Ltd* [1975] AC 396.

[160] [2001] 2 WLR 992 per Keene LJ, 1032.

[161] Ibid., 992,1027 per Sedley LJ; *Mills v. News Group Newspapers Ltd* [2001] EM-ER 957,965.

利"[162]。一系列的案件要求法院去平衡言论自由与个人隐私中的利益。早期案件已涉及到的禁令的适用是针对报纸或出版商,而不是广告商或商人的。同样的,言论自由已获得了比隐私中的利益更多的考虑。

在 Douglas v. Hello! 案中,《新闻投诉委员会行为守则》(Press Complaints Commission's Code of Practice)被予以了考虑,该守则的目的在于同时保护个人的权利与公众的知情权。[163] 根据 Brooke 大法官的意见,第12节和相关隐私守则的现有措辞都意味着在任何涉及新闻、文学或艺术背景的言论自由案件中,法院都应当对任何违反了《守则》第3条规定的规则的行为予以特别关注,特别是在《守则》规定的有关公共利益的权利主张无一得到确认时。因此,一家藐视《守则》对隐私的规定的报纸有关其言论自由的权利主张,可能将在这样的情形下被第10(2)条规定的对隐私的考虑压倒。根据 Brooke 大法官的意见,"与作出 Kaye v. Robertson 案的判决的法院不同,国会认识到其必须承认第8(1)条对保护私人生活的要求的重要性,且其有能力在行事的时候,不受保密法或许不能扩展至保护私人生活的每一个方面的任何顾虑的束缚。"[164] 事实上,1998年《人权法》的第12节和《新闻投诉委员会行为守则》第3条提供了可对言论自由与隐私之间具有竞争性的考虑进行权衡的基础规则。从这一点上讲,最初的两位原告对隐私的权利主张是不足的;无论其性质和规模如何,婚礼在任何正常情况下都不算是私人性的。[165]

---

[162] *Ashdown v. Telegraph Group Ltd* [2001] 3 WLR 1368, 1382. Cf. *O'shea v. MGN Ltd and Free4internet. net Ltd* [2001] EMLR 943(诽谤中的严格责任识别规则并没有延伸适用到"长相酷似者"(look-alike)的照片上,因为其将构成"一个对言论自由之基本权利的不合理干涉……与保护'长相酷似者'的名誉的合法目的不成比例",并与第10条构成抵触)。

[163] See, generally, 49—50 above.

[164] *Douglas v. Hello! Ltd* [2001] 2 WLR 992, 1018.

[165] Ibid.

在 Mills v. News Group Newspapers 案[166]中，一位名模寻求阻止公开有关其新家地址的信息，高等法院在作出判决时，认为原告提出的违反保密义务的权利主张相对无力，而对原告的主张的相反意见相当重要。当法院必须虑到言论自由的重要性，和依据第 12 (4)(a)(i)节对与新闻材料及其他事项有关的诉讼程序的规定作出决定时，一个相关因素就是"材料已经或将会成为公开信息"的程度，此外还需考虑任何的隐私守则。根据 Collins 法官的意见，《新闻投诉委员会行为守则》禁止在报纸上公布名人住址的基本理由不在于那个地址可能是需要被保护的信息这一事实本身，而在于那些名人可能会因此处于人身危险之中，或可能因为其他原因而变得容易受到攻击。而在这个案件中，有关原告处于危险中的证据很不明显，且与她的住处有关的信息实际上由于媒体之前的报道、以及原告住在一个繁忙和人口稠密的城镇这一事实本身的缘故，已经被公众所知晓了。此事实也成为了"评估公开应在多大程度上被限制和评估公开对她的隐私和安全造成的影响"时的一个相关因素。[167] 对此因素的考虑体现了该案与之前的 Venables v. News Group Newspapers 案[168]的不同，在那个案件中，相关人员有受到伤害或丧命的危险。

对违反保密义务的指控的无力性也是 B v. H Bauer Publishing Ltd. 案[169]的一个关键因素。在那个案件中，高等法院驳斥了一项权利要求，该要求涉及被告刊登的一篇文章，文章指出原告曾在有罪证据相当充分的情况下被认定未犯被控的强奸罪。这是对一项匿名规则的违反，该规则的目的在于当检察总长在就一桩刑事案件的法律问题进行上诉时，保护刑事案件的被告的身份不被认

---

[166] [2001] EMLR 957, and see note 61 above.
[167] Ibid., 937.
[168] See note 59 above.
[169] [2002] EMLR 145.

出。[170] 没有证据表明本案被告处于一项保密义务之下,因为涉及的信息不具有内在的秘密性,其也不是在能使人觉察到保密义务存在的情形下被披露的,同时其也不至于被认为是具有个人或私人性质的信息。[171] 一项更为宽泛的、立足于第 8 条保护的隐私被侵犯的意见,被认为与保密法密切相关,且基于彼种理由,被驳回了。[172] 以一个"司法创造的隐私法"来保护原告的匿名性和防止对原告进一步的调查,将意味着对被告的言论自由权利的一个"令人震惊的限制",这种限制只有在被证明是根据第 10(2)条而为一个民主社会所必需的时候才能得到正当化。而这种对公开正义(open justice)原则的偏离将不能通过此种测试。[173] 最后,在 Harris v. Harris 案[174]中,在一个涉及家庭纠纷的诉讼程序中所采用的禁令是不尽相同的,法院允许公开父亲的姓名和照片,因为他的言论自由权利使这一公开获得了正当性,而孩子们的隐私权得到了保护。在此案中,被告卷入了一场旷日持久和家喻户晓的家庭纠纷,并已经在多个场合下有藐视法庭的行为。对其身份的公开行为的正当性来自于《欧洲人权公约》第 6 条、第 10 条规定的公众知情权,而孩子的隐私权以及对他们的私人与家庭生活的尊重获得了第 8 条的适当保护。[175] 法院强调了新闻自由[176],认为适当的救济手段在于对真相的公开。言论,而不是强制沉默,能最好的通过公开讨论使谎言和谬论得到揭露。[177]

---

[170] Based on the Criminal Appeal (Reference of Points of Law) Rules 1973 (SI 1973 No. 1114).

[171] *B v. H Bauer Publishing Ltd*[2002] EMLR 145,153.

[172] Ibid., 156.

[173] Ibid., 158.

[174] [2001] 2 FLR 895.

[175] Ibid., 945.

[176] Ibid., citing *Attorney-General v. Guardian Newspapers Ltd* [1987] 1 WLR 1248, 1320 *per* Lord Oliver.

[177] [2001] 2 FLR 895,945, citing *Whitney v. California* (1927)274 US 357, 377.

来自加拿大和德国的启示

加拿大

加拿大的经验为我们提供了一些具有启发性的观点。如前所述，加拿大拒绝承认宪章可以直接的在水平层面上得到适用，尽管这有助于在发展普通法时间接地适用宪章所体现的价值。[178] 其也拒绝了美国式的给宪法权利划分"层级"的做法。[179] 在加拿大，隐私和言论自由具有相同的地位，应当获得相应的平衡处置。[180] 例如，在 *Hill v. Church of Scientology* 案[181]中，加拿大最高法院拒绝在涉及公共官员的诽谤案件中采用一个更高的证明标准，理由是言论自由应当与其他与之竞争的名誉和隐私这样的宪法价值取得平衡。总的来说，法院会考虑到一系列因素[182]，包括：信息的性质（例如，其是否可能被合理地认为本质上属于个人或私人信息，或其是否与一个公共关心的事件或事项有关）；公开者的动机（例如，其是出于通报信息的目的还是获利的目的）；以及主体对隐私的合理期望，这取决于主体的身份和被告的侵犯行为的严重性。[183]

加拿大最高法院在 *Aubry v. Editions Vice-Versa Inc.* 案中的判决具有特殊的意义。该案中的原告是一位十七岁的女孩，当她坐在

---

[178] See text accompanying note 116 above.
[179] *Dagenais v. CBC* [1994] 3 SCR 835, 877, cited by J. D. R. Craig and N. Nolte, "Privacy and Free Speech in Germany and Canada: Lessons for an English Privacy Tort" [1998] EHRLR 162, 168.
[180] Ibid.
[181] (1995) 126 DLR 129.
[182] See Craig and Nolte, "Privacy and Free Speech", 171—172.
[183] See, e.g., *Silber v. BCTV* (1986) 69 BCLR 34 (SC)（当被告电影公司在报道与原告有关的一桩劳动争议时，在原告工厂的停车点拍摄了一场与原告有关的争斗不构成侵权）；比较 *Valiquette v. The Gazette* (1992) 8 CCLT (2d) 302 (Que. SC)（当报纸出于商业目的而不是为了告知公众的目的而披露一位学校教师患有艾滋病时，构成侵权）；and see, further, Craig and Nolte, "Privacy and Free Speech", where the decisions are discussed.

蒙特利尔的一幢建筑物的台阶上的时候，被告未经其同意，就对其进行了拍摄并将照片刊登了出来。原告根据《魁北克人权和自由宪章》(Quebec Charter of Human Rights and Freedom)[184]第5节提起权利主张，该节简洁的规定了"每个人都有权使其私人生活得到尊重"。魁北克《宪章》与加拿大《宪章》不同，其有一个水平影响力，人们可以通过私人诉讼来寻求对魁北克《宪章》规定的权利和自由的保护。[185] 尽管在如此一个以权利为基础的宪章和1998年《人权法》中寻找直接的共同点必须小心从事[186]，但其可以为观察如何在各种相竞争的利益间取得平衡提供一些有趣的洞见，且我们应该想到，如前所述，在1998年《人权法》出台后，很可能一项隐私权将由法院发展出来。

大多数人认为，有关个人形象的权利，无论涉及的是遗传的还是非遗传(extrapatrimonial)的方面，都是魁北克《宪章》第5节下的隐私权的一项要素。这与最高法院之前对隐私概念的宽松解释是一致的，即将其视为对个人自治领域的保护，此个人自治领域包含了与基本上私人性的或内在的具有个人性的选择相关的所有决定。如果隐私权的目的是保护此种私人自治领域，其将包括对个人形象使用的控制能力，因为对一个人形象的权利是以个人自治及一个人控制他或她个人身份的权利为基础的。[187]

对于在隐私权和魁北克《宪章》第3节规定的言论自由之间所要达成的平衡，法院声称个人享有的私人生活受到尊重的权利须在公众有必要知道原告的一些特定的个人信息的特定情形下受到限制。此平衡取决于信息的性质和涉及到的个人的情况。一个参与公共活动的人，或者那些有些坏名声的人的私人生活的特定方

---

[184]　RSQ c C-12.
[185]　Ibid., ss. 9.1 and 49, and see text accompanying note 115 above. See, generally, J. E. C. Brierley and R. A. Macdonald, *Quebec Civil Law* (Toronto, 1993).
[186]　*Douglas v. Hello! Ltd* [2001] 2 WLR 992, 1013 *per* Brooke LJ.
[187]　*Aubry v. Editions Vice-Versa Inc.* (1998) 78 CPR (3d) 289, 306, citing *Godbout v. Longueuil (city)* (1997) 152 DLR (4th) 577, 632.

面,可以说是理应受到公众关注的。此法则明显的适用于娱乐界人士、政治人士和"那些职业生涯的成功取决于大众舆论"的人,其也延伸适用于那些之前不为人所知,但在"属于公共领域的活动,诸如一次重要诉讼"中扮演了重要角色的人。一个人可能会无意的、偶然的出现在一张有关运动会上的人群中或游行中的人群的照片上,或是偶然的出现在一张有关公共场所的照片上,在这些情形下,其被拍摄到只是为公共利益所需。[188]

在支持原告时,最高法院拒绝将"对社会有用的信息"和基本上是商业性质的信息作出区分,这种区分来自于只保护前者的美国案例法。[189] 对一个人所拍摄的照片可以是"对社会有用的",因为它可能体现一个文化的、艺术的或运动的主题,但法院认为这不必然使得对该照片的公开成为可接受的,因为它可能侵犯了隐私权。一项基于商业目的作出的解释将会与魁北克《宪章》第9.1节不相符,该节要求在行使个人的基本权利和自由时,顾及到民主价值、公共秩序和其他公民的一般福利。事实上,照片的艺术表达旨在表现当代城市生活,而这不足以使对原告隐私的侵犯得到正当化。公众观看作品的利益和艺术家出版作品的利益不是绝对的;它们必须受制于各种相互竞争的价值,且事实上也不比原告的隐私更重要。[190] 获取被摄像主体的同意存在着实际困难,但这并不意味着摄像者就能因此以别人的权利为代价来行使自己的权利。[191] 事实上,Lamer大法官将之与新闻媒体的勤勉义务作了类比,新闻媒体的此项义务意味着在搜集信息时必须防止由于他们的评论被发现是不正确的而承担诽谤责任。[192] 一个理性的人也应

---

[188] (1998)78CPR (3d) 289, 308.
[189] Ibid., 309, citing *Estate of Presley v. Russen*, 513 F Supp. 1339 (DNJ 1981) and *Current Audio Inc. v. RCA Corp*, 337 NYS 2d 949 (Sup Ct 1972), and see, generally. J. T. McCarthy, *The Rights of Publicity and Privacy*, 2nd edn (New York, 2001), Ch. 8.
[190] Ibid., 310.
[191] Ibid., 311.
[192] Ibid.

该比被告来得更为勤勉,会去采取一些步骤去取得被摄像主体的同意。[193]

对原告的利益造成的相应损害可以是遗传的(extrapatrimonial)或非遗传的,大多数人都同意"无论是对一位名人,还是对一位普通人的形象的商业性或推销性使用都(能)造成受害人的实质性损失"[194]。原告受到损害的证据是相当有限的,基本上就是原告诉称的人们都嘲笑她,不过最高法院的大多数成员都不愿意去干涉下级法院的事实认定。下级法院作出的对精神损害的2000元的赔偿裁决也要比最高法院估计的损失高得多,不过被告并未对之提出上诉。Lamer大法官表达了异议,认为人们嘲笑了原告的证据是不充分的,没有证据表明原告由于被公开而受到了损害。尽管未经许可传播一个人的形象是可能会造成损害,但这没有在本案事实中体现出来。

德国的人格权:引论

如果从可能的发展路径的角度看,以及考虑到调和对人格的商业利用的经济方面与尊严方面时所遭遇的问题,及在将之与相竞争的利益特别是言论自由进行平衡所遭遇的问题时,德国的经验可以说在多个方面都非常有意思,值得在此简要的提一下。[195]尽管对人格利益特别是隐私的保护已经通过一个一般人格权得到了确保,但(在德国的)发展常常是一个零星增加的过程,这和普通法的模式相差不多。

罗马伤害诉讼法(*actio injuriarum*)对人身、尊严和名誉有一个三位一体的保护[196],但引人注目的是,德国民法典虽然相对于其他

---

[193] Ibid., 299.
[194] Ibid., 313, Cf. (181 above.)
[195] 此处仅作一简要介绍。详实得多的讨论参见 H. Beverley-Smeth, A. Ohly and A. Lucas-Schloetter, *Privacy, Property and Personality* (Cambridge, forthcoming, 2003), Ch. 4。
[196] See 141—142 above.

228 欧洲国家的民法典编纂得较晚,这里的第二个要素却在《德国民法典》中缺失了。[197] 该法典对不法行为(delict)的规定要比其他欧洲国家的民法典少得多,这主要是受到了 19 世纪晚期在德国盛行的一种法律理念的影响,认为对非金钱损失是不应该赔偿的。这反映了与罗马伤害诉讼法的一个相反做法,后者几乎专属的与侮辱(insult)相联在一起。而德国 19 世纪的这种法律理念,是不赞成对侮辱进行金钱赔偿的。[198] 与此产生鲜明对照的是,在同一时期的美国,明显的趋势是对人格利益的保护程度不断提高。[199] 尽管一些学者提出了一个一般人格权的概念,其包括了"组合起来形成了(一个人的)体验的总和的社会、智力和经济活动、机会及生活设施(amenities)"[200],但这并未被《德国民法典》所接受。[201]《德国民法典》第 823(1)条规定一个人如果故意或过失地违反法律伤害另一个人的生活、身体、健康、自由、财产或其他权利,则必须对所有因此产生的损害进行赔偿。此一条款并不包括对名誉的保护,因为其传统上是被有关侮辱或诽谤的犯罪行为的法律所调整的。然而,这些权利在受到侵害的时候也可以根据《德国民法典》第 823(2)条得到一项赔偿,该条规定:为法定条款所保护的权利受到侵害时,可获得一项私法救济[202],这些侵害包括《刑法典》第 185-7 条规定的侮辱和诽谤行为。类似的,"尊严"的概念也被排除出了《德国民法典》。

鼓吹对人格权进一步的保护的人试图将保护建立在"其他权

---

[197] See, generally, C, Von Bar, *The Common European Law of Torts* Vol.1(Oxford, 1998),20;B.S Markesinis, *The German Law of Obligations, Vol II, The Law of Torts: A Comparative Introduction*, 3rd edn (Oxford, 1997), 21;K. Zweigert and H. Kotz, *An Introduction to Comparative Law*, 3rd edn (Oxford, 1998) Ch. 11.
[198] See P. R. Handford, "Moral Damage in Germany"(1978)27 ICLQ 849, 855.
[199] See, 146—151 above.
[200] See R. Zimmermann, *The Law of Obligations* (Oxford, 1996),1083,n 256 and the references cited.
[201] See Handford, "Moral Damage",856; Von Bar, *European Law of Torts*, 26.
[202] See, generally, Markesinis, *German Law of Obligations: Torts*,890—894.

利"(ein sonstiges Recht)的概念之上。然而,占上风的观点是这些词语应参照具有所有权性质的权利而被解释为"同一类型的权利"(eiusdem generic)[203],支持这种观点的事实是:特定的权利在《德国民法典》中别的地方得到了调整。[204] 所以,在不存在任何和一般人格权类似的事物的时候,19世纪晚期和20世纪早期的德国法院在处理损害人格利益的案件时,是以一种实质上具有诡辩性的方式处理的。例如,在俾斯麦的亲属提起诉讼的时候,法院通过下令销毁底片,限制了对俾斯麦临死之时的卧床照片的公开,这么做的理由是在获得照片时存在着对财产的非法侵入行为。[205]

案件引起的大众愤怒使得1907年《艺术版权法》(Kunsturhebergesetz)中引入了专门条款。《艺术版权法》规定肖像只可以在取得了肖像所描绘的人物的同意后才能被公开展览。[206] 在存在疑问的时候,可以凭肖像所描绘的人物收到报酬之事实而认为其已经给出同意。此外,如果肖像所描绘的人物已经死亡,则必须获得他或她的亲属(配偶、子女或父母)的同意。[207] 这条一般规则有一些特定的例外,在这些例外中可以不经当事人同意而将其出现的照片予以散发或公开展览:如在描绘当代重大事件时;当在描绘一处风景或其他地方时,当事人只是偶然出现;在对集会、游行或

---

[203] 比较早期美国法试图否认隐私权的存在,理由是其不是一项与财产性质类似的权利,尤可表现这种观点的是 Roberson v. Rochester Folding Box Co, 171 NY538 (1902)(151—153above)。

[204] H. C. Gutteridge, "The Comparative Law of the Right to Privacy I" (1931) 47 LQR 203, 206.

[205] RG 28. 12.1899, RGZ 45, 170, See H. Stoll, "The General Right to Personality in German Law: An Outline of its Development and Present Significance" in Markesinis(ed) *Protecting Privacy*, 30; Zweigert and Kotz, *An Introduction to Comparative Law*, 688.

[206] See, generally, A. Vahrenwald, "Photographs and Privacy in Germany" [1994] Ent LR 205; C. Kruget "Right of Privacy, Right of Personality and Commercial Advertising" (1982) 13 IIC 183; S. Bergmann, "Publicity Right in the United States and Germany: A Comparative Analysis" (1999) 19 LoyIA Ent LJ 479.

[207] KUG 1907, s.22.

类似事件进行特写时；虽然未经当事人委托，但散发或展览将具有较高的艺术价值时。然而，在散发和展览会损害当事人或其近亲的法定利益的时候，即使有当事人的同意也是无效的。[208]对人格的其他方面诸如姓名的保护是由《德国民法典》第12条来实现的。因此，如果一个人使用一项姓名的权利受到第三方的挑战，或者一个姓名使用权人的利益受到另一个人的未经授权的使用所造成的损害时，姓名使用权人有权制止他人的此种未经授权的使用行为。但是，如果只是提到一个人的姓名，在不会造成被提到姓名的人的身份混淆的情况下是不会产生责任的，法律也不承认一项要求匿名的权利主张。

人格权的发展

其他一些地方对法定条款作了详尽的分析[209]，我们现在所要说的是：有关肖像权和姓名权的两个特定条款所留下的空白是如何通过适用更为一般的人格权的方式而得到填补的，这种发展很大程度上是司法能动性的后果，并可谓是一个体现宪法价值在创造私法权利时的影响力的生动例子。鉴于纳粹政权对基本人权的极度侵犯，《德国基本法》或曰《波恩宪法》（1949）明确了最基本的个人权利。与我们的讨论最为相关的是：第1条，规定了"人的尊严不可侵犯，所有国家机关都必须对之予以尊重"，第2条，规定了"每个人都有权在不侵犯其他人的权利或者有违宪法秩序或道德守则的前提下，自由发展其人格"。尽管宪法条款不直接适用于私人之间的争议，但根据"间接影响"（Drittwirkung）主义，德国法院已经根据宪法包含的价值对民法进行了解释。[210]

---

[208] KUG 1907, s. 23.
[209] See the reference cited in note 206 above.
[210] See, generally, B. S Markesinis and S. Enchelmaier, "The Applicability of Human Rights as Between Individuals Under German Constitutional Law" in B. S Markesinis (ed). *Protecting Privacy*; Markesinis "Privacy, Freedom of Expression, and Horizontal Effect". Cf. 214 above.

在第一个重要案件 *Schacht* 案[211]中,被告被认为侵犯了原告所享有的《基本法》第 1 条和第 2 条规定的"一般人格权"。原告是大金融家 Hjalmar Schacht 的律师,他曾经根据后者的指示,给被告:一家报纸写信,要求被告纠正刊登的有关 Schacht 作为国家社会主义党人的过去的文章。被告把这封信以"读者来信"的标题登出,造成了一种引人误解的表示,让人觉得原告是在以其自己的名义而不是根据指示在表达他的观点,特别是在被告省略了清楚地表明原告是在试图根据《新闻法》作出更正的有关段落的情况下。上诉法院(Oberlandesgericht)驳回了原告的权利主张,认为在有关刊登信件的问题上,因为没有任何正面规定一般人格权的法条,所以人格不能独立于版权而得到保护。但是,最高民事上诉法院(Bundesgerischtshof)依据《基本法》承认的一个人使其尊严受到尊重和使其人格自由发展的权利,推理说一个一般人格权应当被视为是宪法保护的一项基本权利。法院推理说,因为对每一个确定的想法的表达都是来自于表达者的人格或意愿,所以只有表达者有权决定他写的东西是否以及以何种形式传达给公众。[212] 在修改后予以再现侵犯了表达者的人格权,因为这种未经授权的修改可能会在别人心中造成一种错误的印象。在表面上,这是一项普通法系将视为应当由诽谤侵权法予以保护的一项名誉上的利益,在美国,其将受到隐私侵权中有关假象分支(false branch)规定的保护[213],但在此处,其被纳入了一个更广义的一般人格权范畴。

如 Stoll 注意到的,法院其实可以不用采取一个全新的人格权概念,而在一个更为狭窄的立论基础上实现其目的,例如通过承认新闻法下的回复权(right to reply)具有一项私法救济。现在绝大多数州都已承认此救济在民事诉讼中的适用,而在当时只在刑事制

---

[211] BGHZ 13,334. (1954). (translated in Markesinis, *German Law of Obligations:Torts.* 376.)

[212] Cf. S Warren and L Brandeis, "The Right to Privacy"(1860) 4 HarvLRev 193,199,and see 146—150. above

[213] See, further,261—265,below.

裁中是可执行的。[214] 另外，说公开一封原告以别人的名义、根据指示写的信，会对原告的人格造成损害，也听上去多少有些奇怪。尤其是考虑到之前的讨论，最为重要的一点是：最高民事上诉法院在承认一项一般性的私法性的人格权时是依据宪法上的价值。[215]

一般人格权的存在在后面的案件中得到了确认。例如，在 Dahlke 案中，最高民事上诉法院（BGH）认为未经许可即在一个机械单脚滑行车广告中公开使用一位名演员 Paul Dahlke 的照片，构成了对他人格权的侵害，不过此案的决定主要是建立在对《艺术版权法》第 22 条的违反上，赔偿裁决的理由是应当对照片使用付出适当的许可费，而不是基于对此种人格的损害赔偿。[216] 随后，在 Horse Rider 案[217] 中，虽然由于《德国民法典》第 253 条和第 847 条没有作出直接规定，而使非物质性损失赔偿一般被认为被排除在民法典外，法院仍然判决了一项对非物质性损失的赔偿。在一位普通法律师乍一看来，这项决定多少更具有革命性。此案原告是一家酿酒厂的共同所有人之一，也是一位业余艺术家、绅士、骑马越障爱好者，而被告把一张从第三方的广告代理商处获得的原告的照片用于增加性能力的药品的广告中。最高民事上诉法院认为不能假设被告可能事先与原告达成一个照片付费使用协议，因为实际上原告没有受到任何金钱损失，而设想一个具有原告这样的社会身份的人会为答应此照片的使用而接受多少钱也纯属臆想。类似的，基于不当得利的权利主张也被排除了，因为原告没有受到金钱上的损失，所以也不存在《德国民法典》第 812 条规定的金钱利益返还的适用空间。赔偿裁决作出是因为原告受到《宪法》第 1

---

[214] Stoll, "The General Right to Personality", 33.
[215] See, further, Markesinis, "Privacy, Freedom of Expression and Horizontal Effect", 49 et seq; Craig and Nolte, "Privacy and Free Speech", 172 et seq.
[216] BGHZ, 20 345 (1956); and see Handford, "Moral Damage", 868. See also BGHZ 15, 249 (1954)（有关对 Cosima Wagner 的私人信件的未经授权的出版，但此案中的权利主张由于事实方面的原因未获支持）。
[217] BGHZ 26, 349,; BGH GRUR 1958, 408 (1958)（*Herrenreiter*）(translated in Markesinis, *German Law of Obligations: Torts*, 380.)

条和第 2 条和《艺术版权法》第 22 条保护的人格受到了藐视,使其成为嘲笑和羞辱的对象,而不是因为受到传统理解的经济损失所致。人格概念被视为是与保护个人的内心领域和自我决定直接相关的基本的、最上层的法律价值之一,对人格的侵犯会产生非物质性损害,其表现形式为人格受到贬损。类似的,第 22 条提供的保护方式,虽然早于宪法,其解释却是建立在个人在其私人生活中享有自由这一基本原则之上的,而对外展示或表现构成了私人生活的一个基本部分。第三方未经授权而公开一个人的照片也因此剥夺了这个人决定他自己的个人领域内的利益是否以及以何种形式被放弃的自由。

法院用类比的方式,扩展适用了《民法典》第 847 条的规定,该条规定了在被剥夺自由的案件中对非金钱损失可予以合理的赔偿,并被解释为可以涵盖对一个人自由的和不受干扰的行使意志的权利予以侵害的任何行为。《宪法》提供的对人格的有效法律保护要实现的话,只能通过将之包含在第 847 条涉及的损害中,并将之延伸到使用一个人自己的肖像的权利上。从这个意义上讲,之前 Dahlke 案[218]中,认为非物质损害不可以在没有一个明确的法律条款的情况下产生一项金钱损害赔偿的决定,是不同寻常的,因为那个案件事实透露了可以根据一项使用许可费而估算出来的金钱损失。[219]

1959 年曾有一次修改《德国民法典》,以将人格权明确纳入其中的尝试。此次尝试失败了,原因之一是新闻界的反对,他们认为

---

[218] BGHZ 20,345(1956),352.

[219] See also BGHZ 35,363(19612);BGH GRUR 1961,105,(1961)(*Ginsengwurzel*)(translated in Markesinis,*German Law of Obligations*:*Torts*,386)(原告是一位国际法和教会法教授,他在起诉一家含有西洋参的滋补品的生产商(被告)的诉讼中获胜,理由是被告在广告中使用了原告所谓的科学权威,而事实上原告与西洋参几乎毫无关联,这非法的侵害了原告受《德国民法典》第 823(1)条保护的人格权,使他成为了众人嘲笑的对象,学术声誉也因此受损。被告在其商品促销中无视原告的人格权的做法导致了一项 1 万德国马克的赔偿判决)。

这是对自由言论的限制，这种意见与在英国发生的争论具有类似的反响[220]，然而在德国，法院已经发展出一种新的法律来填补这一被认为是立法之明显疏漏的地方。[221] 法院的这种创造性的处理办法，受到了许多批评，但在 Soraya 案中得到了宪法法院的批准，该案涉及一个捏造的采访而不是商业性利用。[222] 既然立法机关没有将此项权利纳入《德国民法典》第 847 条，那法院以一种创造性的方式来发展法律也是合理的。[223]

德国的人格权的范围

一个人死后的人格权后来也被认为是能存续的，因此一个人的亲属能够阻止一部扭曲了本人真实生活的小说的出版。[224] 所以，对一个人人格、名望或声誉的损害，在其死后仍然是可诉的。例如，一位活细胞疗法领域的专家 Niehans 教授的后人成功地阻止了被告在其化妆品广告中使用教授的名义，他们的法律依据是对从《宪法》第 1 条派生出来的一般人格权的侵犯，这种权利并不因为当事人的死亡而终止。广告被认为会使人误解 Niehans 教授将其科学经验适用到了化妆品领域中，且该产品得益于其技术，故而损害了 Niehans 教授的名誉。[225] 后来一位著名的喜剧演员和作家 Heinz Erhardt 的儿子成功阻止了在广告中模仿其亡父具有特质的嗓音的行为，依据是他的父亲的一般人格权仍然存续，不会因为他的死亡而终止。在法院看来，广告利用了人们对 Heinz Erhardt 的艺术人格的记忆，而模仿这种艺术人格用于商业目的将是不可接

---

[220] See 238—241 below.

[221] J. A Lehman, "*The Right to Privacy in Germany*" (1968) 1NYUJ 1 of International Law and Politics 106, cited by Handford, "*Moral Damage*", 859; see also Vahrenwald, "*Photographs and Privacy in Germany*".

[222] BverfGE34, 269 (1973).

[223] See Markesinis, "Privacy, Freedom of Expression and Horizontal Effect", 56.

[224] BverfGE 30,173(1971 *Mephisto*), see Handford, "*Moral Damage*", 866.

[225] BGH 17.05 82(Case No. 1ZR 73/82) (1982)(*Fresh Cell Cosmetics*) (translated in (1986)17IIC, 426).

受的。这揭示了死者的尊严和其继承人对死者的人格权的商业利用中的经济利益的享有权都是真实存在的。根据法院的意见,此种对未经授权的商业广告的禁止不影响模仿者的艺术利益或媒体报道新闻的合法权利。[226]

尽管一个人的肖像权仍然源于对人格尊严的保护的理念,其也意味着对商业利益的保护,最近 *Marlene Dietrich* 案的判决强调了这一点。[227] 该案中,被告根据这位已故女演员的生平制作了一部音乐剧,注册了"Marlene"商标,并将商标使用在与音乐剧有关的商品上,以及将商标许可给一家汽车生产商使用。女演员的继承人对此提起了诉讼,而被告辩称说这些使用是艺术性的表达,应当免于承担责任,对死者的人格权的侵犯不应该产生赔偿责任因为人格权只保护非物质性利益。柏林上诉法院认为《德国民法典》第823(1)条保护的一般人格权不仅保护非物质性人格利益(特别是对品格和尊重的享有),也保护物质性的或经济性的利益。人格的各方面,如姓名、肖像或嗓音,都具有一个实体性的事实上的价值,在体育和艺术这样的领域,其往往来自于当事人在公众心目中享有的知名度或声誉。事实上,在这些案件中,对经济利益的损害而不是对名望或声誉的损害,乃是当事人提出控诉的要害所在。人格权应当相应地去保护一个人是否或在何种条件下决定其人格中的某些方面被利用的权利。[228] 这项权利可被 Dietrich 的继承人享有,因为这里面的利益是可继承的,与高度人格化的、属于当事人的不可放弃或出售的非物质性利益大不相同。(被告)这么做将与《基本法》对人格尊严的保护相冲突。

人格的经济方面是否可以转让或继承的问题仍然可以讨论,

---

[226] OLG Hamburg 08. 05 89 (Case No. 3w 45/89 (1989) (*Heinz Erhardt*) (translated in (1990)21IIC, 881.).

[227] BGH 1. 12.1999 (1999) (translated in B. S. Markesinis, *Always on the Same Path*) (Oxford, 2001)401).

[228] BGH1.12. 1999 (1999,) 408.

最高民事上诉法院也没有给出明确的答案。[229] 柏林上诉法院认为,尽管其只需要考虑可继承性而不是可转让性的问题,但仍有一系列因素表明,人格中的经济利益不应当和非物质性的、尊严性的利益一样与当事人不可分离。一项权利的性质可以从基本上是一项人格权转化为一项经济性权利,例如商标被归入人格权范畴,但其与企业家个人的业务和人格的关系已经完全脱离。变化的技术和经济环境提供了新的营销机会,使名气大的人格可以创造经济价值。在权利人死后,对人格因素的有效保护只能通过给予其后人对损害主张可执行的权利才能实现,这些保护办法必须超出已有的对纯人格进行保护的非金钱性救济手段。根据法院的意见,继承人要比无关的第三方更有理由去主张他们对于逝世的亲属的经济价值的权利[230],不过为什么公共领域应当被忽视还说不清。对这样一种死者身后的权利的持续期和范围虽然还存在不确定性,但这不是否认的理由,在确定对其进行保护程度的时候,法院类推适用了对非物质性利益的10年保护期的做法。[231]

公和私的筹算:平衡运作

德国法院在平衡人格利益和自由言论利益上已经有了相当多的经验。在权衡各种利益的时候,多个因素得到了考虑,这将在别的地方得到详细讨论,而这边只做个简述。例如,法院将考虑公开者的动机是让大众知情还是为了获利,例如是为了通报信息还是

---

[229] Cf. BGH 14. 10 86（Case No. VI ZR 10/86（1987）(Nena)（translated in (1988)19 IIC, 269）（一家收集协会与歌手签订一份协议,拥有了将后者肖像用于商品之上的专有权利,该协会有权向第三方起诉主张权利。一种认为构成一般人格权一部分的肖像权是不可转让的观点被拒绝了。最高民事上诉法院认为原告有权对被告使用歌手的肖像的行为进行索赔,因为被告未曾合法受让原告的肖像使用权,因而以损害原告利益的方式不当获利了,所以原告有权获得被告已经获得的5500德国马克)。

[230] Markesinis, *Always on the Same Path*,410—411.

[231] Ibid., 412, referring to KUG 1907 22（3）see, generally, Vahrenwald, "Photographs and Privacy in Germany", 207.

为了提供乐子;信息获取的方式;信息被传播的范围及准确性;以及原告希望在多大范围内限制被告的言论自由。[232]

基于一个人对自己肖像的权利和人格权,照片所拍摄的主体,从表面上看是唯一能够决定此照片是否能被公开、以及能以何种方式被公开的人。但此权利应当受制于特定的例外,特别是在涉及到"当代历史"的时候。因此,鉴于君主、国家首脑、杰出的政治家这些属于"绝对的当代名人"的人构成了当代历史的一部分,所以公众在公开这些人的照片的活动中享有合法的利益。不过,在 Princess Caroline 案[233]中,最高民事上诉法院认为对这些人的照片的公开程度还是有一定限制的,根据《艺术版权法》第23条,当个人的合法利益超出了其他人相关利益的时候,出版可以被禁止。在该案中,原告试图阻止在德国出版描绘她在法国生活的种种方面的照片。法院认为原告有权主张其自己的私人生活领域得到尊重的权利,尽管她是一位当代名人,但即使是这样的人也不需要容忍对描绘他们的私人生活的核心方面的照片的公开活动。

如果照片中描绘的是一个人的私人生活的核心部分,那任何人都有权主张自己的私人生活领域得到尊重的权利,原告也不例外,这和她是不是一位当代名人已经没有关系了。上诉法院认为公共利益应当止步于一个人的家门口,不能介入一个人家里的私人领域。相应的,如果原告是在一个公共场所,例如餐厅,而不是在她的私人领域内,则公开是合法的。最高民事上诉法院依据学

---

[232] Markesinis, "Privacy, Freedom of Expression, and Horizontal Effect", 62; Craig and Nolte, "Privacy and Free Speech", 172—177.

[233] BGH, NJW 1996, 1128 (1995) (translated in Markesinis, *German Law of Obligations*: *Torts* 998, and see, generally, B. S Markesinis and N. Nolte, "Some Comparative Reflections on the Right of Privacy of Public Figures in Public Places" in Birks (ed.) *Privacy and Loyalty* (Oxford, 1997), 113 对之前的判决的背景信息,见 P. Schlechtriem, "Some Thoughts on the Decision of the BGH Concerning Princess Caroline of Monaco" in Markesinis (ed.) *Protecting Privacy*, 131。

237 理驳斥了一种对私人生活领域进行空间限制并将其限于一个人的家庭环境中的观点,法院认为,一个人可以在纯粹的家庭环境以外仍然处于值得保护的私人空间中。当像原告这样的一个人在一个与外界隔绝的地方(如一家花园餐厅的一个私人角落),且这种私密性能被第三人客观的感知到的时候,则其可以被认为是处在一个私人领域内。对那些自以为不会被看见的人进行拍照并将之予以公开的行为,构成了对此私人领域的侵犯。公众的知情利益越大,当代名人受到保护的人格利益就越应当进行退让以满足公共对信息的需要。但反之亦然,对隐私保护的必要性也将随着公众获取信息的价值的减小而增强。而被被告公开的照片除了娱乐性和作为花边新闻以外没什么信息价值。事实上,被告出版这些照片的动机也基本上是经济性的。[234] 不过,原告其他一些处于公共场所且没有躲在一个与大众隔开的地方的照片,不能被禁止公开。

尽管接受隐私权这样一种全新的权利于普通法环境中,将不至于再被认为"蕴含着危险"[235],其对英国的普通法模式来说仍然有些别扭,尽管在 1998 年《人权法》通过后,英国法已经对权利观念变得更能接受、更为友好,但即使在《人权法》可以作为司法发展隐私权的托词之后,这样的一种一般性权利仍然是不易操作的。在德国和美国都存在的调和人格之商业利用的经济方面和尊严方面的困难仍然存在[236]。不过平衡各种相竞争的利益不能再算是一个问题,因为在《人权法》出台后,各种相竞争的权利已经有了更为明确的权重。将人格利用问题从一般性的隐私辩论中分割出来有着持久的理由。事实上,要将人格利用确认为一种侵权形式,有赖于司法积极主义(judicial activism)在空隙中运作和在一个更为适度的规模上进行,以与普通法传统保持高度一致。这种分割是否可能还有待观察。在这个意义上,重试之前的立法尝试以引入此

---

[234] See Craig and Nolte, "Privacy and Free Speech", 176.
[235] Gutteridge, "The Comparative Law of the Right to Privacy Ⅰ" 203,217.
[236] See 172—174 above.

权利是有用的。在法院发展隐私法(不论以何种形式)的时候,基本的争论和反对意见都将不可避免地重现。

人格利用和英国的立法能动性

与其他大多数法域不同,英国法中对隐私的广泛关注直到最近才出现。[237] 特别是 20 世纪 90 年代,可谓见证了人们对隐私问题和相伴之的新闻管制问题的不断增长的兴趣,这是由于新闻界具有侵扰性的活动不断增加所致。一个明显的危险是隐私争论实质上变成了政府和媒体利益特别是报业之间的战斗。结果问题的其他方面被忽略,而争论被过分的简化为新闻审查制度和自由言论之争。尽管这些问题毋庸置疑是重要的,但很明显还应该有很多其他的东西值得讨论。[238] 政府在任何情况下,一般来说都是不太情愿在立法程序中关注敏感的道德或社会问题的。[239]

隐私问题只是一个古老的有关立法机构和司法机构各自合适的角色的争论的一个例子,在传统上,司法积极主义总是处于劣势。对侵犯隐私的行为创立一个一般性的侵权法救济的驱动力肯定是来自法院而不是立法机关,这一点已经变得越来越明显,不过法院一直被批评为在发展新权利的时候不太情愿,这种迟疑被看

---

[237] 第一个隐私法草案是 Mancroft 法官于 1961 年提出的。对最近的隐私辩论的背景的评论,见 Lord Chancellor's Department, *Infringement of Privacy*: *A Consultation Paper* (London, July 1993, ch 2, and Seipp, "Right to Privacy", 345—350)。

[238] See B, Ceill, Privacy: "A Challenge for the Next Century", in Markesinis (ed) *Protecting Privacy*, 1, 22. see also E. Barendt (ed.), "Privacy and the Press" in E. Barendt (ed) *Yearbook of Media and Entertainment Law* 1995 (Oxford, 1995) 41,认为 Calcutt 委员会的任务(See note 2 above)被误解了,将不同类的媒体按照不同的方式处理在原则上是错误的;保护隐私权时应当对每一个潜在的被告予以防范,将注意力集中在新闻界上的一个实际后果就是隐私争论成了政界和报业的战斗。

[239] D. Feldman, "Privacy-related Right and their Value"; in P. Birks (ed) *Privacy and Loyalty* (Oxford, 1997). 15. 50.

作是法官和律师缺乏冒险精神、不求进步和缺乏创新精神。[240] 这一点与美国在发展隐私权和德国在发展一般人格权时司法界显示出来的强劲的能动性形成鲜明对比。在《人权法》颁布后的岁月里，这个问题可能看上去变得更不相关了，但早期的迹象表明在发展一般性的隐私权的时候将存在着困难，而把商业利用包容进这样一项权利时的问题也仍将存在。

239　　至今为止，共有 7 次试图把隐私权确立为法定权利的尝试。[241] 尽管在早期美国和德国的案例中对姓名和肖像的利用具有相当重要的位置，但在第一个关于隐私权的法律草案被提交的时候，在英国最为人关注的 3 个主要问题是：政府侵入的威胁、新闻界的活动、监视与信息收集的新技术手段带来的新挑战。[242] 最初的两个法律草案在范围上是有限制的。Mancroft 法官 1961 年隐私权草案（在委员会阶段被撤回）只适用于出版界、电视、广播和电影的隐私侵犯行为，只涉及书面公开一个人的个人事务的行为，并且以引起一个人的痛苦或尴尬为前提。Alex Lyon 的 1967 年隐私权草案主要是针对侵犯和暗中监视，将隐私权定义为"任何人使他自己、他的家庭或他的财产与其他任何人隔离的权利"[243]。该草案将给

---

[240] H. Street, *Freedom, The Individual and The Law*, 5th edn (London, 1984), 264, cited by Wacks, *Personal Information*, 39.

[241] See also Photographs and Films (Unauthorised use) Bill 1994 (34 above) and Data Protection and Privacy Bill 1996 (Harry Cohen) 试图彻底检查 1984 年《数据保护法》(Data Protection Act) 的条文而不是引入一个新的一般性的对隐私侵犯的一般性救济（见现行的 1998 年《数据保护法》(note 31 above and accompanying text)）。对早期草案的更多介绍见 Lord Chancellor's Department, *Infringement of Privacy: A Consultation Paper*.

[242] See Pratt, *Privacy in Britain*, Ch. 5 这里提到的第一个关注点至少在国际层面上被 1948 年《世界人权宣言》(Universal Declaration of Human Rights) 第 12 条所部分处理，而这又影响了 1950 年《欧洲人权公约》第 8 条，这两个文件虽然没有被并入英国国内法，但可以说标志着隐私与人的尊严第一次被联系起来。See Pratt, *Privacy in Britain*, 87.

[243] 比较 Gavison 的三个不可减损的要素是秘密性、匿名性和独居性（166—169 above）。Prosser 的四种侵权行为是对隔离的侵犯、披露令人尴尬的事实、公开假象和利用。

"任何隐私权受到任何严重的和不合理的侵犯的人"以一个对抗侵犯人的诉因,并试图确立一个一般性的原则允许法院去决定是否存在着对隐私的侵犯。但该草案没有获得二读。这两个草案都不包括人格利用问题,除非我们对 Alex Lyon 草案中的个人隔离做一个非常宽松的解释。

依据一个综合性的审查,1970 年(英国)高等法院法官(Justice)推荐引入了一个一般性的法定隐私权[244],并拒绝了两种其他可选择的意见,即调整现有的诉因(被认为是做作的和具有歪曲性的)和零星的引入侵犯隐私的诉因的做法(不能反映委员会的观点:一个原则应该成为各种不同类型的案例的基础)。法官准备的法律草案已经被 Brian Walden 引入并且在法官报告出版后不久进行了二读。[245] 其支持者强调了零星处理方式的局限性,特别是预见每一种令人不快的隐私侵犯行为的困难性,而这些问题可被一个一般性的隐私权所解决[246];而反对者则强调了其对言论自由、尤其是新闻活动的潜在威胁。[247] 政府认为在定义引起反对的活动的时候应当有更多的考虑[248],这个任务在 Walden 草案在二读后被撤回之后被委托给 Younger 委员会。

隐私辩论在接下来的日子里沉寂了 18 年,直到 1988 年 William Cash 提出了草案,和 Walden 的草案一样,实际上和高等法院法官提出的草案是相同的[249],只不过它没有获得二读而已。后来又有两个范围上更受限制的草案,目标只限于未经授权使用和披

---

[244] Justice, *Privacy and the Law*, para. 127.
[245] Right of Privacy Bill 1970.
[246] *Hansard, Fifth Series*, HC, Vol 794, cols 868 and 888—889,23 January 1970.
[247] Ibid., cols 876—880.
[248] Ibid., col 943.
[249] Lord Chancellor's Department, *Infringement of Privacy Consultation Paper*, Annex D 讨论了第二波的隐私法草案。

露个人信息。[250] 可以预见的是,对新闻自由可能受到的影响的担心得到了表达[251],而对一个一般性权利至为重要之处在于,政府认为即使这样的涉及面狭窄的法律草案仍然管得太多了[252],从而以 Younger 委员会的建议为借口,拒绝创造一个一般性的隐私权。最近,一项针对私人谈话被录音和公开的案件而采取的一个零星措施试图规定未经谈话人许可而出售和购买私人谈话的磁带和内容文本为非法,但没有获得二读。[253]

七个个人草案不可避免地反映了对隐私权的合适的主要内容和范围的不同看法。只有建立在法官模式上的草案(Walden 的草案和 Cash 的草案)在隐私权的范围内包括了人格利用。在最近的一些报告中,Calcutt 委员会相当明确地认为:对人格利用的救济没有达到紧迫的社会需要之检验标准[254],而大法官部的咨询函(Lord Chancellor's Department's Consultation Paper)提出人格利用应当被看作是涉及了一个与隐私相关但不相同的权利,而一项新权利应当只限于保护隐私。[255] 国家遗产选择委员会(National Heritage Select Committee)也推荐了一个适用于隐私侵犯的新的法定侵权形

---

[250] Protection of Privacy Bill 1988(John Browne)(在报告阶段前被撤回);Protection of Privacy Bill 1988(Stoddart 法官)(和 John Browne 的草案一样,不过没有获得二读)。

[251] *Hansard*, *Fifth Series*, HC, Vol 145, col. 1312, 27 January 1970.

[252] Ibid., col, 1340.

[253] Protection of Privacy (No. 2) Bill (Sir Patrick Cormack).

[254] Calcutt Committee, *Report on Privacy and Related Matters* para 12.8. 在后来的 Report of Press Self-Regulation Cm 2135(1993)中,委员会建议对引入一个针对隐私侵犯行为的法定侵权形式给予进一步的考虑。

[255] Lord Chancellor's Department, *Infringement of Privacy: A Consultation Paper*, para, 5.33. The Department (para,5.22)。提出了隐私侵犯是一种新的民事不法行为,隐私包含了属于一个人的健康、人际交流、家庭和个人关系的事项,一项免受折磨与骚扰的权利。只有在行为将对一个具有通常的敏感程度的人造成实质性的痛苦之后才会产生责任,而对此的抗辩理由包括同意、法律授权、特权和公共利益。

式[256],尽管四项美国法律中的隐私条款得到了研究,且有三项包含了人格的商业利用[257],此行为还是被排除出了其范围。然而,被建议的新的侵权形式已经在涉及取得或公开有害的或令人尴尬的个人材料或照片的案件中提供了救济,因而将可以在一些特定的有限的人格利用案件中提供救济。[258] 政府的回应对 Calcutt 委员会对新闻管制的审查和大法官部咨询函予以了考虑,认为实行法定干涉缺乏充分的公众合意,还没有哪个案件可以令人信服的作为一项新的侵权形式的基础。尽管政府承认现存的新闻自我管制体系存在着缺陷,但仍然认为该体系可能会得到改进,没有必要去引入一个新的法定民事救济手段。[259]

免受精神痛苦之自由中的利益

在人格利用案件中发生作用的另一类事实上的利益也需要得到考虑,即免受精神痛苦(mental distress)的自由中的利益。其关注的是遭受的绝对的精神痛苦(无论被称为"痛苦、挫折感、焦虑、不快、烦恼、紧张或恼怒"[260]),而不是涉及到"一些可以辨认的精

---

[256] National Heritage Select Committee, *Fourth Report: Privacy and Media Intrusion* (London, 1993, para. 47).

[257] Ibid., Annex 1.

[258] 被提出的新的侵权形式明显主要指向于媒体的活动,包括获得和/或公开私人信息或照片;公开不准确的或令人误解的个人信息;通过侵扰或不断与之联系来打扰一个人的安宁。

[259] Department of National Heritage Select Committee, *Privacy and Media Intrusion: The Government's Reponse*, Cm2918(1995, para. 4.13).

[260] Watts v. Morrow [1991] 1 WLR 1421, 1445 *per* Bingham LJ(对一违约行为引起的身体影响所造成的精神痛苦提出损害赔偿请求);比较 N. J. Mullany and P. R. Handford, *Tort Liability for Psychiatric Damage* (Sydney, 1993)26,提出精神痛苦通常包括下列令人不快的情绪的组合:1. 恐惧或担忧;2. 害怕;3. 忧伤、悲哀和孤独;4. 感到耻辱、人格受贬和尴尬;5. 愤怒、烦恼、恼怒;6. 失望和挫折感;7. 担心和焦虑。

神病症的(无论是否有心理症状)"[261]的精神病性质的损害,也就是"一些超出正常人经历到的范围以外的严重的精神困扰,而不仅仅是日常的焦虑、忧伤或恐惧情绪"[262]。英国法的基本立场可以由 Wensleydale 法官在 *Lynch v. Knight* 案的法官附带意见中得到总结:法律不能为精神痛苦或焦虑本身承认或提供一种救济,但对一项物质性利益造成损害的时候,陪审团可以在评估损害的时候将原告的精神痛苦考虑进去。[263] 在各种各样的侵权案件中,原告所遭受的精神痛苦往往都会得到赔偿[264],这些侵权行为包括攻击[265]、殴打[266]、错误拘禁[267]和诽谤[268],因为有关这些侵权行为的

---

[261] McLoughlin v. O'Brian [1983] 1AC410 431 per Lord Bridge. 一个被广泛使用的替代性说法"神经受刺激"被称为是"不准确和引人误解"的。See *Attia v, British Gas Plc* [1988] QB304, 317 per Bingham LJ.

[262] Page v, Smith [1996] AV 155,166per Lord Keith; White v. Chief constable of south Yorkshire police [1999] 2 AC 455, 500per Lord Hoffman. See, generally, Mullany and Handford, psychiatric damage.

[263] (1861) 9 HL Cas. 577, 598, 11 ER 854, 863. See also *Adcock v. Chief Constable of South Yorkshire Police* [1992] 1 AC 310, 401 *per* Lord Ackner.

[264] See F. A Trindade, "The Intentional Infliction of Purely Mental Distress" (1986) 6 OJLS 219,221; Mullany and Handford, *Psychiatric Damage*, 45 et seq. See also P. Giliker, "A 'New' Head of Damages: Damages for Mental Distress in the English Law of Torts" (2000) 20 LS 19.

[265] See e. g. *Fogg v. McKnight* [1968] NZLR 330, 332 per McGregor J; J. G Fleming, *Introduction to the Law of Torts*, 2nd edn (Oxford, 1985), 48.

[266] *Cole v. Turner* (1704) Holt KB 108, 90 ER 958 *per* holt CJ; *Pursell v. Horn* (1838) 8 AD &E, 602, 112 ER 966; *Nash v. Sheen* [1953] CLY 3726.

[267] *Meering v. Grahame-White Aviation Co. Ltd* (1920) LT 44,53—54 *per* Atkin LJ, approved obiter by the House of Lords in *Murray v. Ministry of Defence* [1988] 1 WLR 692; *Walter v. Alltools Ltd* (1944) 61 TLR 39, 40 *per* Lawrence LJ; *Hook v, Cunard Steamship Co* [1953] 1 WLR 682, 686. 一个一般性的损害赔偿裁决反映了错误拘禁会损害一个人的尊严、名誉和自由的事实,不过这些案件没有说明构成裁决中的赔偿总额的细目是如何得来的。See H. McGregor, *McGregor on Damages*, 17th edn (London, 1997), para 1619.

[268] See John v. MGN [1997] 3 WLR 593, 608 *per* Bingham MR; *Fielding v. Variety Inc* [1997] 2 QB 841, 855 *per* Salmon LJ and 851 *per* Denning LJ *Ley v. Hamilton* (1935) 153 LT 384, 386; *McCarey v. Associated Newspapers Ltd* [1965] 2 QB 86, 104 *per* Pearson LJ.

法律保护了一个宽泛的"人格利益"[269],这可能可以说包含了免受精神痛苦的自由中的利益。[270] 英国法对于承认"使人遭受精神痛苦"为一项独立的可诉的不法行为本身仍然比较犹豫,遑论更多。

Wilkinson v. Downtown 案中的规则和施加精神痛苦

乍一看来,这个问题和典型的人格利用问题相去甚远,这反映了我们缺乏适当的救济手段去直接解决问题,这迫使英国的律师尽他们的最大能力去用不合适和不够用的工具来完成任务。然而,其相关性将会在我们讨论下列问题的时候变得明显:(1)人们不断的提出这个案件中的规则被发展为一项对隐私侵犯的救济手段的可能性;(2)英国的权威意见为达到一个类似效果,能否像有意施加精神痛苦的侵权行为的规定在美国的人格利用案件中扮演的剩余性角色(residual role)那样得到适用。

在 Wilkinson v. Downtown 案[271] 中,被告吓唬原告说原告丈夫的腿在一场事故中折断了,这使得原告遭受了"一次神经系统的严重刺激,出现呕吐和更为严重的永久性的、一度威胁到她的理智的物质性后果,并造成了数周的痛苦和缺乏行为能力"。[272] 被告被认为有责任,因为他"有意的做了一个会对原告造成物质性伤害的行为,侵犯了她拥有安全感的权利",并在事实上对她造成了物质性伤害。在 Wright 法官看来,本案中被告的行为缺乏合理的抗辩,

---

[269] 如见 Restatement, Second, Torts, Vol. I, Div. I Ch. 2 中的用词,在"对人格利益的有意侵犯"的标题下,包含了免受有害性的身体接触的自由中的利益,免受攻击性的身体接触的自由中的利益,免予担心遭受有害性的或攻击性的接触的自由中的利益,免受拘禁的自由中的利益,免受感情上的痛苦的自由中的利益。

[270] See, also, *Cornelius v. De Taranto* [2001] EMLR 329(对违反保密约定所带来的精神痛苦进行赔偿);and see A. Stewart, "Damages for Mental Distress Following Breach of Confidence: Preventing or Compensating Tears" [2001] EIPR 302。

[271] [1897] 2 QB 57.

[272] Ibid., 58.

即使其没有恶意的目的和敌意的动机，也足以创设一个不错的诉因。[273] 既然很难想象这样的一番陈述不会产生这样的后果，被告就被归咎为有意去制造这样的后果。[274]

244 　　有时候人们提出 *Wilkinson v. Downtown* 案中的规则可以扩张适用以包含隐私侵犯行为，且不至于使适用泛化到会不当限制新闻自由的程度。[275] 对这样一种发展的主要限制在于受害人所遭受的伤害的性质，事实上，现在法院在解释该规则的时候，认为要形成精神病性质的伤害才行，而不只是情绪上的痛苦。如英国的权威意见现在所持的立场，责任只在下列情形中产生：（1）被告的行为意味着实际的身体伤害或精神病性质的伤害[276]，或（2）法院能够相信存在着一个明显的危险，使得一个现存的持续不断的行为的累积影响会导致精神病性质的损害（而不只是情绪上的痛苦），且能被限制在一个预防性的基础上。[277] 扩张性的责任可以涵盖的行为

---

[273] Ibid., 59. 在侵权法领域该判决是一个罕见的例子，一项新规则被制定以解决一个新的实际情况，而不是通过逐渐扩张或改造现有的侵权形式的方式。See also P. R. Handford, "*Wilkinson v. Downtown and Acts Calculated to Cause Physical Harm*" (1985) 16 UnivWA LRev 31, 37, 提出判决受启发于 Pollock 的一般性理论，即在没有合法的理由或借口的情况下有意伤害他人的行为具有侵权性。

[274] Ibid.

[275] See, e.g. B. Neill, "The Protection of Privacy" (1962) 25 MLR 393, 402; G. Dworkin, "The Common Law Protection of Protection of Privacy" (1967) 2 U Tas LR 418, 443—445; *Rucker v. News Media Ownership Ltd* [1986] 2 NZLR 716, 733 per McGeehan J, but Cf. *Bradley v. Wingnut Films* [1993] 1 NZLR 415. See also R. Bagshaw, "Obstacles on the Path to Privacy Torts" in P. Birks (ed). *Privacy and Loyalty* (Oxford, 1997), 133 143: "对一个人的侵犯足以构成心理伤害。"

[276] *Wilkinson v. Downton* [1897] QB 57, 58 Fanvier v. Sweeney [1919] 2 KB 316, 320.

[277] *Khorasandjian v. Bush* [1893] QB 727, 736. See also *Bradley v. Wingnut Films* [1993] 1 NZLR 415, 要求原告证明受到的伤害不是一种短暂的反应，无论其一开始有多严重（Ibid., 421），才能确立被告的责任。该案中，原告拥有把一个墓碑的形象排他的使用在他的永久墓地上的权利，而被告把该墓碑形象用在了一部喜剧性的恐怖电影中，原告认为这是对他的冒犯。See, further, J. Bridgeman and M. A. Jones, "Harassing Conduct and Outrageous Acts: A Cause of Action for Intentionally Inflicted Mental Distress?" (1994) 14 LS 180, 196 and *Buris v. Azadani* [1995] 1 WLR 1372, 1377.

是(3)导致(严重的)[278]精神痛苦(或这样一种情况的可能性)的行为,该种责任不可避免地导致越过区分可诉的精神病性的损害和目前本身还不可诉的精神痛苦的卢比肯河*。事实上,涵盖情形(2)可以说涉及到了一个虚构的因素去允许起诉不好说是绝对的精神痛苦的东西。例如,对一个穿着暴露的人偷拍并将照片公开[279]是否满足严重的精神痛苦测试还存在着争议。当然,每一个特定案件的事实也很重要,例如把一个明显超重的人的照片用在一个瘦身产品广告中的行为将更容易满足此项测试。最终,把 *Wilkinson v. Downtown* 案中的规则适用在可能为个人隐私利益提供救济的情形产生了相当显著的后果,如在 *Khorasandjian v. Bush* 案中的更为广义上的适用,不过这样一种处理方式也当然为与隐私相关的利益提供了一些有限的保护。[280]

对有意施加精神痛苦的侵权行为的争论在别处得到了适当的细究[281],只有两个紧密相关的问题需要在此提出。首先,对于涉及被承认的精神疾病,而被告的行为只是出于过失的一些案件进行索赔的限制,是存在着一些政策性的争议的(如担心开启了欺诈性的和夸大其词的诉讼的泛滥之门)[282],但这些反对意见在涉及有意施加精神痛苦的案件中的说服力要小一些。[283] 其次,承认这样

---

[278] 美国法在此划了条界线,要求具有严重的精神痛苦或绝大多数人认为是过分的行为的存在。See text accompanying note 291 below.

* Rubicon,公元前 49 年,凯撒越过分割他管辖的高卢与罗马共和国本土之间的卢比肯河,进军罗马,从而引发内战,相当于中文的"楚河汉界"。——译者注

[279] See R. Wacks, *Privacy and Press Freedom* (London, 1995), 88.

[280] See D. Feldman, "Secrecy, Dignity, or Autonomy? Views of Privacy as a Civil Liberty" (1994) 47 CLP 41, 49.

[281] See, e.g. Trindade, "*Intentional Infliction*".

[282] See Law Commission Consultation Paper No. 137, "Liability for Psychiatric Illness" (1995) paras 4.1-4, 13 可见到对这些争论的一个总结。

[283] Prosser, "Intentional Infliction of Mental Suffering: A new Torts" (1939) 37 Mich L Rev 874, 878, and see *Hunter v. Canary Wharf Ltd* [1997] 2 WLR 684, 709.

一种诉因将避免对一些症状的夸大其词,如"非常头痛、恶心、失眠等",并树立一个可以作为对精神痛苦的寄生性索赔之基础的身体伤害的技术根据。[284] 索赔应该说只能限制在**严重**的精神痛苦的案件中,即会造成一个实质性的和持续性的影响,而不只是一个瞬间反应。[285] 定义这样一个概念是困难的,但将不太要紧的侮辱或打扰与严重的坏事作出区分的时候,其实只要依据一些通常的感觉就能把过度敏感的人提出的一些鸡毛蒜皮的权利主张排除出去。[286] 事实上,在美国,对于涉及琐碎的或虚假的权利主张的诉讼泛滥成灾的担心看上去并没有成为现实。[287]

有意施加精神痛苦在美国

有意施加精神痛苦的行为在绝大多数州的侵权法上构成了一个独立的诉讼,但法律在承认心灵安宁中的利益可获得一项独立的法律保护时,动作还比较迟缓。[288] 有一阵子,在此领域出现的、一种相同的也仍能大体上适用于英国法的反对意见相当有分量。对精神的伤害一直被看作太微妙而且无法证明,一种流行的担心认为如果承认这样一种新的权利主张,可能会带来诉讼泛滥,而这些诉讼请求轻则是臆想的,重则是带有欺诈性的。然而,索赔不是在任何案件中都会被否定的。尽管法院在试图实现正义的时候,打算将之框在传统诉因范围内,如对人的有意侵权(攻击、殴打、错误拘禁)、侵犯领地、打扰,以及尚处于雏形的隐私侵犯,但变得越来越明显的一点是,在许多案件中,找不到这些传统的根据,极端的和过分的行为带来的有意施加的精神困扰本身构成了一个诉

---

[284] C. Magruder, "Mental and Emotional Disturbance in the Law of Torts" (1936) 49 HarvLRev 1033, 1059.

[285] Ibid., 229.

[286] Prosser, "Intentional Infliction of Mental Suffering" 878.

[287] See P. R. Handford, "Intentional Infliction of Mental Distress—Analysis of the Growth of a Torts" (1979) 8 Anglo-AmLR 1, 11.

[288] See, generally, W. P. Keeton, *Prosser and Keeton on the Law of Torts*, 5th edn (St Paul, 1984,) 54—46.

因,不过很难说哪个特定案件可以说是新诉因的根源。[289]

在大多数州,当被告从事极端和过分的行为,并故意或放任的造成了其他人严重的情绪上的痛苦的时候存在着一项诉因。[290] 当行为超出了一个正常的社会所能容忍的所有界限并造成了非常严重的精神痛苦的时候,就是所谓的有意施加情绪上的痛苦。[291] 法院很小心的为对精神痛苦的索赔施加了限制,并试图在两种利益间取得平衡:一个人表达对他人的不恭的意见的自由,即言论自由中的利益,和一个人不受精神伤害的利益。[292] 如果亵渎、辱骂、侮辱或威胁只不过是让人觉得讨厌而已,是不能获得赔偿的。[293] 因此,如果被告拍摄和传播的照片描绘了他的同事站在另一位同事身边,只穿着内衣并把他的双手放在生殖器上的话,是不存在法律责任的。被告只把照片看作是个玩笑,并不认为这是具有伤害性的或会造成别人痛苦,在任何情况下不能说他们打算伤害原告。[294]

---

[289] 有人认为第一个确立此种独立责任的案件是阿肯色州的 *Wilson v. Wilkins* (1930) 25 SW 2d 428: see Mullany and Handford, *Psychiatric Damage*, 297。

[290] *Bradley v. Hall* 720 NE 2d 747, 752 (Ind. App, 1999), citing *Restatement, Second, Torts*, § 46.

[291] *Restatement, Second, Torts*, § 46 评述说:"只有当行为在性质上是如此的过分、在程度上是如此的极端,以至于超出了正常规矩的所有可能的范围,在一个文明社区中会被认为是残忍的和完全不能忍受的时候,才存在着责任。一般来说,案件必须是这样的:当其事实被转述给社区中的一个普通成员时,会激发后者对行为人的憎恨,并惊呼'过分'。"

[292] See Keeton, *Prosser and Keeton on the Law of Torts*, 59

[293] 美国的绝大多数法域都不太承认过失施加情绪上的痛苦的行为的责任。但一些州允许起诉过失性的施加严重的情绪上的痛苦,且不需要原告证明任何因此产生的身体伤害或疾病,或对财产权的损害。Keeton, *Prosser and Keeton on the Law of Torts*, 361—365.

[294] *Branham v. Celadon Trucking Services, Inc* 744 NE 2d 514, 524 (Ind. App, 2001), see also *Cheatham v. Paisano Publications, Iinc* 891 F supp 381 (WD Ky 1995)(建立在有意施加情绪上的痛苦的权利主张没有满足造成严重的情绪上的痛苦的过分行为标准(see note 291 above),该案中,原告只穿着裁剪过的牛仔裤的臀部的照片被刊登在了杂志上,并被印在了 T 恤上);比较 *Hustler Magazine Inc. v. Falwell* 485 US (1988)(宪法对言论自由的保护压倒了对于有意施加情绪上的痛苦的权利主张)(*New York Times Co. v. Sullivan* 376 US 254(1964),即使被告的行为是过分的)。

作为一个剩余性范畴的有意施加精神痛苦

Wilkinson v. Downtown 案的一个最为迅速的适用是尝试将骚扰(harassment)发展成为一个新的侵权形式[295],不过1997年《免受骚扰保护法》(Protection from Harassment Act)实施后,该法在骚扰问题上得到了有效的优先适用。[296] 在涉及到事实上的隐私侵犯或人格利用行为时,其可能也有一些剩余性的影响。我们可以看一下 *Charleston v. News Group Newspaper* 案[297]的事实,该案中,原告是一些男演员,他们的照片在被刊登在报纸上时,被添加在从事色情活动的模特的身体上,还配之以一篇文章说一项以这些照片为特色的电脑游戏正在流通中。上议院的决定取决于一个诽谤法上的正式要点:出版物在传达意思给具有通常的理性和公正性的读者的时候应当具有自然和通常的意思。一项对诽谤的指控不能脱离上下文而单独建立在大字标题或照片上。一篇文章是否是诽谤应当根据读者对整个出版物的反应来看,而一个通常的读者在此情形下不会得出原告们在参与拍摄色情电影的印象。上诉只是取决于这些事情本身,而不涉及"任何新闻伦理的问题或出版照片本身是否构成一个新的侵权"的问题[298]。这样一个案件的事实在多大程度上可能揭示一个针对有意施加精神痛苦的行为的诉因呢?很多人会认为被告的行为是过分的,但对这种情形是否应当引起侵权责任可能还有着相当不同的意见。英国法现在的观点是,只有可能引发身体伤害或一些被承认的精神性失常的情况下,赔偿

---

[295] 据报道,已故的威尔士王妃戴安娜(Diana)获得了一项禁令,可以使拍照者不能走进她300米以内的范围,不能与她交流,不能骚扰她或打扰她的平安、安全或幸福。*Independent*, 17 August 1996, p.5. 不清楚这项禁令是在何种基础上发出的。

[296] See, generally, N. Addison and T. Lawson-Cruttenden, *Harassment Law and Practice* (London, 1998).

[297] [1995] 2 WLR 450, noted by P. Prescott, "Libel and Pornography" (1995) 58 MLR 752.

[298] [1995] 2 WLR 450, 452. *per* Lord Bridge.

才有可能。在美国,只有原告能证明承受了严重的情绪上的痛苦,且不存在具有抵消性的《宪法第一修正案》的种种考虑时,才有可能予以赔偿,不过责任不会延伸到单纯的伤害感情、让人尴尬或贬损人格的情形中。

结　论

英国用于保护个人隐私中的利益的传统的增量式或诡辩式的处理方式将在多大程度上被抛弃,使一个更为原则性的处理方式得以确立,还有待观察。隐私的原则已经可以说在英国普通法中存在了一段时间了,在1998年《人权法》植入了《欧洲人权公约》的内容后,这一点又得到了重新确认(如果这种重新确认是必要的的话)。尽管这不会提供建立在公约权利上的新的诉因,《欧洲人权公约》所尊崇的原则或价值却会有一定程度的非直接的水平影响。向公约案件中的更为明确的以权利为基础的推理的变化,要求法院以"一项权利是被保护的"的一般命题为出发点[299],这种变化可能将很好的渗透到普通法中,实质的理由较之长期以来一直否认英国法中隐私权存在的形式理由,将会变得更重要。[300]

起诉违反保密义务将很可能成为新的隐私法得到发展的领域。很可能按照典型的英国风格,通过对关键要件的宽松解释,使诉因被扩展适用于涵盖隐私中的利益。当然,这样的一种发展方式,多少偏离了人格利用问题。它现在可能涵盖了通过偷拍获得照片的案件。但其是否也涵盖了一开始经过被拍摄对象同意而拍摄、但未经授权使用照片的案件,则是一个不同的问题了。对个人的经济或尊严利益带来的损害看上去是在违反保密义务的范围之

---

[299] See N Browne-Wilkinson, "The Impact on Judicial Reasoning" in B. S. Markesinis (ed). *The Impact of the Human Rights Bill on English Law* (Oxford, 1998),21, 22—23.

[300] See, e.g *Kaye v. Robertson*, note 14 above.

外的。这样一种发展方式可能会通过逐渐扩张而发展出一个一般性的隐私权。第 7 章检视的美国法提供了一个明显的模式,不过这样一种诉讼进程不是没有困难,对这样一种一般性权利的抵制也毫无疑问会继续存在着。

9 名誉利益

引　论

受诽谤侵权法保护的名誉利益,在英国法及追随之的其他法律体系中,占据着有关人格利用问题的中心地位,因为传统上对其他任何利益的损害补偿都要依附于名誉损害的救济。只有在认定构成了对名誉的实质性损害后,其他的利益如人格隐私或者不受精神痛苦的自由等利益,才可能被考虑作为估算损害额度的因素。这并非是名誉利益处于人格利用事实上存在的问题的中心。[1] 实际上,对那些实质是经济利益、个人隐私利益、免受精神痛苦的自由利益等的利益都可独立于任何名誉利益,在人格利用案件中可能会更重要。其他的法律制度采取了更为直接的处理方法。更为显著的是美国,隐私权以及随后的公开权,为人格利用案件提供了主导性的法制应对,而且诽谤侵权只扮演了一个相当受限制的角色[2],尽管诽谤的诉讼主张偶尔会替代侵犯隐私的诉讼请求[3],或者当被告的行为既侵犯了名誉利益又侵犯了隐私利益时,对侵犯隐私的请求进行补充[4]。然而,在英国法上,除非未经授权

---

[1] 参见前文 8—12 页。

[2] See, generally, J. T. McCarthy, The Rights of Publicity and Privacy, 2nd edn (New York, 2001), § 5.97.

[3] See, e.g., *Sperry Rand Corp. v. Hill* 356 F2d 181(1966)(有关隐私的诉讼请求因为禁止反言原则而败诉)。

[4] See, e.g., *Russell v. Marboro Books* 183 NYS 2d 8(1959); *Newcombe v. Adolf Coors Co.* 157 F 3d 686(9th Cir. 1998).

的利用侵害了原告的声誉,否则法律一般并不承认任何可诉的损害也并不给予原告救济。[5]

从对英国法该领域的分析所衍生出的是,诽谤侵权制度所承担的任务不仅仅是侵权,在某些案件中对名誉侵害的概念已经扩展到包含其他利益。在另外的案件中,诽谤诉讼并不成功,由于法院不愿意考虑其他可能的责任根据,如侵犯隐私或者不当利用人格,原告的救济请求据此被驳回。为便于后面的探讨,清晰地区分有些涉及未经授权利用他人姓名或者肖像的案件中经常会重叠的几个概念(诽谤、侵犯隐私、人格利用),是关键的。

名誉的经济和尊严特征

或许这很令人惊异,没有明显的英国法律文献阐释过名誉的概念,以及它为什么有价值和值得很高程度的保护。[6] 在这方面,回忆一下诽谤诉讼在普通法诉讼的整体历史框架下的地位,是有用的。暴力侵害之诉(trespass *vi et armis*)和妨碍、过失之诉(negligence)保护原告免受对其人身和财产的侵扰,"诽谤性语言侵权"诉讼保护更加细微的利益。诉讼的提起并非基于对原告造成侮辱或者对其情感造成伤害,"而是由于第三方从与原告的某些关系中退出造成对原告的经济或者社会性损害"[7]。由于普通法上的救济是因案情而定的诉讼,损害就是诉讼的关键而且损害被以一种

---

[5] 除非能构成违反信义义务、侵犯版权、恶意诋毁或者更加有意的仿冒等情形,才可以获得救济。

[6] See, E. Barendt, "What is the Point of Libel Law?" [1999] CLP 110; E. Barendt, "Privacy and the Press" in E. Barendt (ed.) *The Yearbook of Media and Entertainment Law 1995* (Oxford, 1995),29. Cf. R. C. Post, "The Social Foundations of Defamation Law:Reputation and Cnsititution" (1986)74 CalifLRev 691, 693—719,确认普通法上的诽谤制度在其历史上的不同阶段试图要保护的三个不同的名誉概念:作为财产的名誉、作为荣誉的名誉和作为尊严的名誉(Barendt, "Privacy and the Press",29).

[7] J. H. Baker, *An Introduction to English Legal History*, 3rd edn (London,1990), 509.

狭窄的、所有权性质的意义来解释。[8] 实际上，在 Pollock 看来，"法律从一开始以损害而非侮辱作为诉因，就是错的"[9]。因此，有必要如此构建要件：对某些第三方公开；真实性可以作为抗辩；诉权只赋予生者。[10] 这些既往实践基础，构成了名誉侵害和侵犯隐私的根本区别。在现代诽谤诉讼中，原告没必要证明言辞对其造成实际损害，因为法院往往推定过错行为会造成某些一般性损害[11]，尽管在某些口头诽谤（slander）案件中，除了少数自身可诉的案件外，原告要证明特定的损害。[12]

很少有当代司法当局将受诽谤诉讼所保护的珍贵的利益问题提出来，尽管有人注意到："名誉是一个人尊严不可缺少和重要组成部分"，它"构成了以之为存续和发展前提的现代民主社会很多重要决定的基础"[13]。对一个人名誉的损害，"不能以对有形物的衡量标准来衡量"，而且除了某些特定损害，名誉和钱财是不可通约的。[14] 而且，诽谤案的原告并非是就其受损害的名誉获得补偿，而是"引起名誉受损而获得损害赔偿，也就是仅仅因为他的名声被公开贬损了"。由此，损害赔偿的补偿充当了双重功能："向公众宣示对原告的维护以及对原告因错误行为（而受害）的一种抚慰。这里的补偿更是一种抚慰而非是对金钱上可以估价的损害的财产性

---

[8] W. S. Holdsworth, "Defamation in the Sixteenth and Seventeenth Centuries" (1924) 40 LQR 302, 304.
[9] F. Pollock, *The Law of Torts*, 12 th edn (London, 1923), 243.
[10] See Holdsworth, "Defamation in the Sixteenth and Seventeenth Centuries", 397.
[11] *Ratcliffe v. Evans* [1892] 2 QB524, 529 Bowen 大法官的意见；*Hayward &Co. v. Hayward &oSons* [1887] 34Ch D 198, 207 North 法官的意见。
[12] See B. Neill and R. Rampton, *Duncan and Neill on Defamation*, 2nd edn (London 1983), 21.
[13] *Reynolds v. Times Newspaper Ltd* [1999] 3 WLR 1010, 1023 per Lord Nicholls.
[14] *Uren v. John Fairfax& Sons Pty Ltd* (1965-6) 117 CLR 118, 150 (High Ct of Aus.) per Windeyer J (该案涉及诽谤案中惩罚性损害赔偿的可获得性，澳洲高等法院没有受到上院法院在 *Rooks v. Barnard* [1964] AC1129 判决中的所作相关限制的影响)。

补偿。"[15]

尽管名誉通常总是一种有价值的经济资产,但是很难对其在金钱上量化;原告在名誉上的利益被侵犯了的这个单纯事实,是更为重要的。因此,隐含在侵权责任归咎上的目标背离了被广泛认为但却可能是错误的补偿性模式。[16] 在一个诽谤案件中,原告对于赢得支持或者得到满足和确保对名誉损害进行补偿给予同样的关注。[17] 此外,损害赔偿所起的功能是对受害的情感进行安慰,而非对特定和可以量化计算的损失进行补偿。与其他的尊严性利益诸如隐私和免受心神痛苦的自由等利益一样,如果伤害到一个人的人格利益,那么侵权法上的不同目标和功能(诸如补偿、惩罚、维护和排除妨碍)就会重合交叉。[18]

对损害名誉的理解是灵活的,对于什么是诽谤性陈述也没有确定和一致的定义[19],尽管在 Sim v. Stretch[20] 一案中,Atkin 大法官的下述法官意见被广泛引证:"相关言辞会普遍地引发具有理性思维的社会公众降低对原告的评价吗?"[21]虽然具有灵活性余地,由于对什么构成诽谤性陈述缺少法定性界定,必然会导致混乱,这

---

[15] (1965-6)117 CLR 118. 比较上文 21—23 页。

[16] 这是 Windeyer 法官在 Uren v. John Fairfax & Sons Pty Ltd(1956-6)117 CLR 118,149 中所暗示的。

[17] See, e.g., Khodaparast v. Shad[2000] EMLR 265,276.

[18] 参见第 1 章 21—23 页。

[19] Berkoff v. Burchill[1996] 4 ALL ER 1008,1011 per Neill LJ. See, generally, Neill and Rampton, Defamation, Ch.7, and P. F. Carter-Ruck on Libel and Slander, 4th edn (London,1992), Ch.4.

[20] [1936] 52 TLR 669.

[21] 另外,在 Parmiyer v. Coupland [1840] 6 M&W 108, Park B 将诽谤性言辞界定为将原告置于"仇恨、蔑视或者嘲讽"的陈述。在 Youssoupoff v. Metro-Goldwyn-Mayer Picture Ltd[1934] 50 TLR581,584 一案中,Scrutton 大法官接受了 Cave 法官在 Scott v. Sampson[1882] 8 QBD 491,503 一案的定义,提出了一个人的"保持他在他人心中评价不受虚假的对其不名誉的言辞之影响的权利"。Faulks 委员会认为,这个定义价值不大,因为"不名誉"(discredit)这个词模糊而且不确定:Report of the Committee on Defamation,Cmnd 5909[1975], paras. 61—62。

点在涉及到英国案例法时需要注意。有些案件中,似乎弹性化的侵害名誉的概念被拉伸到了极限,以至于有必要考虑一下其他的归责基础。这里对不同的处理模式采用三分法。第一类案例可以被视为损害名誉的核心型案例,这里的对名誉的损害可以清楚的看出来。第二类型需要在侵害名誉的概念和侵犯隐私的概念之间进行区分,因为有些英国案例处在可以被视为损害名誉型的边缘,同时也具有一定的个人隐私利益的司法管辖性。第三类体现出归责的另一种基础——人格利用,这里排除了前面几章所探讨的一般性隐私权的问题。这种划分本身并不穷尽,仅仅是帮助清楚地理解相关问题和本质上不同的概念的区分,尽管难免自身缺陷。有些方面必须考虑到案例判决所依赖的社会、历史和事实性的背景。不可避免的,相关判决反映了所处时代的主导性社会条件、价值以及偏见,这是我们在分析先前判决时必须谨记的一个因素。

对名誉的核心侵害

在著名的 *Tolley v. Fry & Sons Ltd*[22]一案中,被告是一家巧克力制造商,刊登了一个绘有原告(当时顶尖的业余高尔夫球手 Cyril Tolley)的漫画广告。广告描绘的是,原告正在打高尔夫球,有一包 Fry 品牌的巧克力从他的口袋中露出来,漫画上还有一首将原告击球的完美性与被告产品的完美性相提并论的打油诗。原告提起了诽谤诉讼的损害赔偿请求,主张广告可能会使得一般公众理解成他已经同意被告以广告的目的使用他的画像并以此获得报酬,由此可能会损害或者侮辱他作为业余高尔夫球手的形象。[23] 广告中的表述事实上并非是诽谤性的,原告必须诉诸于他所主张的、能从陈述中折射出来的弦外之音。初审中,Acton 法官认为相关陈述确

---

[22] [1931] AC 333.
[23] [1930] 1 KB 467,468.

实具有诽谤性意义并将案件交给了陪审团,后者支持原告诉讼事实成立并判令一定实体赔偿。在上诉审中,关键问题是如何解释其中的弦外之音。原告主张被告的陈述意味着:(i)他同意或准许了在广告中使用他的图像;(ii)这一协议是有工薪或者酬金的;(iii)这种行为使他作为业余高尔夫球手的名誉受到损害;(iv)他为不符合高尔夫球手的社会地位的相关行为而感到惭愧和负罪。[24] 由此引发了诸多对证据的解读,特别是那些对业余性质的高尔夫球手的社会地位有意义的证据[25],而且上议院认为相关陈述并非不带有诽谤性意义并将案件交由陪审团处理。由此,初审的事实认定获得了确认,但是需要对被认定过高的损害赔偿额度进行重新的判决。

因为案件情况的特殊性,原告得以阻止被告未经授权以商业目的使用自己的形象。如果原告不一样了,例如如果原告是一个顶尖的职业球手,那么诽谤诉讼也就不成立了。[26] Blanesburgh 法官在上议院所作的持反对意见的陈词中指出:如果广告的主体是引人注目的政治人物、伟大的科学家、学者或者产业巨子,那么相关陈述就是无害的而且不可能导致对这些人产生能够引发诽谤诉讼的弦外之音。[27] 有些反常的是,在大法官意见中,他指出由于原告仅是一个业余高尔夫球手,诽谤诉讼能够胜诉,而如果是那些涉及到同样著名和突出的人士案件,可能就不会赋予诽谤侵权的救济。尽管 Tolley v. Fry 案是该领域中位阶最高的判决,但是在有关

---

[24] Ibid., 467, 483.

[25] See [1930] 1 KB 467, 489. 比较上文 [1931] AC 333, 339。

[26] 在任何案件中,职业球手和业余球手的区别都是一个极好的个例。例如,参见 E. Grayson, *Sport and The Law*, 3rd edn (London, 2000) 456, 指出 "在 1895 年,职业医生 W. G. Grace 作为业余爱好者打板球,令人惊讶地在保留着在 Gloucestershire(格洛斯特郡)和英格兰的社会地位的同时从三个不同的来源获取了 9,037 英镑收入"。

[27] [1931] AC 333, 347.

前面所提到的各法律问题上并没有显著的意义。[28] 当上诉法院和上议院法院基于提交给他们的证据作出了不同结论时，主要问题就变成了对弦外之音如何正确理解。本案或者至少是上议院法院的判决的意义，恰正在于其所没有判决的东西以及没有考虑到在解决这些问题时针对诽谤侵权的其他解决方法。[29] Greer 大法官在上诉法院的判决陈词[30]中表明，法官并不支持被告的行为，尽管同样也很清楚的是，法院不准备超越在诽谤侵权诉讼范围内解决问题。实际上，在对上诉法院判决的评论中，Winfield 法官暗示一种建立在侵犯隐私基础上的解决方法[31]。这将在下文详细展开。

在一系列未被报道的 20 世纪 30 年代的案例中，有些诉讼的提起意在限制未经授权在报纸和广告上使用形象。例如，在 *Honeysett v. News Chronicle*[32] 案中，载有第一原告和另外一个年轻男子（并非她丈夫）的图片被媒体用作配题图片，图解标题为"无年长妇女陪伴的少女的假日"的文章（主题是反映假日安排上的变化）。被告曾拍摄了第一原告和她的女性同伴骑脚踏车休闲渡假的照片，用一张男子的图片替代了女伴，而图片上的男子似乎正透过他自行车上的车横梁以猥亵的眼神看着原告。原告夫妇主张文章的读者可能会形成这样的观点：第一原告和一个不是其丈夫的陌生男子

---

[28] 同样可以参见先前的案例 *Dunlop Rubber Co. Ltd v. Dunlop* [1920] 1IR280，该案中被告发布了一则广告，上面的原告（一个发明家）的形象被改变了（原版是原告所提供的一张半身像），替代形象是一个高个子人的身体，穿着方式是夸张性的奢华，头戴一定白色高帽，身着白色的马甲，手持文明棍和墨镜。这不是原告的衣着和穿戴习惯，由此法院根据相关广告是有损名誉的并且会将原告置于被蔑视和嘲笑的境地，而发出禁制令。问题是：如果原告不是描绘成纨绔子弟的形象，那么结果还会是一样的吗？

[29] 似乎对于 Tolley 的支持意见只是建立在诽谤诉因的基础上，对他们而言并非是基于普通法上的隐私权就能确保获得相应的救济，而这个事实由 Conesford 大法官在 Moancroft 大法官提案的 1961 年《隐私权法案》（前文第 239 页）的辩论中得到阐释：参见 *Hansard, Fifth Series*, HL, vol. 229, col. 654, 13 March 1961, 由 W. F. Pratt, *Privacy in Britain* (London, 1979), 224, n. 46 所引证。

[30] [1930] 1 KB 467, 477—478.

[31] P. H. Winfield, "Privacy" [1931] 47 LQR 23.

[32] *Times*, 14 May 1935.

在少女日出游娱乐,相关信息可能会暗示她是一个操守不端和品行不正的人,甚至可能偷情并是一个不被主流的体面社会所容忍的不端女子;而男性原告不能有效的控制他的妻子,是一个不值得尊敬和同情的被蒙蔽的丈夫,通过这个弱点可以发现他是不能保持婚姻生活尊严的人。[33]

陪审团支持了原告的诉讼请求并判给 100 英镑的损害赔偿。很明显地,原先没有经过修改的妻子及其伙伴的照片曾在报纸上没有争议的刊登过。[34] 显然,主要的起诉意见与广告上照片的造假有关,而且造成能在其他人眼中损害原告名誉的事实。法官也可以基于作为那个时代的产物,很轻易的驳回这个案件[35],并将原告视为过于敏感的人,尽管这会忽视当时英国社会很盛行的关于荣誉、道德和对名誉的损害等特定观念。[36]

---

[33] Ibid.

[34] Ibid.

[35] 参见之前的案例 *Wallis v. London Mail Ltd*, *Times*, 20 July 1917,该案中被告发布了一张原告在结婚好多年之前同意被告拍摄的照片,照片中原告穿着墨西哥民族服饰,伴有题为"圣灵降临节的女孩(The Whitsun Girl)"的标题说明。原告主张这张照片暗示了她不是一个文静的人而且暗示她是一个任何男人都可以在圣灵降临节那天约会的女孩。尽管 Sir Edward Marshall Hall Kc 在意见提交中,支持了被告认为相关的照片不构成诽谤性含义的主张,但是相关问题仍提交给了陪审团,后者判处了 110 镑的损害赔偿。

[36] 另参见 *Hood v. W. H. Smith and Son Ltd*, Times, 5 November 1937(该案原告是一个职业的演员和模特,从被告那里获得了 335 镑的损害赔偿,被告即《巴黎杂志》(Pairs Magazine)的分销商在封面上利用了原告的照片并且附着"Dans le mumero. Confidences d'une Amoureuse"的词句,判决理由是照片暗示了原告是一个"放荡和被离弃的、随意允许自己的照片被有偿或者有报酬的使用在低级和格调不高的杂志上的女人");*Griffiths v. Bondor Hosiery Co. Ltd*, Times, 10, 11 and 12 December 1935(在一个丝袜的广告中,一个职业模特的头和肩被加在另外一个模特的身体和腿上,基于相关广告可能会被误认为该模特已经同意了以这种不体面的方式处理照片,并且以挑逗吸引的方式展露大腿,被告的这一行为与原告作为高层次模特的身份不符并且有损其身份,由此原告获得了对其名誉伤害的损害赔偿)。参见前面的 *Wood v. Sandow*, 30 June 1914,该案中诽谤诉讼基于类似的事实而败诉。

在更晚近的案例 *Khodaparast v. Shad* 中,我们可以发现对原告名誉的清楚的损害。该案中,被告将附有自己前女友照片的文件资料传给了设在伦敦的一家伊朗报纸的主编的女儿,这些资料被修改成好像是刊登电话服务广告的色情杂志的内页上。[37] 而事实上,相关资料不是发布在报纸上,而是被分发在伦敦的伊朗人社区,从而使原告失去她的职位和继续当学校教师的任何希望。虽然相关诉讼是以"恶意造谣"侵权的名义提起[38],被描述为"诽谤的一种类型"[39],而非是诽谤侵权,但二者保护的利益都是名誉上的利益。因此,原告被判给两万英镑的损害赔偿,其中除了实际的金钱损害赔偿外,包括了由于被告的行为所导致的对原告感情的加重损害之赔偿。

后来很少对此进一步解释。[40] 重要的是,这些案件表明,诽谤

---

[37]　[2000] EMLR 265。Cf: *O'Shea v. MGN Ltd and Free4internet. net Ltd* [2001] EMLR943,该案中与原告长相类似的一个模特的照片出现在一家色情网站的广告上。Morland 法官认为如果一个普通明智的人认为相关网站指的是原告,那么就可以适用严格责任规则,而不论广告发布者是何意图(*Hulton v. Jones* [1910] AC20;*Morgan v. Odhams Press* [1971] 1 WLR1239)都不能发布看上去与原告相似的照片。这种处理模式可能会造成与保护"相似"的名誉之立法目标不成比例的、"对表达自由的关键性权利的不正当干预",从而与《欧洲人权公约》的第 10 条规定相违背([2001] EMLR943,956)。

[38]　Cf. *Joyce v. Sengupta* [1993] 1All ER 897.

[39]　[2000] EMLR265, 280 per Stuart-Smith LJ.

[40]　参见类似的案例,如 *Stockwell v. Kellog Company of Great Britain*, Times,31 July 1973(该案中,有一张被处理过的刊登照片涉及到原告,使得原告看起来好像已经怀孕,但是原告并未怀孕也没有结婚,原告最终获得了损害赔偿);*Debenham v. Anckorn*, Times, 5 March 1921(该案中被告刊登了一张原告和"她的小女儿 Peggie"的照片,实际上原告是单身女性,最终原告获得了 500 英镑的损害赔偿)。还可参见 *Garbett v. Hazell, Waston & Viney Ltd and Others* [1943] 2 All ER 359,该案中,原告最终在诽谤诉讼中胜诉。原告的照片被刊登在一本杂志上,其中原告充当野外摄影师正在向两位妇女展示照片。杂志这一页的反面是一个站在山涧溪流中的裸体妇女,而且杂志上标明原告在对其中一位妇女说:"当然,为了另外一先令,女士……你也可以如此"。原告举证表明刊登的照片已经影响了他的地位,而且似乎在影射他向妇女传阅低俗的照片,或者他拥有色情照片,或者他在公共场合获取不体面照片的违法行为是有罪的,或者他通过展示不体面的照片猥亵女性。

侵权或更为突出的恶意造谣侵权制度在原告遭受名誉损害时可以提供救济,这损害可能是原告由于他人未经授权利用自己人格特征所遭受的。如前所述,对于何谓诽谤性言辞(陈述)并没有精确的定义,这恰好为法院留下了一定程度的弹性空间,但是也不可避免的会产生一些不确定性。大多数涉及人格利用的案例是以诽谤诉讼的名义提起的,在某些案件中法院可能是根据认定不同性质的损害而非严格意义上的对原告名誉的损害而给予救济。实际上,诽谤诉讼可能在充当不止一项侵权救济的任务[41],也就产生了两个不幸的后果。

首先,当某个特定案件的事实被尽可能的拉伸扩展以满足诽谤侵权的构成要件时,法律就缺乏了现实性,而这除了驱使律师尽其所能在诉讼请求中夸大原告名誉的损害之外,没有其他意义。[42]第二也更严重的结果就是,当案件的事实并不能构成诽谤诉因,或者法院并不愿意对构成名誉损害的要件采纳更宽泛的认定方式时,原告可能就无法获得相应救济,而如果主张其他名目的责任类型倒有可能获得救济。尽管法院曾经对于被告的行为[43]作出否定认定,但英国法院满足于依赖既有的诉因制度,不愿意考虑是否还有其他的解决办法。现在我们将会转向其中的一类替代性的归责基础——侵犯隐私。虽然建议法院通过灵活解释诽谤侵权的构成

---

[41] 比较上文 Barendt,"Privacy and The Press",26,对隐私、诽谤和在公开场合披露私密事实的关系上进行了相似的分析。

[42] 参见,诸如前注〔32〕*Honeysett v. News Chronicle*;和前注〔36〕*Hood v. W. H. Smith and Son Ltd*。当然,对精神损害的夸大请求可能会出于最大化损害赔偿的目的而为。基于诸如侵犯隐私之类的其他归责基础。比较上文 *Roberson v. Rochester Folding Box Co.*,171 NY 538(1902),前文 151—152 页。

[43] 例如参见上诉法院 Greer 大法官在 *Tolley v. Fry & Sons Ltd*[1930] 1 KB 467, 477—478 的意见;*Dockrell v. Dougall*[1899] 15 TLR 333, 334(CA);*Sim v. H. J. Heinz & Co. Ltd*[1959] 1 WLR 313, 317(以诽谤和仿冒起诉);同时参见 *Charleston v. News Group Newspapers Ltd* [1995] 2 WLR 450, 452 Bridge 大法官的意见。

要件来有限度地认可个人隐私上的利益并不是现在才提出的[44]，但详加考察比简单的接受要更好。

诽谤和侵犯隐私

早期与隐私诉讼有关的认识

上诉法院作出 Tolley v. Fry[45] 一案的判决，驳回了原告诽谤诉讼的救济请求，其中 Winfield 法官在英国法上最早倡导将侵犯隐私作为归责基础[46]的替代性依据。就这一问题的相关文献完全是缺乏的，尽管当时在美国很多司法实践中侵犯隐私已经被牢固地确认为一种诉因。[47] 与 Winfield 法官同时代的英联邦其他地区的法院也发展出了相似的观点。在对上诉法院 Tolley v. Fry 一案判决的评论中，《澳大利亚法律学报》(Australian Law Journal) 认为未经他人授权而使用他人的肖像很可能使人遭受很大的困扰，表达

---

[44] See, e.g., J.G. Fleming, *The Law of Torts*, 9th edn(Sydney,1998),669;L. Brittan,"The Right of Privacy in England and the United States"(1963)37 Tulane L REV 235,258; Barendt, "Privacy and The Press",26. 在加纳的一个案例 *Anthony v. University College of Cape Coast*[1973] 1 GLR 299 中，法院认定在明信片上未经他人同意而商业性地利用了一位戴有民族头饰的妇女的照片，构成了诽谤和侵犯隐私。上诉审中，认定的两个根据都改判了，法院认为可以参照适用的英国法先例而并不认可隐私权的存在：*University College of Cape Coast v. Anthony* [1977] 2 GLR 21,33—36. 另参见 S.K. Date-Bah, "Defamation:, The Right to Privacy and Unauthorized Commercial Use of Photographs: Kate *Anthony v. University College of Cape Coast Revisited*" (1977) 14 U Ghana LJ 101, 以及 S.K. Murumba, *Commercial Exploitation of Personality*(Sydney, 1986),79, 该案中前述的参照已经引证。

[45] [1930] 1 KB 467.

[46] "Privacy"[1931] 47 LQR 23.

[47] 参见第7章。同样参见(Anon.) "Is this Libel? More About Privacy"[1894] 7 Harv L Rev492 的注解，对 *Monson v. Tussauds Ltd*[1894] 1 QB671 的评论；以及(Anon.) "The Right of Privacy" [1898] 12 Harv L Rev207 注释，对 *Dockrell v. Dougall*[1897] 78 LT840 的评论。两个注释都注意到了英国法院不愿意突破诽谤侵权诉讼的限制。

出"在诽谤侵权没有覆盖的案件中，为了对付那些未经授权而为了商业广告目的使用他人的姓名或者画像的个人或企业，应该提供某些救济的愿望"[48]。注释中引用了一篇三年前发表在《加拿大律师评论》(*Canadian Bar Review*)上的文章，作者是后来成为Osgoode Hall法学院院长的J. D. Falconbridge[49]，他建议进行改革以对人格利益加以更大的保护，使得其从实体和财产利益中突出出来，并作为普通法上的众多愿意看到的变化之一。[50] 前面所引用的案例都是涉及未经授权利用人格的。Falconbridge最终认为，法律应该修订，以赋予一个人在其"面部、个人体征、言谈、举止和人格关系"[51]上的隐私权，他将这个变化仅仅视为被庞德称为"不可侵犯的人格权利"的一个进一步的发展阶段。[52]

某些边缘性案例

前面提到的案例都涉及到对名誉的损害，虽然这一概念的弹性使得法院有了很大的自由处理余地。对于认为某些以诽谤诉因提起的案例可以被更好的视为涉及侵犯隐私的案件的争论，这些判决能有多大的支持？要试图重新解释这些案例，有明显的风险。尽管原告提起诽谤诉讼的原因可能是相当主观的，例如可能出自对荣誉或者尊严的高度维护感以及相应的正名求清白的强烈愿望，但是法律适用的标准是客观的，也就是社会公众一般成员中具备理性思维的人。[53] 虽然对名誉受损的感知随着时间的变化而变化，但是确实很难将自己置身于法官的立场和处在不同时期的陪审团以及社会公众的角度上，因此这种制度设计并非是完全没意义的。只有当之前被大家接受的预设遭到频繁的挑战以及其他的

---

[48] Note (Anon.) "The Unauthorized Use of Portraits" [1930] ALJ 359.
[49] "Desirable Changes in the Common Law" [1927] 5 Can B Rev 581.
[50] Ibid., 602.
[51] Ibid., 605.
[52] Ibid., 605—606. 引自 R. Pound, "Interests of Personality" [1914] 28 Harv L Rev343,445,见6—7页和前文149页。
[53] *Sim v. Stretch* [1936] 52 TLR 669.

可替代的方法得到了考虑后,新的诉因类型才可能得到发展。

在 *Corelli v. Wall*[54] 一案中,原告是一个著名的作家,她提起了诽谤诉讼以制止被告出版描绘其设想的一些生活情景的明信片,例如,饲养一对小马、逗玩宠物狗以及向 Stanford-On-Avon 船俱乐部赠送奖杯。原告主张这些明信片的销售使她遭受了很大的苦恼,特别是被告雇用了很多持宣传板的人在斯坦福的街道上游行为这些明信片做广告时,更加剧了这种苦恼。Swinfen Eady 法官认为依照相关事实不能认定为诽谤案,尽管他承认被告所从事的一系列行为单纯是为了自己的经济利益,根本没有尊重或者考虑原告的感受。[55] 原告还主张,作为一个私人主体,她有权阻止任何未经其授权而制作有关她形象的出版物或者是那些虽然宣称是她的相片却完全不像她的出版物。从书面报告中,不能清楚的看到这些主张是何等执著地被坚持以及是否引用了前例作为支持,但是在缺少任何既判先例的情况下,可以理解 Swinfen Eady 法官最终没有授予原告一项临时禁制令。[56] 这可能是在案情上与引发侵犯隐私诉因最为接近的案例。[57]

更奇怪的案例 *Plumb v. Jeyes Sanitary Compounds Co. Ltd*[58] 表明,法院对于什么能构成对名誉的损害持一种更宽泛的观点,该案中,以侵犯隐私提起诉讼请求可能更加现实。一位新闻摄影师拍摄了原告(一个巡警)的照片,警察正摘掉头盔擦去额头汗水。照片旁的附语是"哟!我马上要去 Jeyes 水足浴去洗脚了!",照片没

---

[54] [1906] 22 TLR532. See Winfield, "Privacy",31.
[55] Ibid.
[56] Ibid.
[57] 同样可以参见之前的案例 *Monson v. Tussauds Ltd* [1894] 1QB671,678;该案中 Collins 法官在初审中对于一个私人主体是否能够制止未经其授权而对其形象或者雕像进行刊登,没有表露出任何观点,尽管对于该案的评论表明这可能是"对于扩展个人权利以覆盖到未经保证或者授权的表征或标志的案例的发展趋势的一种模糊的认可"。参见(Anon.)"Is this Libel? More About Privacy"的注解。
[58] *Times*, 15 April 1937.

有经过原告的同意就刊登在被告的广告上了。原告声称"刊登的照片意味着,由于懒散或者不明生活习惯或者其他的原因,他的脚汗或/及他的脚的一般情况是令人厌恶和有害的,以至于常规清洗或者洗浴还不够,而 Jeyes 的液态医药化合物对于他的脚的消毒和除臭是必要的"[59]。相关言辞的诽谤性成分实际上是说巡警的脚难闻,原告声称,由于相关图片的刊登,他被当作讥讽和戏谑的笑料而且也伤害了他的信用和名誉。原告还主张他作为公务员的能力也可能受到了伤害(原告提起诉讼的时候,已经离开了警察队伍,在邮局作分类员),因为任何为了商业目的出售这样的照片的人都被视为是不受欢迎的,因为这样做也和他的雇员准则相违背。陪审团采信了这些观点,判予原告 100 英镑的损害赔偿。

很明显,*Plumb v. Jeyes* 一案表现出对名誉的侵害这一概念的弹性,而且根据那个著名的定义,如果某言辞将原告置于"仇恨、嘲笑和不敬"[60]中,那么就是诽谤性的。实际上,长期以来人们都认为,发布能使人被他人认为是荒谬可笑的言论是自身可诉的,因为这使得这个人与社会发生了隔离。[61] 嘲笑和诽谤的边界很难划清,而且当出现这种情形时,应该交给陪审团去处理。[62] 既然法院将案件留给陪审团决定是非常合理的,那么这个陪审团和那个陪审团就相关陈述事实上是否是诽谤性的存在不同意见,也同样是合乎情理的。现代陪审团不太可能在类似的事实基础上得出相同的结果,尽管侵犯隐私没有多大争议,而且这似乎是一个更为现实的归责基础。

在一个新西兰的案例 *Kirk v. A. H. &A. W. Reed*[63] 案中,第一被告刊登了一张主体为原告的照片,其中原告穿着被 Wild 法官描

---

[59] Ibid.
[60] *Parmiter v. Coupland*[1840] 6 M&W,105,108 per Parke B.
[61] *Villers v. Monsley*[1769] 2Wils KB403,403—404 per Gould J.
[62] *Berkoff v. Burchill*[1996] 4 All ER 1008,1011 per Millett LJ.
[63] [1968] NZLR 801.

述为"周末晨装"[64]的衣服,手持一大听啤酒,倚在一个典型新西兰市镇主干道的垃圾箱旁。原告提起了诽谤诉讼。照片出现在被告的出版物《多彩的新西兰人》上,照片附语是"圣诞节啤酒:一个饮酒狂欢者带着他的圣诞节啤酒储备正在 Lower Hutt 的 High 大街上等公共汽车。"原告主张,拍摄照片的第二被告,自称是游客并请原告为他们摆出"新西兰人在酒宴上的典型的姿势"。而且,原告声称被告并没有告诉他照片可能被刊登出来,如果这样告知的话,他就不会同意他们拍照。原告最终胜诉获得了诽谤损害赔偿,因为照片整体上将导致原告被人嘲笑或者蔑视。Wild 主审法官强调原告并未被告诉照片将会被刊登和出售的这一事实的重要性,因为这可能意味着原告在满足第二被告请求时可能会采取不同于通常的态度和立场。[65] 尽管原告是以诽谤诉讼的名义胜诉,但是相关事实可以被视为侵犯隐私的例子,特别是 Prosser 的简化方案中的"错误披露"类型。[66]

对于这样的案件应该如何分类,仍有相当的法律分歧意见,而且这里有些被归为"对名誉的关键损害"类案例其实可以被视为侵犯隐私的情形。[67] 应该清楚的是,这些例子表明了侵害名誉这个概念的局限,并且表明很多这类案例的要旨可能正是侵犯了原告的隐私利益。

诽谤和"错误披露"隐私

我们没有必要再重复前面对美国隐私法的探讨,但是隐私的一个层面,也就是被 Prosser 称为"错误披露"的隐私之侵犯,则是

---

[64] Ibid., 802.
[65] Ibid.
[66] 见下文。
[67] Cf. Brittan "Privacy in England and the United States", 258—259, 引用了 *Honeysett v. News Chronicle*(前注[32])作为一个事实上存在的侵犯隐私,从而使法院倾向于同情原告并认可诽谤性的归罪能成立建议的例子。

值得提及的,因为如同诽谤诉讼,这个制度保护个人名誉上的利益。[68] 在很多州,如果一个人将有关他人的事实公诸于众,从而使别人处在公开的"假象"(false light)之下,如果他人所被置于的错误的披露对一个理性的人而言非常令人反感,而且被告是有意为之或者没有考虑到公开事宜的错误性质和他人所能置于的"错误披露"而疏忽为之,那么就可提起侵犯隐私的诽谤诉讼。[69] 于是"错误披露"的侵犯隐私侵权类型所保护的利益是使一个人免受在公众中被置于令人厌恶的错误披露或者错误位置的利益。尽管在很多案件中,这种错误的公开化可能是诽谤性的,但是原告没有必要证明他被诽谤才能构成错误披露型侵犯隐私的诉讼要求。只要原告能证明,由于错误的特征、行为或者观念的归结,使得他被赋予了一种不合理和高度令人反感的公开、从而使他被置于公众心目中错误的印象和观念,那就足够了。[70]

错误披露型案件引发了一系列"外观模糊"的判决,其中包括错误归因于原告的某些观点或者意见,例如在广告中虚构原告的推荐,或者声称是原告著述的假冒的书和文章。[71] Prosser 承认存在着这种隐私分类的分支能吞并诽谤侵权的危险,特别是这会导致原告有可能轻易获得经由几个世纪的理性判决所建立起来的诽谤侵权的技术规则所提供的法律保护。[72] 然而,如果这能够有效

---

[68] 要察看对隐私法这一分支的发展的详尽介绍,可以参看 D. Zimmerman, "False Light Invasion of Privacy: The Light that Failed" (1989) 64NYU L Rev 364。

[69] 《侵权法第二次重述》[1977] §652E。

[70] Ibid., comment b.

[71] W. Prosser, "Privacy" [1960] 48 Calif Lrev383, 398. Prosser 认为,这种类型的侵犯隐私案件,最早出现在英国的早期案例 *Byron v. Johnston* [1816] 2Mer 29 案中。尽管相关报告并没有提到判决的依据,但一般都把它视为仿冒的案例(前注 63 和 65),而且似乎是创设对抗假冒署名(参见现在的《1988 年版权、设计和专利法》第 84 条)的法定权利的普通法上的先驱案例。然而,要将之视为一个侵犯隐私的案例有些牵强。

[72] Prosser, "Privacy", 401.

避免诽谤侵权制度的某些不规则和荒谬[73]，那么 Wade[74] 是几个欢迎这种前景的人之一。此外，Wade 和其他人[75]将隐私法视为更大范围的有意对人精神折磨侵权的发展阶段，这种侵权将会吸收人身侵犯、诽谤、侵犯隐私等成型的侵权形式，并且将这些类型和其他无名侵权结合起来，构成一种保护原告内心安宁的单一整合体系。[76]

这一前景和 Younger 隐私委员会（Younger Committee on Privacy）[77]的想法不同，委员会认为将某人置于错误披露的处境应该定性为诽谤的一种方式而非侵犯隐私。[78] 在将诽谤制度包含进由"错误披露"准则所隐含的更广泛的侵权制度的进程中，诽谤法所确立的法律保护可能会遭受威胁，人们由此表达了对威胁言论自由的关心。委员会认为，诽谤和侵犯隐私的概念应该彼此区隔。[79] 实际上，这些原因也成为某些美国法院拒绝承认隐私侵权"错误披露"类型的基础。[80] Faulks 诽谤委员会[81]也认为诽谤和隐私应该

---

[73] J. W. Wade, "Defamation and the Right of Privacy" (1962) 15 Vand L Rev 1093.

[74] Ibid., 1121. See, also *Douglass v. Hustler Magazine Inc.* 769F 2d 1128, 1133 (1985), per Posner J, and see L. Blom-Cooper's foreword to A. Westin, *Privacy and Freedom* (London, 1967), x.

[75] Wade, "Defamation and Privacy", 1125. 特别关注注释[168]和所引的参考文献。

[76] 这并非事实，原本被视为边缘性侵权的隐私侵权也变得具有很大包容性，见前文 161 页。

[77] Younger Committee, 隐私委员会报告, Cmnd 5012[1972], para. 71—72。

[78] Ibid., para. 71.

[79] Ibid., para. 72.

[80] *Lake v. Wal-Mart Stores Inc.*, 582nw 2d 231 (Minn. 1998) (Minnesota); *Cain v. Hearst Corp.* 878 SW 2d 577 (Tex. 1994) (Texas); *Renwick v. News and Observer Publishing Co.* 312 SE 2d 405 (N. C. 1984) (North Calolina). Cf. D. McLean, "False Light Privacy" [1997] 19Cmnd & L 63.

[81] Faulks 委员会，参见 paras. 67—70. Porter 委员会认为，侵犯隐私并不能准确的归入诽谤法的范围，无论如何也都在委员会术语解释的范围之外：诽谤法的委员会报告。Cmd7536[1948]，para. 26. Calcutt 委员会也指出，侵犯隐私和诽谤的重合反而凸显了诽谤法的改进并不能解决很多侵犯隐私的问题，因为隐私和名誉是截然不同的利益：隐私和相关事务委员会报告，Cm1102 [1990]，paras. 7.1—7.2。

相互区分[82];引入"置于错误披露"的概念并不能改善任何对诽谤性言辞的界定。然而,委员会指出当某个人被置于"错误披露"时,他可能被诽谤了,虽然同样地,他也可能获得他不配享有的尊敬。在这个方面,委员会认为,将把某人置于"错误披露"视为诽谤的一个方面,多少有些误导了。[83]

按照"错误披露"标准,前面探讨的涉及侵害名誉的很多案件,可以被视为侵犯隐私。很明显,这可适用 Krik v. Reed[84] 案"豪饮的新西兰人"的先例,这就为成功的诽谤诉讼提供了一种替代性的诉因。类似的,如果 Plumb v. Jeyes Hygiene[85] 案的原告能够满足诽谤侵权的构成要件,那就不难证明广告描述的臭脚是一种非常让人反感的公开披露。Honeysett v. News Chronicle[86] 案中被描述为在"无成人妇女陪伴的少女节"和陌生男子一起出游的原告同样也可以主张由于被在公众眼中错误的披露而受到了隐私侵犯。类似,Hood v. W. H. Smith[87] 案中被错误的描绘为"偷情者"的原告也可以提起"错误披露"的侵犯隐私诉讼。[88]

平衡来看,错误披露型隐私对既存的诽谤法作为不大。前面探讨的所有诽谤类案件都可被归入"错误披露"型案例,任何受到错误披露的人都可能感觉受到冒犯。明显的,这是正确的,因为绝

---

[82] Faulks 委员会,para. 68。
[83] Ibid., para. 69.
[84] Ibid., 63.
[85] Ibid., 58.
[86] Ibid., 32.
[87] Ibid., 36.
[88] 可以推测,同理,Wallis v. London Mail Ltd(前注[35])案的"Whitsun"女孩,Stockwell v. Kellog(前注[40])案的未婚先孕的妈妈,Dunlop Rubber Co. Ltd v. Dunlop(前注[28])案的纨绔奢华的老绅士发明家和 Garbett v. Hazell, Waston & Viney(前注[40])案的淫秽照片的提供者都可以这样做。

大多数的案件原告在诽谤诉讼中都胜诉了。[89] 更有意义的是那些不太可能提起的边缘性案例,因为他们不太可能以诽谤诉因胜诉,虽然我们这里纯粹是推测。似乎错误披露隐私侵权就是为法院提供一种更加开放的支持原告"侵犯隐私"诉讼请求的工具,而非通过对某些诉讼主张给予宽容的解释来扩展诽谤侵权的范围。反过来,这至少也就让原告不用在诉讼请求中极尽夸张相关主张,例如主张相关出版物把她们描述为"放纵和被社会不容的"(*Hood*)或者不能"保持已婚妇女的尊严"(*Honeysett*),尽管在隐私诉讼中这些夸张的主张仍然会继续,使得法院相信原告可能遭受精神困扰和侮辱。除了附加的灵活性外,这将会使得法院不得不以高度人工化的方式理解诉讼主张(显然诉讼主张中的各类利益需要在日益增加的混乱和随着新替代性的归责依据而增加的不确定性中进行平衡),承认这样一种诉因不会有大的斩获。此外,如果争议的利益是声誉上的利益,那么相关保护应该通过诽谤侵权来保证,而非通过一种模糊和相当肤浅的新的诉因类型来实现。[90] 实际上,从英国法视角考察隐私法的研究者,对错误披露类型的有用性持怀疑态度。[91]

如果案件没有错误披露,但是可能被认为将原告置于错误的公众视野中、并被一个具有理性的人视为相当反感的情况,还需要

---

[89] 唯一的例外是 *Wood v. Sandow*(前注〔36〕)案。参见 *Blennerhasset v. Novelty Sales Services Ltd*〔1933〕175 LT392,该案中原告未能证明有关他的言辞。相同的辨认性原则可以无疑的适用在错误披露的侵犯隐私\实际上是任何侵犯隐私的案件中。在诽谤案件中,原告必须证明所发表的言论是"指向原告或和原告相关"(第二次侵权法重述〔1977〕§564);See, e. g., *Geisler v. Petrocelli*, 616 F 2 d 636(2nd Cir. 1980), and generally, McCarthy,"Rights of Publicity and Privacy",§3.8。

[90] Barendt,"What is the Point of Libel Law?"125.

[91] 参见 R. Wacks,"The Poverty of Privacy"〔1980〕96LQR 73,84;G. Dworkin,"The Common Law Protection of Privacy"〔1967〕2 U Tas LR418,426. D. Zimmerman,"False Light",主张隐私的错误披露类型均缺少正当性而且来自于法院要给予原告以更多的控制不希望看到的公开披露的权利,而非通过对原则的发展,而且这通常与宪法言论自由保障不一致。

更详细的研究。回忆一下 Corelli v. Wall[92]一案,该案中原告是一个作家,她被描绘为在作她所设想的一些生活事件,例如饲养一对小马、逗玩宠物狗以及向 Stanford-On-Avon 船俱乐部赠送奖杯。尽管她可能被错误披露了,因为她并没有饲养任何小马驹、豢养任何宠物狗或者赠与任何奖杯,但是这样的错误披露对绝大多数理性的人而言并不是非常不礼貌的。在这里,焦点正在从损害声誉的概念向侵害另外一种利益转移。这可能被描述为绝对和不受限制的个人隐私利益,不需要进一步揭示,也不需要努力确定一个隐私的分支类型,尽管这种方式可能存在很多问题,特别是英国法不愿意承认宽泛如"自成一体的权利"的法定权利。这种隐私法上的简化方法在美国法上有吸引力的原因之一,就是它能使针对损害特定利益的特定主张在更宽泛的隐私权概念下更加理性化和有组织化。采纳 Prosser 的四分法简化分析方法,需要我们考虑一下第四种侵权——盗用/滥用。换言之,如果我们要接受不包括商业剥削利用[93]的隐私核心概念,就需要另外考虑类似仿冒的其他诉因来保护人格上的商业利益。这两种立场可以通过构造一个自成一体的人格利用侵权体系类协调。

诽谤,隐私和人格利用

利益的交错

Corelli v. Wall[94]之类的案件,当不存在侵害名誉或者根据案情案件只能以错误披露隐私的名义提起诉讼的披露错误时,就需要责任归属的其他依据。有两个相关因素。首先,是原告的身份:在 Corelli 案中,原告是著名作家。其次,诉讼主张的性质。表面上诉

---

[92] 见前注[54]。
[93] 参见如 R. Gavison, "Privacy and the Limits of Law"[1980] 89 Yale LJ421,以及前文 166—169 页。
[94] [1906] 22TLR532.

讼主张是侵犯了名誉,但是原告转而主张其有权制止任何未经授权而刊登其本人肖像图片的行为。[95] 我们只能猜测为什么提出第二种主张。是为了主张侵犯隐私的损害赔偿还是保护或者维持原告的出世和隐居?是为了保护原告自己商业开发明信片的利益还是向第三方授予营销这些卡片许可的价值?是为了保护原告形象上的商业利益不被稀释吗?还是这样的主张表达了原告出于保护自己文学创作的完整性的愿望,表达对任何形式的商业营销和广告的反感?这些问题没有答案。他们仅仅是帮助我们认识驱动原告起诉的各种事实上的尊严性和经济性利益的交错和互动。

公众人物和一般私人

Tolley v. Fry[96]一案中,作为高尔夫球手的原告,地位似乎有些模糊。他的形象足够知名因此具有商业利用的价值,但是根据案情,他作为业余球手的身份确保了其在诽谤诉讼中胜诉。如果他是一个杰出的政治家,一个伟大的科学家、学者或者商业巨子,而非业余球手,那么诉讼可能不会取胜,因为在这样一个需要满足诽谤诉因的案件中[97],不存在弦外之音和影射。正如美国法上的隐私权的发展所表明的,一个人有关侵犯隐私的诉讼主张和同一个作为名人或者公众人物的身份可能并不一致,特别是自己为了营利参与到个人形象的商业开发中时。作为一项原则,仅仅是因为一个人参与某项职业或者获得某个职位,从而使他暴露在公众的批评和审查之下,那么他的姓名和名誉未必因此会成为公共财产。[98]

还有一些案件涉及到在一定程度上是公众人物的原告,虽然

---

[95] Ibid.
[96] 参见前注[22]相关文本。
[97] *Tolley v. Fry*[1931] AC 333,347.
[98] 参见 *Mazatti v. Acme Products*[1930] 4 DLR601,604(原告的公众或私人身份是认定诽谤性言辞的相关考虑因素),以及 P. Milmo and W. V. H. Rogers, Gatley on Libel and Slander, 9th edn(London,1998) para. 2.5。

对公众人物和一般私人作出划分是很困难的。[99] 在 *Clark v. Freeman*[100] 案中,原告 James Clark 爵士,是女王的外科医生和治疗肺病的专家,请求制止被告销售和广告宣传名为"J. Clark 爵士肺病药丸"的药。[101] 原告主张被告的广告使人们认为这些药丸是以他的名义或者经过其同意来制备或销售的,并主张这样利用其姓名可能导致损害他的职业声誉和职业收入的减少。实际上,他相信这种药物是肯定有害的,因为其中含有汞和锑元素。[102] 法院拒绝颁发禁制令的原因是程序性的:当时,只有衡平法院才能颁发禁制令,也就是只有当案件在普通法上由陪审团审判后才能颁发禁制令。[103] 尽管 Langdale 法官认为被告的宣传可能以诽谤的方式给原告造成严重损失,但正确的程序是经由普通法,而衡平法院审理的法官不能决定这个事实问题。如果一旦进入这个程序,而且认定已对原告的财产或者职业造成损害,那么 Langdale 法官认为法院可能会颁发禁制令。他进一步指出他不相信像原告这么优秀的外科医生不会因为被告的行为而在名誉上遭受严重的损害,并指出"这是像他一类的人士所被课征的一种税负,(课征者)正是他们在现实世界所获得的显赫名望。其他人为了自身牟利的目的试图利用他们的名气和声誉;这种情形不幸地经常发生。"[104]

Dockrell v. Dougall[105] 一案的案情和结果与此类似。原告 Morgan Dockrell 医生是伦敦圣约翰医院的一个外科医生和讲师,请求一项禁制令以阻止被告散布载明原告推荐了被告"Sallyco"牌矿泉水的宣传单。原告主张被告在宣传单上使用他的名字,对他的职业地位造成损害,因为传单上暗示他正在推动某项药物销售的事实,不仅和医院的规定相背,而且也和医生职业的一般操守相背。

---

[99] 前文 172—174 页。
[100] [1848] 11 Beav 112.
[101] Ibid., 113.
[102] Ibid., 115—116.
[103] 前文 64—65 页。
[104] [1848] 11Beav112,116。
[105] [1899] 15 TLR 333。

原告败诉了,不是基于和 Clark v. Freeman 案一样的程序原因,而是因为陪审团认为宣传单不带有任何诽谤性意义,这个判决曾被有的论者称为不正当的。[106] 原告基于在姓名本身上享有财产权,提起了上诉。由于未能证明对原告财产、经营或者职业的任何损害,上诉法院驳回了这个主张。[107] 这两个判决对于今天的读者而言都有些令人惊异,但是,在专利药品的广告上利用名人和医疗职业成员形象,在当时似乎很平常,虽然英国医生联合会提出过抗议。[108] 这种做法的盛行,以及能够很好地反映与当代广告实践非常不同的规范(这种行为一般是不被允许的[109])的事实,都能有助于解释陪审团在 Dockrell v. Dougall 案中的事实认定和 Langdale 大法官对 Clark v. Freeman 案中原告窘境的漠不关心。[110]

最终,在 Sim v. H. J. Heinz & Co. Ltd[111] 案中,原告(著名演员 Alastair Sim)请求临时禁制令以阻止被告在广告中模仿他的独特的音质。原告主张有很多人误以为被告所用的声音就是原告的声音,而且会认为原告同意被告以这种方式使用自己的声音,亵渎了作为演员的尊严。[112] 遂提起诽谤和仿冒的侵权诉讼。[113] 在诽谤诉讼中,长期以来有一项规则,那就是只有事实最清楚的案件,也就是任何陪审团都能够认定所起诉的事实是诽谤性的,那么才能颁发临时禁制令,如果陪审团不能这样认定,那么法院就会以不合理为由而搁置判决。[114] 因此,原告律师放弃了以诽谤为由申请临时禁制令。

---

[106] D. L. Mathieson,"Comment on Sim v. H. J. Heinz & Co. Ltd"[1961] 39 Can B Rev 409,421.
[107] [1899] 15 TLR 333,334.
[108] 参见 T. Richards,"The Commodity of Victorian England"(London,1990)第 4 章,特别是 191—193 页。
[109] 前文第 48 页。
[110] 参见前注[104]的相关引文。
[111] [1959] 1WLR313.
[112] Ibid., 314.
[113] 见第 4 章 67—68 页。
[114] [1959] 1WLR316, citing Bonnard v. Perryman [1891] 2 Ch 269.

在任何这些案例中，侵犯隐私都并非受欢迎的替代性诉因。
Clark v. Freeman 案显然早于美国法上的隐私法的发展，虽然 *Dockrell v. Dougall* 案的判决在美国招致一些批评，原因是他阻碍了隐私法的发展。[115] 在对 *Sim v. Heinz* 一案判决的长篇评述中，Mathieson 认为，各自独立的仿冒和诽谤诉讼，当未经授权而使用他人形象将导致对名誉、财产、经营或者职业造成损害时，法院会限制这种未经授权的利用。[116] Mathieson 进一步认为，如果接受了这样一个原则，那么隐私权也就实际上在英国法上存在了，其包含了利用人格和 Prosser 的"错误披露"类隐私的案例。通过"对过去他们判予救济的案例进行大胆的一般化应用"，法院实际上能够"赋予那些可能被贴上'侵犯隐私'标签的特定案件以救济。"[117]

这也就和我们要主张的论点基本一致：如果认为保护人格利益免遭未经授权的商业利用是值得要的[118]，那么相关法律保护应该采用一种适当狭窄的人格利用侵权的形式。但是，无论以何种方式，任何新型的侵权类型都应该比 Mathieson 所设想的要更宽泛又更限定。它应更宽泛到能使任何新型救济方式可以包括除了对经营或职业的财产性损害外，还包括诸如隐私和免受精神骚扰的尊严性利益。当然，它也更限定，因为尽管它可能包括某些隐私利益，但它不会也不应该等同于经由扩张性解释或者"大胆的一般化应用"所衍生的隐私的一般性权利。

这种新规则的主要优点，以及与目前的探讨最直接关联的一点，在于人格利用侵权概念将会避免引入一个潜在宽泛和不尽人意的隐私的一般性权利，此外，还能避免在协调隐私权和原告作为公众人物的身份时，可能遇到的困难。后一个问题，已经在前面详细讨论[119]，其导致了在美国法上出现了公开权和隐私权两类分立

---

[115] See Note (Anon.) "The Right to Privacy" [1898].
[116] Mathieson, "Comment", 413.
[117] Ibid., 429 (原文是斜体)。
[118] 见第 11 章对一些基础正当性的探讨。
[119] 见前文 172—174 页。

的权利体系。这个问题可以通过自成一体的人格利用侵权概念得到避免。前面所探讨的案例中的"著名"原告(Clark v. Freeman; Dockrell v. Dougall; Sim v. Heinz;以及 Correlli v. Wall)似乎没有一个在从事以营利为目的的商业利用自身形象的活动。每个原告都想要限制他人未经其授权而利用自己的人格特征。

结　　论

最后,梳理完英国判例后所剩下的就是一些不多的案例,这些案例中所提起的诽谤诉讼主张没有胜诉,而且因为原告是名人,基于隐私侵犯的规则,可能也很难进行调和。也很难决定诸如 Clark 医生、Dockrell 医生、Alastair Sim 和 Ms Correlli 此类原告的利益是经济性利益还是尊严性利益,或者是所有权性质的利益还是非所有权性质的利益。实际上,这不是一个特别的问题,因为一个自成一体的新型侵权概念,如同对名誉的损害自身,可以包括这两个方面。虽然引入隐私权的一般权利对于早期的评论者很有吸引力[120],而且随着1998年《人权法案》的颁布情况更甚,但是美国法上的公开权和隐私权的发展经验现在表明,情况并非如此。一个适当限定的抽象出的人格利用侵权概念不仅可以解决前述的少数的问题案件,而且能解决前面所探讨的处在诽谤和隐私侵犯一般概念边缘地带的案件。[121]

---

[120]　见前注[46]和[52]相关引文。
[121]　见前注[53]—[67]相关引文。

第四编

普遍性的问题

10　人格中的财产
11　对人格利用救济的正当化

10 人格中的财产

引 论

接下来两章将考虑两个普遍性问题:第一,人格特质中的财产权或知识产权是什么意思。第二,这样一种权利是否可以获得正当性。人格利用问题存在于知识产权法的边缘,人格特质是否应当与广为接受的无形财产如专利、版权、商标和美誉(goodwill)获得一样的保护还没有定论。至今为止,英国法院在处理财产权是否存在于一个人的姓名、嗓音或肖像的问题时还比较迟疑,只有一些有限的论断。[1] 商誉(goodwill of a business)中的潜在的财产权概念已经没什么争议,但一个人的姓名或其他人格标记是否可以被认为是存在于行业或职业的美誉中的财产的一部分还很难说。在这个方面,澳大利亚法官要比他们的英国同行更愿意对仿冒侵权行为的核心构成要件进行宽松的解释,从而扩大对美誉中的财产概念的保护。[2]

一个更为基本的问题是法院是否能够承认一项财产权存在于

---

[1] See *Clark v. Freeman* (1848) 11 Beav 112, 117:(在欺诈性的使用他人姓名,导致受害人丧失利润、财产受到损失的案件中,法院可以介入);*Dockrell v. Dougall* (1899) 15 TLR 333, 334(在姓名上本身不存在财产权,但对于原告是否可以在业务或职业中具有财产权的问题还没有定论);*Sim v. Heinz* (1959) I WLR 313, 317—319(对于原告的行为表现上的美誉或名声是否是一项会因为第三人的仿冒而受到侵害的财产权,还没有定论);*DuBoulay v. Duboulay* (1869) LR 2 PC 430, 441(不能以财产权为由阻止其他人采用一个人的父辈的姓名)。

[2] See Chapter 4 above.

业务或职业中的美誉概念之外。在美国，保护一开始来自于另一个方向，即通过对隐私权的保护。隐私权本来基本上是被作为尊严性利益得到保护的。然而，在涉及人格利用的案件中，隐私权迅速的发展成为一个基本上是财产性的人格特质，并最后演变为一个独立的、与众不同的关于公开权的一项可以说属于不正当竞争领域的"财产"权。[3] 在加拿大，与此不同，一种独特的普通法上的人格利用侵权形式已经出现，其看上去是仿冒侵权的一个分支，又像是一种混合型的侵权形式，因为其同时既展示了可以出现在经济性侵权行为中的特点，如处理了不正当竞争问题，又具有一些尊严性侵权行为的要素，如侵犯隐私的问题。[4]

下面的问题将在本章中以一种越来越具体的顺序得到解决。（1）在一项特定的权利被指认为财产权时，我们的意思是想说什么？（2）当我们说到知识产权或无形财产的时候，我们的意思是想说什么？（3）人格特质可以被称为无形财产吗？（4）当一项特定利益被作为财产权保护的时候，是否存在什么特别的意义？如果注意到"财产"一词的词源学，它源自的拉丁词"proprius"意思是"一个人自己的"或"一些属于一个人自己的私人的或特定的东西"的时候，这个问题会显得很有趣。[5] 因为，从这个角度看，还有什么比一个人的姓名、肖像或嗓音更是"一个人自己的"或"一些属于一个人自己的私人的或特定的东西"的呢？在考虑律师使用和操纵财产概念的各种方式的时候，记得这样一个具有吸引力的简单概念，是很有用的。

财产的概念

为了现在的目的，对"财产"一词的三种不同的理解可以被区

---

[3] See 171—180 above.
[4] See Chapter 5 above.
[5] C. T. Onions (ed.) *The Oxford Dictionary of English Etymology* (Oxford, 1996); E. Partridge, *Origins* (London, 1958).

分为:(a)最广义的,作为一个法律和政治哲学上的范畴的财产;(b)作为一个通常的日常使用的概念的财产,如土地或动产;(c)一种较为广义的或隐喻性的理解,所指的财产包含了无体物。当然,财产概念经常被用在不同地方,故对定义的搜寻应当与对之寻求正当化的尝试区分开来。问题存在于两个基本层面上。对定义来说,问题在于从上面的(b)转化到(c),即从传统的诸如土地或动产这样的财产概念,转化到无形财产的概念,或更确切地说,人格中的财产。我们没有必要为了阐明一个法律概念,而进入一个"充满哲学争论的可怕丛林"。我们要做的是检视特定词汇和法律规则一起运作的多种多样的复杂方式。[6] 没有必要为了一个词语绞尽脑汁,也没有必要在抽象层面上反复揣摩"财产"的意思。

  对于正当性问题,我们必须记得:一个不能在分析性法哲学中得到一个无懈可击的定义的术语,可能照样能在社会和政治理论中起着作用。一个概念的不精确性和不确定性虽然会让法律从业人员倍感挫折,但这个问题对于在每个上下文中使用此概念并不是致命的缺陷。[7] 此处问题涉及到从上面的(a)转化到(c),也就是,把试图在最广的意义上(如整个的财产制度)使私人财产得到正当化的论证用于使无形财产获得正当化,特别是人格特质中的无形财产。本章主要考虑第一个方面,并试图寻找出可以把财产概念适用于无形财产或人格中的财产之特殊背景中去的方式。下一章则将检视一些以财产为基础的对无形的人格权利进行正当化的理由,这些理由是更广义的支持或反对姓名、嗓音或肖像中的(财产)权利的各种理由的一部分。本书的研究方式将是多法域的,考察了四个主要的普通法域对人格利用问题的不同的处理方式,不过无可避免的,美国的案例法提供了成果最多的比较法源泉,在彼处,人格特质中的财产权概念被很好地树立了。

---

[6] H. L. A. Hart, "Definition and Theory in Jurisprudence", reprinted in *Essays in Jurisprudence and Philosophy* (Oxford, 1983), 21.

[7] J. Waldron, *The Right to Private Property* (Oxford, 1988), 31.

对于"财产"术语是否有任何的意义以及其是否与法律理论或政治理论中的任何具有内在逻辑性（coherent）的概念具有关联性,当然还存在着相当的不同意见。[8] 在一个具有内在逻辑性的财产概念中,还很难把传统的作为"物"的所有权的财产概念与涵盖了一个很广范围内的权利的各种大相径庭的现代财产概念相调和。事实上,在一个现代资本主义经济中,绝大多数财富形式是无形财产,如股份、债券、保险单,以及被大众承认的知识财产（intellectual property）如商标、版权、专利和商誉。[9] 结果是,在私有财产是一个可以清楚地被理解的单一概念时能用于正当化简单的"物"之所有权的理由,不能被轻易的转化和适用于更为现代的财富形式。[10] 当人们试图对迫切需要承认的新财富形式和新利益中的财产权正当化时,问题将变得更为明显。将传统财产理论适用于无形财产的有效性是值得疑问的,而在从传统的财产法的核心：不动产向其不断扩张的边界迈进的时候,"还把财产法看作一个根据那些众所周知、久经考验的规则来进行的游戏就会变得不太合适"[11]。事实上,"'财产'这个术语的含义,或者其作为法律介入的基础或一个能组织法律学说的概念时的有用性,将越来越值得怀疑"[12]。

---

[8] See, e.g., K. Gray, "Property in Thin Air" (1991) 50 CLJ 252, 305,认为财产是一个具有有限内容的术语,一贯以来一直在被天真的和未经思考的使用,在很大程度上构成了一类虚幻的符号。

[9] T. C. Grey, "The Disintegration of Property" in J. R. Pennock and J. W. Chapman (eds.) *Property*: *NOMOS XXII* (New York, 1980), 69, 70. 有权利证明的（documentary）无形财产和纯粹的无形财产可以被区分开来,后者如不被权利证明的知识财产的普通形式：see, generally, R. Goode, *Commercial Law*, 2nd edn (London, 1995), 52—55。

[10] Grey, "The Disintegration of Property", 78. Cf. S. R. Munzer, *A Theory of Property* (Cambridge, 1990), 31—36.

[11] R. Cotterell, "The Law of Property and Legal Theory" in W. Twining (ed.) *Legal Theory and Common Law* (Oxford, 1986), 81.

[12] Ibid.

无形财产

作为隐喻(metaphor)的知识财产

上面略述了"财产"这一术语的各种各样的用法,而没有权威的综合性的财产的定义出现也就不令人吃惊了。[13] 一个大致的里程碑和一个有用的起点可以通过描述所有权的标准特性而得出:占有的权利,使用的权利,管理的权利,对收益的权利,对资本的权利,对安全性的权利,延续性,无期限,禁止有害性的使用,被执行的责任(liability of execution)和剩余性质(residuary character)。[14] 沉思片刻后,可发现这里展示的一个明显事实是:当我们超越了传统的诸如土地和动产之类的有形财产而说及无形财产时[15],我们涉及的是一个隐喻意义上的财产。[16] 然而,在理论上,这是多少有些杂乱的。隐喻性的使用一个术语或短语假定了一个术语或短语所适用于的事物或行动的存在,但是,到底是不是存在任何具有典型的财产概念的性质的事物,却还是不明确的。这个事物本身就是似是而非的,模糊不清的,最多也只能根据上面提到的所有权的各种标准特性勾画个大概而已。

---

[13] 比较 National Provincial Bank v. Ainsworth (1965) AC 1175, 1247—1248 per Lord Wilberforce:"在一项权利或利益能被认为是一项财产或一项影响到财产的权利之前,其必须是可定义的,能被第三方辨认的,性质上是能够被第三方承担(assumption)的,并具有一定程度的持久性与稳定性"(该案系关于被抛弃的妻子在婚姻住所中的利益)。又见 Minister of State for the Army v. Dalziel (1944), 68 CLR 261, 295。

[14] A. M. Honoré, "Ownership" in A. Guest (ed.) Oxford Essay in Jurisprudence (Oxford, 1961), 107.

[15] 这儿我们涉及的是纯粹的无形财产而不是有权利证明的无形财产,on which see, generally, Goode, Commercial Law。

[16] In Victoria Park Racing and Recreation Grounds Co. Ltd v. Taylor (1937) 58 CLR 479, Latham 法官(497)宣称,在一个壮观的景象(spectacle)中的在一个隐喻意义上的被指称的财产权的上下文中,一个隐喻的适当性取决于法律原则的存在;原则本身不能建立在这样一个隐喻之上。

我们现在必须把这个问题放在一边,很明显,在知识财产的背景下即使最粗略的考察那些所有权的基本特性,也会发现绝大多数知识财产只是一种古怪的受到限定的财产而已。[17] 最明显的就是,虽然版权[18]、专利[19]和商标[20]都被认为是个人财产,但任何纯粹的无形财产都不能被物质化的占有。尽管书籍、专利物品、带有商标的货物都可能被物质化的占有,但知识财产本身是非物质化的。一片土地或一份动产的所有者有权选择自己使用财产,或许可他人使用财产,或根本不使用财产,而一项注册商标却会因为不使用而被撤销[21],专利可能会因为不能实现最大程度的实用性而被强制许可他人使用。[22] 虽然版权[23]、专利[24]和商标[25]可以被转让或许可使用,美誉中的财产却不能单独被转让,而只能随着其附着的营业一起被转让。[26] 与绝大多数的个人财产不同[27],法定的知识产权受制于种种必须遵守的程序:版权[28]和商标[29]的转让必须用书面形式进行,并由出让人签名。而转让专利

---

[17] 为简洁起见,下面的观察限于英国法。如要参考其他法域的做法,see M. Lehmann, "The Theory of Property Rights and the Protection of Intellectual and Industrial Property" (1985) 16 IIC 525, 530 et seq。

[18] Copyright Designs and Patents Act 1988, s. 1(1).

[19] Patents Act 1977, s. 30(1).

[20] Trade Marks Act 1994, s. 22.

[21] Ibid., s. 46.

[22] Patents Act 1977, s. 48. See, generally, S. Thorley et al., *Terrell on the Law of Patents*, 15th edn (London, 2000), Ch. 9.

[23] Copyright Designs and Patents Act 1988, s. 90.

[24] Patents Act 1977, s. 30(1).

[25] Trade Marks Act 1994, ss. 24—26 and ss. 28—31. 如要考察之前的对标记许可更为严格的商标立法,see T. A. Blanco White and R. Jacob, *Kerly's Law of Trade Names*, 11th edn (London, 1986), Ch. 13。

[26] See *Start Industrial Co. Ltd v. Yap Kwee Kor* [1976] FSR 256, 269.

[27] See, generally, A. P. Bell, *The Modern Law of Personal Property* (London, 1989), Part III; P. S. Atiyah and J. Adams, *The Sale of Goods*, 9th edn (London, 1995), Ch. 4.

[28] Copyright Designs and Patents Act 1988, s. 90.

[29] Trade Marks Act 1994, s. 24(3).

必须用书面形式进行,并由双方签名。[30] 对存续期来说,商标一开始注册时的有效期只有 10 年[31],不过具有无限续展的可能性,只要符合必要的程序[32]和撤销条款[33]即可。在普通法中,标记和式样中的美誉一般可以随着其附着的营业的继续而一直存在。[34] 在另一方面,尽管专利和版权也是个人财产,和美誉与注册商标一样具有延续性,但专利和版权都有严格限定的保护期,分别是 20 年[35]和作者的一生再加上 70 年(对绝大多数的作者明确的作品来说)。[36]

此外,对于授予专利、登记商标、予以版权保护的具体和细致的规则,以及规定了对这些权利的侵犯行为哪些是可诉的的细致规则,都是旨在限制任何财产权的范围和对这些财产的任何有害使用。所有权受制于更大的公共利益的一个明显的例子就是法律允许对具有版权的作品的种种合理使用。[37] 我们已不需要再进一步证明:对知识财产来说,"财产"一词是隐喻意义上的了。严格的说,它不能与典型的财产形式诸如土地或动产相提并论,而那些财产上会产生的特定后果与特性也不会自动的因为把一些特定利益称为财产权而随之而来。下面将对涉及到财产之隐喻的范围与使用的两个重要的问题予以考虑。

---

[30] Patents Act 1977, s. 30(6).
[31] Trade Marks Act 1994, s. 42.
[32] Ibid., s. 43.
[33] Ibid., s. 46.
[34] See *IRC v. Muller e Co.'s Margarine Ltd* [1901] AC 217; see, further, C, Wadlow, *The Law of Passing Off*, 2nd edn (London, 1995), 140—143.
[35] Patents Act 1977, s. 25.
[36] Copyright Designs and Patents Act 1988, s. 12(1) as amended by the Duration of Copyright and Rights in Performances Regulations 1995 SI 1995 No. 3297.
[37] Copyright Designs and Patents Act 1988, s. 28—76. See, generally, K. Gernett, J. Rayner James and G. Davies, *Copinger and Skone James on Copyright*, 14th edn (London, 1999), Ch. 9.

隐喻的范围：财产和价值

盎格鲁—澳大利亚法域并不保护所有具有价值的无形因素。[38] 对于发明、商标、设计、商号和名誉的排他权是被作为"被保护利益的特别代表，而不是根据一个广泛的一般化标准"作出的。[39] 一个产品是花费了金钱和劳动力而创造出的，并且别人愿意出钱购买的事实本身并不会带来一项财产权。[40] 财产，"是法律的创造，而不是来自于价值，即使事实上有可交换性。很多具有可交换性的价值可能会被有意毁坏并得不到赔偿"。[41] 如 Gordon 注意到的，"如果一个财产自动的源自于价值的理念触动了法院的话，那将毫无理性可言，对之进行回应也会很困难"。[42] 事实上，在价值和财产之间没有必然的联系；既可能存在没有价值的财产，也可能存在不是财产的价值。[43]

显然，认为财产的法律地位完全源自一个特定的事物或无形物的具有可交换性价值的观念是危险的。在涉及到具有 Cohen 在商标问题上发现的循环推理性质的案件时，问题会变得更严重：比

---

[38] *Victoria Park Racing and Recreation Grounds Co. Ltd v. Taylor* (1937) 58 CLR 479, 508, cited with approval by Deane J in *Moorgate Tobacco Co. Ltd v. Phillip Morris Ltd* (No. 2) (1984) 54 CLR 414, 444. Cf. D. Libling, "The Concept of Property: Property in Intangibles" (1978) 94 LQR 103.

[39] See, generally, 29—30 above.

[40] *International News Service v. Associated Press*, 248 US 215 (1918), 250 per Brandeis J.

[41] Ibid., 246 *per* Holmes J.

[42] W. J. Gordon, "ON Owning Information: Intellectual Property and the Restitutionary Impulse" (1992) 78 Virg L Rev 149, 178, citing D. Lange, "Recognizing the Public Domain" (1981) 44 Law Cont Probl 147, 157, 他把"价值等于财产"的理念视为"一个引发疑问的大动作"。See also *WCVB-TV v. Boston Athletic Association* 926 F 2d 42, 45 *per* Breyer CJ (1st Cir. 1991)："清理沼泽的人，邻处的开发者，科学家，学校教师以及千百万的其他人每天都在创造'价值'（超出了他们所得到的报酬），而法律允许了其他人无偿享用了这些价值。"

[43] F. S. Cohen, "Dialogue on Private Property" (1954) 9 RutgLRev 357, 363—364.

如，一位广告发布者通过智力或努力，使得消费者认同了一个特定的标志或销售策略，并创造了一个有价值的事物；一个有价值的事物是财产；所以，广告发布者有权针对试图侵害他的财产的行为获得法律保护。[44] 这种推理的一个明显的问题是："它将法律保护建立在经济价值之上，但事实上，一个销售策略的经济价值本身取决于其受到法律保护的程度。"[45] Cohen 认为，在这些案件中，法律推理和社会事实、伦理价值脱节了，而经济偏见在法律逻辑的斗篷下乔装出场。[46] 即使法院据称是把他们的财产推理建立在了法律以外的因素（如作为财产的一个人的形象的事实上的价值）之上，推理还是基本上建立在了某些粗略的和未经辩驳的论断之上。[47]

隐喻的使用

一些利益经常被视为财产权而得到保护，哪怕它们可能不具有完全意义上的所有权的各种特性。事实上，法定知识"财产"的主要形式和有关仿冒侵权行为的普通法所保护的权利，都只是一个有限的和隐喻意义上的"财产"[48]。在一些案件中，财产概念得到了扩张，包含了新的利益。把无形资产在一个纯粹的隐喻意义上视为财产，一个存疑的优点是：其强调在决定是否将一项无形资产通过归为财产的方式来进行保护时的选择。[49] 然而，在实践中

---

[44] F. S. Cohen, "Transcendental Nonsense and the Functional Approach" (1935) 35 Colum L Rev 809, 815.
[45] Ibid.
[46] Ibid., 817.
[47] See text below.
[48] See text above.
[49] P. Cane. *Tort Law and Economic Interests*, 2nd edn (Oxford, 1996) 59, citing *Ex Parte Island Records* [1978] Ch 122, 137 and 144, 上诉法院的大多数成员都认为表演者和录制公司之间的排他性合同创造了"具有财产权性质的权利"，并可以得到禁令的保护。这种处理办法，被称为"损害财产论"(*Rickless v. United Artists Corp.* [1988] QB 40, 53—54 per Browne-Wilkinson VC)，在下面这个案件后被认为是错误的：*Lonhro Ltd v. Shell Petroleum Co. Ltd (No. 2)* [1982] AC 173, 187。

这种选择经常被保守的使用,原告会面临着一个很重的负担去证明一项新利益可被视为财产,因为法院经常会把传统的法律概念诸如财产视为是固定的和相对来已说得到了较好的界定了的。[50] 英国法院一般喜欢坚守一些具体的和已被很好的确立了的被保护的利益,而不是去发展普通法中的新的知识财产形式,对于在一个宽泛的损害财产、干涉贸易或不正当竞争的理念下去保护新的利益,他们是很勉强的。[51]

涉及到保密信息的法律可以很方便的展示财产隐喻经常表现出的受限制之处,在此领域,法院经常在案件背景可以充分说明"财产"或"财产性"之术语只不过是附加在根据合同或正义而保护的权利之上的标签的时候[52],把权利称为财产性的。在这些案件中,财产没有带来一个可以对抗整个世界的排他性权利。[53] 无论一项违反保密义务的诉讼的潜在基础是什么[54],在把诉讼视为一个侵害了财产性利益的侵权之诉时都存在着相当的困难。[55] 除了权威性的问题以外[56],对一个起源于保密信息的传递而终止于更大范围内的公开的一种财产形式,还存在着一定程度上的定义困

---

[50] See D. Lloyd, "The Recognition of New Rights" [1961] CLP 39, 41—42.

[51] See, generally, Chapter 3.

[52] See *Cadbury Schweppes Inc. v. Fbi Foods Ltd* [2000] FSR 491, 512(加拿大最高法院)(对违反保密义务的救济取决于逐案作出的对公正的衡量而不是财产标签)。

[53] F. Gurry, *Breach of Confidence* (Oxford, 1984), 47.

[54] 各种不同的相竞争的责任基础诸如财产、合同、寄托、信托、信托关系、诚实信用和不当得利都在不同的时间被提出来过。See Law Commission, Report No. 110, "Breach of Confidence", Cmnd 8388 (London, 1981), para 3., citing G. Jones, "Restitution of Benefits Obtained in Breach of Another's Confidence" (1970) 86 LQR 463.

[55] See *Cadbury Schweppes Inc. v. Fbi Foods Ltd* [2000] FSR 491, 510, and see, generally, R. G. Toulson and C. M. Phipps, *Confidentiality* (London, 1996), 26—31; Gurry, *Breach of Confidence*, 54.

[56] See, e. g., *Nicrotherm Electrical Co. Ltd v. Percy* [1957] RPC 207, 209 per Evershed MR; *Frazer v. Evans* [1969] 1 QB 349, 361 per Denning MR; *Boardman v. Phipps* [1966] 2 AC 46, 127—128 per Lord Upjohn; and see, generally, Toulson and Phipps, *Confidentiality*, 26—28; Gurry, *Breach of Confidence*, 48—56.

难。此外,将保密信息视为财产而不是一个人的保密义务所带来的特定困难,还在于一个接受了保密信息的无辜第三方会受害,因为他虽然不知道存在着对保密义务的违反情形,却会因为使用别人的财产而承担责任。[57] 看上去,如法律委员会(Law Commission)所说的,"信息的性质使其被归入一种独立的范畴,而与财产区分开来"[58],不过对其法律地位还是有着广泛和不断的辩论。[59] 这些会在别处得到详尽讨论的问题,只不过是我们在把财产视为一个一般性的组织性的法律概念或一个独立的确立责任的基础或描述被法律保护的利益的一个隐喻性的标签时所会遭遇的困难的一部分而已。那么,美国和英联邦的法院是如何在不同的责任基础之上,使用此处最后一种意义上的财产概念来保护人格特质的呢?

人格中的财产

财产性和非财产性的分析

在美国,隐私权一开始被认为是一种关于不可侵犯的人格的权利,独立于任何财产权,早期建立在保护财产权的衡平管辖权(equity's jurisdiction)之上的对隐私权之存在的反对意见,已被扫到一边。然而,隐私权很快的发展成为一种保护基本上是被称为"财产"或"财产性"的经济利益手段。[60] Prosser 在其有影响力的对隐私权的重述中,淡化了财产标签的重要性,认为即使隐私权不是一项财产权,也是一项具有价值的权利,原告可以通过有偿许

---

[57] See, generally, Toulson and Phipps, *Confidentiality*, 30—31 and 92—97; Gurry, *Breach of Confidence*, Ch. 8.

[58] Law Commission, Report on Breach of Confidence, para. 2.10. 委员会认为(在第 6.2 段)一项新的救济应当作为一种法定侵权形式而存在。

[59] See *Cadbury Schweppes Inc. v. Fbi Foods Ltd* [2000] FSR 491, 505.

[60] See, e. g., *Edison v. Edison Polyform Mfg Co*. 67 A 392 (1907); *Munden v. Harris* 134 AW 1076 (1911); and see 156—159 above.

可他人使用而获利。[61] 在他看来，隐私权具有财产性质的证据可以从排他性的使用许可具有"公开权"之事实中看出，公开权使得权利人可以阻止第三人使用其姓名或肖像。[62] 这样一种看法低估了有关隐私权和公开权的不同的理论基础之间的差异，未能看到根据不同的诉因分别保护实质上经济性的利益和实质上尊严性的利益的必要性。从在隐私权的标题下保护人格中的利益，变换到在一个新的关于公开的"财产"权下进行保护的意义有多大呢？财产概念在法院推理中是如何使用的呢？

财产标签在美国案例法中的意义

在里程碑性质的案例 Haelan Laboratories Inc. v. Topps Chewing Gum Inc. 中，新权利以公开权的名义而诞生，并被贴上了财产权的标签。[63] 尽管 Frank 法官对财产标签不太强调，认为只不过是象征了法院将对一项具有货币价值的权利主张予以执行的事实罢了。[64] 在另一方面，当明尼苏达州的法院在 Uhlaender v. Henricksen 案中区分了一个棒球运动员的隐私权和他"在公共人格中的财产性利益"时[65]，并不觉得有必要给那个财产性权利以一个具体的名称。一个更为开放的处理方式体现在第九巡回上诉法院在 Motschenbacher v. R. J. Reynolds Tobacco Co. 案的判决中，法院表示"将为一个人自己身份中的财产性利益提供法律保护"，但觉得没必要去决定将是"在'隐私'、'财产'还是'公开'的标题下"这么做。[66]

有意思的是，一个出于税收目的而不是为了公开权本身之故的关于大米配额是否可以被归入财产的案件，对与公开权有关的

---

[61] W. L. Prosser, "Privacy" (1960) 48 CalifLRev 383, 406.
[62] Ibid., 407.
[63] 202 F 2d 866 (2nd Cir. 1953), 868.
[64] Ibid.
[65] 316 F Supp. 1277 (1970), 1282—1283.
[66] 498 F 2d 821 (9th Cir. 1974), 825—826.

财产概念的使用提供了一些最具洞察力和启发性的论断。法官在 *First Victoria National Bank v. United States* 案[67]中注意到,任何定义"财产"的企图都是一项难以实现的任务,"将我们当代的经济的实质填入定义之真空中"是法院的事情。[68] 公开权被引用作为一项例证以说明财产概念在与时俱进,法律和习惯可能会创造新的前所未有的权利。尽管法院选择把这项权利称为"财产"权,但这只是"表达了一项法律性的结论而不具有任何独立的含义"[69]。尽管一项被称为财产权的利益一般具有的特定性质包括可以被转让给他人、可以被继受、或可以被征收以履行一项判决等,但人们仍然会在一项利益缺乏财产权通常可能具备的一些特质时,出于一些目的而将其视为财产。[70]

将责任的内在基础从隐私权转化到公开权的最直接的后果是:与作为一项纯粹的人身权的隐私权不同,公开权可以自由转让,并因此可以给与获得许可的第三方以可执行的权利。[71] 后来,原告们试图明确公开权可以被继承,以将"财产"隐喻推得更远。通常,这不是来自于公开权被归入财产权之事实本身。不过,在一些案件中,法院事实上是把他们的决定建立在了按照下述的三段论进行的不太清晰的推理之上:财产权是可继承的,公开权是财产权,所以公开权是可继承的。例如,*Factors Etc. Inc. v. Pro Arts Inc.* 案涉及到了与猫王(Elvis Presley)的财产有关的权利主张,第二巡回法院在审判时认为:"将此属于(原告)的排他性权利识别为可转让的财产权必然会导出该权利在猫王身后仍然存续的结

---

[67] 620 F 2d 1096 (1980) cited in J. T. McCarthy, *The Rights of Publicity and Privacy*, 2nd edn (New York, 2001), §10.8.
[68] 620 F 2d 1096 (1980), 1102.
[69] Ibid., 1103.
[70] Ibid., 1103—1104. 比较所有权的所有特性, in text accompanying note 14 above。
[71] See *Haelan Laboratories Inc. V. Topps Chewing Gum Inc.* 202 F 2d 866 (2nd Cir. 1953).

论。"[72]我们之前的讨论已经表明,这种推理的荒谬之处是不证自明的。一项权利被贴上"财产"的标签并不自动意味着后果 x、y 和 z 理所当然的随之而来,那项财产权不会理所当然地因此具有一个完全的所有权具有的各种标准特性。事实上,知识财产的普通形式只是一种有限的和隐喻意义上的财产。专利、商标、版权和美誉被贴上财产权标签这一事实本身并不能决定这些权利的范围。[73]

在其他案件中,这些推理只能部分的解释法院的决定,我们还应看到独立的允许可继受性(descendibility)的实体理由的存在。例如,当猫王的公开权的可继受性问题在新泽西州被审理的时候[74],地区法院的决定是公开权应当可以被继承,部分的原因在于它是一种财产权,不过允许可继受性的实体理由也起了作用,例如有必要允许一个人的劳动果实可以传给其继承人,及不能让未经授权的商人发横财的政策考虑。[75] 在另一方面,一些法院如乔治亚州最高法院在 *Martin Luther King Jr Center for Social Change Inc. v. American Heritage Products* 案[76]中做的,法院避免了将他们的推理建立在财产标签上,而只是关注一些实体理由,诸如鼓励努力和创造的需要、防止不当得利的政策考虑,并且也注意到了自从普通法的早期发展开始就有的、承认死后存续性的趋势。[77] 这些结论取决于用于支持一项公开权之存在的实体理由的有效性,诸如(保护)劳动果实的理由、能产生激励作用的功利主义理由和阻止或返还不当得利的理由。这些将在下一章中得到考虑。

---

[72] 579 F 2d 215 (2nd Cir. 1978), 221.

[73] See text accompanying notes 14 to 37 above.

[74] *Estate of Presley v. Russen*, 513 F Supp. 1339 (1981).

[75] Ibid.,1355. 法院依据的是 Bird 大法官在下面这个案件中的不同意见:*Lugosi v. Universal Pictures* Cal. 603 P2d 425 (1979), 434 et seq.

[76] 296 SE 2d 697 (1982).

[77] Ibid., 705. Cf. *Memphis Development Foundation v. Factors Etc. Inc.* 616 F 2d 956 (1980), 958 *per* Merritt 法官强烈反对激励理论。

财产标签在英联邦案例法中的意义

当美国法院在承认人格特质中的财产性权利上走得很远的时候,另外两个法域中的发展可能也值得一说。在 *Krouse v. Chrysler Canada Ltd* 案[78]中,一个独特的对人格利用的侵权形式在安大略得到了承认。在一审中,Haines 法官承认了诸如原告:一位足球运动员这样的人的人格中的姓名和肖像中有价值的、事实上存在的经济利益[79],并认为:"一个人应当认识到:不当使用在商业领域具有商业价值并每天在被交易着的(人格特质)无疑会涉及到一项法院保护的财产权。财产是一个开放性概念,可以保护具有可衡量的商业价值的事物的占有和使用,逻辑似乎可以推导出这样的结果。"[80]尽管这里面的推理近似于上面提到的过于简单的"每个具有价值的东西就一定是财产"的推理,但其基础是承认了一个现实(尽管这本质上也是一个未经辩驳的假设),即特定人格特质具有特定价值,并能被两种不同的权威意见所正当化:第一种是建立在"一个人对其身份要素的权利"之上,第二种是建立在仿冒之上。既然这样,对财产的抽象分析就不需要了[81]。尽管上诉法院基于案件事实的原因特别是仿冒问题上的考虑,而推翻了此决定,但上诉法官 Estey 确认了对人格利用的侵权确实是存在的[82],上诉法院既没有详加阐述,也没有背离 Haines 法官在一审时候对法律的分析。

一个类似的推理过程可以在牙买加最高法院在 *The Robert Marley Foundation v. Dino Michelle Ltd.* 案[83]的决定中看到。该案

---

[78] (1972) 25 DLR (3d) 49. See, generally, Chapter 5.
[79] (1972) 25 DLR (3d) 58—61.
[80] Ibid., 61—62.
[81] Ibid., 62.
[82] *Krouse v. Chrysler Canada Ltd* (1973) 40 DLR (3d) 15, 28.
[83] Unreported Suit No. C. L. R115/1992, judgment 12 May 1994. See also B. Hylton and P. Goldson, "The New Tort of Appropriation of Personality: Protecting Bob Marley's Face" (1996) 55 CLJ 56, and 125 above.

中，一位逝世于 1981 年的雷鬼音乐歌手 Bob Marley 的姓名和形象在牙买加的使用权及许可他人使用权，在一系列的转手之后，落入了原告之手。原告指控一家 T 恤生产商未经授权使用了 Bob Marley 的姓名和形象，原告要求获得一项禁令并取得了成功，依据一是仿冒，二是人格利用。后一种依据，如前所述，除了涉及到了与安大略法院在 Krouse 案中的推理极为类似的推理外，在牙买加法院看来，还建立在了一系列支持在人格中把一项财产利益的概念和隐私利益区分开来的论断之上。不过，The Robert Marley Foundation 案的决定走得更远，因为不像加拿大人的决定只是涉及到了活着的原告的权利主张，其还涉及到了已故名人的权利继受人的权利主张。继受人有权起诉的结论并非是在紧接着给那种权利贴上财产权的标签后得出的。我们还不如说牙买加法院是接受了乔治亚州最高法院在 Martin Luther King 案[84]中给出的对可继受性的实体理由，不过法院也采用了田纳西州上诉法院在 State of Tennessee, Ex, Rel. The Elvis Presley International Memorial Foundation v. Crowell 案[85]中给出的理由。该案中，法院对于可继受性的决定的部分理由在于：既然公开权在权利人活着的时候被视为是财产权，那在其死后应当仍然被视为是财产权并应当可以为他人所继受。The Robert Marley Foundation 案中承认的义务的性质要比加拿大法院在 Krouse 案中认定的人格利用侵权行为更为广泛和走得更远。[86]最终，The Robert Marley Foundation 案中决定了权利继受人有权对未经授权而使用的商人提出权利主张。在该判决作出之前，任何授予使用 Marley 的形象的许可都是建立在一个单薄的法律基础之上的，因为它们的执行显然取决于一个有效的诉因的存在。尽管原告的权利被贴上了财产权的标签，但这一事实本身不会必然得出此判决中的法律结论。

---

[84] See note 76 above and accompanying text.
[85] 733 SW 2d 89 (1987).
[86] See 124—127 above.

结　　论

　　财产是一个扩张性的概念。对它精确的定义是不可能的,而对这个概念的使用也是多种多样、变动不居的。在典型的财产形式诸如土地或动产以外去考虑无形财产的时候,财产概念不可避免地会变化以反映它们所适用的背景。一项被一个特定的侵权法所保护的无形利益被视为财产来保护,并不必然意味着这样的财产会具有财产所应具有的所有的标准特性。相应的,法院应当可以自由的为人格利用问题创制出一种合适的救济手段,从而在个人对未经授权的商业性利用进行控制的利益,和与之相竞争的、更广泛的利益(如避免不受欢迎的垄断和避免压制言论自由)之间达成平衡。我们在解决有关人格利用的救济手段的性质的问题,诸如救济手段是否应当是纯人身性的,或其是否应当是可转让的和可继受的时候,不需要把财产标签看作是终局性地决定了每一个事项。本书第五编将讨论一些基本问题,诸如一项新的对人格利用的救济是否可以在任何合理的基础上得以正当化,并检视该种救济的性质和范围。下一章将考虑,将财产在广义上作为法律和政治理论中的一个范畴正当化的理由是否能有效地将一些新形式的无形财产(诸如人格中的财产)予以正当化,或者这些理由是否试图是在为不具有实体内容的权利主张提供一个(它们在)智力上应当得到尊重的外观虚饰。

11 对人格利用救济的正当化

引 论

本章考虑了下列5种将可能被用于阻止未经授权的人格商业利用行为的主要理由:(1) 财产的自然权利;(2) 功利主义理由;(3) 经济效率;(4) 防止或返还不当得利;(5) 保护个人尊严。本书前面几章已经在实质上而非形式上遇到了这里的最后两个方面[1],不过对它们仍然需要在此加以详细阐述。当然,这些理由取决于寻求正当化救济的性质。本书前面所检视的各种责任基础展示了3种主要的可能性:(1) 对一种建立在隐私侵犯之上的人身侵权行为的救济;(2) 对一种建立在侵犯姓名、嗓音或肖像中的"财产性"利益之上的人身侵权行为的救济(类似于安大略法院对人格利用的侵权行为处理的方式);(3) 对于个人身份的要素的一种更为广泛的"财产"权,完全可以转让,和版权类似,在原始权利人逝世后仍有一段有效期(类似于美国的公开权)。一项权利被贴上"财产"或"财产性"的标签之事实,并不理所当然的具有意义,也不意味着这种权利就具有了完全所有权的各种特性。知识财产只在一个隐喻性的和有限的意义上是"财产",而且即使一项利益被视为"财产权",诸如美国的公开权,其仍然是一种受到严格限定的利益。[2] 将以财产为基础的理由和以保护人格尊严为基础的理由进行混合,不可避免的反映了人格利用问题的混合性质,以及其同时

---

〔1〕 See 180 and 140—144 above.
〔2〕 See Chapter 7.

存在的经济性方面和尊严性方面。

很多在此讨论的理由源于美国案例和文献,在这一法律领域内,一项坚实的和事实上压倒性的共识已经形成,即公开权是人们需要的。[3] 公开权最重要的鼓吹者 McCarthy 可以说代表了在评述者之间具有普遍性的观点,认为质疑公开权的存在和有效性的第一阶段已经过去了,绝大多数法院现在关注的是如何确定公开权的外延、范围和如何对之进行限制。[4] 那些对公开权的支持者所作的假定进行质疑的人,则认为说质疑公开权的存在和有效性的第一阶段已经结束还为时过早,还没有有说服力的案件支持了公开权。不过这些人明显只是少数。[5] 美国法学会的《第三次反不正当竞争法重述》对此很勉强地说:

> 承认公开权所依据的理论一般要比那些使商标或商业秘密中的权利获得正当化的理论的说服力小得多。一个人身份的商业价值一般来自于在娱乐或体育这样的活动中的努力所获得的成功,而这些努力自身就提供了充分的回报。任何归因于公开权的额外激励只具有边际性的意义。在其他案件中,一个人的身份中的商业价值大多是来自运气或者其他与任何个人投资无关的因素,这使得根据财产和不当得利理论进行保护的说服力大为减少。[6]

---

[3] M. Madow, "Private Ownership of Public Image: Popular Culture and Publicity Rights" (1993) 81 CalifLRev 125.

[4] J. T. McCarthy, *The Rights of Publicity and Privacy*, 2nd edn (New York, 2001), §1.34.

[5] Madow, "Private Ownership of Public Image", 133,注意到一些针对公开权的批评意见来自于美国法律界以外的地方,这些地方较关注其对社会和文化的更广泛的影响。Citing J. Gaines, *Contested Culture: The Image, The Voice and The Law* (London1992), and R. J. Coombe, "Objects of Property and Subjects of Politics: Intellectual Property Laws and Democratic Dialogue" (1991) 69 TexLRev 1853. 此处没有人尝试去包含进更广的文化方面,讨论局限了于法院和法律评述者使用的理由的评估上面。Madow, "Private Ownership of Public Image" 给出了一个完整的和具有可读性的对两种观点的综述。

[6] *Restatement, Third, Unfair Competition* (1995), §46 comment c.

在美国之外,对于人格利用的救济是否为人们所需的问题,以及这种经济性和尊严性利益是否需要受到保护以免于未经授权的商业利用的问题,讨论的不多。所以,相关辩论并未受到绝大多数美国文献所体现的倾向于保护的有产阶级狂热的影响,这使得这些问题能从一个更为超然的角度上得到全新的考虑。

财产的自然权利

介绍

洛克的劳动理论和黑格尔的人格理论经常被用于对一般性的财产权的隐含哲学基础的讨论之中[7],它们对那些为无形物中的财产权寻求哲学依据的人有着强烈和直观的影响力。[8] 这儿涉及到的是在最广义上的、作为法律和政治哲学中的一个门类意义上的财产[9]向人格中的财产概念的转化,这种转换不是不存在危险。我们并不是要在此对这些理论进行细致的讨论,但它们还是值得予以一番简要的评述,因为它们时常会被运用于对无形物中的新型财产权的考虑之中[10],而且,更为具体地说,它们已被用于对人

---

[7] See, e. g., M. R. Cohen and F. S. Cohen, *Readings in Jurisprudence and Legal Philosophy* (New York,1951), Ch.1; R. G. Hammond, *Personal Property*, 2nd edn (Oxford, 1992), Ch.2; G. W. Paton and D. P. Derham, *A textbook of Jurisprudence*, 4th edn (Oxford,1972), Ch. 22.

[8] See, e. g., P. Drahos, *A Philosophy of Intellectual Property* (Aldershot, 1996); J. Hughes, "The Philosophy of Intellectual Property" (1988) 77 GeoLJ 287;E. C. Hettinger, "Justifying Intellectual Property" (1989) 18 *Philosophy and Public Affairs* 31; H. Spector, "An Outline of a Theory Justifying Intellectual and Industrial Property Rights" [1989] EIPR 270. Cf. B. Sherman and L. Bently, *The Making of Modern Intellectual Property Law* (Cambridge,1999), 210, n. 16.

[9] See 274—276 above.

[10] See, e. g., M. Spence, "Passing Off and the Misappropriation of Valuable Intangibles" (1996) 112 LQR 472, 491—496.

格中的财产的正当化。[11]

有关财产权的理由发生在几个不同的层面上[12]:(1)在最高层面上,对财产权的一般性的正当化涉及到了一个最宽泛的问题:是否能够对任何形式的任何财产权予以正当化?(2)一种具体的正当化理由,考察的是是否存在着一种具有完全所有权性质,而不是一种很受限制的财产权性质的具体的财产权。(3)一种特定的正当化理由,解决的问题是为什么一个特定的人对于一个特定的事物(在我们讨论的语境中,这说的是一种特定的无形物)应该有一种特定形式的财产权?一场针对法律是否应该承认或者确认一项新的具有财产权身份的权利主张的讨论,明显是涉及到了第三种,也是就是特定层面上的正当化理由。绝大部分将私有财产权正当化的尝试发生在政治哲学的一般工作的背景下,首先涉及到的问题是为财产权提供一个一般性的正当化理由。[13] 在试图为特定形式的利益寻求特定的正当化理由的时候,如果是通过采用指向一个更广的、目的在于使整个私有财产制度获得正当化的理论的办法的话,还有着相当的危险。在从一般向特定转化的时候,我们必须记得对财产权的一般性的正当化理由有一个非常不同于我们寻求的特定的正当化理由的目的,那就是保护私有财产制度本身的存在。

此外,对财产的每一种主张都应当被想到是在自身特定的社会、历史和知识背景下被理解的。尽管有一些人仍然坚持文本研

---

[11] See T. Frazer, "Appropriation of Personality — A New Tort?" (1983) 99 LQR 281, 300 et seq.; McCarthy, *Rights of Publicity and Privacy*, §2.1 and the references cited.

[12] See L. C. Becker, *Property Rights: Philosophical Foundations* (London, 1997), 23. 然而,这些不同层面的正当化理由的可分离性,可能只是一种幻觉。例如,很难想象在不引入一些特定的或具体的因素的时候,一个一般性的正当化理由可以进行。See A. Reeve, *Property* (London, 1986), 29.

[13] See, e.g., J. Locke, *Two Treatises of Government*, ed. P. Laslett (Student Edition) (Cambridge, 1988); G. W. F. Hegel, *Philosophy of Rights*, trans. T. M. Knox (Oxford, 1942); R. Nozick, *Anarchy, state and Utopia* (Oxford, 1974). Cf. S. R. Munzer, *A Theory of Property* (Cambridge, 1990).

究的自治性,相信经典文献包含了永恒的智慧或纯粹的理念,不具有历史的局限性,但其他人却认为理念包含的是对当时情形的一项回应,我们应该不是简单的研究文本本身,而是研究解释了那些理念如何发展的社会和知识背景。[14] 试图将理念从它们特定的历史背景中移植出来,施加到一个当代的问题中时,(在这一过程中)会有巨大的知识损耗。任何表述都"无可避免的是一项特定意图的化身,只是为了在一个特定情形中解决一个特定问题,并具有与其情形相适应的特定性,所以想超越(这种特定性)是天真的"[15]。进一步的,整个正当化理由工程(或者甚至是对正当化的正当化)都是一个非常受限制的和具有限制性的理解财产的方式,特别是当一位解释者或作者具有他自身的特定计划要去实现的时候。这常常导致一项特定作品的文本和细节被忽略,以促进或合理化作者自己的目的。[16] 劳动理论很少被作为一项对财产权的**一般性**正当化理由,不过对于劳动所能创造的财产权的**具体**种类有着复杂的争论。[17] 后果是,在自然权利理论中,洛克的劳动理论毫不令人惊讶的被最为频繁的运用于知识财产的语境中,特别是人格中权利的特定语境中。所以,它比黑格尔的理论更值得仔细的检视,因为黑格尔的理论经常被运用于作为对财产权的一般性的正当化理由,而很少作为对具体利益中的财产权的一个特定的正当化理由。

洛克的财产理论

洛克在《政府论》(Two Treatises)中的主要意图不是为所有权提供一个一般性的理论,而是在于检讨税收问题,特别是任意的税收。不过在解决这个问题的时候,不可避免的必须讨论到财产的

---

[14] See Q. Skinner, "Meaning and Understanding in the History of Ideas" (1969) 8 *History and Theory*, 3, 39—40.
[15] Ibid., 50.
[16] See A. Pottage, "Property: Re-appropriating Hegel" (1990) 53 MLR 259, 270.
[17] See Becker, *Property Rights*, 32.

性质,而他提出的财产理论毋庸置疑是原创性的和重要的。[18] 洛克以存在于任何形式的政府和法律之前的自然状态的理念出发,且他与任何其他的自然权利论者不同,他试图证明一项有效的对财产权的正当化理由先于并独立于任何形式的政府或法律。洛克的有关财产取得的劳动理论的本质可以从下面这段《政府论》下册第 5 章中的著名段落中看出:

> 尽管土地和任何低等生物都是一切人所共有的,但每个人对于他自己的人身都拥有一项财产权。除了他以外的任何人都不对此拥有任何权利。我们可以说,他身体的劳动和他双手的工作,是正当的属于他的。无论什么东西,只要是他从自然已经提供的状态和那个东西所处的状态中分化出的,他就已经把他的劳动与之混合,并将之与一些他自己所有的东西结合,并因此将之变为他的财产。自然将之放入公共状态,而他将之分化出来,通过这项劳动,一些东西附加于其上,从而排除了其他人的共有权。既然这项劳动是劳动者的无可争议的财产,那么,除了他以外,没有人对这一已被他的劳动所结合的事物具有权利,至少在还有足够的、同等美好的东西留给他人共用的时候是如此。[19]

尽管洛克试图通过自然权利予以正当化的财产是"具有人身起源的孤立的所有"[20],但在一个现代工业经济中的绝大多数情形中,由于资本和劳动的复杂互动,单个劳动者不再能被视为"对其个人创造享有权利的一个小神灵"。[21] 此外,一位劳动者也越来越难以把他的个人的手艺标记安置在任何产品之上,因为产品通常是一大群不同的工人的劳动的结果。此外,产品的存在几乎

---

[18] See the introduction to Locke, *Two Treatises*, and J. Tully, *An Approach to Political Philosophy: Locke in Contexts* (Cambridge, 1993).
[19] *Two Treatises*, Book Ⅱ, Ch. Ⅴ, para. 27.
[20] W. H. Hamilton, "Property According to Locke" (1932) 41 Yale LJ 864, 878.
[21] Ibid.

总是不可避免的取决于为发展、生产、销售和分销所必需的充分的资本的存在。

然而,洛克的理论对那些为知识财产寻求哲学正当化理由的人来说具有一个特殊的吸引力,尽管可能更适合于版权而不是专利。一项版权作品更像是一个个体作者的劳动,而专利在通常情形中,是由于公司的投资和多人合作的努力才会出现的。每一个由独立发明人取得的专利产生时,很可能更多来自于许多人的联合努力并由充足的集合资本所支持的专利已经产生了。可许多具有版权的作品,如计算机程序,同样是联合努力和大量投资的产物,而不是个人努力的结果[22],故要作出一个宽泛的概括,显然是很冒失的。

洛克的理论的重要吸引力之一是自然状态可以等同于一个没有所有权的领域,用知识产权律师很熟悉的概念来说,就是公共领域,在公共领域中,不存在可对一项具有价值的有形或无形要素提出排他的权利主张的私有财产权。通过一个人的劳动,私有财产可以无中生有的出现,这使得从自然的共有状态中获得一个物体(或在此情形中是无形物)并进入私人所有权领域获得了正当化,只要还有着足够的物质资源可满足他人所用即可。因此,在专利的情形中,一位发明人的脑力和体力支出意味着他可以对特定的物体享有排他的所有权,从而把这个发明物从无人享有所有权的公共状态中分化出,并进入私人所有权中。类似的,一位作者有权对一个特定物获得以版权为形式的所有权,因为一项特定作品中的思想表达是作者脑力劳动的产物。这项劳动使得一项原创性的作品出现,使得私有财产权的存在获得了正当化,使作品从类似于洛克的自然状态的无所有权状态中转进了私人所有权的王国。

洛克理论的一般问题

洛克理论的问题存在于两个主要层面:一、内部的协调性;二、

---

[22] See M. Rose, *Authors and Owners* (Cambridge, Mass, 1993), viii:"娱乐界的绝大多数成果是归属于团体的而不是个人的。"

缺乏具体的适用性。对第一点，哲学家们已经对上引段落中的一些论断提出了质疑，特别是在下面3个命题之间是否存在逻辑顺序：(1) 每个人都对于他自己拥有权利；(2) 每个人都有权拥有他自己的劳动；(3) 每个人都有权拥有已掺入其劳动的东西。[23] 例如，一个人可以说拥有他自己的身体中的财产吗？[24] 一个人可以说是"拥有"了自己的劳动吗？要知道，劳动只是一项活动。当一项活动被参与或被运作的时候，它可以在任何有意义的层面上被拥有吗？[25] 此外，将一个人的劳动掺入一项物体的隐喻是含糊不清的，因为劳动只是一系列的动作，可以说其不可能被掺入一个物体从而使劳动者拥有了一项财产权。[26] 进一步的，即使我们承认说劳动可以被拥有，也接受将一个人的劳动掺入一项物体或无形物的可能性，那就应当说将一个人的劳动掺入一个无主的物体就使得一个人对那个物体具有了权利了吗？为什么不说这只是一个人失去其劳动的一种方式呢？[27] 最后，可以说一个人理应享有整个他所施加劳动的物体的财产权吗？还是仅仅是来自于一个人的劳动增加了的价值？[28] 很明显，这些问题没有一个能在这里得到很好的回答，它们表明了洛克的理论具有的自身固有的问题，在将之用于对知识产权的正当化的时候，这些问题应当在思想上得到解决。

具体适用性中的问题

假设财产的劳动理论的实质可以经得起仔细检验，那劳动的

---

[23] 对洛克理论的详细讨论，见 Becker, *Property Rights*, Ch. 4; J. P. Day, "Locke on Property" (1966) 16 *Philosophical Quarterly* 207; J. Waldron, *The Right to Private Property* (Oxford, 1988), 177—183。
[24] See Day, "Locke on Property", 215, and Becker, *Property Rights*, 36—41。
[25] See Day, "Locke on Property", 210. See also A. Carter., *The Philosophical Foundations of Property Rights* (London, 1989), 24—28。
[26] See Waldron, *The Right to Private Property*, 184—191。
[27] See Nozick, *Anarchy, state and Utopia*, 174—175。
[28] Ibid., 175。

关键概念可以在多大程度上为无形财产,更具体地说,人格中的财产提供一个特定的正当化理由呢?为了现在的目的,我们必须忽略在将洛克的理论适用于一般意义上的无形财产时的大部分的有争议之处[29],并继续考虑劳动理论在多大程度能为诸如姓名、嗓音和肖像这样的人格特质中的财产权提供一个令人信服的正当化理由。一些美国的权威意见试图用洛克的术语将公开权正当化。例如,McCarthy 声称"有洞察力的法律评述者不会回避保卫一个人控制对身份的商业利用的权利,这种权利是每个人都拥有的不证自明的自然权利"[30],他还继续引用 Nimmer 的观点说:"除非存在重大的相反的公共政策考虑,每个人都有权享有他的劳动果实,这可以说是英美法系的法哲学的一项首要原则,一个具有最基本性质的原则。"[31] 类似的观点还出现在了司法论断中。例如,在 Uhlaender v. Henricksen 案中,Neville 法官声称,至少对名人而言,公开权通过财产权的方式为一个人通过艰苦工作和努力而建立的财产提供了保护:

> 本院认为,一位名人对其公共人格具有一项合理的财产性利益。一位名人应当被认为已将其多年的时间和竞争投入了一个公共人格,这个人格最终可能具有市场价值。在他的姓名、肖像、统计资料和其他特征中包含的身份认同是他的劳动的果实,并且是一种财产。[32]

这反映了一种流行的观点,即一个人创造的就应当是他的。一个人可能造了一座房子,一个人可能编织了一件工作服,另一个人则可能创造了一个有价值的人格,而这一切都应当被视为财

---

[29] 详细讨论见 Hughes, "The Philosophy of Intellectual Property", 296—329; Drahos, *The Philosophy of Intellectual Property*, Ch. 3.

[30] McCarthy, *Rights of Publicity and Privacy*, §2.2.

[31] M. B. Nimmer, "The Right of Publicity" (1954) 19 Law ContProbl 203, 216.

[32] 316 F Supp. 1277 (1970), 1282, cited in McCarthy, *Rights of Publicity and Privacy*, §2.5.

产。[33]如McCarthy所说的:"恐怕没有什么东西可以比我的身份是**我的**更能强烈的为直观所感知。"[34]

然而,可以说对一个人姓名、嗓音和肖像中的财产权的劳动正当化理由是不具有说服力的。我们通常说,一个人的名声是一个人劳动的结果。例如,可以说承认一位运动员或演员的形象中的财产权是对他在创造和发展那个形象中付出的劳动(通常自然而然是他自己的)的恰当的报酬。然而,这忽略了劳动是一项活动之事实本身[35],以及一项活动总是有目的的,并朝着一个特定的任务或目标。[36]当一位运动员劳动的时候,他的劳动指向一个特定任务如赢得一场球赛或竞赛。对这项劳动的报酬可能是金钱奖励或仅仅是在证实他的高人一等的竞技能力时的满足感。劳动**可能**会在主要活动的成功或失败之外带来名声,但名声不会**必然**在这项活动之后随之而来,获得名声不能被认为是一个自然而然的结果。

如果这些理由是想认真地证明一个人形象中的财产是一项建立在那个人的劳动之上的自然权利的话,它们的根源却是混乱的,因为"劳动"(labour)一词在使用时有着多种不同的意思。在一个财产取得的自然权利劳动理论如洛克的理论中,一个人对于一项财产权的享有资格来自于一个人拥有"他身体的劳动或他双手的工作"。把他的工作或劳动掺入一个无主物使得那个人获得了他施于劳动的事物(或至少增加的价值)的财产权。在对劳动理论的混乱使用中的很多问题源于"劳动"或"工作"(work)一词在使用的时候的不同意思。[37]例如,在一种意义上,"工作"一词是被用于描述劳动的实际过程。在另一种意思上,其被用于描述一项或

---

[33] Ibid., §2.5.
[34] Ibid.
[35] 假设一项活动可以被拥有:See note 25 above and the accompanying text。
[36] See W. J. Gordon, "A Property Right in Self-Expression: Equality and Individualism in the Natural Law of Intellectual Property" (1993) 102 Yale LJ 1533, 1547.
[37] 对洛克的理论的背景的详细讨论,见 Day, "Locke on Property", 208 et seq。

一些特定的任务,例如"赫拉克里斯的 12 项任务(labours)"*。在第三种意义上,"工作"被用于表示一个人的成就,例如,一个人"一生的耕耘"(life's work 或 life's labour)。[38] 不过,像洛克的自然权利理论这样的理论在逻辑上只是支持一项基于上面提到的前两种意义上的劳动之上的财产权。对于工作或劳动概念的第三种可选择的解释并不是自然来自于一个人对工作(他自己身体的工作)的拥有,而一个人对工作的拥有又来自于一个人对他自己身体的所有权。在大多数情形中,名声和对之进行利用的机会并不直接来自劳动的实际过程或履行特定任务。洛克的割草工人劳动着去割草,赛车手劳动着去赢得竞赛,足球运动员劳动着去赢得比赛和演员劳动着去给出一场特别的演出,都是以一种方式进行的。劳动理论不能支持一个人的成就、名声或"一生的耕耘"这样的一般性的事物中的财产权主张。

此外,在试图根据劳动理论来正当化公开权的时候,一项未经证实的假设是一个人形象的价值(或者至少相当大的一部分的价值)直接来自于一个人的劳动。[39] 在洛克的原始的自然状态中,可以假设劳动"为每样事物添加了价值上的不同",一个人的劳动可带来一个物体的价值的百分之九十九。[40] 很明显,洛克的自然状态和现实相差甚远,试图在二者之间寻找相似点的尝试过于简化了将价值添加到一般事物上的办法,特别是使一个人的形象变成一个有价值的商品的方式。可以简单认为商业价值是由一位名人(为自身)创造一个具有市场价值的形象(persona)的劳动而创造出的直接后果。不过有强大的反对意见竭力要证明这

---

* Hercules 是古希腊神话中的英雄大力士,完成了天后赫拉交给的十二项艰巨的任务。——译者注

[38] Ibid.,209 and 220.

[39] 见,如 Nimmer,"The Right of Publicity",216:"无疑,在绝大多数情况下,一个人只有在他已经付出了相当的时间、努力、技巧甚至金钱的情况下,才可能获得具有相当大的货币价值的公开价值(publicity values)。"

[40] Locke, *Two Treatises*, Para. 40.

样一种观点站不住脚。如 Coombe 在论及美国的公开权时候说的:

> 公开权得到正当化的基础是名人的作者身份(authorship)。但明星的形象是要像其他文化产品一样被创造出来才会有的,它们诞生在社会环境中,需要借助其他资源、制度和技术。明星形象是由许多方面参与才创制出来的,包括工作室、大众传媒、公共关系代理人、粉丝俱乐部、花边新闻专栏作家、摄影师、美发师、健身教练、运动训练师、教师、编剧、捉刀人、导演、律师和医生。即使我们只考虑明星形象的制造和传播,将其价值完全视为人力劳动的结果,这种价值也不能完全归功于名人本人的努力。此外……明星形象既是由生产者也是由消费者创造出来的:观众使一个明星的形象成为了一种独有的现象。[41]

可以说《反不正当竞争法重述》中的观点要在认识上更为诚实和认识到了现实,其承认说一个人身份的商业价值来自于自身提供回报的活动的成功,或者只是一个偶然的结果,而不是个人投资

---

[41] R. J. Coombe, "The Celebrity Image and Identity: Publicity Rights and the Subaltern Politics of Gender" (1992) 14 *Discourse*: *Berkeley Journal For Theoretical Studies in Media and Culture* 59, 61. 对具有类似情绪的司法意见参见 *Cardtoons v. Major League Baseball Players* 95 F 3d 959 (10th Cir. 1996),975; *Memphis Development Foundation V. Factors Etc. Inc.* 616 F 2d 956 (CA Tenn. 1980), 959(cf. text accompanying note 86 below). 又见 A Story, "Owning Diana, from People's Princess to Private Property" [1998] 5 Web JCLI,注意到了在创设戴安娜王妃的形象时的社会背景的重要性。Spence, "Passing off and Misappropriation", 479—480, 引用了在判定谁创造了 Paul Hogan 和 Mick Dundee (Pacific Dunlop Ltd v. Hogan 案((1989) 87 ALR 14 (see 95—96 above))中的人物)这两个人的形象被认可的价值时候的困难性,这两个形象的成功,部分的来自于演员和电影制作者高超的天分,但也有赖于已经流传在数代人中间的澳大利亚丛林农夫的传统典型形象,更有赖于观众对来自于这样一个传统的人物的识别和欣赏。

或劳动的结果。[42] 事实上,劳动理论在试图正当化人格中的财产权时是相当无力的。

黑格尔的人格理论

一个人形象中的财产权也可被认为可根据黑格尔的人格理论得到正当化。[43] 鉴于我们现在的目的,这只能被简单的讨论一下。尽管它有一些表面的吸引力,但它对于我们对姓名、嗓音和肖像中的财产权的正当化理由的任何搜寻都是没什么帮助的。如前面指出的,财产权的正当化理由发生在几个不同的层面上。[44] 财产取得的劳动理论,至少在最初的洛克主义的形式中,是在一个关于政府的一般理论中被提出的,其很少被用作对财产权的一般性的正当化理由,而更多地被用于讨论可能被劳动正当化的具体种类的财产。[45] 在黑格尔的人格理论中,我们也看到了对财产权的一种一般性的正当化理由出现在了一个更为宽泛的有关知识事业(intellectual enterprise)的背景中,不过其不能被简单适用为对具体形式的财产权的一项具体的正当化理由。

对财产权的人格正当化理由来自于黑格尔的《法哲学原理》(*Philosophy of Right*)。[46] 德语单词"recht"要比任何相应的英文单词如"right"的含义来得更为宽广,其不仅包含了法哲学还包括道德哲学和政治理论。[47] 黑格尔的目标包括:试图将意志自由和社会与政治自由的中心概念包含在一个理论中,试图驳斥绝对的个

---

[42] See text accompanying note 6 above. 尽管评论直接针对的是投资和激励理论(见下文),但它们对劳动理论同样适用。

[43] 见 Frazer "Appropriation of Personality", 301, and S. K. Murumba, *Commercial Exploitation of Personality* (Sydney, 1986), 132. 对于此种理由在更为宽泛的无形物中的财产权背景下的使用,见 Spence, "Passing off and Misappropriation", 491——496; Hughes "The Philosophy of Intellectual", 330—350; Drahos, *The Philosophy of Intellectual Property*, Ch. 4.

[44] See text accompanying note 12 above.

[45] Becker, *Property Rights*, 32.

[46] Hegel, *Philosophy of Right*.

[47] See, generally, M. Inwood, *A Hegel Dictionary* (Oxford, 1995), 221.

人和国家之间的两分法,试图对经济在社会中的角色作出描述,和试图对福利在国家生活中的角色作出评估。与其他自然权利理论家(如洛克)一样,黑格尔的理论背景是虚构的自然状态,在其中没有任何形式的已有社会的存在,尤其是没有具有强制力的国家。[48]

在他对抽象权利的讨论中,黑格尔设想了一个情形,在其中,一个个人的意志(这是黑格尔哲学的一个核心概念)体现在一个外部物体中。为了实现这一点,财产权成为了一个人的核心权利,一项利用所有事物的绝对权利。[49] 很明显黑格尔设想了一个宽泛的、不限于有体物的"事物"(thing)的概念。尽管一位艺术家或学者的成就不能简单用"事物"来描述,因为它们主要是内在的和精神上的。但这些成就、学识和天赋可以得到表达,并体现在一些外部的、有形的、可出让的事物之上,从而使得它们可以归入"事物"的行列。[50] 所有这一切的要点,和黑格尔体系中的所有权的要点,不是去满足一个人的物质需要,而是去发展或实现他的人格。人格是纯粹的主观性的,需要通过对外部世界的一部分主张权利而使其在外部世界中得到体现。因此,财产主张的提出有助于发展人格,因为其带来了他人的承认,并因此有助于为财产主张者施加一个道德和社会的维度。[51] 由此,一个人对自我的概念不再是纯粹主观性的,而是变得具体的和能被他自己和公共的外部世界中的其他人所承认的了。[52] 因此每个人都有权在一项外部事物中体现他的意志,拥有一项对他利用的事物(无论是什么事物)的权利,不过一个人只是具有把一切事物化为自由财产的可能性而已,对

---

[48] See K. H. Ilting, "The Structure of Hegel's *Philosophy of Right*" in Z. A. Pelczynski (ed.) *Hegel's Political Philosophy: Problems and Perspectives* (Cambridge, 1971), 91.
[49] Hegel, *Philosophy of Right*, §44.
[50] Ibid., §43.
[51] Drahos, *Philosophy of Intellectual Property*, 77.
[52] Waldron, *The Right to Private Property*, 353.

于一个人能拥有什么作为其私有财产,能如何拥有其私有财产的问题,还完全没有答案。[53]

不可避免的,这样一个简单的总结只能对一个复杂的理论给出一个最简单的勾勒。不过应当明确的是,黑格尔的财产权讨论只是一个非常宽泛的知识事业的一部分,涉及到财产的理论是试图通过财产权和一个人人格的发展的关系来解释**无论何种形式的财产权**的存在本身。[54] 无论其在一个更大的、旨在揭示一般性财产权与无形财产权和它们的社会、政治和经济意义之间关系的计划中的价值如何,黑格尔的财产理论对于我们现在试图为一个**特定的和新型的人格中的财产权**寻求正当化理由的探索没什么帮助。

总结

对那些为新的财富形式中的私有财产权寻求正当化理由的人,或者试图把公共领域中的东西移入私人所有权领域的人来说,谈论财产的自然权利总是具有一个很强的修辞意义上的影响力。然而,进一步的检视却表明:这些理由的性质是令人生疑的,而有关劳动的财产的自然权利理论对一个人姓名、嗓音或肖像中的财产权来说,也是一个不太具有说服力的学说。类似的,一个财产权的人格理论虽然在直观上具有吸引力,但对于正当化一些具体的无形事物(如一个人人格特质中的财产权)却没什么帮助。这些理由的最大的好处不过是激发我们更深刻的思考一些问题,如私有产权是否能在一些形式的无形物中得到正当化。而最大的坏处在于,从它们的表面价值看,这些理由是具有欺骗性的,且看上去只是为了给很可能多少缺乏实质性内容的权利主张提供知识性的光

---

[53] See Ilting, "The Structure of Hegel's *Philosophy of Right*", 93.
[54] See Drahos, *Philosophy of Intellectual Property*, Ch 4, and Hughes, "The Philosophy of Intellectual Property".

鲜和合理性而已。[55] 即便如此,在未经考虑其他理由是否为一项对人格利用的救济提供了更让人信服的正当化理由的情况下,这样一种考虑到了权利主张之实质的结论,在此阶段仍然是相当不成熟的。

功利主义的主张

对自然权的驳斥

总的来说,倾向于财产的自然权利的理论进展并不顺利,至少在英美法系法律传统中还是这样[56],这反映了边沁主义的观点,即没有存在于法律之前的自然财产之类的东西;财产完全是法律的产物,如果法律不存在了,那么财产也就不复存在了。[57] 此外,从19世纪开始,"国家本身授予了财产权,并可以以'全体人最大的利益'而(对财产权)做'调整'的理念已被确立"。[58] 人们都很认可说,英美法系法律中承认的传统知识财产的种类,即专利和版权是由更为人所熟知的功利主义的考量所支持的,而不太需要借助前面讨论的自然权利理论的背景支持。在美国,功利主义的传统体现在了《宪法》第1条第8款的规定中,该款授权国会"通过授予作者和发明人对其作品和发明的有期限的排他性权利,而促进科学和有益的艺术的进步",这一传统在最高法院有关专利和版权的

---

[55] Cf. *Cardtoons v. Major League Baseball Players* 95 F 3d 959, 975 (10th Cir. 1996):"盲目的寄希望于首要的原则(blind appeals to first principles)对我们的权衡分析毫无影响。"

[56] See, e. g., F. Machlup and E. Penrose, "The Patent Controversy in the Nineteenth Century" (1950) 10 *Journal of Economic History*, 11—17. 对道义上的正当化理由和因果主义者(consequentialist)的正当化理由之间的区别,见Spector, "An Outline of a Theory Justifying Intellectual and Industrial Property Rights"。

[57] J. Bentham, *Principles of the Civil Code*, Chapter VIII, reprinted in C. B. Macpherson (ed.) *Property: Mainstream and Critical Positions* (Oxford, 1978), 51.

[58] Hammond, *Personal Property*, 51.

判决中已经得到了强调。[59]

在任何案件中，功利主义的理由和以自然权利为基础的理由之间的选择都不太重要。如 Bird 大法官所间接的指出的：

> 隐藏在知识产权在普通法上的发展中的危险不是……法官将接受一个不可靠的对知识财产的自然权利理论，因为在实践中，选择的背后的理论是哪个，关系不大。危险所在之处是法官将不能辨识需要保护的利益，从而不能发现（之前的）提供了最为有用的类比理由的知识财产案件。[60]

功利主义和自然权利理论之间的选择可能在另一方面影响了我们对被告的行为与原告针对被告行为的权利主张的合理性的洞察。如果我们认为一位作者或其他权利人具有一项从他的作品中获利的自然权利，那么我们将把侵权人视为是类似于小偷的人物。而如果我们把作者或权利人视为一种法定垄断的受益人，那么很可能侵权人会被视为体现了自由事业与竞争的价值。[61]

版权法和专利法中的功利主义

英美法系的版权法体系是建立在功利主义基础上，而不是任何自然权利的理念之上的。这项事实可以从英国的第一部版权法令的标题上看出来，这部《1710 年的安妮女王法》叫做《将已印刷图书之复制件授予作者或者该复制件购买者的鼓励学习法》（An

---

[59] See, e. g., *Mazer v. Stein* 347 US 201 (1954), 219: "在授权国会授予专利权和版权的法条之后的经济哲学是这样一种信念，即认为通过给予好处以鼓励个人的努力是利用'科学和有益的艺术'的作者和发明者的天分以推进公共利益的最好的方式。"

[60] "Common Law Intellectual Property and the Legacy of *International News Service v. Associated Press*" (1983) 50 U Chi L Rev. 411. 如 J. Phillips and A. Firth, *Introduction to Intellectual Property* 3rd edn (London, 1995), 24—25 所说的，地球围绕其轴心的自转不取决于自然权利和效用性之辩论的结果。

[61] J. Waldron, "From Authors to Copiers: Individual Rights and Social Value in Intellectual Property" (1993) 68 Chic-Kent LRev 841, 842.

Act for the Encouragement of Learning by Vesting Copies of Printed Books in the Authors or Purchasers of Such Copies）。[62] 在英国，一位作者对作品具有一项自然和永恒的财产权的观点主要是为着书籍销售商的利益而被强调的，书籍销售商们希望能获得比 1710 年法令规定的最长 28 年的保护期更长的垄断时效。[63] 这种观点虽然在一开始是成功的[64]，但后来被驳回了[65]，从而将作者的权利限制在了《安妮女王法令》规定的范围，并否认了任何对永恒的普通法上的版权的进一步的权利主张。此判决有效的预先阻止了人们就针对其他形式的知识性努力的不当利用提出类似的权利主张。自从 *Donaldson v. Beckett* 案后，"新形式的保护只能向立法机关寻求获得；且即使一项游说成功了，最多也只可能获得一个一定期限内的排他性权利"。[66] 此外，焦点转移到了授予这些新财产权所将产生的影响。[67] 英美法的专利体系也是类似的建立在了效用性原则上而不是自然权利上，不过专利法中没有出现早期版权法中

---

[62] 英美法系通常被用于和大陆法系进行对照，大陆法系强调作者的权利是道德权利，或人格权。例如，虽然法国法律一开始体现的是实证主义传统，根据其法律，一个作者的权利是国家的创造物，但后来自然主义路径变得更具有影响力，一项作品被视为和其创造者不可分离，是人格的一种表现。See G. Davies, *Copyright and the Public Interest* (Weinheim, 1994), Ch 6. 不太可能把法国的 *droit d'auteur* 概念简化为财产的原则，或把英国的版权概念简化为垄断的理念，在连续的法国法的成型中，功利主义和实用主义的考虑和自然法所起到的作用是一样大的。See A. Strowel, "*Droit d' Auteur* and Copyright: 'Between History and Nature" in B. Sherman and A. Strowel (eds.) *Of Authors and Origins* (Oxford, 1994), 239 and 248.

[63] See L. R. Patterson, *Copyright in Historical Perspective* (Vanderbilt, 1968), 147.

[64] *Millar v. Taylor* (1769) 4 Burr 2303, 2341 per Aston J and 2398 per Mansfield LJ.

[65] *Donaldson v. Beckett* (1774) 2 Bro PC 129. 在美国，普通法上的版权概念也同样被驳回了，*Wheaton v. Peters*, 26—33 UAS 1055 (1834), 法定的版权得到了尊重。See A. Yen, "Restoring the Natural Law: Copyright as Labor and Possession" (1990) 51 Ohio St LJ 517.

[66] W. R. Cornish, *Intellectual Property*, 4th edn (London, 1999), 341—342.

[67] Sherman and Bently, *Making of Modern Intellectual Property Law*, 39.

的明显的(功利主义和自然权利理论的)冲突,从很早的时候开始专利就被认为是一种有期限的法定垄断,其授予的目的是激发创新和投资,而不是为了(保护)投资人的自然财产。[68]

效用,激励和人格利用

美国的公开权的支持者也运用了激励的理由来对公开权进行正当化,他们通过类比版权法和专利法来进行论证,并经常引用最高法院在 Zacchini v. Scripps—Howard broadcasting Co. 案中的论断:

> 当然,俄亥俄州保护原告的公开权的决定的基础更多的是为了补偿表演人在他的节目中投入的努力与实践,法院的保护对他提供了一种经济激励,使得他愿意为有利于公众利益的表演付出投资。同样的考虑也存在于本院长期以来一直在执行的专利和版权法律之中……这可能把对于所有者的奖励看作是一种次要的考虑,但它们的确是为了对有利于公众的作品的生产提供更大的鼓励,而意图明确地提供有价值的、可执行的权利……在决定保护表演者的激励以使此种类型的作品的生产得到鼓励的问题上,宪法并没有阻止俄亥俄州作出一个类似的选择。[69]

说此论断应当被限制适用于和本案这种相当罕见的事实极其类似的案件事实之中的观点,是很有市场的。该案中,原告的权利主张涉及到的案件事实是对他的人体炮弹表演的未经授权的电视转播。训练一个人从一台加农炮中被射出,涉及到了一笔相当大

---

[68] See, e. g., E. W. Hulme, "The History of the Patent System Under the Prerogative and at Common Law" (1896) 12 LQR 141, and "On the History of Patent Law in the Seventeenth and Eighteenth Centuries" (1902) 18 LQR 280; B. W. Bugbee, *Genesis of American Patent and Copyright Law* (Washington,1967); M. Coulter, *Property In Ideas: The Patent Question in Mid-Victorian Britain* (Kirksville, Mo. 1991), Ch. 1 and the references cited; Cornish, *Intellectual Property*, 110 et seq. and the references cited.

[69] 433 US 562 (1977), 573.

的努力和金钱的直接投资,并直接带来了表演的价值。如第十巡回法院在 Cardtoons v. Major League Baseball Players 案中指出的,Zacchini"抱怨的是他的**表演**而不是他的**身份**的经济价值被利用了"[70]。不过,很明显,Zacchini 案中的论断意在适用于一般性的公开权的基础理论,而不仅仅是有关人体炮弹的权利。此外,在其他一些涉及更为普通的、有关未经授权而在广告或营销中商业性利用姓名或肖像的案件中,激励理论也被提及。[71] Bird 大法官在 Lugosi v. Universal Pictures 案中提出了一个具有影响力的观点,认为那些立即感受到公开权的好处的人是那些具有商业价值的身份的人,他们的事业的产品对社会是总体有利的,因为"他们的表演、发明和努力有益于我们的社会,而他们对商业事业的参与可能能向消费者传递有价值的信息"。[72] 然而,如果"表演、发明和努力"要得到鼓励的话,他们可以通过版权法、表演权利法(在英国,表演权在任何案件中都是版权的一个方面)[73]或专利法得到适当的鼓励和奖赏。在这些权利已经存在的法域,一项公开权作为

---

[70] 95 F 3d 959, 973 (10th Cir. 1996), per Tacha J.

[71] See, e. g. *Estate of Presley v. Russen*, 513 F Supp. 1399 (1981), 1355, 引用了 Bird 大法官在 *Lugosi v. Universal Pictures* 案中的意义意见,该案见 *Lugosi v. Universal Pictures* Cal., 603 P2d 425 (1979), 446; *Carson v. Here's Johnny Portable Toilets Inc.* 698 F 2d 831 (6th Cir. 1983), 837 (拥护公开权将趋向于鼓励喜剧演员 Carson 在他的领域内的成就;**询问那是否会对他的喜剧技艺有任何影响?**)

[72] Cal., 603 P2d 425 (1979), 441.

[73] See Copyright Designs and Patents Act 1988, ss. 180—212, and see, generally, R. Arnold, *Performers' Rights*, 2nd edn (London, 1977). 为了履行其在《与贸易有关的知识产权协议》(TRIPS 协议)下的义务,美国现在根据乌拉圭回合协定法令(17 USC §1101)为音乐表演者提供了保护,该法令在版权法中增添了一个专门的章节(作为一个独立的相邻权而不是该法本身的一部分): See M. B. Nimmer and D. Nimmer, *Nimmer on Copyright Vol. III* (New York, 2000), §8E; P. E. Geller (ed.), *International Copyright Law and Practice Vol. II* (New York, 1999), §9 [1] [a]. 之前,对现场表演的保护是通过州法实现的。见 *Nimmer on Copyright Vol. I*, §1.01[B] [3] [b]; McCarthy, *Rights of Publicity and Privacy*, §8.102 and §11.52。

一项进一步的激励（而被确立）的必要性还不太明确。[74]

激励理论的支持者在多大程度上愿意坚持他们的观点，以及他们如何看待其在公开权背景下的准确适用呢？公开权的支持者看上去认为激励理论不限于一项用于发展一个可被许可的形象（licensable persona）的激励，还扩张到了包括"对社会有益的、作为一个人的职业成功的必然后果并将一个人的身份引入公共视野的各种举动"[75]，以及，如 Matthews v. Wozencraft 案中注意到的，"鼓励人们去发展特别的，可带来商业利益的技术"。[76] 因此，此种理由论证说，如果没有保护的话，人们将不愿意去参与可能会给他们带来名声，但也随之会带来对他们的姓名或形象的粗暴商业性利用的活动。如果法律承认了一项对未经授权的商业性利用进行控制的权利，那哪怕只是略微的促进了一下有益于社会的活动，都会使社会整体获得好处。McCarthy 承认这些论断不能获得客观证明，社会的所得与所失不能量化，而版权和专利的激励性影响不能从一大堆其他的激励性因素中分离出来并得到估值。[77]

这把我们带到了问题的核心。专利和版权在多大程度上发挥

---

[74] 对第二点来说，一个人可能质疑使用一位名人的形象是否意味着向消费者交流了任何信息。名人对产品的认可或与产品的联系经常只是为了增加产品的销售和增加发布广告者的收入而已。和很多商标一样，名人只是在产品之间创造了（非理性的）区别而已，这使得生产商能增添普通产品所不具有的价值，并获得消费者的品牌忠诚度，从而免于价格竞争（见 S. J. Hoffman, "Limitation on the Right of Publicity" (1980) 28 Bull Copyright Soc'y 111, 120; cf. McCarthy, *Rights of Publicity and Privacy*, §2.7, 认为废除公开权会带了更多而不是更少的名人"认可"和搭售）。在另一方面，使用名人作为活商标，为消费者提供了信息，在理论上将会使得消费者把商标信赖为对商品的固定品质的表示，而这又使得生产者必须去维护商品品质以维护消费者的忠诚。当然，这些只是更为宽泛的对商标的经济作用的辩论之中的两个方面（见第 3 章），不过愤世嫉俗的人会说，消费者在不知情的情况下间接的为名人付了费，这是因为生产商可以因为有名人的参与而抬高价格。

[75] McCarthy, *Rights of Publicity and Privacy*, §2.6.

[76] 15 F 3d 432 (5th Cir. 1994), 437, cited in McCarthy, *Rights of Publicity and Privacy*, §2.6. 这大概意味着有利于更大的社会利益的个人商业好处。

[77] McCarthy, *Rights of Publicity and Privacy*, §2.6.

了激励发明和写作的功能,以及在多大程度上可以找出与人格中的利益的相似性? 现代专利体系的潜在目标一般被认为是"鼓励发明、创新和新产业的发展"[78]。然而,专利体系是否在事实上提供了一项激励使本来不具有创造力的人去从事发明是值得怀疑的。[79] 不说绝大多数人,总有一部分人天生就缺乏发明的能力的,这是任何财产激励不能弥补的缺陷。即使一个人具有了发明能力,这项能力在心理层面上也更像是受驱动于解决一个特定问题的愿望,或知识上的好奇心,或积累知识的需要或为了受到他人尊重的愿望,总之不像是受驱动于可以获得一项专利的预期。[80] 不过,即使激励投资理论不被承认,专利体系在得到正当化时仍然可以说扮演了一项激励角色,使发明人愿意去披露他的发明[81],并激励了投资,只是这些激励可能都是很弱小的。[82] 类似的,版权的激励效果可

---

[78] J. M. Aubrey, "A Justification of the Patent System" in J. Phillips (ed.) *Patents in Perspective* (Oxford, 1985), 1.

[79] Phillips and Firth, *Introduction to Intellectual Property Law*, 108—109。把制度看作一个整体的话,可以注意到专利提供的"仅仅是对工业发明和创新的非常有限的引导。对于非常大的、涉及到大量金钱的风险来说,专利体系可能不能为公共利益目的提供一个充分的引导力"。C. T. Taylor and Z. A. Silberston, *The Economic Impact of the Patent System: A Study of the British Experience* (Cambridge, 1973), 365.

[80] See F. L. Vaughan, *The United State Patent System* (Norman, Okla, 1956), 4—11,注意到了(在第 11 页)尽管对新发明的垄断权在伊丽莎白女王时期就得到了很好的确立,但在技术理念或方法上没有出现什么明显的变化。工业革命直到二百年后才发生,而且也不是因为给了发明人垄断权的缘故。D. Vaver, "Intellectual Property Today; Of Myths and Paradoxes" (1990) 69 Can Bar Rev 98,100(提供了一个类似的观点)。又见 P. Meinhardt, Inventions, Patents and Monopoly (London, 1946), 5; Phillips and Firth, *Introduction to Intellectual Property Law*, 108—109。

[81] See, e. g., T. S. Eisenschitz, "The Value of Patent Information" and C. Oppenheim, "The Information Aspects of Patents" in Phillips (ed.) *Patents in Perspective*. Cf. Vaver, "Intellectual Property Today", 123,注意到了这一目的已被仔细的筹划所挫败,发明人披露的是尽可能少的信息,同时却尽力把专利的范围扩大。

[82] 精确的评估,见 Phillips and Firth, *Introduction to Intellectual Property Law*, 110—116。

能也会受到质疑,获得版权保护的预期是否会影响到一个人作出写作的决定是值得疑问的,不过,和专利的情形不同,几乎每个人都具有内在的创造一个具有版权的作品的权利,因为普通法体系对于原创性的保护标准是很低的。[83] 不过,获得版权保护的预期也许可以鼓励可能本不会作出的投资,这既包括了涉及到生产计算机程序和录音带这样的作品的大额投资,也包括投资规模较小的出版个人作品的活动。鉴于版权的保护范围相当宽广,因此要作出一个一般性的归纳是很冒失的,在不同类型的版权作品之间,甚至同一特定类型的作品的不同具体个例之间(例如不同类的书籍),投资激励理论也大不相同。[84]

很明显,这些理由在未经经济性和心理性的证据作出经验性的检验之前是难以得到证实的。[85] 不过,可以说人格中的利益和对版权法与专利法的功利主义支持理由之间的关联性是不让人信服的。绝大多数人都缺乏发明的内在能力,很少有人能受到专利法的激励作用的影响,而对人格权利来说,可以讲更少人会受到激励效果的影响。无论一项公开权的激励有多大,绝大多数人都缺乏出名或在他们的姓名或其他人格特质中发展出"被认可的价值"的能力。进一步的,一位发明家进行发明是解决一个紧迫的问题

---

[83] See, generally, K. Garnett, J. Rayner James and G. Davies, *Copinger and Skone James on Copyright*, 14th edn (London, 1999), 105 et seq. and 184. Cf. *Feist Publications Inc. v. Rural Telephone Service Co. Inc.* 499 US 340, and see J. A. L. Sterling, *World Copyright Law* (London, 1998), Ch. 7.

[84] See S. Breyer, "The Uneasy Case for Copyright: A Study of Copyright in Books, Photocopies and Computer Programs" (1970) 84 HarvLRev 281,291—321(对不同类型的书籍的不同层面的经济激励)。

[85] 比较 Breyer(同上。),认为有关书籍中的版权的经济案件,在被看作一个整体的时候,还是相当无力的,其更多的是建立在如果保护被废除时,什么会发生的不确定性之上,而不是建立在被证明的需要之上, citing F. Machlup, "An Economic Review of the Patent System" (Senate Judiciary Comm., Subcomm. on Patents Trademarks and Copyright, Study No. 15, 85 Cong, 23 Sess (1985) "对于专利体系促进了技艺的和经济生产率的发展的说法,我们所掌握的经验证据和理论依据都还不能对之作出确认或驳斥"。

的需要所致，而不是专利激励所致。与之类似，人们出名也通常与公开权或类似权利的激励作用无关。事实上，如 Merrit 法官在第六上诉巡回法院在处理 *Memphis Development Foundation v. Factors Etc. Inc.* 案时所注意到的，尽管名声和明星地位可能本身就是目的，但他们一般都是其他活动的副产品。主要的激励因素是"去促进他人的欢乐与进步的愿望和从成就中获取物质的和金钱的回报的愿望，这源于一个人获得他人的尊重和善意的需要，获得丰富多彩的新体验的需要以及具有创造和发明的机会"。相比之下，"让自己的名声可以使其继承人获得商业好处的愿望……是一个较小的激励因素"[86]。该论断的背景是公开权的可继受性问题。尽管该判决在田纳西州没有得到遵循，且事实上可继受性在大多数州得到了承认，但其提供了一个罕见的和论证得当的理由，可以对抗一些试图正当化公开权的夸大其词和不顾一切的理由。

因此，可以说，激励人们去创造一个可被许可的形象，或从事"有益于社会的举动"[87]，在充当激励性正当化理由的基础时是不太有力的。可能与专利和版权法有关的激励性正当化理由的其他因素也并不适用。最为明显的是，与专利法不同，这不存在什么与披露激励类似的东西，没有什么可以作为为了更广的公共利益而授予一项有限的垄断权以确保完全披露的有益效果的理由。同样，人们认为，除非是在一些不常见的甚至高度反常的案例，如人体炮弹的表演里面，有关人格权的鼓励投资的需要要比涉及发明和版权作品的案例中小得多。事实上，专利法和版权法保护的是发明人或作者的收入的主要（如果不是唯一）的来源，而公开权保护的充其量不过是一个附带活动[88]，不过，认为名人形象应当被更多地看作是一种被有意制造出来的产品的人可能会不同意这样的观点。

---

[86] 616 F 2d 956 (1980), 958.
[87] See text accompanying note 75 above.
[88] *Cardtoons v. Major League Baseball Players* 95 F 3d 959 (10th Cir. 1996), 973.

任何功利主义理论都涉及对最大多数人的最大幸福的损害与促进的权衡。在人格特质中的私有财产权的成本（无论何种程度）和可能能够通过授予此项财产权而保护到的公共利益之间，应当达成一项平衡。这里面的难点在于我们应当对版权、专利和其他利益（诸如人格中的利益）施加何种严格程度的功利主义激励测试。说一项知识产权体系具有经济性目标并利用市场在作者或发明人获得回报的需要和更广的公共利益之间达成一个大致的妥协是一回事，但说创作者的知识产权**只有**在公众获得了一些——否则不能获得的——好处时才具有正当性则是另一回事了。[89] 在后一种情形中，我们正趋向于使用一种"若非"测试，即知识产权只在它们直接鼓励了新的作品或发明产生的限度内才是具有正当性的。[90]

一个人愿意采用的测试的严格程度会不可避免地反映在他眼中相互竞争的私人财产利益和更广的公共利益各自的相对价值。把适用于专利和版权的测试类推适用于人格中的利益时的困难在于人格权保护的利益本身具有模糊性：这是一个核心问题。在美国，公开权和隐私权保护的是一个人的姓名、嗓音、肖像或其他身份标记免受未经授权的商业性利用。[91] 每个人都拥有这些人格特质，不过有些人的人格特质具有商业价值，有些人的则没有。鼓励和激励的目的是什么呢？什么可以正当化这些保护呢？表现、发明和努力？[92] 一项可被许可的形象的发展？有益于社会的行为？可带来商业好处的特别技艺？[93] 如果我们采用了一个严格的"若

---

[89] See W. J. Gordon, "An Inquiry Into the Merits of Copyright: The Challenges of Consistency, Consent and Encouragement Theory" (1989) 41 Stanford L Rev 1343, 1438.

[90] Ibid., 1438, citing *Graham v. John Deere Co.* 383 US 1 (1985) 最高法院声称专利垄断可以引导出新的知识和清除（weed out）那些若非专利的引导就不会被披露或设计出来的发明。

[91] 见第7章。

[92] See text accompanying note 72 above.

[93] See note 75 to 76 above and accompanying text.

非"测试,询问若非一项公开权或一些这样的权利的话,这些价值是否还会被创造出来,那么,抛开人体炮弹的表演不谈,基于效用和激励而作出的保护情形是相当少的。事实上,对于这个观点还有不少可说的,如最近由第十巡回法院在 Cardtoons v. Major League Baseball Players 案中表达的:激励效果已经被过分的强调了,绝大多数具有商业性价值身份的体育和娱乐名人参加的都是本身就能带来很大回报的活动。没有公开权也不会损害名人们从这些能产生商业化的市场名声的诸如运动或表演之类的活动中谋生的能力。[94]

当然,这并不意味着人格中的财产权不能得到正当化,只是说经济激励理论是一个比较无力的正当化尝试,而其他一些理由可能更有说服力。最后,在公开权和知识财产的传统核心领域中寻找相似点的尝试会看上去被认为只是在贴标签。下列逻辑似乎是成立的:公开权是一项阻止未经授权的对人格中的纯粹的经济利益进行商业利用的权利,既然其处理的是经济利益并涉及到了创设垄断权利,那其必须是知识财产的一种形式。因此,知识财产的标准测试必须得到适用,与版权和专利类比的有效性必须得到检验。这样一种处理方式多少是具有误导性的,因为在任何案件中,知识财产中与人格利用最相接近的领域是商标和不正当竞争领域(在一般意义上)而不是版权或专利;人格特质是被用作交易标记来提高货物或服务的适销性的。[95] 通常,普通法责任有两个目的。一是防止消费者被欺骗,二是保护一位经营者的商誉。对第二个目的来说,当普通法中的侵权仿冒行为开始偏离经典形式(即一个

---

[94] 95 F 3d 959 (10th Cir. 1996), 973. 比较 McCarthy, *Rights of Publicity and Privacy*, §2.6. 注意到了当版权和专利的一般性激励效果被广泛承认的时候,法院在判定其对作者和发明人个人的经济激励效果时,并不采用一项严格的"若非"测试。

[95] 这当然提出了一个问题:什么应该被包含入"知识财产",什么不应该被包含入。纯粹主义者可能会说商标不适宜被纳入,但商标通常被认为是知识财产的一种。历史背景见 Sherman and Bently, *Making of Modern Intellectual Property Law*, 168—172。

经营者把他的货物说成是另一个经营者的货物)时,产地作用、产品区分作用和质量保证作用都变得不再重要。[96] 从本质上说,被保护的东西是标识或式样的广告作用和带来该价值的基础性投资。除非一个人认为任何具有价值的东西都必然是法律保护的一种财产形式[97],否则对任何保护的正当化理由都必须建立在我们已经检视过的劳动的自然权利理由或功利主义理由上。而对第一个目的来说,一个人可能会认为保护消费者免受虚假陈述是针对人格利用侵权行为的另一种理论,不过不当陈述概念导致对消费者的误导或欺骗基本上只是一种幻觉[98],其掩盖了问题的关键:对有价值的无形物的不当利用,而这种无形物本身的存在正是我们在此所试图正当化的。

经济效率

更多的现代形式的功利主义分析把目光投向了法律经济学,以寻求对人格中的财产权的正当化。一种运用在美国的公开权案件中的理论认为允许人格中的财产权会带来对名人形象的更有效率的使用。我们可以看一下标准的分配效率理论,一般适用在一个不存在私有产权的社区中,比如在一块共同所有的土地上,对土地的使用没有任何限制,任何理性的追求效用最大化的牧人都会让他的牛群尽情的吃草,因为不存在每头牛的成本,每个牧人都会不顾真实的社会成本而增加牛的数量,这会带来对土地的过度利用,直到它变得毫无价值。然而,如果土地是在私人所有权之下,可以排除其他人在未经合理付费的情况下使用的话,私人所有者就会具有激励去使得可以在土地上放牧的牛群处在最合理的数

---

[96] See 36—38 above.
[97] Cf. 278—279. 注意到了这种推理的不确定性。
[98] See 108—110 above.

量上。[99] 这一理论被波斯纳适用在了公开权上,他认为允许一个人对用于广告目的的照片的使用享有财产权,会保证照片的使用权能被发现照片的使用的最大价值的广告商购买到(在此不考虑交易成本过高的情形,例如某个人处在人群中时被拍摄到的照片)。[100] 使照片成为所有的广告商的共同财产将不能实现这一目的,因为"将同一照片以各种方式使用于不同的产品之上,会降低其广告价值,甚至可能会降为零"[101]。

这种路径被接受了,尽管不是以波斯纳在 *Douglass v. Hustler Magazines Inc.* 案中使用的明确的经济术语的方式,在那个案件中,被告杂志社被认为侵犯了原告女演员的公开权。波斯纳法官说:"如果要使得(原告的裸体)照片的价值最大化的话,(原告)或者她的代理人必须能够控制这些裸照的传播……'公开权'的一个重要方面是控制一个人公开露面的地点、时间和次数;例如,没有哪位名人会来者不拒的将他的姓名或肖像出售给广告商。"[102] 类似的,在 *Matthews v. Wozencraft* 案中,第五巡回上诉法院引用了波斯纳的法庭附言认为,如果没有保护的话,一个人的肖像可能会被商业性的利用"至其使用的边际价值变成零",法院将之与高速公路的社会成本问题作了类比,在高速公路的情况中,每个使用者都不会考虑他的使用给别人带来的额外的拥挤。[103] 因此,法院认为:

---

[99] See, e. g., R. A. Posner, *Economic Analysis of Law*, 3rd edn (Boston, 1996), 31; R. Cooter and T. Ulen, *Law and Economic*, 2nd edn (New York, 1997), Ch. 4; H. Demsetz, "Toward a Theory of Property Rights" (1967) 57 (II) AmEconRev 347, 350 et seq.

[100] 比较 Madow, "Private Ownership of Public Image", 223—224,注意到当涉及到把几个潜在的广告商的交易成本纳入考虑时,对于一张照片是否最终会出让给能发现照片的最大价值的广告商就不一定了(意思就是说在数个潜在的广告商之间进行挑选比较的过程本身也是有成本的,因此照片的权利人可能不一定会非要把照片的使用权出让给能发现照片的最大价值的那个广告商——译者注)。

[101] R. Posner, "The Right of Privacy" (1978) 12 GaLRev 393, 411—414.

[102] 769 F 2d 1128 (1985), 1138.

[103] 15 F 3d 432 (5th Cir. 1994), 437—438.

"创设人为的稀缺可以为(个人),为订立合同以使用他肖像的广告商,并最终为接收到信息的消费者保有价值,这来自于他知道认同那个产品是有回报的。"[104]

显然,这种理论是有弱点的。在一个一般性层面上,这样一种推理不能证明私有财产最好地促进了稀缺资源的有效使用,而最多只能为把一项稀缺资源交给能从使用中获得完全经济价值的人提供理由。同样的,"它不是一项**支持**财产私有的理由,而只是一项**反对**财产共有的理由"。此外,该理论假设其他(非法律)的对过度使用的限制因素(诸如社会不满或习俗)是不存在的,或者是无效的。[105] 但英国的经验告诉我们,在人格中的财产权不存在的情况下,前述社会规范起了重要的作用。[106] 更为具体地说,一个人的照片的广告价值"不是建立在投标者之间为了一项稀缺资源的竞争之上,而是建立在通过给予一个人以有关使用的财产权而人为创设的一项稀缺之上",这种办法和适用于真正的稀缺资源(如土地)的办法是不同的。[107] 因此,如果把名人看作是本质上的社会产物的话,那可供开发利用的名人人格就会有源源不断的供应,因为总是有新的被创造出来。[108] 此外,一些不常见的广告商有效的耗尽了名人的使用价值的情形,也和对有限的不可再生资源(如土地)的耗尽是不可类比的。广告商将为销售他们的产品而采用其他办法。[109] 因此,对名人的广告价值将会被利用至零的观点,可以

---

[104] Ibid.

[105] Madow,"Private Ownership of Public Image",220,n. 442.

[106] See 48 above.

[107] E. J. Bloustein,"Privacy is Dear at Any Price:A Response to Professor Posner's Economic Theory"(1978)12 GaLRev 429,448,也注意到(同上)涉及到的"财产"的商业价值和一般而不是特别的损害赔偿之间的关联性很小,不过被引用作为支持理由的案件是有关隐私而不是公开权的案件。在后一类案件中,具体的经济损失一般更容易认定,而如果不存在损失的话,损害赔偿就可能是象征性的了。See 184 above.

[108] See T. Frazer,"Appropriation of Personality",303.

[109] Ibid.,304;Madow,"Private Ownership of Public Image",225.

给出一个相当有力的"满不在乎"的回应。[110] 最终，问题取决于我们看待效率概念时候的宽窄度。如果我们只是关注名人的公开价值的经济效率（这个问题多少比较窄），那经济性的理由仍然有效。然而，我们应当记得，我们不是在试图以一种最有效率的可能方式去分配人格中的财产权，而是试图首先对这些权利的存在本身予以正当化。

在美国，第十巡回法院声称效率理由已弥散于广告问题中，反复使用一个形象可能会使形象贬值。但在适用于非广告性用途的时候，还不是这么有说服力："例如，对于一位名人的肖像在 T 恤和咖啡杯上反复出现是否会降低其价值的问题，答案还不是很清楚。事实上，肖像的价值可能恰恰会因为'每个人都有一个'而得到提升。"[111] 因此，如 Madow 所说的，销售印有一位名人肖像的 T 恤会增加与该名人有关的其他商品的需求，将经济价值最大化的手段可能是"使每个人都能买到该商品并愿意支付生产的边际成本"。[112] 不过，很难说这不会带来名人形象的贬值，因为虽然重复性一开始会增加进一步的重复的价值，但"边际回报会不断降低，之后的展示和表现将降低资产之价值的转折点"总会到来。[113]

阻止或返还不当得利

在一个早期的美国的隐私权案件 *Munden v. Harris* 案[114]中，一名男孩的照片被用在了一项珠宝广告中，法院认为原告去开发利

---

[110] Ibid., 224.
[111] *Cardtoons v. Major League Baseball Players* 95 F 3d 959 (10th Cir. 1996), 975, citing Madow, "Private Ownership of Public Image", 222. Cf. R. Kwok, "*Cardtoons v. Major League Baseball Players Association*: Fair Use or Foul Play?" (1998) 5 UCLA Ent L Rev 315, 347.
[112] Madow, "Private Ownership of Public Image", 222.
[113] See M. F. Grady, "A Positive Economic Theory of the Right of Publicity" (1994) 1 UCLA Ent L Rev 97, 103 and 119—120.
[114] 134 SW 1076 (1911).

用他的形象的货币价值的权利是"一项他可能愿意为了他自己的利益而行使的权利,为什么他不会限制另一个人去使用该权利并获利的行为呢?如果其中有足够激发别人的贪欲的价值,这为什么不是他的一项财产呢?毕竟,是他给他的形象以价值,正是从他身上,价值得以出现"[115]。本质上,这种观点表达的是一种直觉性的理念,即值得拿的东西就值得保护。Kalven 后来普及了这一理念,认为美国隐私案例法中对利用问题的理论是"对窃取美誉的不当得利行为的直截了当的阻止"[116]。在他看来,"原告的一些会具有市场价值的、在一般情况下应当付费获得的方面,如果让被告无偿取得"的话,是不能实现任何社会目的的[117]。尽管 Kalven 承认涉及到真的具有商业价值的姓名或肖像的使用的人格利用案件相对较少,当事人真正的不满可能在于看见一个人的人格特质被他人使用,但他认为"商业性不满"可以说构成了有关侵权的一项独立理论[118]。最高法院后来接受了 Kalven 的观点,将之作为 *Zacchini v. Scripps—Howard broadcasting Co.* 案中的公开权的正当化理由之一,而其他理由来自于效用和激励理论[119]。事实上,阻止不当得利的理论看上去"很可能是有利于公开权的最常见的司法理论"[120]。

美国的法院和法律评述者通常把"不当得利"和"不劳而获"、

---

[115] Ibid., 1078.

[116] H. Kalven, "Privacy in Tort Law; Were Warren and Brandeis Wrong?" (1996) 31 Law ContProbl 326,331. 这种理由当然多少有些循环论证,因为被告一般只有在原告具有一项可执行的要求偿付的权利的时候才有义务去付费,而这项权利是否存在正是我们要讨论的。

[117] Ibid.

[118] Ibid., 331, n. 36. R. Wacks 后来接受了 Kalven 的理论,将之作为把人格利用从隐私概念中排除出去的手段:"The Poverty of Privacy" (1980) 96 LQR 73, 86。

[119] 433 62 (1972), 573—576. See also text accompanying note 69 above.

[120] McCarthy, *Rights of Publicity and Privacy*, §2.2, citing Grady, "A Positive Economic Theory".

"不正当竞争"这样的术语交叉替代使用[121],但"不当得利"本身是多少有些模糊的。事实上,在寻求一项具体的法律适用性的时候,说从别人的技艺或劳动中获利是不正当的并不奏效。如果不当得利的概念是建立在拿走别人的(财产)权的基础之上,特别是当这样一项权利只是建立在一些东西具有经济价值的事实本身之上的时候,这个问题不可避免地陷入了循环论证。[122] 如前所述,一个对"不正当竞争"的诉因被澳大利亚法院驳回了,依据是"在高调的一般化之下,为司法上纵容市场中所谓公平的特异概念而酌留的空间"[123]。英国法院也不准备在不当得利的原则之上接受一个一般性的不正当竞争概念,不过有人说对"恶意竞争"的一个一般性诉讼应当得到发展,并建立在"不当得利范式"和返还性(restitutionary)原则之上,而不是在基于奖赏、激励和美誉的传统理论之上,从而避免倚重传统理论所带来的循环论证。[124]

最终,为了正当化的目的,不当得利概念没有把我们带得太远。[125] 鉴于有关返还的法律中,不当得利理论最为频繁的被用作为一项统一性原则,主流学者们承认不太可能找出一个精确的通用公式。[126] 不当得利可以说是"一种对正义的抽象命题,'既是审判的企图也是审判的标准'"。在任何案件中,当以他人利益为代

---

[121] See McCarthy, *Rights of Publicity and Privacy*, § 2.2.
[122] See 278—279 above.
[123] *Moorgate Tobacco Co. Ltd v. Philip Morris Ltd* (*No.* 2) (1984) 56 CLR 414, 445—446 per Deane J. See, generally, Chapter 3.
[124] See A. Kamperman Sanders, *Unfair Competition Law* (Oxford, 1997), esp. Chs. 2 and 4. See also W. J. Gordon, "On Owning Information: Intellectual Property and the Restitutionary Impulse" (1992) 78 Virg L Rev 149.
[125] Cf. D. Gibson, "A Comment on *Athans v. Canadian Adventure Camps Ltd*" (1979) 4 CCLT 37, 44.
[126] R. Goff and G. H. Jones, *The Law of Restitution*, 5th edn (London, 1998), 14—15. Cf. P. Birks, *Introduction to the Law of Restitution* (Oxford, 1985),第1章,特别是第22—25页(认为原则只不过是一个道德渴望(aspiration),采用之无助于将一个"不当"得利的概念从案件中纯粹的导出);又可见 A. Burrows, *The Law of Restitution* (London, 1993), 55。

价的不当得利（通过减损他们利益，或在当下的讨论中，指通过不当行为）表明了一项原因性事件时，返还只是当一项不当行为被确立时的可能的救济手段之一。[127] 这样一种不当行为包括窃取美誉、侵犯隐私或侵犯姓名、嗓音和肖像中的"财产"权。所以，以原告利益为代价的不当得利概念无助于对人格利用侵权形式的存在本身予以正当化，因为它会引起什么叫做"以原告的利益为代价"的疑问，以及人格利用行为本身是否构成一项不当行为的问题。

保护人格尊严

最后，对人格的利用的救济可能可以在一个相当高贵的基础上获得正当性，即一项为人格尊严提供保护和尊重的救济。这种理论的实质已经谈过了，在此只需要做点简单的概括。如我们已经说过的，尽管不存在作为具体的法律权利或价值的具有内在逻辑性的人格尊严概念，多个国际文件仍然都涉及到了人格尊严，其也被确立为一项宪法性权利。这些价值是否可以在发展新权利的时候被考虑进去的问题还没有完全得到解决，至少在英国是这样。宪法性价值（在各个国家）可能具有的直接和间接影响构成了一个连续变化的光谱，而不同的普通法法域和民法法域处在不同的位置。[128] 即使在光谱较弱的一端，人格尊严概念只被用作为一项指导宪法和法律发展的价值，尊严的概念仍多少是具有争议性的，并肯定是一个具有极度的延展性的概念。[129] 因此，即使其被接受为一个指导性的原则，作为一项价值的尊严概念在正当化一项具体法律权利存在的时候，可能在修辞意义以外，没有什么其他帮助。

在美国，对隐私侵犯问题的简化主义路径的统治地位反映的

---

[127] See Birks, *Introduction to the Law of Restitution*, Ch. 1.
[128] See 214—216 above.
[129] D. Feldman, "Human Dignity as a Legal Value-Part I" [1999] PL 682, 698.

事实是我们很难把一项法律诉因建立在"不可侵犯的人格"[130]或人格尊严这样模糊的概念之上。事实上,鉴于人格利用问题的混合性质和其包含的经济性和尊严性利益,保护人格尊严的理论只能为这样一种救济提供了一个**部分的**正当化理由[131],而且显然不能正当化对人格中的占主导地位的经济性利益的保护。如果试图否认这一点,或试图说对隐私的侵犯或对各种受到人格商业利用行为影响的利益的侵犯而提起的、各种各不相同的权利主张都只是针对人格尊严受到的损害的话,都是注定不会成功的。

结　　论

因其性质,确立一项混合型的诉因,如对一项独特的人格利用侵权行为的救济,都会引来一系列不同的正当化理由。前面提到的第一种选择,即一项建立在隐私侵犯之上的人身性侵权救济,可能会在一个宽泛的基础上得到正当化,即其为个人隐私与尊严提供了保护,使之免受未经授权的商业性利用。很少有人愿意被当作商品,很多人憎恨在非自愿的情况下被广告商和销售商利用。从隐私的视角看,人格利用是一种对尊严的侵犯行为,焦点在于隐私的丧失,该种行为引发当事人的愤怒与痛苦。同样地,损害赔偿也可能趋于适度,只是为了抚慰被伤害的感情,而不是对具体的金钱损失作出赔偿,只有在例外的案例中,被告的行为会带来惩罚性赔偿的判决。

而当焦点转向对本质上财产性利益的侵犯时,基础性正当化理由也需要得到相应的转变。这从美国的经验来看无疑是真实的,当一项基本上是尊严性的隐私中的利益发展成为一项基本上是经济性的关于公开的利益时,引来了更多不同的复杂的正当化

---

[130] See E. J. Bloustein, "Privacy as an Aspect of Human Dignity: An Answer to Dean Prosser" (1964) 39 NYUL Rev 962, 1001, and see 164—166 above.

[131] See, e. g. *Restatement*, *Third*, *Unfair Competition* (1995), §46 comment c.

理由的运用。如果一个人对他的人格或形象享有一项广泛的财产权,就可以使他阻止他人未经授权的商业性利用,并为自己确保充足的利益,而将财产权正当化的标准理论也就可以得到适用了。然而,如上所述,标准理论(在它们可以被视为范例的限度内)[132]——主要是功利主义理论和劳动的自然权利理论——在人格中的财产权的情形中适用得不太容易。发展具有商业价值的人格特质所需要的劳动程度和激励水平一般要比那些更为传统的无体物(如可授予专利的发明、艺术和文学作品)所需要的来得低。试图在人格中的经济利益和知识产权保护的核心利益(如版权、商标)之间寻找相似点似乎只是在牵强附会。

在最广的层面上,对人格中的财产权的主张只不过是有产阶级信条的一种展示而已,有的人觉得这种主张在知识产权法中正变得越来越具有影响,财产权据此获得了一项相对于其他权利和利益的道德上的优位性,首先带来经济价值的活动也必然的创设了财产权。财产权击败了更广的社区利益,每个东西上都可能存在私有产权。[133] 但在另一方面,一个同样宽泛的问题是,人格利用的尊严性方面反映了现代社会对个人隐私、感受和自治性上的价值的更大认同。最后,我们还有一个新的、很难用传统理由予以正当化的救济方式。当然,上面勾勒出的理由很少在法院考虑是否保护新的利益的决定中起到任何重要作用,这些决定作出时是不考虑法律以外的哲学、经济或道德理由的。正式的法律权威意见是否会为这样一种侵权行为提供救济还有待观察。最后一章将考察正式的法律权威意见可能的发展模式,不过这并不是否定从一个更为深思熟虑的角度去检视一种新救济方式的正当性的有用性。

---

[132] 比较 Sherman and Bently, *Making of Modern Intellectual Property Law*, 17,认为搜寻一项范例性的知识财产可能具有误导性,现代知识产权法的发展是反应性(reactive)的和主体特定化的(subject-specific),而不是依赖于一般性概念。

[133] Drahos, *Philosophy of Intellectual Property*, 202.

第五编

结　　论

12　人格利用的自主化

12　人格利用的自主化

作为交易符号的人格和作为个人尊严的一个方面的人格

从前面的讨论中我们可以找出两种宽泛的主题：作为交易符号的人格和作为个人尊严的一个方面的人格。前者来源于使用名人被认可的价值来促进销售的吸引力，而后者反映的是对保护个人尊严免受他人侵害的不断增长的重视。这两种基本主题反映在了人格利用问题的两个基本角度之中：不正当竞争的角度和尊严性侵权行为的角度。

尽管我们可能会把对一个人人格的使用说成是一种交易符号，但把这种使用和传统的知识产权相调和是很困难的。特别是，很难把这种使用等同于商标（无论是注册的还是未注册的）的传统作用。把一位名人的形象用于货物或服务上很少能起到产地标识的作用，或是用作产品区分手段或质量保证手段。更为经常的情形是，如我们现在所察觉到的，这种使用起到了一个纯粹的广告或营销作用，而这种作用多少是在商标保护的范围之外的。当然，这些事项取决于每个个案的事实，不过在证明消费者信赖广告中的名人身份标志并将之作为产地标识或质量保证时，还有一个相当大的实际证明责任。对人格特质的商标注册的保护范围是有限的，普通法上的保护也类似的受限于三个关键要件：商誉、不当陈述和损害。很难说未经授权即在广告或营销中使用原告的形象构成了不当陈述，并对原告与业务或职业有关的商誉造成了损害或可能造成损害。在另一方面，如果一个人认为人格特质具有实际经济价值，且这种价值应当被保护、免受未经授权的利用的话，那一个更为直接的和具有智力上的诚实性的路径将把法律保护径直建立在拿走或不当利用此有价值的无形物之上。尽管人格特质可能是无形财产权的对象,且同样的,可能会被视为一种"知识财产",但将之与已经被公认的核心知识产权*进行类比的价值不大,支持核心知识产权的潜在理由也不太适用于人格特质。

英国法为个人的名誉提供了广泛的保护,而其他尊严性利益,诸如隐私中的利益和免受精神痛苦的自由中的利益,在传统上尚未获得充分的保护。一项对诽谤的起诉可以因为原告在社会正常成员中的评价被降低而使原告获得赔偿判决,一项损害赔偿判决也可用于补偿受伤害的感情和被侮辱的尊严。在涉及不当使用著名专家的姓名的早期英国案件中[1],个人名誉的概念和交易中的商誉的概念是交织在一起的。只是在后来,才出现一个人会因为美誉中占主导地位的经济利益受到损害而感到痛苦的观念。英国法院不太愿意承认相关的不当陈述和对此种美誉的损害已经形成,无论其是与一项业务或职业有关的美誉,还是一项用于发掘利用人格特质的附属业务中的美誉。

形成鲜明对比的是,美国采取了一种更为直接的方式。有关隐私侵犯的侵权形式被证明是在未经授权利用人格的案件中确保救济的主要手段。一开始被认为本质上是尊严性的、着重关注对个人尊严的损害的侵权形式,在人们开始要求保护一个人有价值的人格特质中的本质上的经济利益的时候,变得很难与之调和。最后,隐私权中产生了公开权,主要关注原告利用其被认可的价值的能力所受到的损害,而不是使侵犯隐私的侵权行为得以成立的、对个人尊严的伤害。

人格利用是一个混合性的问题,既涉及到经济性利益,又涉及到尊严性利益。尽管人格特质经常有一个商业价值,并能有效的

---

* 指版权、专利等。——译者注

[1] *Clark v. Freeman* (1984) 11 Beav 112; *Williams v. Hodge* (1887) 4 TLR 175; *Dockrell v. Dougall* (1899) 15 TLR 333; *Sim v. Heinz & Co. Ltd* [1959] 1 WLR 313.

作为商品而流通,但它们不能被认为是纯粹的经济利益。[2] 尽管事实上对这些利益的交易存在着一定形式的市场,尽管事实上这些特质可能有一些交换价值,但它们并不是总能被客观的估值,且对所有者来说,经常会有一个完全主观性的价值。一个人可能会因为一些纯粹的主观理由而憎恨与一项特定产品产生联系,或者与任何形式的商业活动产生联系。当涉及尊严性利益的时候,不能只关注对物质损失的赔偿,对人格中的特定利益的侵犯本身就是让人讨厌的。证明个人尊严的存在、确保一项金钱裁决的实现,和确保对损失的赔偿是同等重要的目标。尊严性利益如名誉、隐私(在为隐私提供充分保护的国家)都基本上是本身可诉的,因为这些利益被视为是本质上就应当获得充分保护的,所以也不需要原告证明实际的物质损失的存在。

基本命题

为了给人格利用中的特定案例提供特别的救济,在案例法中,已经有一大堆法律概念被用来操作。不过,英国法的基本主张可能可以相当简洁的加以概括。但个别诉因的发展是一个更为复杂的问题,且如上所述,其他普通法域要走得更远。为人公认的是,姓名中本身不存在一项财产权。[3] 因此一个人对一项特定姓名的使用没有绝对的权利,也不能阻止其他人使用他的姓名。对这一点,一直以来都是如此,例如一个从前的奴隶的私生子可以使用一个家族的源于父名的姓名[4],或者,以一个更为现代的例子来说,一个著名歌手如 Elvis Presley(即猫王)的姓名可以被他的歌迷拿去自己使用,甚至或用在他的儿子或狗或金鱼身上。[5] 类似的,在不存在版权的情况下,他的外表也不具有一项财产权,他不能控制

---

[2] See 12—20, above.
[3] *Dockrell v. Dougall* (1899) 15 TLR 333, 334 *per* Smith LJ.
[4] *DuBoulay v. DuBoulay* (1869) LR 2 PC 430. See also *Cowley v. Cowley* [1901] AC 450.
[5] *ELVIS PRESLEY Trade Marks* [1997] RPC 543, 547 *per* Laddie J.

有他出现的照片的复制或利用。[6] 英国法也不愿意承认一项一般性的隐私权,从而限制一个人在未经许可的情况下利用另一个人的形象的自由。[7] 阻止一个人不当利用属于另一个人的、有价值的无形物的一般性原则也同样不存在。[8]

在另一方面,在涉及他的业务和其他人的业务或职业的时候,一个人不能作出一项可能会损害其他人的业务或职业中的美誉的不当陈述。[9] 也不可以在可能使他人承担责任和面临诉讼的情形下使用他人的姓名。[10] 此外,一个人不能发布一项可能降低他人在社会正常成员中的评价的、可能损害他人名誉的言论。[11] 也不能在违反合同义务或保密义务的情况下公开一张照片。[12] 与此同时,一名被告会因为有意施加物质伤害而承担责任[13],不过,在有意施加精神痛苦的情况下,责任将扩展至何种程度还不太清楚。[14] 最后,使用一个人的姓名或形象如果涉及到了对法定知识产权(如版权或注册商标)的侵犯,则将在特定的有限情形内产生责任。[15] 通过采用此些基本命题,美国建立起了一个庞大的法律体系,要两卷书才能解释清它的发展、范围和限制情形。[16] 加拿大在基本类似的路径上推进的更慢,而澳大利亚和英国的法院也更为谨慎的对待了这个问题。

---

[6] See, e. g., *Merchandising Corporation of America Inc. v. Harpbond Ltd* [1983] FSR 32,说明了在用版权保护一个人的外观时候的局限性,及见上文33—34页。

[7] See, e. g., *Kaye v. Robertson* [1991] FSR 62 及见第8章。

[8] 见第2章。

[9] 见第4章。

[10] *Routh v. Webster* (1849) 10 Beav 561, 及见第4章。

[11] 见第9章。

[12] See *Pollard v. Photographic Co.* (1889), 40 ChD 345.

[13] *Wilkinson v. Downtown* [1897] 2 QB 57.

[14] See 244—245 above.

[15] 见前第3章。

[16] See J. T. McCarthy, *The Right of Publicity and Privacy*, 2nd edn (New York, 2001).

走向一种新的救济方式

要以一个令人满意的逻辑上自洽的方式处理好这个具有混合性质的问题需要一个既包含了经济方面又包含了尊严方面的救济方式。在前面的章节中,我们考察了多种不同的处理方式,并且可能作了较好的总结。这些处理方式特别适用于普通法系国家,如英国和澳大利亚这样的还只是在用弹性方式对传统诉因进行解释的国家。第一种处理方式并不涉及任何新的诉因的引入,而只是要求弹性的适用已存的诉因。因此,当案件事实涉及到诽谤、违约、违反保密义务、恶意虚假陈述或可适用 Wilkinson v. Downton 案[17]下的诉因的时候,可以通过适用现存的诉因来对人格利用行为进行救济。最可能适用于对人格利用案件的救济的诉因是有关仿冒侵权行为的,其已经从法院和知识财产专家处得到了最多的关注,不过,要将人格利用案件纳入仿冒侵权行为的领域中,还是存在不少困难,在此不再重复。第二种处理方式是通过发展一个一般性的对无形物的不当利用侵权形式,为无形物的商业价值提供更大的保护,不过,澳大利亚和英国的法院都很排斥此种做法,美国的法院也严格的限制了这种做法的适用。[18]

英国法可以采用的第三种可能的发展方式是引入一项一般性的隐私权,来为个人隐私中的尊严性利益提供更大的保护。一系列活动呼唤着一项一般性的隐私权,人格利用只是其中的一种。[19] 美国的一般性隐私权为各种各不相同的利益提供了保护,不过其不可避免的缺点在于概念上的巨大的不确定性。英国法院是否会发展出一项一般性的隐私权还有待观察。到目前为止,隐私权主要通过零星的个别的方式得到保护,(对隐私的)定义问题和概念的不确定性则被用作反对引入这种权利的理由。如果这样一种发

---

[17] [1897] 2 QB 57.
[18] 见第 2 章。
[19] See 160 above.

展需要一个托词的话,1998年《人权法》可能算是一个托词,不过隐私的原则在英国法中还没有受到严重的质疑。英国法可能会越来越习惯于是正面界定权利,而不是用界定对具体义务的违反情形的方式处理法律问题,(1998年《人权法》实施后)明确地在两种冲突的权利(如隐私和表达自由)之间进行权衡也将变得越来越常见。不过,这样的变化将从容展开。对保密义务的违反认定的逐渐扩张将理所当然的和英国传统的增量发展方式保持一致。[20] 通过随后的司法扩张,这可能会发展成为一种更为一般性的救济方式,不过定义问题和概念的不确定性仍将继续存在。有一些迹象表明,将隐私和商业利用进行调和并非总是很容易的一件事情。人们注意到,"个人性的东西和商业性的东西之间的明确界限"是不存在的。[21] 通过保有照片的排他使用权而获得的利润可能会使得隐私具有一种商业目的,但这不妨碍隐私获得保护。[22] 不过,具有讽刺意味的是,传统的实用主义路径使得英国上诉法院在把一项本质上是隐私利益的事物纳入针对恶意不当陈述侵权行为的法律保护范围时,把被告的获利性动机视为一项归责事由。[23]

把问题看作一个整体的话,引入一个一般性的不当利用侵权形式或一个一般性的隐私侵权形式的主张可能不会被赞同,而一种界定范围较窄的、但包含了问题的经济性和尊严性方面的人格利用侵权形式则会被接受。无可否认的是,这样一种救济方式很难在理论上自圆其说。在考虑新形式的知识产权的时候,一些乍一看来具有帮助的理由,如那些建立在财产的自然权利理论上或建立在效用和激励上的理由,很难适用于此问题。这只具有有限的实际意义,因为建立在根本性原则和政策上的正当化理由很少在法院的推理中起到明确的作用。在这一点上,更有意义的做法

---

[20] T. Bingham, "The Way We Live Now: Human Rights in the New Millennium" [1998] Web JCLI.

[21] *Douglas v. Hello! Ltd* [2001] 2 WLR 992, 1030 *per* Sedley LJ.

[22] Ibid.

[23] *Kaye v. Robertson* [1991] FSR 62 and see 204 above.

是考虑新的普通法救济方式发展的不同的手段。

　　发展普通法有几种不同的办法。[24] 最常见的是逐渐的或大幅度的扩展一项侵权行为的构成要件来解决新问题。例如，在原初的或曰经典形式中，仿冒侵权形式防止的是被告把他自己的货物仿冒为原告的货物[25]，不过后来在合理范围内得到了最大程度的扩张。有时候一项侵权形式得到了过分的扩张，以至于产生了一种新的侵权形式。仿冒侵权形式和可能是一项新的独立的不正当竞争侵权形式的边界可以算是这一过程的一个例子，在一些案件中，这里的边界不太清楚。[26] 英国法院很愿意扩展仿冒侵权形式，但仍然坚持否认一项新的独立的侵权形式的存在。[27] 在其他时候，一项传统概念（诸如财产的含义）会被操作得能够容纳进新的利益。这种做法经常意味着对任何革命性的创新的否定；法律重新检视和重新定义了一项基本概念，并在传统法律框架的范围内实现了正义。[28] 而从原告的角度看，这是有问题的，因为法院趋向于把现存的范畴如财产，看作是得到了良好的定义的，因此会倾向于给声称其诉因能融入现存的概念体系的原告以一个较重的证明责任。[29]

　　如果法院直白的去设计或承认那些能更好地解决新法律问题的新法律原则的话，则会有更好的逻辑性的发展。很少有一项新的诉因是从对各种各不相同的权威意见的综合中产生，并成为一

---

[24] See G. Dworkin, "Intentionally Causing Economic Loss-*Beaudesert Shire Council v. Smith Revisited*" (1974) 1 MonashULRev 4, 可以看到一个有价值的概括。

[25] See, e. g., *Reddaway v. Banham* (1896) 13 PRPC 429.

[26] See, e. g., *Vine Products &Co. Ltd v. Mackenzie &Co. Ltd* [1969] RPC 1, 23 and 29. See also G. Dworkin "Unfair Competition: Is the Common Law Developing a New Tort?" [1979] EIPR 241.

[27] See, e. g., *Mail Newspapers v. Insert Media* (*No. 2*) [1988] 2 All ER 420, 424; *Harrods Ltd v. Schwartz-Sackin &C. Ltd* [1986] FSR 490, 494; *Hodgkinson &Corby Ltd v. Wards Mobility Ltd* [1994] 1 WLR 1564, 1569.

[28] D. Lloyd, "The Recognition of New Rights" [1961] CLP 39, 41—42, commenting on the decision in *Sim v. H. J. Heinz Co. Ltd* [1959] 1 WLR 313.

[29] Ibid. ,44—45.

项新的规则的。尽管扩展现存的侵权形式的过程更多的和零星发展法律的过程相一致,但一种粗线条的路径也有时会被采纳。*Rylands v. Fletcher*[30]案和 *Wilkinson v. Downton* 案[31]中的规则的形成可能可以作为一个例子。法律的发展往往是建立在"对已经内在于法律中的原则的合理化"之上的。[32] 如果法官能确信他们只是在利用现有的法律原则的话,他们就不会太担心自己是否是在从事不可接受的法官立法的活动。当现存的法律范畴不敷使用的时候,法院应当认识到承认一项新的诉因是在一个特定案件中实现正义的唯一办法,这不会对现存的法律范畴的概念结构造成损害,也不需要挖空心思去对概念作出歪曲。尽管有一些法院的判决附带意见表现出了对未经授权的人格商业利用行为的不赞同[33],但英国法院还是坚持说他们无力去发展一项新的救济。

先例的问题仍然很难解决。在不重复之前讨论的细节的情况下,我们回顾一下其他法域发展出新诉因的手段仍然是很有用的。例如,在 *Krouse v. Chrysler Canada Ltd* 案[34]中,安大略省高等法院和上诉法院的判决的作出,更多的是有赖于对之前先例的广泛梳理,而不是有赖于精确的归纳逻辑。本案中的司法观点几乎基本上是建立在之前的英国判决之上的,故此判决也将作为一个司法综合的模范而可能被英国法院接受。不过,如前所述,一审法院的判决和上诉法院的判决,都不是一个精确的归纳推理的范例。[35]这些判决反映的事实是如果要从已有的正式的司法观点中得出这

---

[30] *Rylands v. Fletcher* (1866) LR 1 Ex 265, and see J. Wigmore, "Responsibility for Tortious Acts; Its History" (1894) 7 HarvLRev 441, 454, cited by W. Friedman, *Law in a Charging Society*, 2nd edn (London, 1972), 47.

[31] [1897] 2 QB 57.

[32] H. W. Wilson, "Privacy, Confidence and Press Freedom; A Study in Judicial Activism" (1990) 53 MLR 43, 53.

[33] See, e. g., *Dockrell v. Dougall* (1899) 15 TLR 333; *Tolley v. J. S. Fry & Sons Ltd* [1930] 1 KB 467, 478 per Greer LJ; *Sim v. H. J. Heinz &Co. Ltd* [1959] 1 WLR 313, 317 per McNair J.

[34] (1972) 25 DLR (3d) 49.

[35] See 115—121 above.

样一个新诉因,还需要在逻辑上作出一个大的跳跃。一审中法院"对在业界具有商业价值并被日常交易着的事物的不当利用必然会因此涉及到一项法院所保护的财产权"[36]的推理涉及到了我们熟悉的在扩展财产概念时所使用的技术,但法院对经济价值必然导致财产权这一点却没有做什么推理。[37] 早期的英国权威判例[38]并没有为一项新的侵权形式提供多少基础,而在适用仿冒侵权形式时却极为轻易。[39] 不过,法院得出结论说,每一种判案的方法都将使原告获得成功。[40] 安大略省上诉法院还采用了一个更为粗线条的办法。在注意到了对人格利用行为的起诉"有时候会因为合同的理由而成功,有时候会因为侵权的理由而成功,有时候会因为财产权的一些模糊理论而成功"的事实之后,法院考察了一些在违反合同或保密义务的基础上获得救济的案件[41],或因为诽谤的理由而获得救济的案件[42]。美国的公开权的发展也被注意到了,不过未对细节进行探讨,最后,法院得出结论说:"在检视了与此处提出的与指控相关的数个侵权领域中的司法权威意见之后,我们发现,普通法的确在侵权法中考虑了一个可以被宽泛的归为一项人格利用行为的概念。"[43]

---

[36] (1972) 25 DLR (3d) 49, 61—62.
[37] See 279 above.
[38] Clark v. Freeman (1867) LR 2 Ch App 307, and subsequent cases discussed at 63 above.
[39] (1972) 25 DLR (3d) 49, 62—68.
[40] Ibid., 68.
[41] Pollard v. Photographic Co. (1889) 40 ChD 345; Corelli v. Wall (1906) 22 TLR 532(不过权利主张是建立在诽谤而不是违反合同关系或保密义务之上的)。Palmer v. National Sporting Club Ltd (1906) 2 MacG CC 55(不过原告和被告之间不存在合同关系)。*Sports & General Press Agency Ltd v. "Our Dogs" Publishing Co. Ltd* [1917] 2 KB 125(不是一个人格利用案件,不过承认在这个有关狗的展示会的案件中,独家拍摄照片的权利不是法律已知的一种财产)。
[42] *Tolley v. J. S. Fry & Sons Ltd* [1931] AC 333; *Clark v. Freeman* (1848) 11 Beav 112(不过原告的权利主张没有得到支持)。
[43] (1973) 40 DLR (3d) 15, 28.

正式的权威观点其实并不太被重视。更重要的是潜在的实质理由,特别是明显的商业事实,即一个人的形象具有事实上的价值,且能被有效的作为商品而进行交易。在此意义上,正式的司法权威意见的缺乏意味着对这样一种新的侵权形式的承认是一个极为大胆的举动,尤其是在考虑到安大略省的法院经常被认为是加拿大诸省中最为保守的法院之一时,我们就更感到吃惊了[44]。新的侵权形式的发展方式,不是通过逐渐扩张现有诉因(如仿冒或诽谤)直至形成一个独立的和自主的诉因的方式,而是通过在一审时候的一次大胆的司法跳跃实现的。

如果我们回顾一下美国的隐私权的发展历史,就会发现其也更多的是有赖于宽泛原则的使用,而不是精确的归纳逻辑,这种回顾对我们也是有价值的。沃伦和布伦代斯的论文是建立在一些涉及到普通法中的版权和违反保密义务的英国案件中的权威观点之上的,他们把这些权威观点用于支持他们所发现的一项更为宽泛的原则,即"一项更为一般性的让一个人不受打扰的权利"[45]。最后,这个"光辉的诡计"[46]被法院接受和采用了,尽管在一开始纽约上诉法院拒绝使用这种观点[47],因为纽约上诉法院依据的是一种细致的和正式的对相关权威观点的解释,有些类似于英国风格的司法推理。但后来隐私权被乔治亚州最高法院所接受[48],更多的重点被放在了宽泛原则而不是正式的权威意见之上。[49] 后来,当公开权从隐私权中兴起时,尽管对其他法律理论还有一些依赖,但第一个重要案件,*Haelan Laboratories* 案中的推理涉及到了一个相当大的逻辑跳跃。在支持新权利的时候,法官只引用了少量案

---

[44] See, e. g., J. D. Murphy and R. Rueter, *State Decisis in Commowealth Appellate Courts* (Toronto, 1981), 24.

[45] S. Warren and L. Brandeis, "The Right to Privacy" (1890) 4 HarLRev 193, 205, 及见第 7 章.

[46] R. Dworkin, *Taking Rights Seriously* (London, 1977), 119.

[47] Roberson v. Rochester Folding Box Co. ,171 NY 538 (1902).

[48] Pavesich v. New England Life Insurance Co. 50 SE 68 (1905).

[49] 一般情况可见第 7 章.

件,而其他的是相当粗糙的被区分的。

对先例的一个更为宽松的理论和一系列其他因素揭示了在美国的非常不相同的法律变迁动力学。[50] 不过,此领域的英国法看上去多少和所有其他主要普通法系统的做法不相一致。它本身没有什么错,不过对支持那些判决的正式的法律权威意见和政策因素明显缺乏一个批判的分析。无可否认的是,经常涉及到中间程序的各不相同的英国案例,还不能为展示这些问题提供理想的平台。

大多数的意见认为,任何在保护人格利益时超出现存的责任种类的原创性举动将来自于司法界而不是立法界。这反映了美国和德国的经验,在美国和德国,是法院而不是立法机关承担了发展法律的责任。1998 年《人权法》为英国法提供了一个根据《欧洲人权公约》体现的价值发展法律的机会。重新确认隐私的社会价值将使法院可以利用这些价值发展普通法。在宪法上规定了各种基本权利的普通法法域多少更可能会以一种更为原则化的方式,通过"根据宪法性原则的普通法的交叉授粉"来发展法律,纵使宪法性原则还不能产生直接的影响。[51] 在受到篡夺了立法机关的权力的指责的时候,为适用一个已有的原则的做法进行辩护,要比为发展出了一种全新的权利或诉因辩护容易得多。[52] 此外,在有关公约的案件中转向更明确的以权利为基础的推理方式,要求法院把"一项权利是受到保护的"作为论证的出发点[53],这种思维方式

---

[50] See 189—198 above.
[51] J. D. R. Craig, "Invasion of Privacy and Charter Values: The Common Law Tort Awakens" (1997) 42 McGill LJ 355, 373.
[52] Cf. Warren and Brandeis, "The Right to Privacy", 213, and see 149 above.
[53] See N. Browne-Wilinson, "The Impact on Judicial Reasoning" in B. S. Markesinis (ed.) *The Impact of the Human Right Bill on English Law* (Oxford, 1998), 21, 22—23. Cf. D. W. Leebron, "The Right to Privacy's Place in the Intellectual History of Tort Law" (1991) 41 Case West Res L Rev, 注意到美国的隐私侵权行为法受到了权利术语的影响,这是一个相当罕见的特征,源于沃伦和布兰代斯的经典论文;其他现代的侵权形式很少这样以权利为基础的语言进行表述。

可能会渗透入整个普通法,而实质性的理由也可能会变得比那些一直以来都在否认隐私权在英国法中的存在的形式理由更为重要。[54] 对一项新的救济将会有害于言论自由的担心仍将存在,不过这些担心将变得不太重要,因为1998年《人权法》迫使法院必须在相竞争的私人生活的权利和言论自由之间进行明确的权衡。[55]

在研究任何新的发展可能采取的确切形式的问题上,《欧洲人权公约》所保护的权利的开放性结构将可能无法提供什么帮助。不过在决定对隐私的保护方式可能采取的确切方式的时候,以及决定任何新权利的范围和性质的时候,英国法院将越来越需要考虑能从其他国家学点什么。人格的商业利用问题在美国以隐私权的方式,在德国以人格权的方式都得到了令人瞩目的发展,而且这个问题可以很容易地与有关隐私的辩论区别开来。如果英国法院要着手发展一种针对人格的商业利用的新的救济方式的话,那对其他体系中的相当偶然的发展作出及时的比较,可能会产生极为丰硕的成果。

---

[54] See, e. g., *Kaye v. Robertson*, above.
[55] See 218—224 above.

参考文献

Abbott, F., Cottier, T., and Gurry, F., *The International Intellectual Property System Commentary and Materials* (The Hague: Kluwer, 1999).
Adams, J., *Character Merchandising* (2nd edn) (London: Butterworths, 1996).
— 'Is There a Tort of Unfair Competition?' [1985] JBL 26.
— 'The Liability of a Trade Mark or Name Licensor for the Acts and Defaults of his Licensees' [1981] EIPR 314.
— 'Unfair Competition: Why a Need is Unmet' [1992] 8 EIPR 259.
Addison, N., and Lawson-Cruttenden, T., *Harassment Law & Practice* (London: Butterworths, 1998).
Advertising Standards Authority, *British Code of Advertising Practice* (10th edn) (London: Advertising Standards Authority, 1999).
Agrawal, J., and Kamakura, W. A., 'The Economic Worth of Celebrity Endorsers: An Event Study Analysis' (1995) 59(3) *Journal of Marketing* 56.
Akazaki, L., 'Source Theory and Guarantee Theory in Anglo-American Trade Mark Policy: A Critical Legal Study' (1990) 72 JSPTO 255.
Annand, R., and Norman, H., *Blackstone's Guide to the Trade Marks Act 1994* (London: Blackstone Press, 1994).
Arden, M., 'The Future of the Law of Privacy' (1998–9) 9 KCLJ 1.
Arnold, M. S., Green, T. A., Scully, S. A., and White, S. D. (eds.), *On the Laws and Customs of England* (Chapel Hill: University of North Carolina Press, 1981).
Arnold, R., *Performers' Rights* (2nd edn) (London: Sweet Maxwell, 1997).
Atiyah, P. S., and Adams, J., *The Sale of Goods* (9th edn) (London, Pitman, 1995).
Atiyah, P. S., and Summers, R. S., *Form and Substance in Anglo-American Law* (Oxford: Oxford University Press, 1987).
Aubrey, J. M., 'A Justification of the Patent System' in J. Phillips (ed.), *Patents in Perspective* (Oxford: ESC Publishing, 1985).
Bagehot, R., *Sales Promotion: A Legal Guide* (London: Sweet & Maxwell, 1993).
Bagshaw, R., 'Obstacles on the Path to Privacy Torts' in P. Birks (ed.), *Privacy and Loyalty* (Oxford: Oxford University Press, 1997).
Baird, D. G., 'Common Law Intellectual Property and the Legacy of *International News Service* v. *Associated Press*' (1983) 50 U Chi L Rev 411.
Baker, J. H., *An Introduction to English Legal History* (3rd edn) (London: Butterworths, 1990).

Barendt, E. M., *Freedom of Speech* (Oxford: Clarendon Press, 1985).
  'Privacy and the Press' in E. M. Barendt (ed.), *Yearbook of Media and Entertainment Law 1995* (Oxford: Clarendon Press, 1995).
  'Privacy as a Constitutional Right and Value' in P. Birks (ed.), *Privacy and Loyalty* (Oxford: Oxford University Press, 1997).
  'What Is the Point of Libel Law?' [1999] CLP 110.
  (ed.), *The Yearbook of Media and Entertainment Law 1995* (Oxford: Clarendon Press, 1995).
Barnett, S. R., 'The Right of Publicity Versus Free Speech in Advertising: Some Counter-Points to Professor McCarthy' (1996) 18 Hastings Comm & Ent LJ 593.
Beatson, J., and Grosz, S., 'Horizontality: A Footnote' (2000) 116 LQR 385.
Becker, L. C., 'Deserving to Own Intellectual Property' (1993) 68 Chi-Kent LRev 609.
  Property Rights: Philosophic Foundations (London: Routledge & Kegan Paul, 1977).
Beckerman, J. S., 'Adding Insult to *Iniuria*: Affronts to Honor and the Origins of Trespass' in M. S. Arnold, T. A. Green, S. A. Scully and S. D. White (eds.), *On the Laws and Customs of England* (Chapel Hill: University of North Carolina Press, 1981).
Beddard, R., 'Photographs and the Rights of the Individual' (1995) 58 MLR 771.
Bedingfield, D., 'Privacy or Publicity? The Enduring Confusion Surrounding the American Tort of Invasion of Privacy' (1992) 55 MLR 111.
Beier, F. K., 'The Law of Unfair Competition in the European Community – Its Development and Present Status' [1985] EIPR 284.
Bell, A. P., *The Modern Law of Personal Property* (London: Butterworths, 1989).
Benn, S. I., 'The Protection and Limitation of Privacy' (1978) 52 ALJ 601.
Bergmann, S., 'Publicity Rights In the United States and Germany: A Comparative Analysis' (1999) 19 LoyLA Ent LJ 479.
Berkman, H. I., 'The Right of Publicity – Protection For Public Figures and Celebrities' (1976) 42 Brook L Rev 527.
Beverley-Smith, H., Ohly, A. and Lucas-Schloetter, A., *Privacy, Property and Personality* (Cambridge: Cambridge University Press, forthcoming, 2003).
Bingham, T., 'Should There Be a Law to Protect Rights of Personal Privacy?' [1996] EHRLR 450.
  'The Way We Live Now: Human Rights in the New Millennium' [1998] Web JCLI.
Birks, P., 'Civil Wrongs: A New World' in *Butterworth Lectures 1990–91* (London: Butterworths, 1992).
  Introduction to the Law of Restitution (Oxford: Clarendon Press, 1985).
  'The Academic and the Practitioner' (1998) 18 LS 397.
  (ed.), *The Frontiers of Liability* (Oxford: Oxford University Press, 1994).
  Wrongs and Remedies in the Twenty-First Century (Oxford: Clarendon Press, 1996).
Blom-Cooper, L., and Pruitt, L. R., 'Privacy Jurisprudence of the Press Complaints Commission' (1994) 23 Anglo-AmLR 133.

Bloustein, E. J., 'Privacy as an Aspect of Human Dignity: An Answer to Dean Prosser' (1964) 39 NYULRev 962.
  'Privacy is Dear at Any Price: A Response to Professor Posner's Economic Theory' (1978) 12 GaLRev 429.
Bolger, P., 'The Common Law and the Tort of Appropriation of Personality: Part I' (1999) 3 IIPR 16.
Borchard, W., 'The Common Law Right of Publicity is Going Wrong in the US' [1992] Ent LR 208.
Brett, H., 'Unfair Competition – Not Merely an Academic Issue' [1979] EIPR 295.
Breyer, S., 'The Uneasy Case for Copyright: A Study of Copyright in Books, Photocopies and Computer Programs' (1970) 84 HarvLRev 281.
Bridgeman, J., and Jones, M. A., 'Harassing Conduct and Outrageous Acts: A Cause of Action for Intentionally Inflicted Mental Distress?' (1994) 14 LS 180.
Brierley, J. E. C., and Macdonald, R. A., *Quebec Civil Law* (Toronto: Emond Montgomery Publications Ltd, 1993).
Brittan, L., 'The Right of Privacy in England and the United States' (1963) 37 Tulane L Rev 235.
Browne-Wilkinson, N., 'The Impact on Judicial Reasoning' in B. S. Markesinis (ed.), *The Impact of the Human Rights Bill on English Law* (Oxford: Oxford University Press, 1998).
Buchanan, C. L., 'A Comparative Analysis of Name and Likeness Rights in the United States and England' (1988) Golden Gate UL Rev 301.
  'The Need For a Right of Publicity' [1988] EIPR 227.
Bugbee, B. W., *Genesis of American Patent and Copyright Law* (Washington: Public Affairs Press, 1967).
Burchell, J., *Principles of Delict* (Cape Town: Juta & Co., 1993).
Burley, S. G., 'Passing Off and Character Merchandising: Should England Lean Towards Australia?' [1991] EIPR 227.
Burns, P., 'The Law of Privacy: The Canadian Experience' (1976) 54 Can B Rev 1.
  'Unfair Competition: A Compelling Need Unmet' [1981] EIPR 311.
Burrows, A., 'Reforming Exemplary Damages: Expansion or Abolition?' in P. Birks (ed.), *Wrongs and Remedies in the Twenty-First Century* (Oxford: Clarendon Press, 1996).
  Remedies for Torts and Breach of Contract (2nd edn) (London: Butterworths, 1994).
  The Law of Restitution (London: Butterworths, 1993).
Buxton, R., 'The Human Rights Act And Private Law' (2000) 116 LQR 48.
Calcutt Committee, Report of Press Self-Regulation, Cm 2135 (London: HMSO, 1993).
  Report of the Committee on Privacy and Related Matters, Cm 1102 (London: HMSO, 1990).
Callmann, R., *The Law of Unfair Competition, Trade Marks and Monopolies* (3rd edn) (Mundelein, Ill.: Callaghan & Co., 1967).

Cane, P., 'The Basis of Tortious Liability' in P. Cane and J. Stapleton (eds.), *Essays for Patrick Atiyah* (Oxford: Clarendon Press, 1991).
Tort Law and Economic Interests (2nd edn) (Oxford: Oxford University Press, 1996).
Carter, A., *The Philosophical Foundations of Property Rights* (London: Harvester Wheatsheaf, 1989).
Carter-Ruck, P. F., *Carter-Ruck on Libel and Slander* (4th edn) (London: Butterworths, 1992).
Carty, H., 'Character Merchandising and The Limits of Passing Off' (1993) 13 LS 289.
'Dilution and Passing Off: Cause for Concern' (1996) 112 LQR 632.
'Heads of Damage in Passing Off' [1996] EIPR 487.
'Intentional Violation of Economic Interests: The Limits of Common Law Liability' (1988) 104 LQR 250.
'Passing Off and the Concept of Goodwill' [1995] JBL 139.
'Passing Off at the Crossroads' [1996] EIPR 629.
Chalton, S., Gaskill, S., Walden, I., Grant, G., and Inger, L., *Encyclopaedia of Data Protection* (London: Sweet & Maxwell, 1988–2000).
Chandrani, R., 'Cybersquatting – A New Right to Protect Individual Names In Cyberspace' [2000] Ent LR 171.
'ICANN Now Others Can' [2000] Ent LR 39.
Chong, S., and Maniatis, S. M., 'The Teenage Mutant Hero Turtles Case Zapping English Law on Character Merchandising Past the Embryonic Stage' [1991] EIPR 253.
Chromecek, M., and McCormack, S. C., *World Intellectual Property Guidebook Canada* (New York: Mathew Bender, 1991).
Clayton, R., and Tomlinson H., *The Law of Human Rights* (Oxford: Oxford University Press, 2000).
Cohen, F. S., 'Dialogue on Private Property' (1954) 9 RutgLRev 357.
'Transcendental Nonsense and the Functional Approach' (1935) 35 Colum L Rev 809.
Cohen, M. R., and Cohen, F. S., *Readings in Jurisprudence and Legal Philosophy* (New York: Prentice-Hall, 1951).
Coleman, A., 'The Unauthorised Commercial Exploitation of the Names and Likenesses of Real Persons' [1982] EIPR 189.
Coombe, R. J., 'Objects of Property and Subjects of Politics: Intellectual Property Laws and Democractic Dialogue' (1991) 69 TexLRev 1853.
'The Celebrity Image and Cultural Identity: Publicity Rights and the Subaltern Politics of Gender' (1992) 14 *Discourse: Berkeley Journal for Theoretical Studies in Media and Culture* 59.
Cooter, R., and Ulen, T., *Law and Economics* (2nd edn) (New York: Addison-Wesley, 1997).
Coppel, J., *The Human Rights Act 1998: Enforcing the European Convention in the Domestic Courts* (Chichester: John Wiley & Sons, 1999).
Cornish, W. R., 'Genevan Bootstraps' [1997] EIPR 336.
Intellectual Property (4th edn) (London: Sweet & Maxwell, 1999).
'Unfair Competition? A Progress Report' (1972) 12 JSPTL 126.

Cotterell, R., 'The Law of Property and Legal Theory' in W. Twining (ed.), *Legal Theory and Common Law* (Oxford: Basil Blackwell, 1986).
Coulter, M., *Property In Ideas: The Patent Question in Mid-Victorian Britain* (Kirksville, Mo.: The Thomas Jefferson University Press, 1991).
Craig, J. D. R., 'Invasion of Privacy and Charter Values: The Common Law Tort Awakens' (1997) 42 McGill LJ 355.
Craig, J. D. R., and Nolte, N., 'Privacy and Free Speech in Germany and Canada: Lessons for an English Privacy Tort' [1998] EHRLR 162.
Cross, R., and Harris, J. W., *Precedent in English Law* (4th edn) (Oxford: Clarendon Press, 1991).
Crown, G., *Advertising Law and Regulation* (London: Butterworths, 1998).
Curley, D., 'Cybersquatters Evicted: Protecting Names Under the UDRP' [2001] Ent LR 91.
D'Amato, A., 'Comment on Professor Posner's Lecture on Privacy' (1978) 12 GaLRev 497.
Date-Bah, S. K., 'Defamation, The Right to Privacy and Unauthorised Commercial Use of Photographs: *Kate Anthony v. University of Cape Coast Revisited*' (1977) 14 UGhana LJ 101.
Davies, G., *Copyright and the Public Interest* (Weinheim: VCH, 1994).
Day, J. P., 'Locke on Property' (1966) 16 *Philosophical Quarterly* 207.
Demsetz, H., 'Toward a Theory of Property Rights' (1967) 57(II) AmEconRev 347.
Denicola, R. C., 'Institutional Publicity Rights: An Analysis of the Merchandising of Famous Trade Symbols' (1985) 75 TMR 41.
Department of National Heritage, Privacy and Media Intrusion: The Government's Response, Cm 2918 (London: HMSO, 1995).
Department of Trade and Industry, Reform of Trade Marks Law, Cm 1203 (London: HMSO, 1990).
Devlin, P., *Samples of Lawmaking* (Oxford: Oxford University Press, 1962).
The Judge (Oxford: Oxford University Press, 1981).
Dias, R. W. M. (ed.), *Clerk and Lindsell on Torts* (16th edn) (London: Sweet & Maxwell, 1989).
Dickler, G., 'The Right of Privacy' (1936) 70 USLRev 435.
Drahos, P., *A Philosophy of Intellectual Property* (Aldershot: Dartmouth, 1996).
'Intellectual Property and Human Rights' [1999] IPQ 349.
(ed.), *Intellectual Property* (Aldershot: Dartmouth, 1999).
Drechsel, R. E., 'Intentional Infliction of Emotional Distress: New Tort Liability for Mass Media' (1985) Dick LRev 339.
Drysdale, J., and Silverleaf, M., *Passing Off Law and Practice* (2nd edn) (London: Butterworths, 1994).
Duffy, P. J., 'English Law and the European Convention on Human Rights' (1980) 29 ICLQ 585.
Dugdale, A. M. (ed.), *Clerk and Lindsell on Torts* (18th edn) (London: Sweet & Maxwell, 2000).
Duggan, A. J., 'Fairness in Advertising: In Pursuit of the Hidden Persuaders' (1977) 11 MULR 50.

Duxbury, J., *'Ninja Turtles v. Crocodile Dundee'* [1991] EIPR 427.
Dworkin, G., 'Intentionally Causing Economic Loss – *Beaudesert Shire Council* v. *Smith* Revisited' (1974) 1 MonashULRev 4.
　'Privacy and the Law' in J. B. Young (ed.), *Privacy* (Chichester: John Wiley & Sons, 1979).
　'Privacy and the Press' (1961) 24 MLR 185.
　'The Common Law Protection of Privacy' (1967) 2 U Tas LR 418.
　'Unfair Competition: Is the Common Law Developing a New Tort?' [1979] EIPR 241.
Dworkin, R., *Taking Rights Seriously* (London: Duckworth, 1977).
Eady, D., 'Opinion: A Statutory Right to Privacy' [1996] EHRLR 243.
Eisenschitz, T. S., 'The Value of Patent Information' in J. Phillips (ed.), *Patents in Perspective* (Oxford: ESC, 1985).
Elmslie, M., and Lewis, M., 'Passing Off and Image Merchandising in the UK' [1992] EIPR 270.
Epstein, R. A., 'A Taste for Privacy? Evolution and the Emergence of a Naturalistic Ethic' (1980) J Legal Studies 605.
　'*International News Service v. Associated Press*: Custom and Law as Sources of Property Rights in News' (1992) 78 Virg L Rev 85.
　'Privacy, Property Rights, and Misrepresentations' (1978) 12 GaLRev 455.
Evans, G. E., 'Comment on the Terms of Reference and Procedure for the Second WIPO International Name Process' [2001] EIPR 61.
Falconbridge, J. D., 'Desirable Changes in the Common Law' (1927) 5 Can B Rev 581.
Faulks, N., Report of the Committee on Defamation, Cmnd 5909 (London: HMSO, 1975).
Fawcett, J. E. S., *The Application of the European Convention on Human Rights* (2nd edn) (Oxford: Clarendon Press, 1987).
Felcher, P. L., and Rubin, E. L., 'Privacy, Publicity, and the Portrayal of Real People by the Media' (1979) 88 Yale LJ 1577.
　'The Descendibility of the Right of Publicity: Is There Commercial Life After Death?' (1980) 89 Yale LJ 1125.
Feldman, D., 'Human Dignity as a Legal Value' – Part I [1999] PL 682, Part II [2000] PL 61.
　'Privacy-related Rights and Their Social Value' in P. Birks (ed.), *Privacy and Loyalty* (Oxford: Clarendon Press, 1997).
　'Secrecy, Dignity, or Autonomy? Views of Privacy as a Civil Liberty' (1994) 47 CLP 41.
　'The Developing Scope of Article 8 of the European Convention on Human Rights' [1997] EHRLR 265.
Fenwick, H., and Phillipson, G., 'Confidence and Privacy: A Re-Examination' (1996) 55 CLJ 447.
Fleming, J. G., *Introduction to the Law of Torts* (2nd edn) (Oxford: Oxford University Press, 1985).
　The American Tort Process (Oxford: Oxford University Press, 1988).
　The Law of Torts (9th edn) (Sydney: The Law Book Co, 1998).

Frank, J., *Law and the Modern Mind* (London: Stevens & Sons, 1949).
Frazer, T., 'Appropriation of Personality – A New Tort?' (1983) 99 LQR 281.
  'Publicity, Privacy and Personality' [1983] EIPR 139.
Freeman, M. D. A., *Lloyd's Introduction to Jurisprudence* (6th edn) (London: Sweet & Maxwell, 1994).
Freund, P. A., 'Privacy: One Concept or Many?' in J. R. Pennock and J. W. Chapman (eds.), *Nomos XIII Privacy* (New York: Atherton Press, 1971).
Fridman, G. H. L., *Fridman on Torts* (London: Waterlow, 1990).
Fried, C., 'Privacy' (1968) 77 Yale LJ 475.
Friedmann, W., *Law in a Changing Society* (2nd edn) (London: Penguin Books, 1972).
Gaines, J., *Contested Culture: The Image, The Voice and The Law* (London: BFI Publishing, 1992).
Garnett, K., Rayner James, J., and Davies, G., *Copinger and Skone James on Copyright* (14th edn) (London: Sweet & Maxwell, 1999).
Gavison, R., 'Privacy and Its Legal Protection', D.Phil thesis, University of Oxford (1975).
  'Privacy and the Limits of Law' (1980) 89 Yale LJ 421.
Geller, P. E. (ed.), *International Copyright Law and Practice* (New York: Mathew Bender, 1999).
Gerety, T., 'Redefining Privacy' (1977) 12 Harv CR-CL Law Rev 233.
Gibson, D., 'A Comment on *Athans v. Canadian Adventure Camps Ltd et al.*' (1979) 4 CCLT 37.
  'Common Law Protection of Privacy: What To Do Until the Legislators Arrive' in L. N. Klar (ed.), *Studies in Canadian Tort Law* (Toronto: Butterworths, 1977).
  (ed.), *Aspects of Privacy Law* (Toronto: Butterworths, 1980).
Gibson, J. T. R., *Wille's Principles of South African Law* (6th edn) (Cape Town: Juta & Co., 1970).
Giliker, P., 'A "New" Head of Damages: Damages for Mental Distress in the English Law of Torts' (2000) 20 LS 19.
Gitchel, J. M., 'Domain Name Dispute Policy Provides Hope to Parties Confronting Cybersquatters' (2000) JPTOS 611.
Goff, R., and Jones, G. H., *The Law of Restitution* (5th edn) (London: Butterworths, 1998).
Goldstein, P., *Copyright* (Boston: Little, Brown & Co., 1989).
Goode, R., *Commercial Law* (2nd edn) (London: Penguin, 1995).
Goodenough, O. R., 'A Right to Privacy in the United Kingdom: Why not the Courts?' [1993] EIPR 227.
  'The Price of Fame: The Development of the Right of Publicity in the United States' [1992] EIPR 55.
Goodhart, A. L., 'The Foundation of Tortious Liability' (1938) 2 MLR 1.
Goodman, E. J., 'A National Identity Crisis: The Need For a Federal Right of Publicity Statute' (1999) 9 DePaul-LCA J Art & Ent L 227.
Gordon, W. J., 'An Inquiry Into the Merits of Copyright: The Challenges of Consistency, Consent and Encouragement Theory' (1989) 41 Stanford L Rev 1343.

'A Property Right in Self-Expression: Equality and Individualism in the Natural Law of Intellectual Property' (1993) 102 Yale LJ 1533.

'On Owning Information: Intellectual Property and the Restitutionary Impulse' (1992) 78 Virg L Rev 149.

Götting, H. P., *Persönlichkeitsrechte als Vermögensrechte* (Tübingen: JCB Mohr (Paul Siebeck), 1995).

Grady, M. F., 'A Positive Economic Theory of the Right of Publicity' (1994) 1 UCLA Ent L Rev 109.

Gray, K., 'Property in Thin Air' (1991) 50 CLJ 252.

Grayson, E., *Sport and the Law* (3rd edn) (London: Butterworths, 2000).

Gregory, C. O., and Kalven, K., *Cases and Materials on Torts* (2nd edn) (Boston: Little, Brown & Co., 1969).

Grey, T. C., 'The Disintegration of Property' in J. R. Pennock and J. W. Chapman (eds.), *Property: Nomos XXII* (New York: New York University Press, 1980).

Grodin, J. R., 'The Right of Publicity: A Doctrinal Innovation' (1953) 62 Yale LJ 1123.

Gross, H., 'The Concept of Privacy' (1967) 42 NYULRev 34.

Gross, L., Katz, J. S., and Ruby, J., *Image Ethics: The Moral Rights of Subjects in Photographs Film and Television* (Oxford: Oxford University Press, 1988).

Grosz, S., Beatson, J., and Duffy, P., *Human Rights: The 1998 Act and the European Convention* (London: Sweet & Maxwell, 2000).

Gurry, F., *Breach of Confidence* (Oxford: Clarendon Press, 1984).

Gutteridge, H. C., 'The Comparative Law of the Right to Privacy I' (1931) 47 LQR 203.

Hadley, H. S., 'The Right to Privacy' (1894) 3 Northwestern U L Rev 1.

Hamilton, M. A., *et al.*, 'Rights of Publicity: An In-Depth Analysis of the New Legislative Proposals to Congress' (1998) 16 Cardozo Arts & Ent LJ 209.

Hamilton, W. H., 'Property According to Locke' (1932) 41 Yale LJ 864.

Hammond, R. G., *Personal Property* (2nd edn) (Oxford: Oxford University Press, 1992).

Handford, P. R., 'Damages for Injured Feelings in Australia' (1982) 5 UNSWLJ 291.

'Intentional Infliction of Mental Distress – Analysis of the Growth of a Tort' (1979) 8 Anglo-AmLR 1.

'Moral Damage in Germany' (1978) 27 ICLQ 849.

'*Wilkinson* v. *Downton* and Acts Calculated to Cause Physical Harm' (1985) 16 UnivWA LRev 31.

Harper, F. W., and James, F., *The Law of Torts* (Boston: Little, Brown & Co., 1956).

Harris, D., 'Can the Law of Torts Fulfil its Aims' (1990–1) 14 NZULR 113.

Remedies in Contract and Tort (London: Weidenfeld & Nicholson, 1988).

Hart, H. L. A., 'Definition and Theory in Jurisprudence' reprinted in *Essays in Jurisprudence and Philosophy* (Oxford: Clarendon Press, 1983).

The Concept of Law (2nd edn) (Oxford: Clarendon Press, 1994).

Hegel, G. W. F., *Philosophy of Right*, trans. T. M. Knox (Oxford: Oxford University Press, 1942).

Henkin, L., 'Privacy and Autonomy' (1974) 74 Colum L Rev 1410.

Henning-Bodewig, F., 'Celebrity Endorsement Under German Law' (1991) 11 IIC 194.

Henry, M. (ed.), *International Privacy, Publicity and Personality Laws* (London: Butterworths, 2001).

Hettinger, E. C., 'Justifying Intellectual Property' (1989) 18 *Philosophy and Public Affairs* 31.

Heuston, R. V. F., and Buckley, R. A., *Salmond and Heuston on the Law of Torts* (21st edn) (London: Sweet & Maxwell, 1996).

Heydon, J. D., *Economic Torts* (2nd edn) (London: Sweet & Maxwell, 1978).

Hixson, R. F., *Privacy in a Public Society* (New York: 1987).

Hobbs, G., 'Passing Off and the Licensing of Merchandising Rights' [1980] EIPR 47.

Hoffman, S. J., 'Limitations on the Right of Publicity' (1980) 28 Bull Copyright Soc'y 111.

Holdsworth, W. S., 'Defamation in the Sixteenth and Seventeenth Centuries' (1924) 40 LQR 302.

Holyoak, J., 'United Kingdom Character Rights and Merchandising Rights Today' [1993] JBL 444.

Honoré, A. M., 'Ownership' in A. Guest (ed.), *Oxford Essays in Jurisprudence* (Oxford: Oxford University Press, 1961).

Hoppe, T., 'Profit from Violation of Privacy Through the European Tabloid Press' (1999) 6 MJ 1.

Howell, R. G., 'Character Merchandising: The Marketing Potential Attaching to a Name, Image, Persona or Copyright Work' (1991) 6 IPJ 197.

'Is There an Historical Basis for the Appropriation of Personality Tort?' (1988) 4 IPJ 265.

'Personality Rights: A Canadian Perspective: Some Comparisons With Australia' (1990) 1 IPJ (Australia) 212.

'The Common Law Appropriation of Personality Tort' (1986) 2 IPJ 149.

Hughes, J., 'The Philosophy of Intellectual Property' (1988) 77 GeoLJ 287.

Hughes, R. T., *Hughes on Trade Marks* (Toronto: Butterworths, 1999).

Hulme, E. W., 'On the History of Patent Law in the Seventeenth and Eighteenth Centuries' (1902) 18 LQR 280.

'The History of the Patent System Under the Prerogative and at Common Law' (1896) 12 LQR 141.

Hunt, M., 'The "Horizontal Effect" of the Human Rights Act' [1998] PL 423.

Hylton, B., and Goldson, P., 'The New Tort of Appropriation of Personality: Protecting Bob Marley's Face' (1996) 55 CLJ 56.

Ilting, K. H., 'The Structure of Hegel's *Philosophy of Right*' in Z. A. Pelczynski (ed.), *Hegel's Political Philosophy: Problems and Perspectives* (Cambridge: Cambridge University Press, 1971), 91.

Irvine, J., 'The Appropriation of Personality Tort' in D. Gibson (ed.), *Aspects of Privacy Law* (Toronto: Butterworths, 1980).

Isaac, B., 'Merchandising or Fundraising?: Trade Marks and the Diana, Princess of Wales Memorial Fund' [1998] EIPR 441.

'Personal Names and the UDRP: A Warning to Authors and Celebrities' [2001] Ent LR 43.

Isgour, M., and Vinçotte, B., *Le Droit à l'image* (Brussels: Larcier, 1998).
Jacobs, F. G., and White, R. C. A., *The European Convention on Human Rights* (2nd edn) (Oxford: Oxford University Press, 1996).
Jaffey, P., 'Merchandising and the Law of Trade Marks' [1988] IPQ 240.
Jones, G., 'Restitution of Benefits Obtained in Breach of Another's Confidence' (1970) 86 LQR 463.
Jones, S., 'A Child's First Steps: The First Six Months of Operation – The ICANN Dispute Resolution Procedure for Bad Faith Registration of Domain Names' [2001] EIPR 66.
Justice, *Privacy and the Law* (London: Stevens & Sons, 1970).
Kalven, H., 'Privacy in Tort Law: Were Warren and Brandeis Wrong?' (1966) 31 Law ContProbl 326.
Kamperman Sanders, A., *Unfair Competition: A New Approach* (London: The Intellectual Property Institute, 1996).
Unfair Competition Law (Oxford: Clarendon Press, 1997).
Kaplan, B., *An Unhurried View of Copyright* (New York: Columbia University Press, 1967).
Kaufmann, P. J., *Passing Off and Misappropriation* (Weinheim: VCH, 1986).
Keeton, W. P., *Prosser and Keeton on the Law of Torts* (5th edn) (St Paul: West Publishing Co., 1984).
Kelly, J. M., 'The Inner Nature of the Tort Action' (1967) 2 IrJur (NS) 279.
Kendtridge, S., 'Lessons from South Africa' in B. S. Markesinis (ed.), *The Impact of the Human Rights Bill on English Law* (Oxford: Oxford University Press, 1998).
Kitchin, D., Llewelyn, D., Mellor, J., Meade, R., and Moody-Stewart, T., *Kerly's Law of Trade Marks and Trade Names* (13th edn) (London: Sweet & Maxwell, 2001).
Klar, L. N., *Tort Law* (Toronto: Carswell, 1991).
(ed.), *Studies in Canadian Tort Law* (Toronto: Butterworths, 1977).
Klippert, G. B., *Unjust Enrichment* (Toronto: Butterworths, 1983).
Knowlson, J., *Damned to Fame: The Life of Samuel Beckett* (London: Bloomsbury, 1996).
Korn, A. H., 'Character Merchandising' [1981] JBL 432.
Krüger, C., 'Right of Privacy, Right of Personality and Commercial Advertising' (1982) 13 IIC 183.
Kwok, R., '*Cardtoons v. Major League Baseball Players Association*: Fair Use or Foul Play?' (1998) 5 UCLA Ent L Rev 315.
Laddie, M., Prescott, P., and Vitoria, M., *The Modern Law of Copyright and Designs* (3rd edn) (London: Butterworths, 2000).
Lahore, J., *Copyright and Designs* (Sydney: Butterworths, 1996).
Patents, Trade Marks and Related Rights, Vol. I (Sydney: Butterworths, 1996).
'The *Pub Squash* Case: Legal Theft or Free Competition?' [1981] EIPR 54.
Landon, P. A., *Pollock's Law of Torts* (15th edn) (London: Stevens & Sons, 1951).
Lange, D., 'Recognizing the Public Domain' (1981) 44 Law ContProbl 147.
Larremore, W., 'The Law of Privacy' (1912) 12 Colum L Rev 693.

Law Commission, Consultation Paper No. 132, 'Aggravated, Exemplary and Restitutionary Damages' (London: HMSO, 1993).
Law Commission, Consultation Paper No. 137, 'Liability for Psychiatric Illness' (London: HMSO, 1995).
Law Commission, Report No. 110, 'Breach of Confidence', Cmnd 8388 (London: HMSO, 1981).
Leebron, D. W., 'The Right to Privacy's Place in the Intellectual History of Tort Law' (1991) 41 Case West Res L Rev 769.
Lehmann, M., 'The Theory of Property Rights and the Protection of Intellectual and Industrial Property' (1985) 16 IIC 525.
Leigh, I., 'Horizontal Rights, The Human Rights Act And Privacy: Lessons From the Commonwealth' (1999) 48 ICLQ 57.
Lester, A., 'English Judges as Lawmakers' [1993] PL 269.
  'Private Lives and Public Figures: Freedom of Political Speech in a Democratic Society' (1999) 4 Comms L 43.
Lester, A., and Oliver, D. (eds.), *Constitutional Law and Human Rights* (London: Butterworths, 1997).
Lester, A., and Pannick, D., 'The Impact of the Human Rights Act on Private Law: The Knight's Move' (2000) 116 LQR 380.
  (eds.), *Human Rights Law and Practice* (London: Butterworths, 1999).
Libling, D., 'The Concept of Property: Property in Intangibles' (1978) 94 LQR 103.
Liddy, J., 'Article 8: The Pace of Change' (2000) 51 NILQ 397.
Linden, A. M., 'Torts Tomorrow – Empowering the Injured' in N. J. Mullany and A. M. Linden (eds.), *Torts Tomorrow: A Tribute to John Fleming* (Sydney: LBC, 1998).
Linden, L. M., *Canadian Tort Law* (4th edn) (Toronto: Butterworths, 1988).
Lloyd, D., 'The Recognition of New Rights' [1961] CLP 39.
Lobbin, S. M., 'The Rights(s) of Publicity in California: Is Three Really Greater Than One?' (1995) 2 UCLA Ent L Rev 157.
Locke, J., *Two Treatises of Government*, ed. P. Laslett (Student Edition) (Cambridge: Cambridge University Press, 1988).
Logeais, E., 'The French Right to One's Image: A Legal Lure?' [1994] Ent LR 163.
Lord Chancellor's Department, *Infringement of Privacy: A Consultation Paper* (London: Lord Chancellor's Department, July 1993).
Loucaides, L. G., 'Personality and Privacy Under the European Convention on Human Rights' (1990) 61 BYBIL 175.
MacCormick, N., 'A Note Upon Privacy' (1973) 89 LQR 23.
  'Privacy: A Problem of Definition?' (1974) 1 JLS 75.
Machlup, F., and Penrose, E., 'The Patent Controversy in the Nineteenth Century' (1950) 10 *Journal of Economic History*, 11.
Macpherson, C. B. (ed.), *Property: Mainstream and Critical Positions* (Oxford: Basil Blackwell, 1978).
Madow, M., 'Private Ownership of Public Image: Popular Culture and Publicity Rights' (1993) 81 CalifLRev 125.

Magruder, C., 'Mental and Emotional Disturbance in the Law of Torts' (1936) 49 HarvLRev 1033.
Marconi, J., *Image Marketing* (Chicago: NTC Business Books, 1997).
Markesinis, B. S., *Always on the Same Path* (Oxford: Hart Publishing, 2001).
  'Ligitation Mania in England, Germany and the USA: Are We So Very Different?' [1990] CLJ 233.
  'Our Patchy Law of Privacy – Time to do Something About It' (1990) 53 MLR 802.
  'Privacy, Freedom of Expression, and the Horizontal Effect of the Human Rights Bill: Lessons From Germany' (1999) 115 LQR 47.
  'The Calcutt Report Must Not be Forgotten' (1992) 55 MLR 118.
  The German Law of Obligations, Vol. II, The Law of Torts: A Comparative Introduction (3rd edn) (Oxford: Clarendon Press, 1997).
  'The Right to be Let Alone Versus Freedom of Speech' [1986] PL 67.
  (ed.), *Protecting Privacy* (Oxford: Oxford University Press, 1999).
  The Gradual Convergence: Foreign Influences and English Law on the Eve of the 21st Century (Oxford: Clarendon Press, 1994).
Markesinis, B. S., and Deakin, S. F., *Tort Law* (4th edn) (Oxford: Clarendon Press, 1999).
Markesinis, B. S., and Enchelmaier, S., 'The Applicability of Human Rights as Between Individuals Under German Constitutional Law' in B. S. Markesinis (ed.), *Protecting Privacy* (Oxford: Oxford University Press, 1999).
Markesinis, B. S., and Nolte, N., 'Some Comparative Reflections on the Right of Privacy of Public Figures in Public Places' in P. Birks (ed.), *Privacy and Loyalty* (Oxford: Clarendon Press, 1997).
Marsh, N. S., 'Hohfeld and Privacy' (1973) 89 LQR 183.
Martino, T., *Trademark Dilution* (Oxford: Oxford University Press, 1996).
Mathieson, D. L., 'Comment on *Sim v. H. J. Heinz & Co. Ltd*' (1969) 39 Can B Rev 409.
McCarthy, J. T., *McCarthy on Trade Marks and Unfair Competition* (4th edn) (St Paul, Minn.: West Publishing, 1999).
  'Public Personas and Private Property: The Commercialization of Human Identity' (1989) 79 TMR 681.
  The Rights of Publicity and Privacy (2nd edn) (New York: Clark Boardman Callaghan, 2001).
McEvoy, S. A., '*Pirone v. Macmillan Inc.*: Trying to Protect the Name and Likeness of a Deceased Celebrity Under Trade Mark Law and the Right of Publicity' (1997) 19 Comm & L 51.
McGeehan, A. O., 'Trademark Registration of a Celebrity Persona' (1997) 87 TMR 351.
McGregor, H., *McGregor on Damages* (17th edn) (London: Sweet & Maxwell, 1997).
  'Restitutionary Damages' in P. Birks (ed.), *Wrongs and Remedies in the Twenty-First Century* (Oxford: Clarendon Press, 1996).
McKerron, R. G., *The Law of Delict* (7th edn) (Cape Town: Juta & Co., 1971).
McLean, D., 'False Light Privacy' (1997) 19 Comm & L 63.

McMullan, J., 'Personality Rights in Australia' (1997) 8 AIPJ 86.
McQuoid-Mason, D. J., *The Law of Privacy in South Africa* (Cape Town: Juta & Co. 1978).
Meinhardt, P., *Inventions, Patents and Monopoly* (London: Stevens & Sons, 1946).
Michaels, A., 'Confusion in and About Sections 5(3) and 10(3) of the Trade Marks Act 1994' [2000] EIPR 335.
Milmo, P., and Rogers, W. V. H., *Gatley on Libel and Slander* (9th edn) (London: Sweet & Maxwell, 1998).
Morcom, C., 'Character Merchandising – a Right or a Mere Opportunity?' [1978] EIPR 7.
Morcom, C., Roughton, A., and Graham, J., *The Modern Law of Trade Marks* (London: Butterworths, 1999).
Morison, W. L., 'Unfair Competition and Passing Off – The Flexibility of a Formula' (1956) 2 Sydney L Rev 50.
Mullany, N. J., and Handford, P. R., *Tort Liability for Psychiatric Damage* (Sydney: The Law Book Co., 1993).
Mullany, N. J., and Linden, A. M. (eds.), *Torts Tomorrow: A Tribute to John Fleming* (Sydney: LBC, 1998).
Munro, C., 'Self-Regulation in the Media' [1997] PL 6.
Munzer, S. R., *A Theory of Property* (Cambridge: Cambridge University Press, 1990).
Murphy, J. D., and Rueter, R., *Stare Decisis in Commonwealth Appellate Courts* (Toronto: Butterworths, 1981).
Murumba, S. K., *Commercial Exploitation of Personality* (Sydney: The Law Book Co., 1986).
Naismith, S. H., 'Photographs, Privacy and Freedom of Expression' [1996] EHRLR 150.
National Heritage Select Committee, *Fourth Report: Privacy and Media Intrusion* (London: HMSO, 1993).
Neill, B., 'Privacy: A Challenge for the Next Century' in B. S. Markesinis (ed.), *Protecting Privacy* (Oxford: Oxford University Press, 1999).
  'The Protection of Privacy' (1962) 25 MLR 393.
Neill, B., and Rampton, R., *Duncan and Neill on Defamation* (2nd edn) (London: Butterworths, 1983).
Nelson, V., *The Law of Entertainment and Broadcasting* (2nd edn) (London: Sweet & Maxwell, 2000).
Nicholas, B. N., *An Introduction to Roman Law* (Oxford: Clarendon Press, 1962).
Nimmer, M. B., 'The Right of Publicity' (1954) 19 Law ContProbl 203.
Nimmer, M. B., and Nimmer, D., *Nimmer on Copyright Vol. 3* (New York: Mathew Bender & Co., 2000).
Note (Anonymous), 'An Actionable Right of Privacy? *Roberson v. Rochester Folding Box Co.*' (1902) 12 Yale LJ 35.
  'Development of the Law of Privacy' (1894) 8 HarvLRev 280.
  'Is this Libel? More About Privacy' (1894) 7 HarvLRev 492.
  'The Right to Privacy' (1891) 5 HarvLRev 148.
  'The Right to Privacy' (1898) 12 HarvLRev 207.
  'The Right to Privacy – The Schuyler Injunction' (1895) 9 HarvLRev 354.
  'The Unauthorised Use of Portraits' (1930) ALJ 359.

Nozick, R., *Anarchy, State and Utopia* (Oxford: Basil Blackwell, 1974).
Nyman, B., 'Character Merchandising' [1991] EIPR 134.
O'Brien, D., 'The Right of Privacy' (1902) 2 Colum L Rev 437.
Ollier, P. D., and Le Gall, J. P., 'Various Damages' in A. Tunc (ed.), *International Encyclopaedia of Comparative Law, Vol. XI: Torts* (Tübingen: Martinus Nijhoff, 1981).
Olsen, J., and Maniatis, S. (eds.), *Trade Marks: World Law and Practice* (London: FT Law and Tax, 1998).
Onions, C. T. (ed.), *The Oxford Dictionary of English Etymology* (Oxford: Oxford University Press, 1966).
Oppenheim, C., 'The Information Aspects of Patents' in J. Phillips (ed.), *Patents in Perspective* (Oxford: ESC, 1985).
Osborne, D., 'Domain Names, Registration and Dispute Resolution and Recent UK Cases' [1997] EIPR 644.
 'Don't Take My Name in Vain! ICANN Dispute Resolution Policy and Names of Individuals' [2000] 5 Comms L 127.
Osborne, D., and Willoughby, T., 'Nominet's New Dispute Resolution Procedure – They CANN Too!' (2001) 6 Comms L 95.
Pannam, C., 'Unauthorised Use of Names or Photographs in Advertisements' (1966) 40 ALJ 4.
Parker, R. B., 'A Definition of Privacy' (1974) 27 RutgLRev 275.
Partridge, E., *Origins* (London: Routledge, 1958).
Pasek, V., 'Performers' Rights in Sport: The Experts Comment' (1990) 9 CW 12.
 'Performers' Rights in Sport: Where Does Copyright Stand?' (1990) 8 CW 13.
Paterson, A., *The Law Lords* (London: Macmillan 1982).
Paton, G. W., 'Broadcasting and Privacy' (1938) Can B Rev 425.
Paton, G. W., and Derham, D. P., *A Textbook on Jurisprudence* (4th edn) (Oxford: Clarendon Press, 1972).
Patterson, L. R., *Copyright in Historical Perspective* (Nashville: Vanderbilt University Press, 1968).
Pennock, J. R., and Chapman, J. W. (eds.), *Nomos XIII: Privacy* (New York: Atherton Press, 1971).
 Nomos XXII: Property (New York: New York University Press, 1980).
Phillips, J., 'Life After Death' [1998] EIPR 201.
 'The Diminishing Domain' [1996] EIPR 429.
 (ed.), *Patents in Perspective* (Oxford: ESC, 1985).
Phillips, J., and Coleman, A., 'Passing Off and the Common Field of Activity' (1985) 101 LQR 242.
Phillips, J., and Firth, A., *Introduction to Intellectual Property Law* (3rd edn) (London: Butterworths, 1995).
Phillipson, G., 'The Human Rights Act, "Horizontal Effect" and the Common Law: A Bang or a Whimper?' (1999) 62 MLR 824.
Phillipson, G., and Fenwick, H., 'Breach of Confidence as a Privacy Remedy in the Human Rights Act Era' (2000) 63 MLR 660.
Picard, E., 'The Right to Privacy in French Law' in B. S. Markesinis (ed.), *Protecting Privacy* (Oxford: Oxford University Press, 1999).
Pinckaers, J. C. S., *From Privacy Towards a New Intellectual Property Right in Persona* (The Hague, Kluwer, 1996).

Pinker, R., 'Human Rights and Self Regulation of the Press' (1999) 4 Comms L 51.
Pollock, F., *The Law of Torts* (12th edn) (London: Stevens & Son, 1923).
Porter, Report of the Committee on the Law of Defamation, Cmd 7536 (London: HMSO, 1948).
Posner, R. A., *Economic Analysis of Law* (3rd edn) (Boston: Little, Brown & Co., 1986).
  Law and Legal Theory in England and America (Oxford: Clarendon Press, 1996).
  Overcoming Law (Cambridge, Mass.: Harvard University Press, 1995).
  'The Right of Privacy' (1978) 12 GaLRev 393.
Post, R. C., 'Rereading Warren and Brandeis: Privacy, Property and Appropriation' (1991) 41 Case West Res L Rev 647.
  'The Social Foundations of Defamation Law: Reputation and the Constitution' (1986) 74 CalifLRev 691.
Pottage, A., 'Property: Re-appropriating Hegel' (1990) 53 MLR 259.
Potvin, L., 'Protection Against the Use of One's Likeness in Quebec Civil Law, Canadian Common Law and Constitutional Law (Part II)' (1997) 11 IPJ 295.
Pound, R., 'Interests of Personality' (1914) 28 HarvLRev 343 and 445.
  Jurisprudence (St Paul, Minn.: West Publishing Co., 1959).
Pratt, W. F., *Privacy in Britain* (London: Associated University Presses, 1979).
Prescott, P., '*Kaye v. Robertson*: A Reply' (1991) 54 MLR 451.
  'Libel and Pornography' (1995) 58 MLR 752.
Press Complaints Commission, *Code of Practice* (London: Press Complaints Commission, 1999).
Prosser, W. L., 'Intentional Infliction of Mental Suffering: A New Tort' (1939) 37 Mich L Rev 874.
  'Privacy' (1960) 48 CalifLRev 383.
Quint, P. E., 'Free Speech and Private Law in German Constitutional Theory' (1989) 48 Mary L Rev 247.
Ramsay, I., *Advertising, Culture and the Law* (London: Sweet & Maxwell, 1996).
Reeve, A., *Property* (London: Macmillan, 1986).
Reichman, J. H., 'Legal Hybrids Between The Patent and Copyright Paradigms' (1994) 94 Colum L Rev 2432.
Reid, Lord, 'The Judge as Lawmaker' (1972) 12 JSPTL 22.
Rein, I. J., Kotler, P., and Stoller, M. R., *High Visibility* (London: Heinemann, 1987).
Richard, H. G., *Canadian Trade Marks Act Annotated* (Toronto: Carswell, 1991–2000).
Richard, H. G., and Carrière, L., *Canadian Copyright Act Annotated* (Scarborough, Ontario: Carswell, 1993).
Richards, T., *The Commodity Culture of Victorian England* (London: Verso, 1990).
Ricketson, S., 'Confidential Information – A New Proprietary Interest?' (1977) 11 MULR 223.
  'Reaping Without Sowing: Unfair Competition and Intellectual Property Rights in Anglo-Australian Law' (1984) 7 UNSWLJ (special issue) 1.

Rijkens, R., and Miracle, G. E., *European Regulation of Advertising* (Oxford: North-Holland, 1986).
Robertson, G., and Nicol, A. G. L., *Media Law* (3rd edn) (London: Penguin, 1992).
Robinson, R. S., 'Preemption, The Right of Publicity, and a New Federal Statute' (1998) 16 Cardozo Arts & Ent LJ 183.
Rogers, W. V. H., *Winfield and Jolowicz on Tort* (14th edn) (London: Sweet & Maxwell, 1994).
Rose, M., *Authors and Owners* (Cambridge, Mass.: Harvard University Press, 1993).
Rubenfeld, J., 'The Right of Privacy' (1989) 102 HarvLRev 737.
Rudden, B., 'Torticles' (1991–2) 6/7 *Tulane Civil Law Forum* 105.
Ruijsenaars, H. E., 'Legal Aspects of Merchandising: The AIPPI Resolution' [1996] EIPR 330.
'The WIPO Report on Character Merchandising' (1994) 25 IIC 532.
Schechter, F., 'The Rational Basis of Trademark Protection' (1927) 40 HarvLRev 813.
Schlechtriem, P., 'Some Thoughts on the Decision of the BGH Concerning Princess Caroline of Monaco' in B. S. Markesinis (ed.), *Protecting Privacy* (Oxford: Oxford University Press, 1999).
Seipp, D., 'English Judicial Recognition of a Right to Privacy' (1983) 3 OJLS 325.
Shanahan, D. R., ' "Image Filching" in Australia: The Legal Provenance and Aftermath of the "Crocodile Dundee" Decisions' (1991) 81 TMR 351.
Sherman, B., and Bently, L., *The Making of Modern Intellectual Property Law* (Cambridge: Cambridge University Press, 1999).
Sherman, B., and Kaganas, F., 'The Protection of Personality and Image: An Opportunity Lost' [1991] EIPR 340.
Singer, E. M., 'The Development of the Common Law Tort of Appropriation of Personality in Canada' (1998) 15 CIPR 65.
Singh, R., 'Privacy and the Media: The Impact of the Human Rights Bill' in B. S. Markesinis (ed.), *Protecting Privacy* (Oxford: Oxford University Press, 1999).
Skinner, Q., 'Meaning and Understanding in the History of Ideas' (1969) 8 *History and Theory* 3.
Spector, H., 'An Outline of a Theory Justifying Intellectual and Industrial Property Rights' [1989] EIPR 270.
Spence, M., 'Passing Off and the Misappropriation of Valuable Intangibles' (1996) 112 LQR 472.
Stapleton, J., 'In Restraint of Tort' in P. Birks (ed.), *The Frontiers of Liability* (Oxford: Oxford University Press, 1994).
Steiner, H. J., and Alston, P., *International Human Rights is Context* (2nd edn) (Oxford: Oxford University Press, 2000).
Sterling, J. A. L., *World Copyright Law* (London: Sweet & Maxwell, 1998).
Stewart, A., 'Damages For Mental Distress Following Breach of Confidence: Preventing or Compensating Tears' [2001] EIPR 302.
Stewart, S. M., *International Copyright and Neighbouring Rights* (2nd edn) (London: Butterworths, 1989).

Steyn, J., 'Does Legal Formalism Hold Sway in England?' [1996] CLP 43.
Stoll, H., 'The General Right to Personality in German Law: An Outline of its Development and Present Significance' in B. S. Markesinis (ed.), *Protecting Privacy* (Oxford: Oxford University Press, 1999).
Story, A., 'Owning Diana, from People's Princess to Private Property' [1998] 5 Web JCLI.
Strasser, M., 'The Rational Basis of Trademark Protection Revisited: Putting the Dilution Doctrine into Context' (2000) 10 Fordham Intell Prop Media & Ent LJ 375.
Street, T. A., *The Foundations of Legal Liability* (Northport, N.Y.: Edward Thompson Company, 1906).
Strowel, A., '*Droit d'Auteur* and Copyright: Between History and Nature' in B. Sherman and A. Strowel (eds.), *Of Authors and Origins* (Oxford: Clarendon Press, 1994).
Taylor, C. T., and Silberston, Z. A., *The Economic Impact of the Patent System: A Study of the British Experience* (Cambridge: Cambridge University Press, 1973).
Terrell, T. P., and Smith, J. S., 'Publicity, Liberty and Intellectual Property: A Conceptual and Economic Analysis of the Inheritability Issue' (1985) 34 Emory LJ 1.
Terry, A., 'Image Filching and Passing Off in Australia: Misrepresentation or Misappropriation? *Hogan v. Koala Dundee Pty Ltd*' [1990] EIPR 219.
  'The Unauthorised Use of Celebrity Photographs in Advertising' (1991) 65 ALJ 587.
  'Unfair Competition and the Misappropriation of a Competitor's Trade Values' (1988) 51 MLR 296.
Theedar, S., 'Privacy in Photographic Images' [1999] PLPR 59.
Thorley, S., *et al.*, *Terrell on the Law of Patents* (15th edn) (London: Sweet & Maxwell, 2000).
Thwaite, G. J., and Brehm, W., 'German Privacy and Defamation Law: The Right to Publish in the Shadow of the Right to Human Dignity' [1994] EIPR 336.
Toulson, R. G., and Phipps, C. M., *Confidentiality* (London: Sweet & Maxwell, 1996).
Treece, J. M., 'Commercial Exploitation of Names, Likenesses and Personal Histories' (1973) 51 TexLRev 637.
Trindade, F. A., 'The Intentional Infliction of Purely Mental Distress' (1986) 6 OJLS 219.
Trindade, F. A., and Cane, P., *The Law of Torts in Australia* (2nd edn) (Melbourne: Oxford University Press, 1993).
Tully, J., *An Approach to Political Philosophy: Locke in Contexts* (Cambridge: Cambridge University Press, 1993).
Twining, W. (ed.), *Legal Theory and Common Law* (Oxford: Basil Blackwell, 1986).
Vahrenwald, A., 'Photographs and Privacy in Germany' [1994] Ent LR 205.
Van Caenegem, W., 'Different Approaches to the Protection of Celebrities Against Unauthorised Use of Their Image in Advertising in Australia, the United States and the Federal Republic of Germany' [1990] EIPR 452.

Van Der Kamp, G., 'Protection of Trade Marks: The New Regime – Beyond Origin?' [1998] EIPR 364.
Vaughan, F. L., *The United States Patent System* (Norman, Okla.: University of Oklahoma Press, 1956).
Vaver, D., 'Intellectual Property Today: Of Myths and Paradoxes' (1990) 69 Can B Rev 98.
   'What's Mine Is Not Yours: Commercial Appropriation of Personality Under the Privacy Acts of British Columbia, Manitoba and Saskatchewan' (1981) 15 UBCL Rev 241.
Veitch, E., 'Interests in Personality' (1972) 23 NILQ 423.
Von Bar, C., *The Common European Law of Torts Vol. I* (Oxford: Oxford University Press, 1998).
Wacks, R., *Personal Information* (Oxford: Clarendon Press, 1989).
   Privacy and Press Freedom (London: Blackstone Press, 1995).
   'The Poverty of Privacy' (1980) 96 LQR 73.
   The Protection of Privacy (London: Sweet & Maxwell, 1980).
   (ed.), *Privacy*, 2 vols. (Aldershot: Dartmouth, 1993).
Wade, J. W., 'Defamation and the Right of Privacy' (1962) 15 Vand L Rev 1093.
Wade, W., Horizons of Horizontality' (2000) 116 LQR 217.
   'Human Rights and the Judiciary' [1998] EHRLR 520.
Wadlow, C., *The Law Of Passing Off* (2nd edn) (London: Sweet & Maxwell, 1995).
Waelde, C., 'Commercialising the Personality of the Late Diana, Princess of Wales – Censorship by the Back Door?' in N. Dawson and A. Firth (eds.), *Perspectives on Intellectual Property, Vol. VII: Trade Marks Retrospective* (London: Sweet & Maxwell, 2000), 211.
Waldron, J., 'From Authors to Copiers: Individual Rights and Social Values in Intellectual Property' (1993) 68 Chic-Kent LRev 841.
   The Right to Private Property (Oxford: Clarendon Press, 1988).
Walton, F. P., 'The Comparative Law of the Right to Privacy II' (1931) 47 LQR 219.
Warbrick, C., 'The Structure of Article 8' [1998] EHRLR 32.
Warren, S., and Brandeis, L., 'The Right to Privacy' (1890) 4 HarvLRev 193.
Watts, J., *Signatures and Portraits as Trade Marks* (London: Intellectual Property Institute, 1998).
Wee Loon, N. L., 'Emergence of a Right to Privacy from Within the Law of Confidence?' [1996] IPR 307.
Welkowitz, D. S., 'Catching Smoke, Nailing Jell-O To a Wall: The Vanna White Case and the Limits of Celebrity Rights' (1995) 3 J Intell Prop L 67.
Wernick, W., *Promotional Culture* (London: Sage, 1991).
Westin, A., *Privacy and Freedom* (London: Bodley Head, 1967).
White, G. E., *Tort Law in America – An Intellectual History* (Oxford: Oxford University Press, 1980).
White, T. A. Blanco, and Jacob, R., *Kerly's Law of Trade Marks and Trade Names* (12th edn) (London: Sweet & Maxwell, 1986).
Whitford Committee, Report of the Committee to Consider the Law on Copyright and Designs, Cmnd 6732 (London: HMSO, 1977).

Wigmore, J., 'Responsibility for Tortious Acts: Its History' (1894) 7 HarvLRev 441.
Williams, G. L., 'The Aims of the Law of Tort' [1951] 4 CLP 137.
'The Foundations of Tortious Liability' [1941] 7 CLJ 111.
Williams, G. L., and Hepple, B. A., *Foundations of the Law of Tort* (2nd edn) (London: Butterworths, 1984).
Wilson, H. W., 'Privacy, Confidence and Press Freedom: A Study in Judicial Activism' (1990) 53 MLR 43.
Winfield, P. H., 'Privacy' (1931) 47 LQR 23.
'The Foundation of Liability in Tort' (1927) 27 Colum L Rev 1.
The Province of the Law of Tort (Cambridge: Cambridge University Press, 1931).
Winner, E. P., 'Right of Identity: Right of Publicity and Protection of a Trademark's "Persona"' (1981) 71 TMR 193.
Wood, J. P., *The Story of Advertising* (New York: The Ronald Press Company, 1958).
World Intellectual Property Organisation, *Model Provisions on Protection Against Unfair Competition* (Geneva: WIPO, 1996).
Protection Against Unfair Competition (Geneva: WIPO, 1994).
'The Recognition of Rights and the Use of Names in the Internet Domain Name System: Interim Report of the Second WIPO Internet Domain Name Process' (Geneva, 12 April 2001).
Yen, A., 'Restoring the Natural Law: Copyright as Labor and Possession' (1990) 51 Ohio St LJ 517.
Young, D., *Passing Off* (3rd edn) (London: Longman, 1994).
Younger Committee, Report of the Committee on Privacy, Cmnd 5012 (London: HMSO, 1972).
Zimmerman, D., 'False Light Invasion of Privacy: The Light That Failed' (1989) 64 NYULRev 364.
'Requiem to a Heavyweight: A Farewell to Warren and Brandeis's Privacy Tort' (1983) 68 Cornell L Rev 291.
Zimmerman, R., *Roman Law, Contemporary Law, European Law* (Oxford: Oxford University Press, 2001).
The Law of Obligations (Oxford: Clarendon Press, 1996).
Zimmermann, R., and Visser, D., *Southern Cross: Civil Law and Common Law in South Africa* (Oxford: Clarendon Press, 1996).
Zweigert, K., and Kötz, H., *An Introduction to Comparative Law* (3rd edn) (Oxford: Clarendon Press, 1998).

索　引

（索引中页码为原书页码即本书边码）

说明：为避免无益的条目重复，本书没有将索引按国别体例分别编列。在对某个特定国家（如澳大利亚）或者两个国家（如澳大利亚/英国）的情况展开探讨时，将以在标题或者副标题中加注的形式标明。在正文中，英格兰（England）是比联合王国（United Kingdoms）更为常用的词。当这两个词语同时出现时，索引将使用英格兰/联合王国（England/UK）的形式。

对案例的参考，读者可一般性地参照案例目录表。索引中只包含那些与特定概念有关的、被详尽论述的、具有里程碑意义的案例。

advertising codes，广告守则 see Advertising Standards Authority Code of Advertising Practice（UK）; Independent Television Commission Code of Advertising Standards and Practice（UK）;

Advertising Standards Authority Code of Advertising Practice（UK），（英国）广告标准局（制定的）广告行为守则，50-3

 coverage/exceptions，管辖范围；适用除外，50

 economic interests, protection of，经济利益/对经济利益的保护，52-3

 endorsements，认证，51-2

 judicial review of decisions，对判决的司法审查，51

 legal authority，立法当局，51

 privacy, right of，隐私/隐私权 51-3

  infrequency of complaints，投诉的罕见，53

  Royal Family，王室，52

 sanctions，批准，51

  injunction under Control of Misleading Advertisements Regulations 1988，依据1988年《误导广告规制规定》所发布的禁制令，51

 variations between editions of,（法

律)版本之间的变化,52-3
applicable law, ICANN panel, 适用的法律/ICANN 审理委员会适用的法律,54
appropriation of personality tort, 人格利用侵权 see misappropriation of personality (Canada); specific remedy for commercial appropriation of personality
assault and battery, 人身攻击与殴打,15

bad/good faith, relevance 恶意/善意(相关)
 domain name protection, 域名保护 54, 55-8
  burden of proof, 举证负担/责任,56
  requirements, 要件,55, 57
 trade marks, 商标,38-9, 41, 43
balance of convenience,(在判决上)便利性平衡,68-9, 88-9
battery,殴打, see assault and battery
Bill of Rights (South Africa),(南非)人权法案
 applicability between private individuals, 在个人之间的可适用性,216
breach of confidence (England),(英国)违反保密义务,207-11,322
 as basis of general right to privacy, 隐私之一般性权利的基础,248
 information surreptitiously obtained, 秘密获取的信息,209

property right, relevance, 财产权,280-1
requirements breach of obligation of confidence, 违背保密义务的要件,208-9, 210-11,223
 confidential quality, 秘密程度,208
 unauthorised use, 未经授权的利用,208
business goodwill, 商誉 see goodwill as requirement in passing off action (Australia/England)

Calcutt Reports, Calcutt 报告
 Press Self-Regulation (1993), 媒体自律规则,241
 Privacy and Related Matters (1990)(England),(英国)《隐私及相关事项》
  defamation/right of privacy, 诽谤/隐私权 263
  definition of privacy, 隐私的定义 201 n. 2
  appropriation of personality, exclusion, 人格利用/除外,240-1
  pressing social need test, "紧迫的社会需要"检验准则,240-1
character merchandising, 角色商品化 5-6, 73, 76, 81, 83-4, 92-7, 103-4, 108-10; see also misrepresentation requirement in passing off

action (Australia/England); passing off (Australia/England)
Charter of Human Rights and Freedoms (Quebec),(魁北克省)《人权与自由宪章》,17, 111
   applicability between private individuals,在个人之间的可适用性,225
   freedom of expression in relation to other rights,与其他权利相关的言论自由,135, 225-7
   image, right to control,形象/形象的控制权,225-7
Charter of Rights and Freedoms (Canada),(加拿大)《权利与自由宪章》
   applicability between private individuals,个人之间的可适用性,215-16
   relevant factors,相关要素,225
   freedom of expression in relation to other rights,与其他权利相关的言论自由,224-6
common field of activity test,共同活动领域的检验准则,74-8, 82, 85-7, 88, 89, 99, 100-1
   Krouse, *Krouse*案,118
   measure of damages and,损害赔偿金的测算和,100
compensation,补偿,*see* damages
confusion as requirement in passing off,作为仿冒侵权要件的混淆,60, 72, 73-6, 77, 80-4, 91-2, 94-5, 105-7
contingent fee rules, as factor in development of privacy law,风险代理及酬金规则,作为隐私法发展的要素,191
contract, breach (England),(英国)违反合同,18
copyright,版权; *see also* intellectual property; patents; performance rights; trade marks
   as economic interest,作为经济利益,19
   as property right,作为财产权,275, 277-8
   Locke's labour theory and, Locke的劳动理论,291-2
   character merchandising and,角色商品化,5, 83, 93-4
   creative effort, relevance,创造性努力(相关),5
   fictitious characters and,虚构角色,5, 93-5
   natural law theory and,自然法理论,301 n. 65
   performance rights and,表演权,34-5, 302
   utilitarian basis,功利主义的基础,303-7
copyright (Australia), character merchandising and,(澳大利亚)版权,角色商品化和,93-4
copyright (England),(英国)版权
   character merchandising and, Whit-

ford Committee Report on the Law on Copyright and Designs (1977)，角色商品化和，关于 1977 年《版权和设计法》的 Whitford 委员会报告，83

common law/statutory right，普通法/法定权利，147 n.16, 300-1

Copyright Act 1956，1956 年《版权法》，34

Copyright Designs and Patents Act 1988，1988 年《版权设计和专利法》，33-4, 205, 302 n73

name，姓名，75, 83-4

ownership，所有权，34-5

photography，摄影，34

right of privacy and common law，隐私权和普通法，148-9

Human Rights Act 1998，1998 年《人权法》，222

utilitarian basis, Act for the Encouragement of Learning, etc., 1710，功利主义的基础，1710 年《鼓励学习法》等，300-1

value of process，程序价值，32

copyright (Germany)，(德国)版权

Kunsturhebergesetz (KUG) (Artistic Copyright Act) 1907，1907 年《艺术版权法》，229, 231

personality, right of, and，人格/人格权，230-1

copyright (USA)，(美国)版权

as property right，作为财产权，148

common law/statutory right，普通法权利/制定法权利，301 n.65

dignitary interests and，尊严性利益，147-9

right of privacy and，隐私权，147-9

courts' willingness to develop law，法院发展法律的意愿

in Australia，在澳大利亚，109-10, 113-15

dignitary interests, protection，尊严性利益/保护，15-16

in England，在英国，109-10, 113-15, 191, 194-6, 204, 238, 324-9

in Germany，在德国，7, 22-3, 227-30, 328

in Ontario，在安大略省，325-7

in USA，在美国，109-10, 119, 155-6, 191, 327-8

damage, need for in case of misappropriation of personality (Canada)，(加拿大)(对于构成盗用人格案件必备的)损害，127-37

actionability *per se*，自身可诉性，128-31

damage or risk of damage to business or professional goodwill，对经营或职业声誉的损害或者造成损害之危险，127

presumption of，推定，127-8

damage, need for in defamation actions (England)，(英国)(构成诽谤侵

权必备的)损害,7,247-8,250-1
 action on the case as basis,以案情为基础的诉讼,250-1
 difficulty of determining,决定的难度,251-2
 presumption of,对……的推定,62,251
 sufficiency of intent,充分的主观目的要件,203 n. 19
damage, need for in passing off action (Australia/England),(澳大利亚/英国)(构成仿冒侵权必备的)损害,60,64,66,71
 divergence between Australian and English jurisprudence,澳大利亚和英国法的分歧,98
 economic interests/reputation distinguished,经济利益/(与之区分的)名誉利益,71,78
 McGulloch,*McGulloch*案,73-5
 proof, need for,证据/举证的必要,98-9
  burden,(举证)负担,75,99
  presumption of damage,损害的推定,62,88,98-9
  reputation/misrepresentation cases distinguished,名誉案件/(与之相区分的)虚假陈述案件,98-9
 qualification as,条件
  actual or probable damage,实际或者可能损害,98
  damage to business goodwill,对商誉的损害,60,61-2,63,64,66,71,97-107
  professional, artistic or literary occupation distinguished,(相区分的)职业性或文艺行业,100-1
 dilution,稀释,105-7
  common law,普通法,106
  confusion, relevance,混淆(相关),105-7
  Trade Marks Act 1994,1994年商标法,106
 diversion of trade,经营的转移,98,99
 exposure to liability/litigation,承担责任/诉讼的风险,64,74,101-2
  Consumer Protection Act 1987,1987年《消费者保护法》,101
  Routh v. Webster rule,*Routh v. Webster*案规则,63-4,101
 injurious association,有害的关联,99-101,102
 loss of control of reputation,丧失对名誉的控制,102-3
 lost licensing opportunity,丧失许可的机会,79,88,103-5
  Stringfellow,*Stringfellow*案,103-4
  Tot Toys (New Zealand),(新西兰)*Tot Toys*案,104-5
 real risk of damage to professional

reputation,对职业名誉损害的现实危险,74,100-1

risk of damage to business,对经营损害的危险,91-2,100-1

damage, need for in privacy actions (Quebec),(魁北克省)构成侵犯隐私案的必备的损害,227

damages,损害赔偿

 as factor in development of right of privacy,隐私权发展中的因素,191,218

 dignitary interests,尊严性利益,131

 satisfaction/compensation distinguished,满足/(与之区分的)补偿 20,321

 divergency,分歧,10

 in England,英国

  Aggravated, Exemplary and Restitutionary Damages"(Law Commission)(1993),法律委员会1993年所作的《加重的、惩罚性的与恢复性损害赔偿》,21,22

  exemplary,惩罚性,22

  mental distress,精神痛苦,242-3,245,247-8

  reputation, injury to as primary factor,作为准要件的对名誉的损害,249-50

  satisfaction/compensation distinguished,满足/(与之区分的)补偿 21,251-2,320

 entitlement,权利

  emotional distress,感情痛苦,246-7,248

  mental distress,精神痛苦,242-3,245,247-8

 in France, faute as basis for,在法国,作为(诉讼)基础的"过错",7

 in Germany,在德国

  moral,精神上的,227-8,231-3

  satisfaction/compensation distinguished,满足/(与之区分的)补偿,22-3,232

 measure,权衡

  as determinant of general legal right,一般法定权利的决定因素,189

  common field of activity test,共同活动领域检验准则,100

  difficulty in case of violation of personality,侵犯人格案件处理的难度,6

  injury to feelings,对感情的伤害,147

  mental distress,精神痛苦,242-3

  exaggeration,夸大,264

  reputation, injury to as primary factor,作为准要件的对声誉的损害,249-50

  value of "property", relevance,财产的"价值"(相关),310 n. 107

 moral,道德上的

  nineteenth-century Germany, 19

世纪的德国,227-8
unauthorised dissemination of person's image, 未经授权散布个人肖像,227, 231-3
punitive, 惩罚性
   defamation (Australia), (澳大利亚)诽谤,251 n. 14
   publicity, right of (USA), (美国)公开权, 185
satisfaction/compensation distinguished, 满足/(相区分的)补偿, 21-3
defamation (England), (英国)诽谤,251-2, 320
dignitary interests, 尊严性利益, 20, 321
Germany, 德国,22
in USA, emotional distress, 在美国,感情痛苦,246-7, 248
death, relevance, 亡者/相关性, see descendibility
defamation, 诽谤,4, 15
   as dignitary tort, 作为尊严性侵权, 15
   as remedy for appropriation of personality, 作为对人格利用的救济,4, 23
   divergency of damages awards, 损害赔偿金的分歧,10
   passing off and, 仿冒,67, 70, 71
   privacy, right of and, 隐私/隐私权, 18
defamation (Australia), punitive damages, (澳大利亚)诽谤,惩罚性损害赔偿,251 n. 14
defamation (England), (英国)诽谤
   as sole remedy for appropriation of personality, 作为对人格利用的单一救济, 18, 23, 124, 253-7
   damage, need for, (对构成……必要的)损害,247-8
   difficulty of determining, 判定的难度,251-2
   presumption of, 推定……,251
   sufficiency of intent, 充分的主观要件,203 n. 19
   damages, satisfaction/compensation distinguished, 损害赔偿,满足/(相区分的)补偿 251-2, 320
   definition, absence, 界定, 缺少 252, 256-7
   mental distress, freedom from and, 不受精神痛苦的自由,247-8
   privacy, right of and, 隐私,权利和
      as alternative remedy, 作为替代性救济,258-70
   Calcutt Report (1990), 1990年Calcutt Report 报告,263
   Porter Report on the Law of Defamation (1948), 1948年关于《诽谤法》的 Porter 报告, 263 n. 81
   Younger Report on Privacy (1972), 1972年有关隐私的 Younger 委员会报告,263

defamation (New Zealand), privacy, right of as alternative remedy, (新西兰)诽谤,作为替代性救济的隐私权,263

defamation (Quebec), diligence, obligation of, (魁北克)诽谤,勤勉/勤勉义务,227

defamation (USA), (美国)诽谤

    false light distinguished, (相区别的)错误披露,261-2

    overlap with passing off, 与仿冒竞合,262

    privacy, right of and, 隐私权,147, 162, 249

    unsatisfactory nature of remedy, 令人不满的救济性质 262

descendibility, 可继受性,124-7, 136-7, 150-1, 234-5, 283-4, 285-6

dignitary interests, 尊严性利益,4; *see also* dignitary torts; economic interests, interaction with dignitary interests; mental distress, freedom from; privacy, right of; reputation as basis of appropriation of personality remedy, 作为人格利用侵权救济基础的声誉,313-15, 319-21

    constitutional provisions, 宪法条款, 17-18, 144

    definition/elements, 定义/要素,141

    difficulty, 难度,10-11

    non-marketability, 不可销售性,10-11

    obverse of economic interests, 经济性利益的反面,10

    in England, 在英国,17-18

    limitations of available remedies, 可获得救济的限制,142

    Germany, constitutional provisions, 德国,宪法条款,17-18, 230-3

    international instruments 国际规约

        European Convention on Human Rights (1950), 1950年《欧洲人权公约》,17, 144

        UN Charter,《联合国宪章》,17

        Universal Declaration of Human Rights,1948年《世界人权宣言》, 17

    real/fictitious person, 真实/虚拟的人,5

    subjective nature, (感受的)主观性,10

    inadequacy of monetary compensation, 金钱补偿的不足,10

    in USA, 在美国, *see* privacy, right of (USA)

dignitary torts, 侵犯尊严的侵权行为, 15-16; *see also* assault and battery; dignitary interests; mental distress, freedom from; privacy, right of

damages, 损害赔偿,131

    satisfaction/compensation distinguished, 满足/(相区分的)补偿,321

    in England, 在英国

damnum/dedecus, 损害, 141
injuria, 违法行为, 141-2
per se actionability of injury to dignitary interests, 伤害尊严性利益的自身可诉性, 22, 321
defamation, 诽谤, 62
in Germany, *injuria*, reaction against, 在德国, 对违法行为的反抗, 227-8
injuria, 违法行为, 141-3, 227-8
in Roman law, *injuria*, 罗马法上的违法行为, 141
in South Africa, 在南非
injuria, 违法行为, 142-3
actio injuriarum, requirements, 可诉的违法行为, 构成要件, 142-3
right of privacy and, 隐私权, 143
unfair competition distinguished, (相区分的)不正当竞争, 16
diligence, obligation of, 勤勉义务, 227
dilution doctrine, 稀释法则, 27, 105-7
Disputes. org/eResolution. caConsortium, 在线争端解决协会, 54
domain name protection, 域名保护
bad faith and, 恶意, 54, 55-8
burden of proof, 举证责任, 56
requirements, 构成要件, 55, 57
dispute resolution, 争端解决, 53-8
Disputes. org/eResolution. caConsortium, 在战争端解决协会, 54
ICANN administrative procedures, ICANN 的处理程序, 54
applicable law, 适用法, 54
limited nature of remedies, 救济的局限性, 54
mandatory, 强制的, 54-5
precedent, relevance, 先例(相关), 54
Nominet UK Ltd, Nominet 英国有限公司, 53-4
Uniform Domain Name Resolution Policy (UDRP), 统一域名争端解决规则, 54-8
WIPO jurisprudence, 世界知识产权组织法, 54
Barnes, *Barnes* 案, 56-7
Brown, *Brown* 案, 56
Springsteen, *Springsteen* 案, 55-6
Sting, *Sting* 案, 57
Winterson, *Winterson* 案, 55
intellectual property right, exclusion, 知识产权, 排除, 53
passing off remedy, 仿冒的救济, 53, 56-8
private individuals, 个人, 58
registration, effect, 登记, 效力, 56

eavesdropping, 偷听, 162
economic efficiency as justification for property rights in personality, 作为在人格中确立财产权的正当化理由的经济效率, 308-11
scarce resource argument, 稀缺资源

论,309-10

economic interests,经济利益;see also copyright; endorsement (UK); goodwill as requirement in passing off action (Australia/England); patents; performance rights; trade marks

Advertising Standards Authority Code of Advertising Practice (UK),(英国)广告标准局的《广告行为守则》,52-3

existing trading or licensing interests,既存的经营或许可利益,8-9,47,69-71,158

feature,特征

 acceptability of monetary compensation as full recompense,金钱补偿作为全部补偿的可接受性,8

 marketability of interest,利益的可销售性,8

 possibility of finite monetary compensation for invasion,对侵犯行为予以确定数目金钱补偿的可能性,8

 susceptibility to objective evaluation,对客观评价的感受性,8

intangible recognition values,无形的认可价值,8,9-10,47,69-71,131,158,319-20

interaction with dignitary interests,与尊严性利益的交叉,5,8-12,16,20,21,23-4,62

appropriation of personality remedy,人格利用的救济,124,126-7,270,287-8,314-15,319-21

as underlying divide,作为潜在分支,12-13

damnum/dedecus in English law,英国法上的损害,141

personality, right of,人格权,234,237

privacy, right of,隐私权,16,156-9,218,237,265-70,323-4

reputation, interest in,名誉上的利益,1 1,21,62,67,126-7,250-2

latent recognition value,潜在的认可价值;see intangible recognition values *above*

patents as,专利的,19

emotional distress,感情痛苦;see mental distress, freedom from

endorsement (UK),(英国)认证

 Advertising Standards Authority Code of Advertising Practice,广告标准局的《广告行为守则》,51-2

 "attention-grabbing devices" distinguished,吸引注意力的工具(相区分的)9,91

 examples,例子,9

 Independent Television Commission Code of Advertising Standards and Practice,独立电视委员会

（制定的）《广告标准和行为守则》,49

television advertising, 电视广告,49

uncertainty of definition, 定义的不确定性,5

endorsement misrepresentation, 有关认证的虚假陈述,72, 84-7, 89-93; see also misrepresentation requirement in passing off action (Australia/England)

misappropriation of personality (Canada) and, (加拿大)人格的盗用和 131-6

Krouse, Krouse 案,119-21,134

sponsorship distinguished, (相区分的)赞助/支持,90-1

"tools of the trade", 经营工具,86-9, 91

European Convention on Human Rights (1950), 1950 年《欧洲人权公约》

appeal, right of as right, 上诉/作为权利的上诉权,215

applicability in England, 在英国的适用性,214-24

between private individuals (horizontal effect), 在私人之间（水平影响力）,214-18

courts' obligations, 法院的义务, 214 n. 105

ECHR jurisprudence, relevance, 欧洲人权法院的法律处理（相关）,221

Human Rights Act 1998, 1998 年《人权法案》,214-18, 248, 328-9

Bill of Rights (South Africa) compared, （用来做比较的）(南非)《人权法案》, 216

Charter of Rights and Freedoms (Canada) compared, （用来做比较的）(加拿大)《权利和自由宪章》,215-16

courts' obligation to develop common law in accordance with Convention, 法院根据公约来发展普通法的义务, 214 n. 105, 216-18, 328-9

failure to incorporate, 未能并入,215, 221

dignitary interests,尊严性利益,17, 144

freedom of expression in relation to other rights, 与其他权利相关的表达/言论自由 48, 219-20, 328; see also privacy, right of below

commercial information, 商业信息,219-20

restrictions on, 限制,220

implementation as task of domestic authorities, 国内主管当局履行任务的执行,213

margin of appreciation, 裁量幅度, 213, 219-20
privacy, right of, 隐私权, 211-24
　breadth of right, 权利范围, 211-12
　freedom of expression and, 表达自由和, 219-20
　　truthful information, 真实信息, 219-20
　justified interference, 有依据的干涉, 212-13
　police photography, 警方照片, 212-13
　States' obligation to protect/provide remedy, 国家提供保护/提供救济的义务, 213-14

fair competition, 正当竞争; see unfair competition
Faulks Report, defamation and right of privacy distinguished, Faulks 报告, 诽谤和(相区分的)隐私权, 263
false light, 错误披露
　defamation and, 诽谤和
　　England, Younger Report on Privacy (1972), 英国 1972 年关于隐私的 Younger 委员会报告, 263
　　USA, 美国, 261-2
　　usefulness of distinction, 区分的作用, 264-5
　privacy, right of and, 隐私权和
　　England, 英国, 262 n. 71, 263-5

Faulks Report, Faulks 报告, 263
　USA, 美国, 161, 162, 180, 239 n. 243
fame, 名声; see misappropriation of intangibles; public figure
fictitious characters, 虚构人物/角色
　copyright law and, 版权法和, 5, 93-5
　dignitary interests and, 尊严性利益和, 5
　economic interest in, (……上)的经济性利益, 5
　misrepresentation and, 不当陈述和, 75-6, 92-7
　unfair competition and, 不正当竞争和, 5
freedom of expression, 言论/表达自由
　as fundamental right (England), (在英国)作为基本权利, 220
　European Convention on Human Rights (1950), 1050 年《欧洲人权公约》, 219-20
　personality, right of and (Germany), (德国)人格权和, 233, 235-7
　pressing social need restriction, "紧迫的社会需要"的限定, 220
　privacy, right of and, 隐私权, 150, 151, 154 163, 180, 218-27
　public interest and, 公共利益和,
　　Canada, 加拿大, 135, 226-7
　　England, 英国, 50, 221-2, 224
　　European Convention on Human Rights (1950), 1950 年《欧

洲人权公约》,220
Germany,德国,236-7
in relation to other rights,与其他权利相关
　　Canada,加拿大,132-3
　　　　appropriation of identity tort,利用人格特质的侵权行为,132-3
　　　　privacy, right of,隐私权,224-6
　　　　privacy, right of (Quebec),(魁北克的)隐私权,225-7
　　England,英国,220-4
　　　　freedom of the press,新闻自由,220-1
　　　　Human Rights Act 1998, 1998年《人权法》,48, 220-4, 328
　　　　privacy, right of and,隐私权和,218-24
　　　　European Convention on Human Rights (1950), 1950年《欧洲人权公约》,219-20, 221
　　USA,美国
　　　　privacy, right of,隐私权,150, 151,154, 163, 180.
　　　　publicity, right of,公开权,132-3, 185-7
freedom of the press (England),(英国)新闻自由,220-1

goodwill as requirement in passing off action (Australia/England),作为仿冒侵权之诉构成要件的商誉,

59-110; see also damage, need for in passing off action (Australia/England); image/name, voice or likeness
as property right,作为财产权,61-2, 67-9, 277-8
business requirement,经营要件,10, 61-2, 68-9, 74, 91
Canadian/UK law distinguished,(相区分的)加拿大/英国法,10
existing trading interests,既存的经营利益,10, 69-71
intangible recognition value,无形的认知价值,69-71
character merchandising and,角色商品化; see character merchandising
definition,界定,61,114
professional, artistic or literary occupation,职业或文艺行业,62-71,320
commercial exploitation of personality,人格的商业性剥削利用,71, 77, 88, 103-4
damage, need for,(为……必需的)损害,62
difficulty of establishing,确立……的困难,320
dockrell, dockrell案,100
early jurisprudence,早期的司法处理,63-6
exposure to liability/litigation, rel-

evance，承担责任/面临诉讼的风险 64，74，101-2

modern jurisprudence，现代司法处理，67-9

nom de plume/stage name，艺名 63，68

Lyngstad，Lyngstad 案，68

public figures, categorisation，公共人物，类型化，71

Sim, Sim 案，67-8，100

trading interest, need for，（为……必需的）经营利益，62-71

protected interest，受保护的利益；see business requirement above

reputation and，名誉，61-2，64，67，70

trade marks and，商标和，19，62 n. 21

harassment as tort（England），（英国）作为侵权形式的骚扰

Protection from Harassment Act 1997，1997年《免受骚扰法》，247

Wilkinson v. Downton rule, Wilkinson v. Downton 规则，247

Hegel's personality theory，黑格尔的人格理论，296-8

human dignity，人格尊严；see dignitary interests; dignitary torts

Human Rights Act 1998（England），1998年（英国）《人权法》

applicability between private individuals（horizontal effect），私人之间的适用性（水平影响力），214-18

privacy, right of and，隐私权，209-11，218-24，238，248

reluctance to accord general right and，不愿意授予一般性权利，209-11，218-24，238，248

image/name, voice or likeness. 形象/姓名、声音、肖像，See also goodwill as requirement in passing off action（Australia/England）; photography; signature

name as trade mark，作为商标的姓名，45-7，55-8

portrait as trade mark（England），（英国）作为商标的画像，43-4，45-7

property right in，在……上的财产权，6-7，8-10，95，156-9，284-6

appearance，外貌，157-8

appropriation of personality tort（Canada）and，（加拿大）人格利用侵权和，123-7

Locke's labour theory and, Locke 的劳动理论，294-5

name，姓名，7，62-6，70，73-4，75，83-4，93，156-7，321；see also copyright（England），name; goodwill as re-

quirement in passing off action (Australia/England)
voice, 声音/嗓音, 67-8, 100
right to control, 控制权
  Canada, 加拿大, 135, 225-7
  England, 英国, 257, 258-60, 321
  Germany, 德国 229, 232-7
  public figure, 公共人物, 236-7
  New Zealand, 新西兰, 260
  USA, 美国, see publicity right, of (USA)
  WIPO, 世界知识产权组织, 31 n. 24

Independent Television Commission Code of Advertising Standards and Practice (UK), (英国)独立电视委员会(制定的)《广告标准和行为守则》, 48-9
  content of television programmes distinguished, (相区分的)电视节目内容, 48 n. 97
  endorsement, 认证, 49
  privacy, right of, 隐私权, 48-9
injunction as remedy, 作为救济的禁制令, 63-6, 86-9
  balance of convenience, 便利性平衡, 68-9, 88-9
  where damages as satisfactory remedy, 损害赔偿能满足救济的情形, 69
injuria, 违法行为; see dignitary torts, injuria
intellectual property, 知识财产, 19, 322; see also copyright; goodwill as requirement in passing off action (Australia/England); patents; performance rights; trade marks; World Intellectual Property Organisation (WIPO)
  as metaphor, 作为一种隐喻, 276-81
  usefulness, 用处, 279-81, 315
  domain name, 域名, 53
  formalities governing, 形式控制, 277-8
  Locke's labour theory and, Locke 的劳动理论和, 291-2
  passing off, risk from, 仿冒/的风险, 83-4
  personality as trading symbol and, 作为营业象征的人格, 319-20
  piecemeal nature, 零散性, 29, 315
  public domain, 公共领域, 292
  publicity, right of, 公开权, 178-9, 180, 187

interests in personality, 人格上的利益, see personality, interests in
internet, 互联网, see domain name protection
Internet Corporation for Assigned Names and Numbers (ICANN), 名称和字段分配网络公司, see domain name protection

judicial law-making, 司法造法, see courts' willingness to develop law

索　引　413

liability, 责任, see damages

libel, 中伤诽谤, see defamation

licensing connection, 许可性关联, see misrepresentation requirement in passing off action (Australia/England)

Locke's labour theory, Locke 的劳动理论, see under natural rights of property

malicious falsehood (England), (英国)恶意造谣

　privacy, right of and, 隐私权, 203-4, 218n. 134, 323-4

　reputation: interests in and, 名誉利益, 256

margin of appreciation, privacy, right to, 自由裁量, 隐私权, 213

media codes of practice, 媒体行为守则, see, Advertising Standards Authority Code of Practice (UK); Independent Television Commission Code of Advertising Standards and Practice (UK); Press Complaints Commission Code of Practice (UK)

mental distress, freedom from, 免受精神痛苦的自由, 15-16, 22

　definition, 界定, 12

　as dignitary interest, 作为尊严性利益, 8, 16

　in England, 在英国, 18-19, 241-5

　as independent actionable wrong, 作为独立的可诉的不法行为, 241-3

　as interest in personality, 作为人格中的利益, 242-3

　damage to material interest, need for, 对实质利益的损害, 必要性 242

damages, 损害赔偿

　as measure of, 作为衡量, 242-3

　entitlement, 权利, 242-3, 245, 247-8

　exaggeration, 夸大, 264

　elements constituting, 构成要件, 241-2

　intentional infliction as tort, 作为侵权形式的故意折磨, 245, 322

　"Liability for Psychiatric Illness" (Law Commission) (1995), 1995年(英国法律委员会)《对精神病患的责任》, 6 n. 13

　privacy, right of and, 隐私权, 19, 243-5

　psychiatric damage/emotional distress divide, 精神性的损害/作为分支的感情痛苦, 244-5

　Wilkinson v. Downton, Wilkinson v. Downton 案, 243-5

　reluctance to recognise liability, 不愿意归咎责任, 6 n. 13

　in USA, 在美国, 160, 161 n. 102, 162

damages, limitations on, 损害赔偿的限制, 246

intentional infliction as tort, 作为侵权形式的故意折磨, 7, 18-19, 245-7, 262

"extreme and outrageous conduct which intentionally or recklessly causes severe emotional damage", 极端和过分的故意或放任的施加严重的精神损害的行为, 246-7, 248

privacy, right of and, 隐私权, 18-19, 160, 161 n. 102, 162

Restatement of Torts, Second (1977), 1977年《侵权法第二次重述》, 12 n. 38

misappropriation of intangibles (Australia/England), (澳大利亚/英国) 盗用无体财产, 14, 29-31, 112-15, 321, 323

trade marks, 商标, 37

misappropriation of intangibles (USA), (美国) 盗用无体财产, 323

federal statutory intellectual property rights and, 联邦法定知识产权, 31

International News Service v. Associated Press, *International News Service v. Associated Press* 案, 28-9, 31, 113, 177, 178-9

publicity, right of, distinguished, 公开权, 15

misappropriation of intangibles (USA) (*cont.*), (美国) 盗用无体财产

Restatement of the Law of Unfair Competition, Third, 《不正当竞争法的第三次重述》, 31

unfair competition and, 不正当竞争, 31

misappropriation of intangibles as basis of appropriation of personality remedy, 作为人格利用侵权救济基础的盗用无形财产, 23, 319-20. 323; *see also* intellectual property; misrepresentation requirement in passing off action (Australia/England); property rights; unfair competition

courts' reluctance to develop new tort, 法院不倾向发展新的侵权类型, 113-15

difficulty of definition, 界定的难度, 114-15

misappropriation of personality (Canada), (加拿大) 盗用人格, 115-37

as right of publicity, 作为公开权, 136-7

Gould, *Gould* 案, 125, 126

damage, need for, (为……所必需的) 损害, 127-37

actionability *per se*, 自身可诉性, 128-31

damage or risk of damage to business or professional goodwill, 对经营或商誉的损害或者

损害之危险,127
  presumption of,推定,127-8
descendibility,可继受性,124-7,136-7
  Gould,Gould 案,124-5,132-4
  privacy, right of, distinguished,（相区别的）隐私权,125
  publicity, right of, digtinguished,（相区别的）公开权,125
economic/dignitary interests, coexistence,经济性/尊严性利益,共存,124,126-7
endorsement,认证,131-6
  misrepresentation, relationship,对关系的虚假陈述,131-2
identifiability of plaintiff, need for,（为证明……所必需的）原告的可识别性,135-.6
limited nature,限定的性质,136-7
Ontario, development in,在安大略省的发展,14,17,284-5,287,325-7
  Athans,Athans 案,121-2,123
  causes of action approach, rejection,拒绝采用诉因的方式,118,119
  Krouse,Krouse 案,115-22,134
    common field of activity test,共同活动领域验证准则,118
    endorsement,认证,120-1,131-2
    passing off, erroneous treatment,仿冒,错误的处理,

117
  privacy, invasion of and,侵犯隐私,116
  goodwill in business or profession, relevance,在经营或者职业上的商誉（相关）,117
  protection of property right in exploitation of image/name, voice or likeness 保护在剥削式利用姓名、声音或肖像上的财产权,117-18,121-2,123-7
  existing trading interests, relevance,既存的经营利益（相关）,123-4
  Horton,Horton 案,126
misrepresentation requirement in passing off action (Australia/England),（澳大利亚/英国）作为仿冒侵权之诉构成要件的虚假陈述
  "connection misrepresentation",关联性虚假陈述,72-97
    business connection,商业关联,72-5,78,92,93-4
    endorsement misrepresentation,认证性的虚假陈述,72,84-7,89-93
    Krouse(Ontario),（安大略省的）Krous 案,119-21,131
    "tools of the trade",经营工具,86-9,91
    expansive approach,扩张性方式,

84-97

　　licensing connection, 许可性关联, 75-82, 87-9, 92-3

　　　　strong/weak distinguished, (相区分的)强/弱型关联, 72, 92-3

　　　　sponsorship distinguished, (相区分的)赞助性关联, 90-1

　　definition issues, 界定问题, 72-3

　　fictitious character, relevance, 虚拟角色, 75-6, 92-7

　　jurisprudence (Australia), (澳大利亚)法律处理(以下均为案例)

　　　　10*th Cantanae Pty Ltd*, 89-91

　　　　Henderson, 69, 84-7, 98, 104-5

　　　　Honey, 91

　　　　Hutchence, 88-9

　　　　Koala Dundee, 92-5, 108

　　　　Muppets, 79, 87-8

　　　　Pacific Dunlop, 95-7

　　　　Paracidal, 89

　　jurisprudence (England) (英国)法律处理(以下均为案例)

　　　　Erven Warnink, 60-1, 98

　　　　Halliwell, 82-3

　　　　Lyngstad, 70, 77

　　　　McCulloch, 73-5, 82, 100-1, 102

　　　　Mirage Studios, 78-80, 82-4

　　　　Stringfellow, 78

　　　　Tavener Rutledge, 75-6, 82

　　　　Wombles, 75

　　misappropriation distinguished, (相区别的)盗用, 108

　　requirements/elements 构成要件/要素

　　　　common field of activity, 共同活动领域, 74-8, 82, 85-7, 88, 89, 100-1

　　　　confusion or deception, 混淆或欺骗, 60, 72, 73-6, 77, 80-4, 91-2, 94-5, 106-7

　　　　character merchandising and, 角色商品化, *see* character merchandising

　　　　common field of activity, relevance, 共同活动领域(相关), 88, 89

　　　　damage, 损害, 62, 73-6

　　　　public reliance on, presumption of, 推定公众信赖……, 79-82, 87-9, 94-7

　　　　reputation in name, need for. (为……所必需的)姓名上的声誉, 73-4

　　name, 姓名, *see* domain name protection; goodwill as requirement in passing off action (Australia/England); image/name, voice or likeness; surname as trade mark (England); trade marks

natural law, 自然法

　　copyright, 版权, 301 n. 65

　　privacy, 隐私, 154-5

natural rights of property, 财产的自然权利, 288-9

　　Hegel's personality theory, 黑格尔的

人格理论, 296-8

Locke's labour theory, Locke 的劳动理论, 291-6

 applicability to property rights in attributes of personality, 对人格中财产权的可适用性, 293-6, 314-15

 criticisms, 批判, 292-3

 intellectual property rights and, 知识产权和, 291-2

  public domain concept, 公共领域概念, 292

  publicity, right of and, 公开权和, 293-4

 relevance to development of appropriation of personality remedy, 有关对人格利用救济的发展, 288-91

Paris Convention for the Protection of Industrial Property,《保护工业产权巴黎公约》, 27, 56

passing off (Australia/England),（澳大利亚/英国）仿冒, 4, 30; see also advertising codes; character merchandising; copyright; damage, need for; goodwill in goods, name or mark as requirement in passing off action (Australia/England); misappropriation of intangibles; passing off action (Australia/England); performance rights; publicity, right of; trade marks;

unfair competion

 applicability in appropriation of personality cases, 在人格利用案件中的可适用性, 13-14, 19-20, 23, 30-1, 59-110, 323, 324

 as basis of appropriation of personality remedy, 作为人格利用救济的基础, 72, 87, 308

 as interference with property right, 作为对财产权的干预, 97-8

 as remedy for breach of privacy, 作为对隐私侵权的救济, 203

 damage, need for,（为……所需的）损害, see also, advertising codes; damage, need for; goodwill as requirement in passing off action (Australia/England); misrepresentation requirement in passing off action (Australia/England)

 heads of damage, 损害的类型, 99-110

 presumption of, 推定, 98-9

 defamation, overlap, 诽谤, 竞合, 67, 70, 71, 262

 definition, 界定, 14

 as protection of property in underlying business goodwill, 保护在潜在商誉上的财产, 97

 extension of concept, 概念的延伸, 59, 67, 72

 unfair competition distinguished,

（相区分的）不正当竞争,28,59-60

domain name protection and,域名保护,53,56-8

elements,要件 see requirement below

expansive approach,扩张性方式

Australia,澳大利亚,13-14,69,84-97

risk of undermining intellectual property law,削弱知识产权法的风险,83-4,93-4,109

Whitford Committee Report on the Law on Copyright and Designs (1977),关于1977年《版权和设计法》的Whitford委员会报告,83

extra-legal alternatives,法律外的替代性（救济）,48-58

injunction as remedy,作为救济的禁制令,86-9

misappropriation of intangibles distinguished,盗用无形财产,112

property right in name,姓名上的财产权,93-4

requirements,要件,59,107-10,112

common field of activity test,共同活动领域准则,74-8,82,85-7,88,89,99,100-1

damage to business or goodwill,对经营或者商誉的损害,see

damage, need for in passing off action (Australia/England)

Erven Warnink, *Erven Warnink* 案,60-1,98

goodwill,商誉,see also goodwill as requirement in passing off action (Australia/England); misrepresentation requirement in passing off action (Australia/England)

interaction,交错,71

restrictive model,限制性模式107-8

expansive model,扩张型模式108

trading status,经营身份 62-71,203

statutory alternatives,法定的替代性（救济）方式,32-47

patents,专利；see also copyright; intellectual property; performance rights; trade marks

as property right,作为财产权,19,275,277-8

Locke's labour theory and,Locke的财权理论和,291-2

trade marks distinguished,（与专利区别的）商标,37 n.34

utilitarian basis,功利主义基础,301,303-7

performance rights,表演者权

England,英国

copyright and,版权,34-5,302

qualifying rights, 适格的权利 35-6
TRIPs,《与贸易有关的知识产权协定》,302 n. 73
USA, TRIPs obligations, 美国在《与贸易有关的知识产权协定》之下的义务

implementation, 执行,302 n. 73
personal dignity, 个人尊严, see dignitary interests; economic interests, interaction with dignitary interests; personality, right of (*Personlichkeit*) (Germany); reputation, interests in (England)
personal privacy, 个人隐私, see privacy, right of
personality, as trading symbol, 人格/作为商业标识的(人格),12-13, 319-21
personality, interests in, 人格上的利益,5-7; *see also* goodwill as requirement in passing off action (Australia/England); image/name, voice or likeness; mental distress, freedom from; privacy, right of; reputation, interests in (England)
 as economic asset, 经济利益,6-7, 69, 87, 117-18, 234-5
 commercial exploitation, 商业性剥削式利用,71, 77, 88, 103-4, 121-2, 163-4
 definition/taxonomy, 界定/分类,6 n. 12

economic/dignitary interests as underlying divide, 作为潜在分支的经济性/尊严性利益,12-13
mental distress, freedom from and, 不受心神痛苦的自由,7, 242-3
reluctance to accord general right (England), 不倾向于统合一般性权利(英国),39-47
Restatement of Torts, Second (1977) (USA), 1977 年《侵权法第二次重述》,7 n. 20, 242, 269
statutory intellectual property rights (England),(英国)法定知识产权,32
torts protecting (England),(英国)侵权法保护,242-3
personality, right of (*Personlichkeit*) (Germany),(德国)人格权,227-37
 appropriation of name or likeness, 姓名或肖像利用,229-30
 as general right, 作为一般性权利, 231-3
 attempt to amend Civil Code, 试图修正《民法典》,233
 as multiplicity of delicts/crimes, 作为不法行为/犯罪的多样性
 copyright, 版权,230-1
 defamation, 诽谤,228
 insult or slander, 侮辱或诽谤, 228
 negligent injury contrary to law, 违

法的过失导致损害,228
proprietary rights,所有权,228-9
trespass to property,侵犯财产,229
as proprietary right, descendibility,作为所有权,可继受性,234-5
assignment,出让,*see* transferability *below*
constitutional provisions on dignity and,关于尊严的宪法条款和,230-3
as fundamental right,作为基本权利,231
damages, moral,损害赔偿,道德性,227-8, 231-3
death, relevance,亡者(相关),233-5
dignuas and 尊严和
actio injurianum as remedy,作为救济手段的罗马伤害诉讼法,227-8
Civil Code (BGB),《德国民法典》,228-9
economic and dignitary interests, interaction,经济性利益和尊严性利益的交叉,234-5
image, right to control and,控制形象的权利和,234-5
false light compared,作为比较的错误披露,231
freedom of expression and,表达自由和,233, 235-7
factors for consideration,考虑因素,235-7

public interest,公共利益,236-7
image, right to control and,控制形象的权利和 234-7
public figure,公共人物,236-7
Kunsturhebergesetz (KUG) (Artistic Copyright Act),《艺术版权法》1907, 229, 231-2
piecemeal development,零星的发展,227-35
reputation compared,作为比较的名誉,231
transferability,可转让性,235
unjust enrichment and,不当得利和,232
personality merchandising,人格商品化,*see* character merchandising
photography,摄影
ECHR (1950), police photography,1950年《欧洲人权公约》,警方照片,212-13
England,英国
commissioning, relevance,委托(相关的),34
contract/tort law as protection,合同法/侵权法的保护,34 n. 17.
copyright,版权,34
privacy and,隐私和,49-50
public figure,公共人物,50
technological advances, relevance,技术先进性(相关),34
Porter Report on the Law of Defamation (1948), defamation/right of pri-

索 引 421

vacy,关于《诽谤法》的1948年Porter报告,诽谤/隐私权 263

portrait as trade mark(England),(英国)作为商标的画像,43-4,45-7

press codes of practice(UK),媒体行为守则(英国), see also Advertising Standards Authority Code of Advertising Practice(UK); Independent Television Commission Code of Advertising Standards and Practice(UK); Press Complaints Commission Code of Practice(UK)

 self-regulation of press,媒体自律,53

  Calcutt Report(1993),《Calcutt报告》,241

Press Complaints Commission Code of Practice(UK),(英国)媒体投诉委员会(制定的)《广告行为守则》,49-50

 privacy and,隐私和 49-50,222-3

  risk to complainant, relevance,投诉的风险(相关),223

 public interest exception,为公共利益的适用除外,49,50,222-3

press intrusiveness, right of privacy and,新闻的侵入性,隐私权和,149,239,241

principles as source of law,作为法律渊源的原则,169-71

privacy, right of;隐私权, see also personality, right of(Personlichkeit)(Germany)

 as principle,作为原则,169-71

 conceptual uncertainty,概念不确定性 16,159-61,171,198-9

 defamation and,诽谤,18

 dignitary interests and,尊严性利益,15-16,22

 economic interests and,经济性利益,16,218

 European Convention on Human Rights(1950)and,1950年《欧洲人权公约》,see European Convention on Human Rights(1950)

 public figure,公共人物 11-12,53

privacy, right of(Canada),隐私权(加拿大),17,22

 reputation and,名誉和,225

privacy, right of(England),隐私权(英国); see also breach of confidence(England); Younger Report on Privacy(1972)

 as multiplicity of torts,侵权的多样性 201,202-11; see also reluctance to accord general right below

 breach of confidence,违反保密义务, see breach of confidence(England)

 causes of action approach,(采)诉因的方式,239-40,248

 defamation,诽谤,203,207; see also defamation(England),

privacy, right of and (as alternative remedy)
false light,错误披露,207
malicious falsehood,恶意造谣,203-4,218 n. 134
nuisance,损害/麻烦,206
passing off,仿冒 203; see also passing off (Australia/England)
trespass to the person,人身侵犯,203
trespass to property,财产侵犯,203 n. 18, 206
as "right to be let alone",作为"独处的权利",265
ASA Code of Advertising Practice,广告标准局(制定的)《广告行为守则》,51-3
conceptual uncertainty,概念不确定性,201
copyright and,版权和,see copyright (England)
definition,定义
 appropriation of personality, exclusion,人格利用,排除规定
  Calcutt Report on Privacy and Related Matters (1990),隐私和相关事项的Calcutt报告,240-1
  in proposed legislation,在提议的立法中,239-41
  Calcutt Report on Privacy and Related Matters (1990),隐私和相关事项的Calcutt报告,201 n. 2
  pressing social need test,紧迫的社会需要之检验标准,240-1
  Younger Report on Privacy (1972),关于隐私的Younger报告(1972) 201 n. 2
differences from US approach, possible reasons for,与美国的路径的区别,可能的原因,189-98
 absence of constitutional guarantee of rights,权利的宪法保证的缺失,194-6
 academic influence, role,学术影响,决策,196-8
 access to courts, limitations,获得法院的救济,限制,190-1
 contingent fee rules,风险代理及酬金规则,191
 courts' willingness to develop law,法院发展法律的意愿,191,194-6, 238
 precedent, role,先例,角色,191-4
 relative levels of damages,损害赔偿的相对水平,191
 self-regulation,自律,190
 US litigiousness,美国人的好讼,190
economic/dignitary interests, co-existence,经济性/尊严性利益,共存,203-4, 210, 237, 323-4
freedom of expression and,言论自由

和,218-24

data protection,资料保护,205

general right,一般权利,see reluctance to accord genial right below

Human Rights Act 1998, effect, 1998年《人权法》,影响,209-11,218-24,238,248

applicability between private individuals (horizontal effect),在私人个体之间的可适用性(水平影响),214-18

mental distress, freedom from and,免于精神痛苦的自由,19,243-5

press photography,新闻照片,49-50

public figure,公共人物,50,266-70

    Clark v. Freeman, Clark v. Freeman 案,267-8

    Dockrell v. Dougall, Dockrell v. Dougal 案,268

    Sim, Sim 案,268

    Tolley v. Fry, Tolley v. Fry 案, 266

public interest exception,为公共利益的适用除外,50,221-2,224

reluctance to accord general right,不愿意授予一般性权利,4,15,160,171,189-98,200-14,323-4; see also differences from US approach, possible reasons for above

    attempts to address,试图强调

breach of confidence,违反保密义务,see breach of confidence (England)

Calcutt Report on Press Self-Regulation(1993),关于新闻界自律的 Calcutt 报告,241

National Heritage Select Committee, Fourth Report (1993),国家遗产选择委员会的第四次报告,241

Right of Privacy Consultation Paper,隐私权意见征求函,241

Statutory,法定的,238-41

breach of duty approach to law and,违反义务的法律处理模式,202,248,323,328

courts' Willingness to develop law and,法院发展法律的意愿,191,194-6,204,238

freedom of expression, relevance,表达自由(相关),219

Human Rights Act 1998 and, 1998年《人权法》,225,237,323

Younger Report on Privacy (1972),1972年关于隐私的 Younger 报告,162 n. 109,202; see also differences from US approach, possible reasons for above; Younger Report on Privacy (1972)

self-regulation of press,媒体自律,

53, 190

spatial restriction, 宽泛的限制, 49

statutory provisions / legislative initiatives 法定条款/立法动议

    Broadcasting Standards Act 1996, 1996年《广播标准法》, 205-6

    concerns to be addressed 需要强调的关注

        data collection, 资料收集, 239

        governmental intrusion, 政府侵扰, 239

        press intrusiveness, 媒体侵权, 239, 241

        technological surveillance, 技术监视 239

    Copyright, Designs and Patents Act 1988, 1988年《版权、设计和专利法》, 205

    Data Protection Act 1998, 1998年《数据保护法》, 205, 239 n. 241

    Human Rights Act 1998, effectiveness, 1998年《人权法》, 238

    Justice recommendations 1970, 1970年高等法院法官的推荐, 239-40

    Justice recommendations, Right of Privacy Bill 1970, 1970年《隐私权法案》, 高等法院法官的推荐, 240

    omission of appropriation of personality, 人格利用的忽略, 239-41

    Right of Privacy Consultation Paper, 隐私权意见征求函, 241

    Photographs and Films (Unauthorised Use) Bill 1994, 1994年《照片和电影(未经授权使用)法》, 239 n. 241

    Protection of Privacy Bill 1988 (John Browne), 隐私保护法案, 240

    Protection of privacy Bill 1988 (Lord Stoddart), 隐私保护法案, 240

    Right of Privacy Bill 1967 (Alex Lyon), 隐私权法案, 239

    Right of Privacy Bill 1967 (Lord Mancroft), 隐私权法案, 239

    Right of Privacy Bill 1988 (William Cash), 隐私权法案, 240

    Right of Privacy Consultation Paper, 隐私权意见征求函, 240 n. 249, 241

    television advertising, 电视广告, 48-9

privacy, right of (Germany), (德国)隐私权

    freedom of expression and, public interest, 表达自由和公共利益, 236-7

    public figure, 公共人物, 236-7

    spatial restriction, 宽泛的限制, 237

privacy, right of (Ontario), (安大略)隐私权, 17, 116 n. 35

privacy, right of（Quebec），（魁北克）隐私权, 17, see also Charter of Human Rights and Freedoms (Quebec)
 damage, need for in case of, 为……案必须的损害 227
 relevant factors 相关因素
  artistic expression, 艺术表达, 226-7
  commercial appropriation, 商业利用, 226-7
  social usefulness, 社会效益, 226-7
privacy, right of（South Africa），（南非）隐私权
 dignitas and, 尊严 143
 actio injuriarum as remedy, 作为救济的罗马伤害诉讼法, 142-3
privacy, right of（USA），（美国）隐私权, 16, 22, 143-4
 as multiplicity of torts, 侵权形式的多样性, 161-4, 171
  appropriation of name or likeness, 姓名或肖像的利用, 161, 162, 163-4, 239 n. 243
  false light, 错误披露, 161, 162, 180, 239 n. 243
  defamation distinguished,（与之区分的）诽谤, 261-2
  intrusion on solitude, 对独处的侵扰, 161, 162, 239 n. 243
  public disclosure of private facts, 对私人事情的公开披露, 161, 162, 239 n. 243
 Restatement of Torts, Second (1977),《侵权法第二次重述(1977)》, 164 n. 121, 196
 as residual tort, 作为剩余性侵权形式, 159-60, 262 n. 76
 as "right to be let alone", 作为"独处的权利", 159, 161, 168
 as unified legal concept, 作为统一的法律概念, 164-9
  dignitary interest as common thread, 作为通常标准的尊严性利益, 164-6, 168, 176; see also economic/dignitary interests, coexistence below
  secrecy/anonymity/solitude triad, 秘密/匿名/独处的三位一体, 167, 239 n. 243
 commercial appropriation, relevance, 商业利用（相关的）, 168-9, 180, 226, 265
 common law copyright as basis of protection, 作为保护基础的普通法版权, 147-9
 right in property/dignitary interests distinguished, 财产性/尊严性利益中的权利, 147-9, 273, 282; see also economic/dignitary interests, coexistence below
 common law right, whether, 普通法权利, 151-6
 courts' willingness to develop law,

relevance, 法院发展法律的意愿(相关性), 155-6, 191, 327-8

Pavesich, Pavesich案, 154-6, 193

reluctance to allow, 不愿意允许, 214-15

Roberson, Roberson案, 151-4, 155-6, 192-3

constitutional right to privacy distinguished, 与宪法性的隐私权的区别, 160-1

contractual remedy, 合同性救济, 150-1

defamation and, 诽谤, 147, 162, 249

descendibility, 可继受性, 150-1

eavesdropping, 窃听, 162

economic/dignitary interests, coexistence, 经济性/尊严性利益,共存, 147-9, 156-9, 169, 237

existing trading interests/latent recognition value, 既存的经营利益/潜在的认可价值, 158

proprietary right to name or picture, 对姓名或照片的所有权, 16, 156-8, 162, 163-4, 173-4

public figure, 公共人物, 157, 174, 177

freedom of expression and, 表达自由, 150, 151, 154, 163, 180

influence of, 影响

Prosser, 波斯纳, 196

Warren and Brandeis, 沃伦和布兰代斯, 146-50, 196

insult to honour, absence of remedy, 对荣誉的侮辱, 救济的缺失, 147-8

legislative action, 立法行为, 153

mental distress, freedom from and, 免于精神痛苦的自由, 18-19, 160, 161 n. 102, 162, 173

natural law right, 自然法权利, 154-5

public figure, 公共人物, 150-1, 157, 176-7, 266

waiver, 放弃, 172-5

publicity, right of, 公开权, *see* publicity, right of (USA)

quantum meruit claim, 合理金额主张

reputation and, 名誉, 162

unjust enrichment and, 不当得利, 157 n. 77, 180, 311-12

private individuals, domain name protection, 私人个体, 域名保护, 58

professional, artistic or literary occupations, 职业性或文艺行业, *see* goodwill as requirement in passing off action (Australia/England), professional, artistic or literary occupation; image/name, voice or likeness

property rights, 财产权, 4; *see also* copyright; goodwill in goods, name or mark as requirement in passing off action（Australia/England）; image/name, voice or likeness; intellectual property; passing off（Australia/England）; patents; performance rights; personality, interests in; publicity, right of（USA）; trade marks

appropriation of personality（Canada）,（加拿大）人格利用, 117, 126-7, 285-6

breach of confidence and, 违反保密义务, 280-1

definition, 定义, 274-6

evolution, 演进, 283-4

goodwill, 美誉、商誉, 61-2, 67-9, 277-8

intangibles, 无体物, 273-81

    creative effort, relevance, 原创性努力, 28-9

    documentary intangibles distinguished, 与之区分的有权利证明的无形财产, 275 n.9, 276 n.15

    exchangeable value, relevance, 可交换的价值, 相关性, 8, 28-9, 278-9

    usefulness of concept, 概念的效用, 279-81

    labelling as, relevance, 被贴标签为（相关的）, 283

name, 姓名/名称, 7, 62-6, 70, 73-4, 93, 95, 321

    property right in exploitation, 利用中的财产权, 117-18, 121-2

natural 自然的, 288-99; see also goodwill as requirement in passing off action（Australia/England）; natural rights of property; passing off（Australia/England）; personality, interests in

public policy, relevance, 公共政策（相关）, 28-9

reputation, 名誉, 65

public domain, 公共领域, 292

public figure, 公共人物

    image/name, voice or likeness, right to control, 控制形象/姓名、嗓音或肖像的权利

    Germany, 德国, 236-7

    USA, 美国, 12, 294

privacy, right of, 隐私权

    England, 英国, 50, 266-70

    Germany, 德国, 236-7

    USA, 美国, 150-1, 157, 176-7, 266

    economic/dignitary interests, coexistence, 经济性/尊严性利益, 共存, 157, 174, 177

    professional, artistic or literary occupation, classification, 职业或文艺行业, 分类, 71

public interest, 公共利益

    freedom of expression and, 表达自由

    England, 英国, 50, 221-2, 224

    Quebec, 魁北克, 226-7

privacy, right of and, 隐私权
　England, 英国, 50, 222, 224
　Germany, 德国, 236-7
public policy, property attribution and, 公共政策, 财产分配, 28-9
publicity, right of (USA); (美国) 公开权; see also privacy, right of
　alternatives to, 替代, 302
　as independent tort, 作为独立的侵权形式, 178-9, 187, 287-8
　as intellectual property right, 作为知识产权, 178-9, 180, 187
　as misappropriation of commercial value of person's identity, 对个人身份的商业价值的盗用, 15, 163-4, 175-6, 177-9, 180
　acts amounting to appropriation, 相当于利用的行为, 182
　as proprietary right, 作为所有权, 175, 183-4, 281-4
　　assignability, 可转让性, 183, 283, 285
　　descendibility, 可继受性, 125, 136-7, 183-4, 283-4
　　Locke's labour theory, Locke 的财产理论, 293-6
　　Restatement of the Law of Unfair Competition, Third, 《第三次不正当竞争法重述》, 288, 296
　　Australia/UK distinguished, (相互区分的) 澳大利亚和联合王国, 121, 179

economic efficiency as justification, 作为正当化理由的经济效率, 308-11
economic/dignitary interests, overlap, 经济性/尊严性利益的重合, 179, 180, 187-9, 287-8
existing trading interests / latent recognition value, 现存的营业利益/潜在的承认价值, 181
freedom of expression and, 表达自由, 132-3, 185-7
　biographical or fictional use of identity and, 身份的传记性或小说性使用, 186-7
image/name, voice or likeness, right to control, 对形象/姓名、嗓音或肖像的控制权, 31, 293-4
public figure, 公共人物, 12, 14-15, 294
inter-state differences, 州际差异, 180-1, 184
liability for pecuniary loss/gain, 金钱性损失/获利的责任, 184-5
measure of damages, 损害赔偿的测量, 184-5
punitive damages, 惩罚性损害赔偿, 185
unjust enrichment, 不当得利, 185, 284
passing off and, 仿冒, 15
privacy, right of and, 隐私权, 15, 16, 31, 144, 159, 166, 171-9, 183-4

continuing overlap, 持续性的重合, 181

difficulty of reconciling, 调和的困难, 172-4

economic/dignitary interests, relevance, 经济性/尊严性利益（相关性）, 180, 320

requirements/factors for consideration, 考虑的因素/要件

    falsity or misleading nature, 虚假或具有误导性质, 185-6

    identifiability of plaintiff, 原告的可识别性, 182

    intent, 意图, 182

    misrepresentation, 不当陈述, 181

    trade mark law distinguished, （相区分的）商标法, 182

    unfair competition and, 不正当竞争, 15, 177-8, 179

    Restatement of the Law of Unfair Competition, Third, 《第三次不正当竞争法重述》, 288, 296

    utilitarian basis, 功利主义基础, 301-3

    Zacchini, Zacchini 案, 179-80, 187

real/fictitious characters distinguished, （相区分的）真实/虚拟角色, see fictitious characters

recognition value, 认可价值, 9-10

reparation, duty of, 恢复/赔偿的义务, 6 n. 15; see also damages

reputation, interests in (England), （英国）名誉利益, 249-70, 322; see also defamation; goodwill as requirement in passing off action (Australia/England); malicious falsehood (England); misrepresentation requirement in passing off action (Australia/Englnd); privacy, right of

appropriation of personality, relevance to, 人格利用（与此相关的）, 249-50, 320

as economic and dignitary interest, 作为经济和尊严性利益, 11, 21, 62, 67, 250-2

Canadian practice, 加拿大的做法, 126-7

as property right, 作为财产权, 65

as sole dignitary interest protected by substantive cause of action, 作为受实体诉因保护的单一性尊严利益, 18, 124

damages, 损害赔偿

    as primary element in determining, 判断的首要因素, 249-50

    loss of control, 丧失控制, 102-3

    defamation as remedy, adequacy, 作为救济的诽谤侵权诉讼, 缺乏, 257, 264-5, 320

defamation cases 诽谤案件（以下均为案例）

    Corelli v. Wall, 259

    Debenham, 256 n. 40

Dunlop, 254 n. 28

Garbett, 256 n. 40

Honeysett, 254-5

invasion of privacy distinguished, 对隐私的侵犯（相区分的）, 254, 258-61（以下均为案例）

Khodaparast v. Shad, 256

Kirk v. Reed（New Zealand）, 260-1, 263

Plumb v. feyes, 259-60

Stockwell, 256 n. 40

Tolley v. Fry, 253-4, 266

definition, absence, 定义, 缺失, 250, 251

goodwill distinguished,（与此区分的）商誉（美誉）, 61-2

look alikes, 相似

malicious falsehood and, 恶意谎言造谣, 256

personal/business distinguished,（与之区分的）个人/商业, 62

privacy, right to, distinguished,（与之区分的）隐私权, 250-1, 254, 258-61

Royal Family（UK）, ASA Code of Advertising Practice,（英国）皇室, 广告标准局《广告行为守则》, 52

signature, as trade mark,（作为商标的）签名, 43-4, 45-7

"socially useful information", "对社会有用的信息", 226-7

specific remedy for commercial appropriation of personality, 对商业利用人格的特定救济, 30-1, 198-9

in Australia, flexible approach to existing causes of action and, 在澳大利亚, 对既存诉因的灵活处理方式, 30-1, 112-15

bases, 基础 287-315; see also economic efficiency as justification for property rights in personality; natural rights of property; utilitarian arguments as basis for the development of appropriation of personality remedy（England/USA）

personal dignity, protection, 个人尊严, 保护, 313-14, 319-21

privacy, right to, 隐私权, 287

property right in personality, 人格中的财产权, 285-6

appropriateness of arguments justifying private property, 将私人财产正当的理由的适宜性, 288-90

economic efficiency as justification, 作为正当化理由的经济效率, 308-11

in name, voice or likeness, 在姓名、声音或肖像中, 284-6

natural rights of property, 财产的自然权利, 288-99

in personal identity, 在个人身份中, 287

publicity, right of and, 隐私权, 282-4, 285

relevance of choice, 选择的相关性, 299-300

utilitarian arguments, 功利主义理由, 288-91, 299-308

character merchandising, need to distinguish, 角色商品化, 区分的必要, 5-6, 108-10

courts' willingness to develop law and, 法庭发展法律的意愿, 324-9

desirability, 称心性, 6, 23-4, 108-10, 287-8

economic/dignitary interests, inclusion of both, 经济性/尊严性利益, 包含二者, 270, 287-8, 314

as property right (Jamaica), descendibility, (牙买加)作为财产权, 可继受性, 125, 285-6

in England, 在英国, 30-1, 269

absence of remedy, 救济的缺失, 249-50

Calcurt Report on Privacy and Related Matters (1990), 关于隐私和相关事项的 Calcurt 报告, 240-1

desirability, 称心性, 269

flexible approach to existing causes of action and, 对现存的诉因的弹性变通方式, 23, 112-15, 322-3, 324-9

potential elements, 潜在要素 269

reluctance to accord general right, 不倾向于统合一般性权利, 23, 113

statutory provisions / legislative initiatives and, 法定条款/立法能动性, 239-41

general right of privacy distinguished, (相区分的)一般隐私权, 23, 269

in Jamaica, as property right, 在牙买加, 作为财产权, 285-6

in Ontario, 在安大略, see misappropriation of personality (Canada)

in relation to other rights, 和其他权利相关, 286

sponsorship, endorsement distinguished, 赞助, (相区分的)认可, 90-1

surname as trade mark (England), 作为商标的姓氏, 39-43, 45-7; see also domain name protection

evidence of distinctiveness, 独特性的证明, 42-3

television, 电视, see Independent Television Commission Code of Advertising Standards and Practice (UK)

"tools of the trade", 经营工具, 86-9, 91

tort law; 侵权法, see also courts' willingness to develop law

aims, 目标, 21-3

tort law (England), (英国)侵权法

causes of action approach, 诉因路径, 22, 29-30, 32, 109-10, 112-15, 239-40, 248

 flexibility as instrument of development, 作为发展工具的弹性 322-3, 324-9

trade marks 商标

 as economic interest, 作为经济利益, 19

 as intellectual property, 作为知识产权, 319-20, 275, 277-8, 308 n. 95

 character merchandising, 角色商品化, 5, 83-4

 creative effort, relevance, 创造性付出/努力, 19

 dilution of value, 对价值的稀释, 27, 105-7

trade marks (England), (英国)商标

 100 entry rule, 100号准入规则, 42

 as economic interest, 作为经济利益, 19, 36-8, 47

 bad/good faith, relevance, 恶意/善意(相关的) 38-9, 41, 43

 common law protection, 普通法的保护, 57-8, 319

 definition, 界定, 39

 functions, 功能, 36-8, 42

 goodwill, 商誉, 62 n. 21

 infringement of registered, 对已注册(商标)……的侵犯 44-7

 jurisprudence, 法律处理(以下均为案例)

  ANNE FRANK Trade Mark, 43 n. 72

  Diana, Princess of Wales Application, 41

  Du Cros (W&G) Ltd, 40-1

  ELVlS PRESLEY Trade Marks, 39-41, 44-5

  FANE AUSTEN Trade Marks, 41

  TARZAN Trade Mark, 40

 misappropriation and, 盗用/不当利用, 37

 patents distinguished, (相区分的)专利, 37 n. 34

 portrait, 画像, 43-4, 45-7

 protection in absence of business or goodwill, 不存在经营或者商誉时的保护, 62 n. 21

 registrability, 可注册性, 38-43, 319

  courts' cautious approach, 法院谨慎的处理方式, 39-47

  surname, 姓氏, 39-43

 revocation in case of non-use, 对不使用(商标的)撤销, 43

 signature, 签名, 43-4, 45-7

 [sur]name, (姓)名, 39-43, 45-7

  as unregistered trade mark, 作为未注册的商标, 55-8

 Trade Marks Act 1994, 1994年《商标法》, 38-43, 44-7, 62 n. 21

  confusion, relevance, 混淆, 105-6

  passing off, effect on, 仿冒/效果, 106

 Trade Marks (Amendment) Rules

1998,1998年《商标规则(修订)》,45

value of process,程序价值,32

trading symbol, personality as,(人格作为)经营标志,12-13,319-21

 as intellectual property,作为知识财产,319-20

 conceptual difficulties,概念的困难性,319-21

trespass to the person (England),人身侵扰(英国),203

TRIPs, performance rights and, performance right《与贸易有关的知识产权协定》,表演者权,302 n. 73

UN Charter, dignitary interests,《联合国宪章》,尊严性利益,17

unfair competition,不正当竞争,12-15,27-137;see also copyright; goodwill as requirement in passing off action (Australia/England); misappropriation of intangibles; passing off (Australia/England); performance rights; publicity, right of (USA); trade marks

 as generic term for causes of action protecting against unlawful trading activities,保护免受非法商业行为之害的诉因的一般性术语,13,19-20,28,179

 misappropriation of intangibles,盗用无形财产,13

Moorgate Tobacco, Moorgate Tobacco 案,29-30

dignitary torts distinguished,尊严性侵权,16

dishonest practices 不诚实行为

 confusing/discrediting,混淆/欺骗,27

 false allegations,虚假标示,27

 misleading,误导,27

Paris Convention for the Protection of Industrial Property,《保护工业产权巴黎公约》,27,56

fictitious character, protection,保护/虚构角色,5

importance as remedy in appropriation of personality cases (Australia/UK),(澳/英)在个人信息使用案例中救济的重要性,179

licences/"recognition value" and,许可/认可价值,10

passing off and,仿冒,13,28,59-60,177

unfair competition (USA), elements, passing off, whether,(美国)不正当竞争,要素,仿冒,177

Uniform Domain Name Resolution Policy (UDRP),统一域名争端解决规则,see domain name protection

Universal Declaration of Human Rights (1948),1948年《世界人权宣言》,17

unjust enrichment 不当得利

as basis for appropriation of personality remedy, 作为人格利用的救济的基础, 311-13

impreciseness of concept, 概念的不精确性, 312-13

law of restitution and, 有关返还的法律, 312-13

liability for breach of right of publicity and, 损害公开权的责任, 185, 284

right of personality and, 人格权, 232

right of privacy and, 隐私权, 157 n. 77, 180, 311-12

utilitarian arguments as basis for the development of appropriation of personality remedy (England/USA), (英国/美国) 作为发展对人格利用的救济的基础的功利主义理由 288-91, 299-308

copyright, 版权, 300-1, 303-7

economic efficiency, 经济效率, 308-11

patents, 专利, 301, 303-7

publicity, right of, 隐私权, 301-3

US Constitution, 美国宪法, 299

voice, 声音, see image/name, voice or likeness

WIPO, 世界知识产权组织, see World Intellectual Property Organisation (WIPO)

World Intellectual Property Organisation (WIPO), 世界知识产权组织, see also Paris Convention for the Protection of Industrial Property; TRIPs

domain name protection 域名保护, 54; see also domain name protection dispute settlement

dispute settlement, 争端解决, 55-8

image/name, voice or likeness, right to control, 控制形象/姓名、声音或肖像的权利, 31 n. 24

wrongs, ways of defining, 界定过错的方式, 5-6

WWW issues, 网络问题, see domain name protection WWW issues

Younger Report on Privacy, (1972), 1972 年关于隐私的 Younger 报告, 162 n. 109, 202, 208, 239 n. 241

defamation/right of privacy, 诽谤/隐私权, 263

definition of right, 权利的定义, 201 n. 2

false light, 错误披露, 263

terms of reference, 参照的术语, 201 n. 2, 238 n. 238

相关书目

1. 民法讲义Ⅰ·总则
   〔日〕山本敬三著　解亘译（2004年6月出版）
2. 合同法理论
   〔加拿大〕Peter Benson主编　易继明译（2004年9月出版）
3. 民法总论
   〔日〕大村敦志著　江溯、张立艳译　王轶校订（2004年10月出版）
4. 公司法与商法的法理基础
   〔美〕乔迪·克劳斯&史蒂文·沃特主编　金海军译（2005年1月出版）
5. 哲学与侵权行为法
   〔美〕格瑞尔德·J.波斯特马主编　陈敏、云建芳译（2005年1月出版）
6. 合同法的丰富性
   〔美〕罗伯特·A.希尔曼著　郑云瑞译（2005年12月出版）
7. 《联合国国际货物销售合同公约》评释
   〔德〕彼得·施莱希特里姆著　李慧妮编译（2006年1月出版）
8. 现代知识产权法的演进——英国的历程（1760—1911）
   〔澳〕布拉德·谢尔曼　〔英〕莱昂内尔·本特利著　金海军译（2006年4月出版）
9. 民法劝学
   〔日〕星野英一著　张立艳译　于敏校（2006年7月出版）
10. 契约即允诺
    〔美〕查尔斯·弗里德著　郭锐译　龙卫球校（2006年8月出版）
11. 财产理论
    〔美〕斯蒂芬·芒泽著　彭诚信译（2006年9月出版）
12. 民法讲义Ⅱ·物权法
    〔日〕近江幸治著　王茵译　渠涛审校（2006年9月出版）
13. 数据库的法律保护
    〔澳〕马克·戴维森著　朱理译（2007年1月出版）
14. 私法的理念
    〔加〕Ernest J. Weinrib著　徐爱国译（2007年3月出版）
15. 人格的商业利用
    〔澳〕胡·贝弗利-史密斯著　李志刚　缪因知译（2007年10月出版）

2007年10月更新